고려사 연구의 기초

장 동 익

景仁文化社

간 행 사

한국의 전근대사회에서 만들어진 사서(史書) 중에서『고려사』는『삼국사기』와 함께 흔히 기전체의 사서라고 불리어 지고 있다. 기전체의 사서가 본기(本紀)와 열전(列傳)을 중심으로 한 역사서술인 점을 고려한다면『삼국사기』는 이에 해당한다고 할 수 있겠지만, 본기가 없는『고려사』를 이 범주에 포함시키기에는 문제점이 없지 않다. 그렇지만 고려왕조가 13세기 후반 몽골제국의 지배질서 하에 편입되기 이전에는 엄연한 황제(皇帝)의 국가였기에 당시에 편찬된 실록(實錄)은 황제의 위상(位相)에 걸맞는 모습을 갖추고 있었을 것이다.

그런데 15세기 이래 명제국(明帝國)에 잘 순치(馴致)된 제후국(諸侯國)을 자처하고 있었던 조선왕조의 지배층들은 자신들의 현실인식을『고려사』의 편찬에 반영시켜 본기편(本紀編)을 편성하지 아니하였다. 그래서 본기편에 들어가야 할 역대제왕(歷代帝王)의 언행(言行)을 누세(累世)에 걸쳐 작토봉국(爵土封國)을 가진 세세녹질(世世祿秩)의 세가(世家, 家系)인[1] 제후(諸侯)의 언행으로 격(格)을 낮추어 세가편(世家篇)에 편입시켰다. 그 결과『고려사』는 외형적인 모습은 기전체의 체제를 갖추고 있으나, 내용에 있어서는 본기편이 없는 불완전한 기전체의 사서라고 할 수도 있을 것이다.

이로 인해 고려왕조가 한반도를 재통일(再統一)하기 이전의 후삼국시대(後三國時代)의 삼국의 정립을 제대로 반영하지 못했다. 또 이 시기에 이루어진 고려왕조의 종주국(宗主國)의 위상을 보여줄 수 있는 정통성의 문제에 대해서도 아무런 고민을 하지 않은 채 평이하게 처리하고 말았다. 그리고 황제국의 모습을 보여 줄 수 있는 발해(渤海)·여진(女眞)·일본(日本) 등과 같은 인근국가(隣近國家), 어느 정도 독자적인 국가의 운영이 가능했을 것으로 추측되는 탐라국(耽羅國)·우산국(于山國) 등과의 관계설정(關係設定)도 제대로 정립하지 못하였다.

또『고려사』세가편을 일견(一見)할 때 초기의 기사, 곧 제1대 태조세가(太祖世

1)『史記正義』권31, 吳太伯世家第1 ;『史記索隱』권31, 吳太伯世家第1.

家)에서 제7대 목종세가(穆宗世家)까지 7대에 걸친 제왕의 역사기술에서 태조세가와 성종세가의 두 편을 제외하고 여타 다섯 편의 세가는 분량면에서 세가라고 말하기 어려울 정도로 초라한 내용만이 남겨져 있을 뿐이다. 이는 제2차 거란[契丹]의 침입으로 인해 7대에 걸친 제왕의 실록[七代實錄]이 회진(灰塵)된 결과라고 받아들일 수도 있다. 그런데 1034년(덕종3 : 정종 즉위년) 황주량(黃周亮)에 의해 편찬된 『칠대사적 七代事跡』(所謂 『七代實錄』)이 전체 36권이었다는 점,[2] 창업주(創業主)인 태조의 세가와 중국식(中國式)의 유교적인 지배질서를 적극 수용하려고 했던 성종의 세가가 비교적 충실한 점 등을 고려해 볼 때, 소략한 다섯 제왕의 세가편은 『칠대사적』의 내용이 소략하였던 결과물이 아니라 『고려사』의 편찬에 참여했던 사관(史官)의 임의적인 산삭(删削)의 결과라고도 추측해 볼 수 있을 것이다.

곧 『고려사』의 편찬자들이 역사는 정치의 거울[龜鑑]이라는 순환적인 유교사관에 의해 현명한 군주의 계승자가 전대(前代)의 제도와 사업을 그대로 계승하였을 때는 사실의 기록을 소략하게 처리하였던 것 같다. 또 이들 사관은 비교적 실천적인 측면이 짙은 성리학에 훈도(薰陶)되어 있었다고 이해되어 온 시기에 성장하였기에 약간의 척불론적(斥佛論的)인 성향을 지니고 있었던 결과인지는 알 수 없으나 불교에 대해 돈독한 자세를 견지하고 있었던 혜종·정종·광종의 사적을 대폭 산삭하였을 것으로 추측된다. 그리고 비교적 유교적인 성향을 지녔던 경종과 성종의 유업을 계승했던 목종의 경우도 소략하게 처리하였던 것 같다.

또 현종대 이후의 여러 세가편을 찬찬히 살펴보면 상세함과 소략함이 착종(錯綜)되어 있는데, 이는 역대 제왕의 정치·사상적 성격 또는 사회의 변화상과 어떤 관련성이 있는 것 같다. 위에서 언급한 『칠대실록』에 해당하는 태조와 성종의 세가편이 제왕의 정치적 입장과 관련되어 상세하였던 것과 같은 범주에서 설명이 될 수 있을 것이다. 곧 현종·문종·숙종·예종·인종·원종·충렬왕·공민왕·공양왕 등의 세가편이 여타의 해당시기의 여타 제왕에 비해 상세한 편인데, 각각 나름대로 이유가 있었을 것이다. 먼저 현종세가편은 고려의 건국으로부터 거의 1세기(91년)를 경과한 시기였을 뿐만 아니라 거란제국의 영향력이 한반도에 크게 침투한 시기였기에 그 이전 시기와 달리 부각시킬 필요성이 있었을 것이다. 또 문종·숙종·예종·

2) 『高麗史』 앞부분, 高麗世系·권95, 열전8, 黃周亮.

인종 등의 세가편은『고려사』의 편찬자들의 기호(嗜好)에 적합하였을 가능성이 농후한 유교적인 정치가 비교적 잘 추진된 시기였다고 판단되었을 것이다.

그리고 원종과 충렬왕의 세가편은 13세기 후반에 이루어진 무신정권으로부터의 탈피(脫皮), 몽골제국의 지배질서에의 편입 등과 같은 사회변화의 기점(起點)이 역사의 기록에서 외면(外面)될 수 없었을 것이다. 이 점은 몽골제국의 영향력에서 벗어나려고 노력했던 공민왕의 세가편과 공양왕의 세가편에서도 동일하게 적용되었을 것이지만, 이 경우에는 조선왕조를 개창했던 자신들의 공적과 자신들의 부조(父祖)의 행적을 더욱 돋보이게 하려고 했던 욕심이 가미(加味)되었음을 부인할 수 없을 것이다.[3)]

이상에서 체제의 외형적인 모습과 내용의 분량의 측면에서『고려사』가 지니고 있는 성격의 부분적인 측면을 제시하여 간행사로 삼았지만, 이 책의 최종의 도달점은『고려사』에 대한 보다 진전된 이해의 방법을 제시하고자 함에 있다. 아울러 향후 이러한 작업을 더욱 효율적으로 추진하기 위해서 많은 자료를 접해본 기성학자의 경험과 사실에 대한 교감(校勘)의 방법을 학문 후속세대들에게 전하려고 이 책을 기고(起稿)하였다.

끝으로 이 책자의 발간을 위해 도움을 주신 동아대학교 석당학술원의 신태갑 원장을 위시한 출판위원회의 여러 위원들, 같은 대학의 김광철·박은경·최영호 교수, 조민아 조교, 그리고 경인문화사의 신학태 실장을 위시한 편집부의 여러 담당자 들에게 감사의 인사를 올린다. 또 이 책자가 기고될 때 지도의 말씀을 내려 주셨던 이병휴·송춘영·정관·이태진 선생님, 자문, 교정, 영역(英譯) 등을 맡아 주었던 후마 스스무[夫馬進]·쯔루마 카즈유키[學間和幸]·쓰키야마 마사아키[杉山正明]·김문경(金文京)·김진웅·이문기·남인국·김중락·우인수·강구율·송인주·이지숙·강미경 교수, 신성애·안원기 교사, 김령아·김지은 조교 등에게도 감사의 말을 전한다.

3) 이 점은 1399년(정종1) 4월 麻田縣(현 京畿道 漣川郡 嵋山面)에 고려의 역대제왕의 사당(祠堂)을 건립할 때 태조·혜종·성종·현종·문종·원종(忠敬王)·충렬왕·공민왕 등 8명의 제왕이 국가에 공덕(功德)이 있었다는 명목으로 배향(配享)되었던 점과도 어떤 연관이 있을 것이다.

<목 차>

제1장
『고려사』의 여러 樣相

제1절 현존하는 『고려사』의 여러 版本

현재 국내외에 『고려사』와 『고려사절요』의 판본(版本)이 얼마나 존재하고 있으며, 그것들이 어떠한 상태로 보관되어 있는지는 파악되지 못하고 있다.[1] 이는 우리 중세사학회의 역량이 부족했던 결과일 것이며, 각종 전적자료를 조사했던 보고서, 대학 및 문고(文庫)의 소장목록(所藏目錄)에 의하면 적지 않은 판본들이 산재해 있다. 앞으로 면밀한 조사가 이루어져 구체적인 형편이 정리되고, 주목될 만한 판본이 영인(影印)되면 고려시대사의 연구에 큰 힘을 보탤 수 있을 것으로 기대된다. 관련학자들의 적극적인 관심이 요청되는 과제의 하나가 될 것이다.

1451년(문종1) 8월 25일 김종서(金宗瑞)가 「진고려사전 進高麗史箋」과 함께 『고려사』를 문종에게 바친 이후, 이 책이 언제 간행되어 유포되었는지는 분명하지 않다. 그런데 1452년(단종즉위년, 壬申年) 11월 28일 『고려사』의 편찬을 담당하였던 춘추관의 요청에 의해 이의 간행을 허락하였다는 기사가 찾아진다.[2] 이 책은 다음해(癸酉年)의 전반기에 간행되었던 것이지만, 이 해에 발생한 계유정난(癸酉靖難)으로 인해 유포되지 않았을 것으로 추측된다. 그 다음해인 1454년(단종2, 甲戌) 10월에 소량이 인쇄되었던 것 같다.[3] 그렇지만 이 책은 현존하지 않는데, 이는 현존 『고려사』의 모두(앞부분)에 수록되어 있는 수사관(修史官)의 명단을 통해 알 수 있다. 곧 편찬의 총책임자였던 김종서를 위시하여 허후(許詡)·박팽년(朴彭年)·류성원(柳誠源)·하위지(河緯地) 등과 같은 핵심 편찬자들의 명단이 삭제되고 없는데, 만일 이 책이 현존하고 있었다면 당연히 이들의 명단이 등재(謄載)되어 있었을 것이다.[4]

---

1) 그 중에서 『고려사』의 판본은 국내외에 80여종이 소장되어 있으나 대부분이 영본(零本)이라고 한다[金光哲 2012년].

2) 『단종실록』 권4, 즉위년 11월 28일(丙戌).

3) 『단종실록』 권12, 2년 10월 13일(辛卯) ; 金蘭玉 2014년.

4) 김종서와 허후는 1453년(단종1, 癸酉年) 10월 10일(癸巳) 수양대군의 일당에 의해 일어난 정변(癸酉靖難) 때에 피살되었고, 박팽년·류성원·하위지 등은 단종의 복위를 도모하다가 실

현존하고 있는 『고려사』의 최고본(最古本)은 주자(鑄字)로 인쇄된 을해자본(乙亥字本)이라고 하는데,[5] 을해년은 1455년(단종3, 세조1)으로 추정된다. 이는 현존 『고려사』의 모(冒頭)에 수록되어 있는 수사관의 직함(職銜)을 통하여 증빙될 수 있다. 곧 『고려사』의 책임자였던 김종서를 위시한 계유정난과 단종복위사건에 연루된 인물들이 모두 삭제되고, 지춘추관사(知春秋館事) 정인지(鄭麟趾)를 필두(筆頭)로 한 32인의 수사관이 나열되어 있는데, 그 중 상층부인 정인지·정창손·최항·신숙주 등은 모두 세조[수양대군]의 왕위찬탈에 앞장섰던 인물들이다. 이 을해자본이 현존하고 있는 조선시대에 만들어진 여러 목판본의 저본(底本)이 되었을 것이다.

또 현재 우리들이 손쉽게 구득할 수 있는 영인본의 『고려사』는 ①연희대학(延禧大學, 現 延世大學) 동방학연구소본(1955年),[6] ②주자본인 을해자본을 중심으로 하고 이에 궐본(闕本)된 10권을 후대의 목판본으로 보충한 아세아문화사본(1972년), 그리고 ③『국역고려사』(東亞大學, 2012年)에 첨부(添附)되어 있는 동아대학본이다.[7] 그 외에 조선후기의 간행된 수종(數種)의 목판본을 조합한 교토대학부속도서관본, 국서간행회(國書刊行會)에서 간행된 활자본 12책(1908년, 明治41, 後日 3책으로 影印) 등이 있으나, 이들의 저본은 분명하지 않다.[8]

이들 『고려사』의 여러 판본이 어떠한 차이를 지니고 있는가에 대해서는 아직 검토된 적이 없다. 앞으로 서지학자에 의한 면밀한 검토가 이루어져 그 계보(系譜)가 해명되어야 하겠지만, 필자의 좁은 소견으로 위의 ①·②·③의 3종에 대해 간단히 언급하기로 한다. 이들 3종의 판본 중에서 ②는 동활자와 목판본이 혼재(混在)

패하여 1456년(세조2) 6월 7일(乙巳) 처벌을 받게 되었다(『단종실록』 권8 ; 『세조실록』 권4).

5) 이 책은 완본이 아니고 영본(零本)으로서 1972년 아세아문화사가 영인하여 간행한 영인본 『고려사』에 수록되어 있다. 이에서 세가편의 권19·20·21·31, 志篇의 권27·28·31·33·35·37 등의 10권은 궐본(闕本)되었다고 한다. 이들 궐본은 중종 연간(1506~1544)에 목판본으로 복각된 을해자본을 이용하여 영인본이 만들어졌다고 한다.

6) 이는 같은 대학의 도서관에 소장되어 있는 것으로 구한말의 유학자 최한기(崔漢綺)의 소장본이라고 한다.

7) 동아대학본은 1613년(광해군5) 무렵에 을해자본을 복각한 목판본 85책[奎章閣 所藏, 奎3539, 奎3579]을 저본으로 하여 제작된 판본이라고 한다[金光哲 2012년 ; 朴宗基 2012년].

8) 한편 『고려사절요』의 영인본은 아세아문화사본(1972년)이 있고 『국역고려사절요』(민족문화추진회, 1977년)에 첨부되어 있는 활자로 전환된 것이 있다. 전자의 저본은 1453년(단종1) 4월에 갑인주자(甲寅鑄字)로 간행된 日本 蓬左文庫의 소장본이고, 후자는 1455년(세조1)에 간행된 규장각소장의 을해자본이다.

되어 있고, 이를 복각(覆刻)한 ①과 ③은 목판본이기에 그 형태나 규격은 거의 동일하다. 곧 3종 모두가 사주단변(四周單邊)으로 되어 있으나 반곽(半郭)의 크기는 실물을 확인하지 못해 알 수 없고, 계선(界線)이 있고[有界] 반엽(半葉)은 9행 17자이다. 또 주(注)는 쌍행(雙行)이고 내향(內向)의 삼엽화문어미(三葉花紋魚尾)로 되어 있는데, 장정(裝幀)은 선장(線裝), 지질(紙質)은 저지(楮紙)였을 것이다.

이처럼 외형적인 모습이 모두 유사하기에 내용적인 차이는 전혀 찾을 수 없고, 단지 판각(板刻)에 따른 약간의 오자(誤字) 내지 약자(略字)의 차이만이 찾아진다. 이로 인해 ②가 지닌 한계를 ①과 ③도 그대로 답습하고 있어 조선왕조 시기에 수차례에 걸쳐 여러 곳에서 『고려사』가 간행되었던 것으로 추측되지만, 이에 참여했던 문인출신(文人出身)의 관료들이 내용에 대한 접근은 전혀 하지 못하고 단지 정고본(定稿本)을 통해 오자의 교정(校定)에만 주력하였던 것으로 추측된다.

제2절 『고려사』의 편찬과정에서 발생한 誤謬의 諸樣相

조선왕조가 개창된 후 85일째인 1392년 10월 13일(辛酉)의 왕명(王命)에 의해 편찬이 시작된 『고려사』는 사실의 개서(改書), 필삭(筆削)의 공정 등을 둘러싸고 편년체로 이루어진 초고본과 개정본[『高麗國史』], 교감본[『讎校高麗史』], 증보본[『高麗史全文』] 등의 4차에 걸친 편찬의 실패를 거듭하였다. 그러다가 59년이 경과한 1451년(문종1) 8월 25일(庚寅) 현존의 기전체인 『고려사』가 완성되었고, 6개월 후인 다음해 2월 20일(甲申) 『수교고려사』를 윤문(潤文)·교감(校勘)한 것으로 추정되는 『고려사절요』가 완성되었다.

이어서 1452년(단종 즉위년) 11월 28일(丙戌) 춘추관이 『고려사』의 인쇄를 건의하자, 이를 허락하여 1454년(단종2)에 간행되게 되었던 것 같지만 현존하지 않는다. 1455년(단종3) 을해자로 인쇄된 판본과 이를 중종 년간에 복각한 목판본이 전해지고 있으며, 이들을 영인한 아세아문화사본·연세대학소장본·동아대학소장본 등이 현재 기본 텍스트로 이용되고 있다.

이들 영인본의 『고려사』를 통해 이 책이 지니고 있는 체제, 내용, 그리고 성격 등이 여러 방면에서 검토되었고, 이의 주석본도 거의 네 종류가 발간되었다. 그렇지만 교정본이 만들어지지 않았기에 여러 영인본 사이의 월차(月次)·자구(字句) 등에 있어서 미소한 차이가 있음에도 불구하고, 학자들은 자신이 가지고 있는 책자에 의거하여 연구를 진행하고 있다. 또 현재까지 고려시대에서 사용된 역일(曆日)을 완전하게 재현시키지 못해 날짜[日辰]의 간지(干支)를 아라비아 수자로 계산하지 못하고 있다.[1] 그래서 여러 종류의 주석본 『고려사』에서 간지를 그대로 사용하고

---

1) 1978년 이래 고려력에 대한 기초적인 연구가 행해졌으나[朴星來 1978년 ; 大谷光男 1991年 ; 張東翼 2012년], 이의 복원에는 좀 더 많은 시간이 소요되어야 할 것이다. 그런데 고려시대의 역일을 복원한 업적이 있지만[韓甫植 2003년 ; 安英淑 2009년] 이들이 무엇을 근거로 복원되었는지는 알 수 없으나 선명력에 의거한 중국·일본의 업적을 참고하였던 것 같다. 그렇지만 고려력은 송력·일본력과 삭일·윤월 등의 편성에서 미소한 차이가 있다.

있고, 이를 통해 독자들은 세월의 변화를 생동감이 있게 인식할 수 없는 형편이다.

필자가 근래에 고려시대의 역일에 대해 관심을 가지고서 여러 영인본의 『고려사』를 살펴보니 약간의 문제점이 없지 않았다. 연대기의 편찬에는 일정한 체제가 있고, 사실의 서술에는 일정한 방식이 있으나 기왕의 연구에서는 이에 대한 어떠한 주목도 없었다. 또 여러 주석본에서 일부의 오자·탈자 등이 지적되기도 하였으나 내용의 교정단계에까지는 이르지 못하였다. 이제 『고려사』가 지니고 있는 문제점을 지적하면 다음과 같다.

첫째, 현존 『고려사』를 처음 을해자로 채자(採字, 植字)·조판(組版)할 때 오자·탈자 등이 발생하였고 활자의 전도(顚倒)도 일어나 문장의 구성에 착란(錯亂)이 생긴 곳도 없지 않지만, 이를 복각한 목판본에서도 오류를 바로잡지 못하였다.

둘째, 당시에 사용하던 칭원법(稱元法)이 변경되면서 편년(編年)의 정리에 실패한 사례[繫年錯誤]가 있고, 편년체로 기록된 여러 사실을 기전체로 재편성하면서 제왕(帝王)의 명칭, 시기의 정리[繫年] 등에 오류가 발생한 사례도 있다. 이러한 사례는 중원(中原)의 정사(正史)에서도 찾아지는데, 당시에 만들어진 묘지명·고문서·문집 등을 통해 바로잡을 수도 있다.

셋째, 기사의 정리에서 일진(日辰, 干支)의 오자, 월차[月數]·삭일(朔日) 등을 빠트린 경우, 일진의 순서가 바뀐 경우, 같은 일진의 중출(重出), 그리고 시기의 잘못된 편성[계년착오] 등이 찾아진다. 이는 『고려사절요』를 중심으로 하여 송력(宋曆)·일본력(日本曆) 등과의 대조를 통해 수정할 수 있을 것이다.[2]

넷째, 고려왕조의 실록을 축약하면서 발생한 잘못으로 인해 문장의 탈락, 사실의 누락, 원전인용의 오류 등도 찾아진다. 그래서 여러 편목[編目]으로 나누어진 『고려사』에는 『고려사절요』에 수록되어 있는 내용이 찾아지지 않는 사례도 있고, 외국의 자료에 나타나는 사실이 반영되어 있지 않은 경우도 있다.

다섯째, 사실의 앞뒤를 감안(勘案)하지 않아 관작(官爵)·인명·지명 등에 오류를 범한 경우도 있다. 그 중에서 북방민족의 인명·지명을 한자로 표기할 때 일관성을

2) 『고려사』에 간지로 표기된 날짜[日辰]는 중원(中原)의 역일과 차이를 보이고 있는 연월을 제외하고[張東翼 2012년 표2], 陳垣의 『增補二十史朔閏表』를 이용하여 비교·검토를 가하면 큰 문제점은 없을 것이다. 또 이를 서력으로 계산하기 위해서는 중국[洪金富 2004年]과 일본[加唐興三郎 1992年]의 업적을 참고하면 좋을 것이다.

갖추지 못한 사례도 있는데, 이는 고려의 경우에도 마찬가지이다.

이러한 문제점은 1446년(세종28) 세종이 『고려사전문 高麗史全文』을 주자소(鑄字所)로 하여금 인출하게 하였을 때도 제기되었던 것 같다. 이때 양성지(梁誠之)가 감교(監校)를 담당하였는데, 이를 권초(權草)·홍의초(紅衣草)·전문(全文)이라고도 불렀다고 한다. 그 후 1458년(세조4) 양성지가 권람(權擥)과 함께 교정할 것을 건의하여 허락받아 개정하였고, 1482년(성종13) 2월 28일(丁卯) 경연관(經筵官) 이세좌(李世佐)·민사건(閔師騫) 등이 다시 이 책의 간행을 요청하기도 하였으나 실행되지 못하였던 것 같다.[3)]

이제 500여년이 경과한 기전체의 『고려사』가 지니고 있는 여러 가지의 오류를 바로잡고 한계를 보완할 시점에 이른 것 같다. 이들 사항은 『고려사』의 모든 내용에 걸쳐 이루어져야 하겠지만, 모두 해결할 수 없어 일부의 대표적인 사례를 들어 검정하고자 한다. 이러한 작업은 향후 보다 광범위하게 이루어질 때 『고려사』가 지니고 있는 특징과 한계를 선명하게 드러낼 수 있을 것이고, 이 분야의 연구에도 새로운 기풍을 조성할 수 있을 것이다.

1. 採字·組版에 의한 誤謬

우리들은 어떤 글을 읽다가 오자가 찾아지면 1980년대 까지는 저자가 교정을 철저하게 보지 않았구나 하고서 그것을 연필로 고쳐 놓았다. 이때는 일반적으로 원고지에 글을 써서 출판사에 넘겼으므로 오자는 조판을 위한 활자의 채자과정(採字過程)에서 많이 발생할 수 있었을 것이다. 이러한 오류가 전근대사회의 목판인쇄에서는 각자(刻字)의 방식이 달라 가능하지 않았을 것이지만, 금속활자나 목활자를 사용했을 때는 80년대의 그것과 다를 바가 없었을 것이다. 그렇다면 1455년(단종3, 乙亥) 동활자[乙亥字]로 처음 인쇄하였다는 『고려사』, 또 이를 중종 년간에 복각한 목판본의 『고려사』에서 찾아지는 오자와 탈자는 단순한 오류임이 분명할 것이다.

이는 춘추관의 관원들로 구성되었던 편수관이나 이속(吏屬)이었던 서예(書藝)·기관(記官) 등이 전사(轉寫)할 때 발생할 수가 있지만, 그보다는 행서(行書)로 쓰여

3) 『성종실록』 권138, 13년 2월 13일(壬子), 28일(丁卯).

진 고본(稿本)을 가지고서 을해자로 조판할 때 식자공(植字工, 均字匠)이 비슷한 형태의 다른 글자를, 또는 음(音)이 비슷한 다른 글자를 채자(採字)하였을 가능성이 높을 것이다. 이는 편년체의 『수교고려사 讎校高麗史』를 편찬할 때 수교(讎校)라는 이름을 붙인 점을 통해 볼 때, 철저한 교정이 있었던 것을 유추할 수 있기에 고본(稿本)의 상태에서는 탈자와 오자가 그렇게 많지 않았을 것으로 추측된다. 곧 수교(讎校, 仇讎)의 유래는 오류를 교정할 때 한 사람은 고본을 가지고 있고, 한 사람은 책을 읽는데, 서로가 원수(怨讐)를 대하듯이 하였다고 한 것에서 나왔다고 한다.[4)]

그렇다면 『수교고려사』를 만들 때 수교를 책의 이름으로 사용하였다면 매우 엄격하게 교정이 이루어졌을 것이고, 또 이를 보완하여 1442년(세종24) 8월 12일(己亥) 완성된 『고려사전문』에도 단순한 오자와 탈자 이외의 오류는 그리 많지 않았을 것으로 추측된다.[5)] 이와 같은 범주에서 발생한 것으로 추측되는 오류는 『고려사』에서도 찾아지는데, 그 빈도수가 많은 대표적인 사례를 찾아보면 다음과 같다.[6)]

[誤字]

① 『고려사』의 「高麗世系」에서 『王代宗族記』와 『王氏宗族記』가 찾아진다.

이 기사의 원전인 『역옹패설』에서 『王代宗族記』가 있음을 보아 후자는 전자의 오자일 것이다.

②世家1, 太祖 1년 7월 25일(丙申), "以前兵部卿職預爲泰評[廣評]侍郎".

---

4) 수교(讎校)에 대한 풀이는 다음의 자료에 기록되어 있다[倪其心 1987년 2쪽].
- 『文選』 권6, 京都下, 魏都賦, "風俗通曰, 案劉向別錄, 仇校, 一人讀書, 校其上下, 得繆[謬]誤爲校, 一人持本, 一人讀書, 若怨家相對, 故曰, 讎也". 이에서 繆(무)는 謬의 誤字일 것이다.
- 『樊南文集』補編권3狀, 爲滎陽公上集賢韋相公狀3, 讐校, "李善注, 風俗通曰, 劉向別錄, 讐校, 一人讀書, 校其上下, 得謬誤爲校, 一人持本, 一人讀書, 若怨家相對, 爲讐".
- 『太平御覽』 권618, 學部12, 正謬誤, "劉向別錄曰, 讎校, 一人持本, 一人讀書, 若怨家相對, 故曰, 讎也".

5) 이로 인해 『수교고려사』를 발전시킨 『고려사절요』는 『고려사』에 비해 오자, 오류가 크게 적은 것 같다.

6) 이들 사례는 특별한 경우를 제외하고 『고려사』의 앞쪽에서 차례로 다섯 사례만을 제시하려고 한다.

이 기사의 泰評은『고려사절요』권1에는 廣評으로 되어 있는데, 의미상으로 후자가 옳을 것이다.

③세가1, 태조 7년, "是歲, 創外帝釋院·九耀堂[九曜堂]·神衆院".

이에서 구요당(九耀堂)은 구요당(九曜堂)의 오자이며,『고려사절요』권1에는 바르게 되어 있다. 이는『고려사』를 을해자로 인쇄할 때 식자공(植字工, 均字匠)이 같은 음의 다른 글자를 집자(集字)하였을 것이고, 그 이후의 목판본으로 복각할 때 고본(稿本)의 교정이 제대로 이루어지지 못했던 것 같다.

④세가1, 태조 8년 11월, "己丑[某日] 耽羅貢方物".

이 해[是年, 925]의 11月은 대진(大盡)이고 초하루[朔日]는 경인(庚寅)이다. 선명력(宣明曆)에 의하면 이 달에는 기축(己丑)이 없고, 10월의 마지막날[晦日]인 30일이 기축이다. 이는 후당(後唐)과 일본의 역(曆)에서도 동일하고, 10월과 11월이 모두 대진(大盡)이므로 기축이 오자이거나, 아니면 11월은 윤12월의 오류일 것이다.[7]

⑤세가4, 현종 13년 8월, "辛酉[24日] □[宋]廣南人[江南人]陳文遂等來, 獻香藥".

이 기사에서 송(宋)이 추가되어야 하고, 광남인(廣南人)은 강남인(江南人)의 오자로 추측된다(→현종 17년 8월 壬午[9日]).[8]

[脫字]

①『고려사』의 첫머리인「찬수고려사범례 纂修高麗史凡例」에 나오는「식목편수록 式目編修錄」은 예지(禮志)1, 서문에는「식목편록 式目編錄」이라고 되어 있으나 수자(修字)가 탈락되었을 것이다.

②「고려세계」에 나오는『왕대력 王代曆』은 이 기사의 원전인『역옹패설』에는 왕대록(王代錄)으로 달리 표기되어 있다. 또 이는『익재난고』권9하에는 김관의(金

7) 己丑은 閏十二月己丑朔이 된다.

8) 광남현(廣南縣)은 중국의 동남쪽에 위치하였고, 현재의 광서장족자치구(廣西壯族自治區)에 해당한다(越南에 接境).

寬毅)의 왕대종록(王代宗錄)으로 되어 있는 점을 통해 볼 때, 왕대록(王代錄)은 왕대종록(王代宗錄)에서 종자(宗字)가 탈락되었을 것이다. 그러므로 왕대력은 왕대종록으로 고쳐야 바르게 될 것이다.

③세가3, 성종 2년, "十二月[壬午朔] □□[丁未26日], 以千春節改爲千秋節, 賜群臣宴".

이 기사에서 날짜[日辰]가 탈락되었지만, 성종의 생일이 12월 26일이므로 이 날의 간지인 정미(丁未)를 추가할 수 있을 것이다.

④세가4, 현종 1월, 3일(丁丑), "扈從諸臣, 聞拱辰等被執, 皆驚懼散走, 惟侍郎□[朴]忠肅·張延祐·[吏部侍郎]蔡忠順·周佇·柳宗·金應仁, 不去".

이 기사에서 시랑충숙(侍郎忠肅)은 같은 해 8월 乙巳(14일) 서경부유수(西京副留守)에 임명된 박충숙(朴忠淑)에서 박자(朴字)가 결락(缺落)되었을 것이다.

⑤세가6, 靖宗 8년 11월, "辛卯[22日] 契丹遣檢校禮部尚書兼御史□□[大夫]王永言來, 詔曰, …".

이 기사에서 검교예부상서겸어사(檢校禮部尚書兼御史)는 검교예부상서겸어사대부(檢校禮部尚書兼御史大夫)에서 대부(大夫)가 탈락되었을 것이다.

[衍字]

①세가2, 태조 15년, "是歲, 遣大相王仲儒[王儒]如唐, 獻方物".

이 기사에서 왕중유(王仲儒)는 문장 중에 잘못 더 들어간 글자인 연자(衍字)로 의해 발생한 왕유(王儒)의 오자로 추측된다. 이는 중국 측 자료에서 사신의 이름이 왕유로 되어 있음을 통해 알 수 있다.[9]

---

9) 이와 관련된 중국 측의 자료는 다음과 같다.

·『구오대사』 권43, 唐書19, 明宗紀9, "(長興三年三月)庚戌, 高麗國遣使朝貢".

·『책부원귀』 권972, 外臣部17, 朝貢5, "長興三年三月 … 高麗國遣使大相王儒朝貢".

이와 같은 내용이 『오대회요』 권30, 高麗 ; 『元豊類藁』 권31, 高麗世次에도 수록되어 있다. 또 이 해의 3월 28일(庚戌) 王儒가 후당에서 공물을 바쳤는데, 이 기사가 『고려사』에서 이 해의 연말[是歲]에 수록되어 있는 것은 『칠대실록』(혹은 『칠대사적기』·『칠대사적』)을 편찬할 때 중국 측의 자료를 이용하였던 결과로 추측된다.

②a. 세가4, 현종 13년, 5월, "庚午[2日] 禱雨于群望"(亞細亞文化社本).

b. "庚午[2日] 禱雨于群望一"(延世大學本·東亞大學校本).

이 기사에서 a는 을해자본을 영인한 아세아출판사본으로서 문제가 없으나 b는 조선후기에 각판된 목판본인데, 이에서 연자(衍字)인 일자(一字)가 더 들어 있다.

③세가12, 숙종 9년 10월 30일(庚午), "遣智寵延如遼, 賀天興節, 文冠, 謝賀封册".

이 기사에서 賀는 『고려사절요』 권7에는 없는데, 의미상으로 없는 것이 옳으므로 이 글자는 잘못 들어간 것이다[衍字].[10)]

④지1, 천문1, 月五星凌犯及星變, "[肅宗]十二年十一月乙巳[10日] 太白光芒, 大而赤, 至十餘日".

이 기사의 앞부분에 "十二年十一月乙巳"로 되어 있으나 十二年은 잘못 들어간 글자이며[衍字], 이들 기사는 숙종 10년(실제는 예종 즉위년)의 천문현상을 전하는 것이다. 숙종은 재위기간이 10년이어서 12년이 없으므로 이하(以下)의 11월과 12월의 기사는 모두 같은 범주에 해당한다.

⑤세가14, 예종 10년 7월, "戊辰朔, 日食合".

이 기사의 '日食合'에서 合은 훈민정음의 글자인데, 이 글자의 위치는 빈칸으로 두어져야 하는 곳이다. 을해자로 조판할 때는 合이 없었으나 그 이후의 어느 판본에서 활자를 잘못 끼워 넣은 것 같은데, 후세에 이를 복각한 목판본에서 그대로 답습했던 결과일 것이다.[11)]

[活字의 顚倒]

앞에서 살펴 본 것처럼 『고려사』를 처음 을해자로 조판할 때 식자공[均字匠]이 동활자를 채자하였는데, 비슷한 음의 활자를 잘못 집자(集子)하였거나 글자의 순서가 뒤섞인 경우도 없지 않다. 또 부주의하여 전혀 엉뚱한 글자나 단어로 채자한 경

---

10) 이에 대한 지적은 이미 제시되었다[동아대학교 2008년 4책 373쪽].

11) 아세아문화사가 영인한 『고려사』(1972년)는 乙亥字本의 일부가 수록되어 있는데, 이에는 合이 없으나 延禧大學의 동방학연구소본(1955년)에는 이 글자가 있다.

우도 있었던 것 같다.

①세가2, 태조 15년 5월, "甲申[3日] [西京大風, 屋瓦皆飛. 王聞之:節要轉載]. 諭群臣曰, 頃完葺西京, 徙民實之, … 且祥瑞志[瑞祥志]云, 行役不平, 貢賦煩重, 下民怨上, …".

이 기사에서 『상서지 祥瑞志』는 『서상지 瑞祥志』의 오자로 추측되며, 을해자로 채자할 때 글자가 전도(顚倒)되었던 것 같다.[12]

②a. 세가3, 성종 11년, "十二月大廟成庚申[庚申朔太廟成], 敎曰, 邦家之本, 宗廟爲先, …".

b. 지15, 禮3, 吉禮大祀, "[成宗]十一年十一月[十二月], 太廟成, 命儒臣, 議定昭穆位次, 及禘祫儀, 遂行祫禮". 十一月은 十二月의 誤字이다).

이들 기사 중에서 a의 '大廟成庚申'은 '庚申朔太廟成'으로 고쳐야 바르게 될 것이다. 이 해의 송력과 일본력에서 11월(庚寅朔)과 12월(庚申朔)이 모두 대진이기에 고려력도 12월은 庚申朔이 될 수밖에 없을 것이다. 그럼에도 불구하고 庚申의 앞에 大廟成이 있는 것은 『고려사』를 처음으로 을해자로 조판할 때 글자가 도치(倒置)되었을 것이다. 또 大字는 太字로 고쳐야 바르게 된다.

③지1, 천문1, 五星, 月五星凌犯及星變, "德宗元年三月丁酉[26日] 流星出大微, 入轅軒[軒轅]".

이 기사에서 원헌(轅軒)은 헌원(軒轅)의 글자 순서가 바뀐 것으로 을해자로 조판할 때 생긴 오류일 것이다.[13]

---

12) 이는 정종 6년 11월 27일(戊寅)과 선종 7년 8월 19일(辛亥)에는 바르게 되어 있다. 그런데 이때의 오자는 꼭 식자공의 잘못만은 아닐 것이고, 태조의 왕언을 작성했던 문한관에 의한 기억의 오류일 수도 있다. 한편 이 책은 신라의 문장가인 薛守眞(薩守眞, 『삼국사기』 권46, 열전6, 薛聰의 말미에서 守眞으로 확인됨)이 편찬한 것으로 추측되는 『天地瑞祥志』 20권을 가리키는 것이 아닐까 한다. 이 책은 현재 일본의 尊經閣文庫(戰前의 前田利爲所藏本)에 일부가 소장되어 있고(殘卷), 天文·地象·人事 등의 祥瑞를 항목별로 나누어 정리한 유서[類書]이다[權悳永 1999年].

13) 軒轅은 중국인의 조상이라고 하는 黃帝 軒轅氏(혹은 有熊氏·帝鴻氏)를 가리키는데, 이 기사에서 軒轅星은 獅子座의 α星을 가리킨다.

④세가6, 靖宗 9년 9월, "丁丑[13日] 有司奏, 重光寺成造都監[造成都監]使鄭莊, 與吏胥承迪, 盜監臨之物. 請准法杖配".

이 기사에서 성조도감(成造都監)으로 되어 있으나 조성도감(造成都監)이 전도되었을 것이다[東亞大學校 2008年 2冊 374쪽]. 또 이서(吏胥)는 연세대학교본과 동아대학교본에는 사서(史胥)로 되어 있으나 오자이다.

⑤세가10, 선종 5년 9월 某日, "遣太僕少卿金先錫如遼, 乞罷□□□[鴨綠江]榷場, 表曰, … 又壬寅年[文宗16年], 欲設買賣院於義宣軍[宣義軍]南, 論申則葺修設罷".

이 기사에서 의선군(義宣軍)은 보주(保州, 혹은 抱州·把州, 現 平安北道 義州郡)의 군명(軍名)인 선의군(宣義軍)의 오류이다.[14)]

2. 稱元法·體制의 變更에 의한 오류

기전체의 『고려사』가 편찬되기 이전에 이루어진 『고려국사』·『수교고려사』·『고려사전문』 등은 모두 편년체의 사서였고, 이들의 저본이 된 것은 『고려실록』[歷代實錄]·『편년강목 編年綱目』(閔漬)·『사략 史略』(李齊賢)·『금경록 金鏡錄』(李穡·李仁復) 등이었다고 한다.[15)] 이들 저본은 모두 고려시대의 칭원법(稱元法)인 즉위년칭원법(卽位年稱元法)에 의해 연대가 편성되었지만 현존하는 『고려사』는 유년칭원법(踰年稱元法)을 사용하였다. 그래서 『고려사』의 편찬과정에서 편년체로 기록된 기왕의 여러 기사들을 기전체의 편목별(編目別, 志篇, 列傳篇)로 분류하면서 제왕의 명호(名號), 시기의 정리[繫年] 등에 착오를 일으킨 사례도 있다. 이러한 사례는 중원(中原)의 정사에서도 찾아지는데, 당시에 만들어진 묘지명·문집·고문서 등을 통해 잘잘못을 가릴 수 있다. 이를 조목별로 구체적인 사례를 들어 설명하여 보면 다음과 같다.

14) 『요사』 권38, 지8, 지리2, 東京道, 保州宣義軍 ; 『동인지문사륙』 권3 : 『동문선』 권48, 入遼乞罷榷場狀.
15) 『세종실록』 권22, 5년 12월 29일(丙子) ; 권25, 6년 8월 11일(癸丑), 讎校高麗史序文.

[繫年의 誤謬](年次)

편년을 잘못 정리하여 다른 시기에 기사를 수록한 사례가 찾아지는데[계년착오], 이는 『칠대실록』에 해당하는 고려 초기(태조~목종연간)의 중원과의 외교관계에서 많이 찾아지지만 그 이후의 시기에도 나타난다.

①세가2, 혜종 2년, "某月正月혹은二月 □□某日, 晉遣范匡政·張季凝來, 册王, 勑曰, 省所奏, 以先臣遺命, 及官吏推請, 權知國事事, 具悉. 圭茅積慶, 忠孝因心, 早彰幹蠱之名, 顯著象賢之譽. 雅當嗣習, 深契物情, 見先臣知子之明, 成後嗣克家之美. 遠陳章奏, 尤驗純誠, 欣慰之懷, 寤寐無已. …".

이 책봉은 중국 측의 자료와 같이 후진(後晋)에서 혜종의 사후인 945년(開運2, 혜종2 : 定宗 즉위년)의 11월 5일(戊戌) 책봉이 결정되었고, 12월 18일(庚辰) 사신의 파견이 결정된 것이다.[16] 그러므로 『고려사』의 이 기사는 정종 1년(開運3) 1월 또는 2월로 옮겨 가야 할 것이다.

②세가2, 광종 1년 1월, "□□某日, 建元光德".

이 기사는 광종 1년(950)에 수록되어 있으나 광종 즉위년(949)으로 옮겨가야 바르게 된다. 곧 『고려사』 권2, 세가2, 光宗 1年과 表1, 年表1에는 950년(庚戌, 광종1)에 광덕(光德)이라는 연호를 사용하였다고 되어 있다. 그런데 전라남도 谷城郡 竹谷面에 위치한 「大安寺廣慈大師碑」에는 '光德二年歲次庚戌'로 되어 있어, 光德 2년(庚戌)은 950년(광종1)임을 알 수 있다.

또 金帝國의 왕적(王寂, 生沒年 不詳)이 1190년(明昌1, 명종20) 2월 이래 기록한 『요동행부지 遼東行部志』에 의하면, 952년(光德4)의 가을에 광종이 발원한 『대반야파라밀다경 大般若波羅密多經』의 권수(卷首)에 "菩薩戒弟子高麗王王昭, 以我國光

16) 이와 관련된 중국 측의 자료는 다음과 같다.
·『구오대사』 권84, 晉書10, 少帝紀4, "(開運二年十一月戊戌), 以權知高麗國事王武爲特進·檢校太保·使特節·玄菟州都督·充大義軍使, 封高麗國王".
·『신오대사』 권9, 晉本紀9, 出帝, "(開運二年)十一月戊戌, 封王武爲高麗國王".
이와 같은 기사가 『자치통감』 권285, 後晉紀6, 齊王下 ; 『오대회요』 권30, 高麗에도 수록되어 있고, 책봉문서는 淸代에 정리된 『全唐文』 권119, 晉少帝에 「賜高麗國王武勅」으로 수록되어 있다.

德四年歲在壬子秋, 敬寫此經一部, 意者, 昭謬將沖幼獲嗣宗祧機務, 既繫安危所擊, 是以每傾心於天佛, 因勤格以祈求所感心通事無不遂, 故欲報酬恩德, 輒有此願謹記"의 제명(題銘)이 있다고 한다.

이에 의하면 壬子年은 光德 4年에 해당하는데, 이 내용이 옳다면 광덕으로 건원(建元)한 해는 광종 즉위년인 949년이 될 것이다. 그렇다면 『고려사』 세가와 연표에서 연대정리를 잘못한 것[계년착오]은 조선왕조의 초기에 『고려사』를 편찬하는 과정에서 고려시대에 행해진 즉위년칭원법을 유년칭원법으로 재정리하다가 착오를 일으킨 것임을 알 수 있다.

③세가2, 광종 3년, "□□[某月], 遣廣評侍郎徐逢如周, 獻方物".

이 기사는 광종 2년(951)으로 옮겨야 할 것이다. 중국 측의 자료에 의하면 서봉(徐逢)은 광종 3년 1월 13일(庚午) 후주에 도착하였음으로, 951년(광종2) 후반기에 고려에서 출발하였을 것이다. 이는 『고려사』의 편찬자가 고려시대의 즉위년칭원법을 유년칭원법으로 바꾸면서 『광종실록 光宗實錄』(혹은 『칠대사적』)에서 광종 3년의 기사를 광종 2년으로 개서(改書)하지 아니하고 그대로 두었을 가능성이 있다.[17)]

17) 이와 관련된 중국 측의 자료는 다음과 같다.
- 『오대회요』 권30, 高麗, "周廣順元年正月, 遣廣評侍郎徐逢等九十七人來, 朝貢. 二月, 以權知高麗國事王昭, 爲特進檢校太保·使特節·玄菟州都督·上柱國·充大義軍使兼 御史大夫·高麗國王, 仍命衛尉卿劉皥·通事舍人顧彦浦, 持節册之, 劉皥卒於路, 彦浦溺海而死".
- 『송사』 권487, 열전246, 外國3, 高麗, 周廣順元年, "遣使朝貢, 以昭爲特進檢校太保·使特節·玄菟州都督·充大義軍使·高麗王".
- 『신오대사』 권11, 周本紀11, 太祖, 廣順 2년 1월, "庚午[13日] 高麗王昭, 使其廣評侍郎徐逢來".
- 『구오대사』 권112, 周書3, 太祖紀3, 廣順 2년 1월, "庚午, 高麗權知國事王昭, 遣使貢方物".
- 『책부원귀』 권972, 外臣部17, 朝貢5, 廣順 2년 1월 "高麗權知國事王昭, 遣廣評侍郎徐逢等九十七人來, 朝貢".
- 『구오대사』 권112, 周書3, 太祖紀3, 廣順 2년 2월 "癸巳, 以權知高麗國事王昭, 爲高麗國王".
- 『책부원귀』 권965, 外臣部10, 册封3, 周太祖, 廣順 2년, "二月, 制權監高麗國事王昭, 可特進·檢校太保·使特節玄菟州都督·上柱國·充大義軍使·封高麗王. 仍令所司講禮册命, 以衛尉卿劉皥充册使, 通事舍人顧彦浦副之. 皥卒於路, 彦浦溺海而死. 以太僕少卿王演, 借衛尉卿, 充高麗國册禮使, 右衛率府呂繼贇, 借將作少監充使副".

이상의 기사들을 종합해 보면 고려의 사신 廣評侍郎 徐逢이 후주에 와서 공물을 바치자, 權知高麗國事 王昭를 고려국왕으로 책봉하였다는 것이다. 그런데 『오대회요』와 『송사』에

④지36, 兵2, 站驛, "顯宗二十三年, 判[制], 京所司, 於外方州府, 公貼行移時, 須報尙書省, 商確可否而後, 付靑郊驛館使轉送. 若諸所司及宮衙典, 有不遵行者, 館驛使將文貼及事由申省, 隨卽科罪".[18)]

이 기사의 앞부분에 '顯宗二十三年'으로 되어 있으나 현종의 재위기간은 22년이므로 적절하지 못하다. 또 즉위년칭원법에 의한 『현종실록』에서 23년은 유년칭원법으로 체제를 변경한 『고려사』에서 22년에 해당하므로 '顯宗二十三年'은 '顯宗二十二年'의 오류일 것이다.

⑤세가9, 문종 34년 3월 9일(壬申), "遣戶部尙書柳洪·禮部侍郞朴寅亮如宋, 謝賜藥材, 仍獻方物".

이날 류홍(柳洪)·박인량(朴寅亮)을 송에 파견하였다면 중국 측의 자료와 부합되지 않는 점이 많다. 이들 사신단은 1080년(元豊3, 문종34) 1월 이래 송에서 활동을 하고 있으며, 송이 고려에 보낸 칙서(勅書)에 의하면 공물(貢物)을 기미년(1079)에 표실(漂失)하였다고 되어 있다.[19)] 그러므로 이들은 1079년(元豊2) 후반기에 고려에서 출발했을 것으로 보는 것이 옳을 것이다. 그렇다면 이 기사는 임신(壬申)이 있는 전년(문종33) 11월 임신(8일)로 옮기는 것이 좋을 것이다.

[名號의 誤謬]

①지7, 오행1, 광종 2년 10월 8일(丙申), "定宗[光宗]二年十月[己丑朔] 丙申[8日] 西京重興寺九層塔災".

이 기사에서 광종을 정종으로 잘못 표기한 것은 편년체의 『고려사』를 기전체로

서는 그 시점이 廣順元年이었다고 되어 있으나, 『책부원귀』·『구오대사』·『신오대사』, 그리고 『고려사』에는 廣順二年으로 되어 있어 어느 쪽이 옳은지 판가름하기가 어렵다. 만일 廣順二年說을 취하면, 고려는 책봉받기 이전인 廣順元年 12월에 후주의 연호를 처음으로 사용하게[始行後周年號] 된 셈이므로, 廣順元年說을 채택하는 것이 옳을 것이다.

18) 이 기사에서 判은 制로 고쳐야 바르게 될 것이다. 곧 『고려사』에 기록된 제왕의 명령을 나타내는 制·詔(高麗前期)·判(大元蒙古國의 壓制期) 등은 '下制曰'·'下詔曰'·'下敎曰'의 略稱이다. 또 判은 『고려사』의 편찬자가 制·詔를 개서한 것인데, 1449년(세종31) 1월 이래 현존의 『고려사』를 편찬할 때 이실직서(以實直書)의 원칙에 의해 원래대로 환원할 때 수정되지 못하고 남겨진 글자이다.

19) 『송대조령집』 권237, 政事90, 四裔10, 高麗, 爲己未年漂失貢物令來進奏乞更不回賜勅書.

전환하던 과정에서 왕호(王號)를 착각한 것이다.

②세가5, 현종 20년 11월, "庚午[16日] 贈光宗[穆宗]宮人金氏賢妃".

이 기사에서 광종의 궁인(宮人)은 목종의 궁인으로 추측된다. 후비열전에 의하면 광종은 궁인이 보이지 않고, 목종의 궁인 김씨(金氏, 邀石宅宮人)가 찾아진다.[20]

③세가21, 康宗 1년 7월, "壬申[28日] 王受册, 詔曰, 邇者, 前王乃以國讓, 謂卿賢淑, 祈授世封. 肆臨遣於使軺, 俾就加於錫命, 益思忠恪, 茂對寵光. 今差使明虎[昭武]大將軍·大理卿完顏惟基, 副使翰林直學士·大中大夫張翰, 往彼册命, …".

이 기사에서 明虎大將軍은 金帝國의 昭武大將軍(正4品上)을[21] 혜종(武)과 광종(昭)의 어휘(御諱)를 피하여 고려시대에 개자(改字)한 것인데, 『고려사』의 편찬자가 인식하지 못하여 환원하지 못하였을 것이다.

④食貨志2, 科斂, "高宗[元宗]十三年三月, 令諸王及大小臣民, 出豆有差, 以助元軍屯田牛料".

이 기사는 대원몽골국(大元蒙古國)의 둔전(屯田)에 관련된 것인데, 그들이 고려에 둔전에 설치한 것은 1271년(원종12) 1월 12일(丙子) 이후이므로 고종은 원종의 오류이다.[22]

⑤a. 세가16, 충렬왕 즉위년 8월, "戊辰[25日] 王至自元, 百官迎于馬川亭. 伴行元使, 奉詔書先入京, 王御帳殿, 受百官拜, 備儀仗, 先詣堤上宮, 謁殯殿".

b. 지18, 禮6, 國恤, "戊辰[25日] 瀋王[忠烈王]至自元, 詣堤上宮, 謁殯殿".

이들 기사는 원종의 붕어에 대한 같은 사실은 전하는 것인데, 사자(嗣子)인 충렬왕을 a는 왕으로, b는 심왕(瀋王)으로 각각 표기를 달리하였다. 이 기사b에서 심

20) 『고려사』 권88, 열전1, 后妃1, 穆宗. 또 이 해(현종20, 1029)는 51세로 붕어한 광종(925~975)의 105세에 해당하므로 광종의 궁인이 생존하였을 가능성은 거의 없을 것이다(광종이 붕어한 해에 20세의 궁인이었다면 75세임).

21) 『금사』 권55, 지36, 백관1, 武散官.

22) 대몽골국(大蒙古國)이 대원몽골국(大元蒙古國)으로 개칭한 것이 1271년(至元8, 元宗12) 11월 15일(乙亥)이므로 고종대에는 원군(元軍)이 아니고 몽골군(蒙古軍)이었다.

왕에 책봉된 적이 없는 충렬왕이 심왕으로 표기된 것은 『원사』와 이를 답습했던 『고려사』의 찬자에 의한 잘못일 것이다.[23)]

3. 編集·敍述에 의한 오류

『고려사』의 편찬자가 기사의 정리에서 일진[干支]의 오자, 월차[月數]·삭일 등을 빠트린 경우, 일진의 순서가 바뀐 경우, 같은 일진의 중출(重出), 그리고 시기를 잘못 편성한 것[계년착오] 등이 찾아진다. 이는 『고려사절요』와 송력·일본력 등을 통해 보완할 수 있다. 또 저본인 역대 제왕의 실록을 축약하면서 발생한 잘못으로 인해 시기 정리의 실패[계년착오], 사실의 탈락, 일진과 사실의 전도(顚倒), 문장의 전도 등도 찾아진다.

[時期整理의 失敗](繫年)

①a. 세가1, 태조 3년 1월, "□□[某日], 康州將軍閏雄, 遣其子一康爲質, 拜一康阿粲, 以□□卿行訓之妹, 妻之".

b. 『삼국사기』 권12, 신라본기, 景明王 4년, "二月, □□[某日], 康州將軍閏雄, 降於太祖".

『고려사』에서 강주장군(康州將軍) 윤웅(閏雄)이 고려에 귀부(歸附)한 것은 1월로 되어 있으나 같은 사실을 전하는 『삼국사기』에는 2월로 되어 있음을 보아, 이 기사의 시점은 1월이 아니라 2월일 가능성이 높다.

②세가1, 태조 10년, "<u>夏四月</u>[五月辛亥朔] 壬戌[12日] 遣海軍將軍英昌·能式等, 率舟師往擊康州, 下轉伊山·老浦·平西山·突山等四鄕, 虜人物而還. 乙丑[15日] 王攻熊州, 不克".

이 해의 4月은 대진이고 초하루[朔日]는 辛巳이다. 이 달에는 壬戌이 없고, 5월 12일이 壬戌(陽6月 14日)이며, 이 기사에 이어진 다음의 기사인 乙丑도 5월 15일이므로 이달은 5월의 오자일 것이다.

---

23) 『원사』 권108, 표3, 諸王表의 瀋王에 수록된 高麗王昛, 高麗王璋, 高麗王暠 중에서 高麗王昛(忠烈王)는 삭제되어야 하고, 高麗王暠는 高麗王子暠로 고쳐야 바르게 된다. 이 기사에 대한 오류는 일찍이 지적되었다(『원사』, 中華書局, 1985年 2,753쪽).

③세가1, 태조 1년, "十一月[庚午朔] [癸未[14日]:比定] 始設八關會, 御儀鳳樓[威鳳樓]觀之, 歲以爲常".

이 날의 날짜[日辰]는 『고려사』의 편찬자가 임의로 탈락시킨 것인데, 그들은 자신들의 학문적 취향에 걸맞지 않은 불교, 도교, 민간신앙 등과 관련된 기사는 거의 대부분 날짜[日辰]를 삭제하였다. 또 이 날의 날짜[日辰]의 비정은 팔관회가 궁예정권 때 시행된 것을 계승한 것으로 14일의 소회(小會), 15일의 대회(大會)가 개최되었음을 감안하였다. 그리고 의봉루(儀鳳樓)는 『고려사절요』 권1에는 위봉루(威鳳樓)로 되어 있는데, 후자가 옳을 것이다.[24]

④세가23, 고종 25년, "夏閏四月, 賜池珣等及第. 蒙兵至東京, 燒黃龍寺塔. 冬十二月, 遣將軍金寶鼎·御史宋彦琦, 如蒙古, 上表曰 …".

이 해의 기사는 3건만이 수록되어 크게 소략한 편인데, 그 중에서 황룡사의 구층목탑이 소실된 시기를 기록하지 않은 점이 크게 아쉽다. 그래서 지금까지 학계에서는 황룡사구층탑이 불탄 시기가 『삼국유사』에 의거한 是年의 冬으로, 또는 『고려사』의 세가편에 의거한 閏4月로 추정하는 두 견해가 있었다. 그렇지만 『동도역세제자기 東都歷世諸子記』에는 불탄 날짜가 10월 11일(現行의 그레고리曆으로 11月 25日)로 되어 있음을 통해 『고려사』의 세가편에서 불교·도교 등에 같은 편찬자의 기호(嗜好)에 맞지 않은 사실의 서술에서 흔히 구사되었던 是年 또는 冬十月丙辰이 결락되었음을 알 수 있다.

이 때의 사실을 대체적으로 복원해보면, "九月[癸酉朔] 戊寅[6日] 蒙兵來, 屯江外.[25] 冬十月[壬寅朔] 己酉[8日] 五更, 大雪.[26] 某日, 蒙兵至東京, 丙辰[11日] 燒黃龍寺塔. 冬十二月[壬寅朔] 乙丑[24日] 遣將軍金寶鼎·□□[監察]御史宋彦琦, 如蒙古, [上表]曰, …"과 같다.[27]

---

24) 이 威鳳樓는 泰封國의 首都인 鐵圓京에 있었던 宮闕의 樓閣으로서 그 門은 威鳳門이었을 것이다.

25) 이는 『동국이상국집』 후집 권5, 九月六日, 聞虜兵來, 屯江外…에 의거하여 추가하였는데, 이보다 먼저 蒙古軍은 開京에 駐屯하고 있었다고 한다(권5, 食俗所號天子梨, "時, 虜兵止舊京").

26) 이는 『동국이상국집』 후집 권5, 十月八日五更大雪에 의거하여 추가하였다.

27) 이 表는 『동국이상국집』 권28, 上蒙古皇帝起居表[戊戌十二月日, 以致仕述]인데, 앞부분이 省略되어 있고 字句에 출입이 있다. 또 이때 金寶鼎과 宋彦琦의 파견이 중국 측의 자료에도 반영되어 있고 날짜도 확인된다. 그 중 『원고려기사』의 기사는 大元蒙古國이 『송사』·『요사』·『금

⑤a. 세가11, 숙종 5년 9월, "丙戌[23日] 遣[禮部郎中]李載如遼, 謝詔諭".

b. 열전9, 李軌, "肅宗六年, 以禮部郎中, 奉使如遼, …".

이 기사의 a에서 이재(李載, 李軌로 改名)가 거란에 파견된 것은 숙종 5년이지만, b에는 숙종 6년으로 되어 있다. 이는 『고려사』를 편찬할 때 즉위년칭원법에 의한 『숙종실록』을 유년칭원법으로 변경하면서 세가에서는 바르게, 열전에서는 틀리게 편집한 사례의 하나이다.

[時期整理의 失敗](축약)

①세가1, 태조 왕건의 즉위 이전의 사실에 대한 기술에서 다음과 같은 기록이 있다.

"**梁開平三年己巳**[909年], 太祖見裔日以驕虐, 復有志於閫外. 適裔以羅州爲憂, 遂令太祖往鎭之, 進階爲韓粲·海軍大將軍. 太祖推誠撫士, 威惠並行, 士卒畏愛, 咸思奮勇, 敵境讐服. 以舟師, 次于光州塩海縣, 獲萱遣入吳越船而還, 裔喜甚, 優加褒奬. [**乾化二年壬申**[912年]], 又使太祖修戰艦于貞州, 以閼粲宗希·金言等副之, 領兵二千五百, 往擊光州珍島郡. 拔之, 進次皐夷島, 城中人望見軍容嚴整, 不戰而降. 及至羅州浦口, 萱親率兵列戰艦, 自木浦至德眞浦[德眞浦], 首尾相銜, 水陸縱橫, 兵勢甚盛. 諸將患之, 太祖曰, 勿憂也. 師克, 在和不在衆. 乃進軍急擊, 敵船稍却. 乘風縱火, 燒溺者大半, 斬獲五百餘級, 萱以小舸遁歸".[28]

이 기사에서 후반부의 기록과 같이 왕건이 덕진포(德眞浦, 現 全羅南道 靈巖郡 德津面 德津里) 전투에서 승리하고 능창(能昌)을 체포한 것은 912년(乾化2)에 이루어진 일이므로 이 기사에서 '乾化二年壬申'이 편찬자의 세심한 배려가 없는 자료

사』 등을 편찬할 때 고려에게 그들과 관계되는 事蹟을 요구할 때(세가36, 충혜왕 후4년 5월, "壬午18日 元遣直省舍人實德來, 索宋·遼·金三國事蹟"), 고려가 제시한 자료(「大遼古今錄」·「大遼事蹟」·「大金事蹟」 등)에 의거한 것을 바탕으로 만들어진 책(『永樂大典』에 분산되어 있었던 것)을 抄錄한 것이다[張東翼 2005년].

·『원사』 권208, 列傳95, 外夷1, 高麗, "十二月, 瞮遣其將軍金宝鼎·□□[監察]御史宋彦琦等奉表入朝".

·『원고려기사』, 태종 10월, "十二月二十四日, 瞮遣其將軍金寶鼎·□□[監察]御史宋彦琦等奉表入朝".

28) 德眞浦는 德津浦의 誤字일 것이다[金明鎭 2014년 120쪽].

의 축약으로 인해 탈락되었을 것이다.[29]

②세가2, 태조 17년, "春正月[閏正月] 甲辰[3日] 幸西京, 歷巡北鎭, [而還:節要轉載]".

이 해의 正月에는 甲辰이 없고 甲辰은 閏正月의 3日이므로, 『태조실록』을 축약하면서 윤자(閏字)를 탈락시켰을 가능성이 있다.

③a. 세가4, 현종 1년, "[十二月[乙巳朔]], 庚戌[6日] 丹兵陷郭州."

b. 『고려사절요』 권3, 현종 1년, "十二月庚戌, 丹兵入郭州".

이 기사에서 庚戌의 앞에 十二月이 결락되었는데, 이는 庚戌이 12월 6일이므로 쉽사리 알 수 있다. 또 자료 b와의 비교를 통해서 오류를 바로 잡을 수 있다.

④세가4, 현종 9년 6월, "丁丑[戊寅18日] 王子生於延慶院, 賜名曰亨, 改院爲宮, 仍賜禮物".

그런데 세가6, 靖宗, 總論에 의하면 정종(亨)은 1018년(현종9) 7월 戊寅(18일)에 출생하였다고 되어 있고, 이 기사의 丁丑은 前日인 17일이다. 정종의 생일은 18일(戊寅)이 분명할 것인데, 이 기사에서 丁丑으로 된 것은 『고려사』를 편찬할 때 실록의 내용을 편찬자가 자신의 주관(主觀)에 따라 축약시키면서 날짜[日辰]를 제대로 정리하지 못하였던 결과에 의한 오류일 것이다. 이는 묘지명에 수록되어 있는 어떤 인물의 별세일(別世日)과 『고려사』의 그것이 차이를 보이는 여러 사례를 통해 확인할 수 있다.

⑤志18, 禮6, 百官忌暇, "顯宗十一年閏六月□□[某日], 制, 無親子祖父母忌日, 除庶人外, 文武入仕人, 並給暇一日兩宵".

---

29) 이와 관련된 자료로 다음이 있다[愼成宰 2007년·2010년 ; 金明鎭 2014년 118쪽].

·『삼국사기』 권50, 열전10, 甄萱, "開平四年, 萱怒錦城投于弓裔, 以步騎三千圍攻之, 經旬不解. 乾化二年, 萱與弓裔戰于德津浦".

·「康津無爲寺先覺大師遍光塔碑」, "至[天祐]九年八月中, 前主[弓裔]永平北□□□□□□□□發舳艫, 親駐車駕, 此時, 羅州歸命, 屯軍於浦嶼之傍, 武府逆鱗, 動衆於郊畿之場". 是年은 912년(天祐9→乾化2, 水德萬歲2)인데, 8월에 弓裔[前主]의 명령을 받은 왕건이 舳艫船을 이끌고 羅州에 이르니 나주는 항복하고 武州[武府]는 저항하였다고 한다.

이 기사의 모두에 "顯宗十一年閏六月"이 있으나, 이 해의 閏月은 12월이어서 이 기사는 시기정리[계년]에 실패한 자료이다. 『고려사』 세가편에 의하면 현종 연간에는 閏6月이 1015년(현종6), 1028년(현종19)에 있었던 것 같으나 후자는 오류이다. 그렇다면 이 기사는 연도를 신빙한다면 현종 11년 6월에, 월차(月次)를 신빙한다면 현종 6년 閏6月에 옮겨야 할 것이다. 그렇지만 현재의 상태에서 어느 것이 옳은 지는 판가름하기가 어려워서 잠정적으로 현재의 위치(是年 6월)에 편입하였다.

[文章의 脫落]

①世家1, 태조 1년 8월, "癸亥[23日] 以熊·運等十餘州縣, 叛附百濟, 命前侍中金行濤爲東南道招討使·知牙州諸軍事, □□□[以備之]".

이 기사는 『고려사절요』 권1에 以備之가 더 있는데, 그렇게 해야 바르게 될 것이다.

②세가1, 태조 10년 8월, "丙戌[8日] 王狥[徇]康州, □□[行過]高思葛伊城, 城主興達歸欵. 於是, 百濟諸城守, 皆降附".

이 기사를 『고려사절요』 권1, 열전5, 興達 등과 비교하면 행과(行過)의 두 글자가 탈락되었음을 알 수 있다.

③세가3, 목종 2년 是歲, "遣吏部侍郎朱仁紹如宋[吏部侍郎趙之遴, 遣牙將朱仁紹如宋], 帝特召見. 仁紹自陳國人思慕華風, 爲契丹劫制之狀. 帝賜詔齎還".

이 기사는 중국 측의 자료에 의하면 999년(목종2)의 사실이 아니라 1000년(咸平3, 목종3) 10월에 일어났던 사건이므로 목종 3년으로 이동시켜야 한다. 또 이 구절은 이부시랑(吏部侍郎) 조지린(趙之遴)이 아장(牙將) 주인소(朱仁紹)를 등주(登州)에 보내어 이보다 먼저 파견한 병교(兵校) 서원(徐遠)의 사정을 살피게 한 것이다. 그래서 '遣吏部侍郎朱仁紹如宋'은 문장의 탈락이 있으므로 '吏部侍郎趙之遴, 遣牙將朱仁紹如宋'으로 고쳐야 바르게 된다.[30]

---

30) 이와 관련된 중국 측의 자료는 다음과 같다.

·『속자치통감장편』 권47, 咸平三年十月, "庚午, 自淳化末, 高麗朝貢中絕, 及王治卒, 弟誦立, 嘗遣兵校徐遠來, 候朝命, 遠久不至. 於是, 其臣吏部侍郎趙之遴, 遣牙將朱仁紹, 至登

④a. 세가10, 선종 7년 6월, "甲辰[11日] 制, 災變屢作, 時雨愆期, 放內外公徒·私杖以下罪, 官吏犯法罷職者, 理無私曲, 量敍本品".

b. 『고려사절요』 권6, 선종 7년 6월, "□□[某日], 制曰, 今年以來, 災變屢作, 時雨愆期, 朕甚懼焉. 其放內外公徒·私杖以下輕罪, 悉令放除, 諸官吏犯法罷職者, 理無私曲, 量敍本品. 吏民於丁卯年[宣宗4年], 借貸新興倉穀米未還者, 咸使蠲免".

c. 지34, 食貨3, 災免之制"制曰, 今年以來, 災變屢作, 時雨愆期, 朕甚懼焉. 其內外公徒·私杖以下輕罪, 悉令放除, 吏民於丁卯年, 借貸新興倉穀米未還者, 咸使蠲免".

이들 기사 중에서 a의 기사를 b와 c의 내용과 비교해 보면 『고려사』의 편찬자가 『선종실록』의 내용을 적절히 압축하지 못하고, 문장의 핵심적인 내용을 탈락시킨 것을 알 수 있다.

⑤지7, 오행1, 충렬왕 30년 10월, "[忠烈王]三十年十月乙未[17日]雷, 丙申[18日]亦如之, □□□[十一月]己酉□[朔]雷, 壬子[4日]·癸丑[5日]亦如之".

이 기사에서 己酉의 앞에는 十一月이, 己酉에는 朔이 각각 탈락되었다. 이러한 현상은 천문지(天文志)에서 많이 찾아지는데, 이로 인해 간지로 된 날짜[日辰]를 아라비아 숫자로 계산할 때 불명(不明)으로 처리할 수밖에 없는 일진의 빈도가 천문지에서 매우 많다.

[事實의 誤謬]

①세가1, 태조 9년, "是歲, 遣張彬如唐".

이 기사에서 고려가 장빈(張彬, 張芬)을 후당(後唐)에 파견한 것으로 되어 있으나, 『삼국사기』에는 신라가 다음해(927) 2월 병부시랑(兵部侍郞) 장분(張芬)을 후당

州偵之, 州以聞. 上特召見<u>仁紹</u>, 勞問賜以器帛. <u>仁紹</u>因自陳國人思慕皇化, 爲契丹羈制之狀. 乃賜<u>誦</u>鈿函詔一通, 令<u>仁紹</u>齎送. 時, 明州又言, 高麗國民<u>池達</u>等八人, 以海風壞船, 漂至鄞縣. 詔付登州給貲糧, 俟便, 遣歸其國".

·『송사』 권487, 열전246, 外國3, 高麗, "治卒, 弟誦立, 嘗遣兵校<u>徐遠</u>來, 候朝廷德音, 遠久不至, 咸平三年, 其臣吏部侍郞<u>趙之遴</u>, 命牙將<u>朱仁紹</u>至登州偵之, 州將以聞, 上特召見<u>仁紹</u>. 因自陳國人思慕皇化, 爲契丹羈制之狀, 乃賜誦鈿函詔一通, 令<u>仁紹</u><u>齎</u>還".

이상과 유사한 자료가 『元豊類藁』 권31, 高麗世次 ; 『옥해』 권154, 朝貢, 錫予·外夷 ; 『고려도경』 권2, 王氏 ; 『문헌통고』 권325, 四裔考2, 高句麗에도 수록되어 있다.

에 파견한 것으로 되어 있다. 중국 측의 기록에는 같은 해 2월 1일(壬午) 후당에 도착한 것으로 되어 있음을 보아, 이 해에 신라가 파견한 것으로 보는 것이 옳을 것이다(『삼국사기』 권12, 신라본기12, 경애왕 4년 ; 『신오대사』 권6, 唐本紀6, 明宗 ; 『구오대사』 권38, 唐書14, 明宗紀4).

②세가9, 문종 30년 2월, "丁亥朔, 日食".

이 날(율리우스曆의 1076년 3월 8일)의 일식(日食)은 북동아시아 3국에서 관측되지 않는 것이라고 한다[渡邊敏夫 1979年 305쪽·安英淑 2009年 65쪽]. 전근대사회에서 만들어진 동아시아 3국의 각종 전적에는 일식과 월식에 대한 기록이 많이 남겨져 있으나 그것이 실제 일어났던 일식과 월식의 현상을 모두 기록한 것이 아니기에 비교하기는 어렵다. 또 일식과 월식이 거행되었다는 『고려사』의 기록도 사실이 아닌 경우도 찾아지는데, 이는 『고려사』의 기록이 고려의 실록만을 저본으로 한 것이 아니고 천문관측을 기록한 다른 어떤 자료를 이용했을 가능성이 있다. 그 자료는 실제로 행해진 일·월식의 결과를 기록한 것이 아니라 사전(事前)에 계산상(計算上)으로 예측한 자료일 것으로 추측된다.

③세가9, 문종 32년, 7월, "乙未[23日] 安燾等還. 王附表謝之, … 時人云, 自呂<u>侍郎</u>端使還之後, 不見中華使久矣. 今聞其來, 瞻仰峻節, 不圖所爲, 如是".

이 기사에서 이전 시기에 송제국의 사신이 마지막으로 고려에 온 것은 988년(성종7) 10월에 온 예부시랑(禮部侍郎) 여단(呂端)이라고 하였으나, 실제는 993년(성종12) 6월 7일(甲子)의 유식(劉式)과 진정(陳靖)이다.[31)]

④지1, 천문1, 月五星凌犯及星變, 예종 1년 3월, "庚子[8日]<u>月食</u>□[于]□□[星名]".

이 기사에서 경자(8일)에 월식이 일어날 수 없으므로 어떤 착오일 것이다. 또 일본의 자료에서도 이 달의 3월 15일(丁未)에 월식이 확인되지 않는다(고려력과 同一, 日本史料3-8册 556쪽). 그리고 이날은 율리우스력의 1106년 4월 13일인데, 월식에 관

31) 『고려사』 권3, 세가3, 성종 12년 6월 甲子. 또 여단이 띤 예부시랑은 실직(實職)이 아니고 사신으로 파견될 때 임시로 승급시킨 차직(借職)이다. 그의 실직은 考功員外郎兼侍御史·知御史雜端이었다(『송사』 권487, 열전246, 외국3, 高麗).

련된 각종 정보가 없다[渡邊敏夫 1979年 474쪽]. 그렇다면 이 기사의 월식은 月食□于□□(星의 名稱)으로 고쳐야 할 것이다.

⑤세가12, 예종 2년 7월, "乙未, 以門下侍郞平章事崔弘嗣△爲權判尙書吏部事·監修國史, 中書侍郞平章事李頫爲文德殿大學士·判尙書禮部事·修國史, 參知政事尹瓘爲上柱國·修國史, 參知政事任懿△爲判尙書刑部事, 參知政事△爲金景庸爲西京留守使, 樞密院使王嘏△爲判三司事".

이 날의 인사이동에서 이오(李頫)가 중서시랑평장사로, 윤관이 참지정사로 기록되어 있는 점이 주목되는데, 이들은 1105년(예종 즉위년) 11월 4일(戊戌) 각각 문하시랑평장사와 중서시랑동평장사에 임명되었다. 그 중에서 윤관은 다음해(예종1) 9월 27일(乙卯)과 12월 3일(庚申)에 평장사로 되어 있다. 이를 통해 보아 이와 같이 하위직으로 강등된 관직을 지닌 인사행정은 이루어질 수 없으므로, 이 기사는 1105년(예종 즉위년) 11월 4일(戊戌) 이전의 乙未로 이동되어야 할 것이다. 추측하건데 그 시기는 같은 해 9월 乙未朔일 가능성이 높다.

[事實의 漏落]

여러 편목으로 나누어진 『고려사』에는 『고려사절요』에 수록되어 있는 내용이 찾아지지 않는 사례도 있고, 외국의 자료에 나타나는 사실이 반영되어 있지 않은 경우도 있다.[32)]

①세가5, 현종 15년 5월, "庚子14日 東女眞懷化將軍阿閼那來朝".

고려시대에는 조공·래조(來朝)해온 여진(女眞), 곧 국경지역에 인접해 있던 화내여진(化內女眞, 혹은 化內蕃人, 고려의 政令과 敎化가 미친 지역 내의 女眞)에게는 향직(鄕職, 高麗初期의 官階)과 무산계(武散階)를 수여하였다. 이에 비해 인접(隣接)하지 않아 고려에 순응(順應)하지 않으면서 래조(來朝)해 왔던 화외여진(化外女眞, 化內女眞의 對稱槪念)에게는 柔遠綏遠大將軍·懷化大將軍·奉國大將軍·歸德大將軍·平遠大將軍·柔遠綏遠將軍·懷化將軍·奉國將軍·歸德將軍·寧塞將軍·懷遠將

32) 『고려사』가 여러 사람에 의한 분찬(分纂)이었기에 개인의 기호에 의해 특정부분이 삭제되는 경우도 있었는데, 그 대표적 사례의 하나가 인종세가편에 서북면과 동북면의 양계 병마사의 임명을 전혀 수록하고 있지 않은 점이다.

軍·寧遠將軍 등의 귀화무산계(歸化武散階)를 수여하였다. 이들 관계는 그들의 공로에 따라 부여되었고, 시일의 경과·공로 등에 따라 승급(陞級)되었다.[33)]

이는 당제국이 이민족의 지배층을 초유(招諭)하면서 이들을 위해 설정한 무산계인 懷化大將軍(正3品上)·懷化將軍(正3品下)·歸德大將軍(從3品上)·歸德將軍(從3品下)·懷化中郎將(正4品下)·歸德中郎將(從4品下)·懷化郎將(正5品下)·歸德郎將(從5品下)·懷化司階(正6品下)·歸德司階(從6品下)·懷化中侯(正7品下)·歸德中侯(從7品下)·懷化司果(正8品下)·歸德司果(正8品下)·懷化執戟長上(正9品下)·歸德執戟長上(從9品下) 등을 적절히 변개(變改)하여 사용하였던 것으로 추측된다.[34)] 그렇지만 『고려사』 백관지에서는 귀화무산계의 실체에 대한 어떠한 언급도 없다.

②세가7, 문종 3년 2월 12일(乙亥), "鄭傑[鄭倍傑]□[爲]同知中樞院事".

이 기사의 정걸(鄭傑)은 그의 역관(歷官)을 통해 볼 때 정배걸(鄭倍傑)이 일시 개명(改名)하였던 이름인 것 같다.[35)] 곧 열전에 수록된 인물조차 개명의 사실을 기록하지 않은 경우가 많아 사실의 파악에 어려운 곳이 많다. 그래서 어떤 재상이 돌연히 등장하는 경우에는 개명에 의한 것일 가능성이 있으므로 관료들의 역관을 면밀하게 검토할 필요가 있다.[36)]

③세가8, 문종 23년, "[是歲, 禮賓省移牒福建轉運使羅拯, 願再開國交:追加".

이 기사는 『고려사』에 수록되어 있지 않지만, 당시에 있어서 宋과의 외교를 위한 접촉은 매우 중요한 사실이므로 이해의 기사에서 누락된 것이 분명할 것이다.[37)]

---

33) 『고려사』 권6, 세가6, 정종 4년 1월 辛酉·9년 9월 庚辰·권7, 세가7, 문종 1년 3월 丙戌·권9, 세가9, 문종 27년 2월 乙未·권11, 세가11, 숙종 5년 2월 乙巳.

34) 『신당서』 권46, 지36, 백관1, 兵部, 武散階.

35) 『고려사』 권95, 열전8, 鄭文 ; 「竹山七長寺慧炤國師碑」.

36) 『고려사』에서 改名의 사실이 기록되어 있지 않은 채, 두 종류의 이름이 함께 기재되어 있는 사례로 문종대의 崔思諒(一時 崔思訓으로 改名), 예종대의 崔弘宰(崔弘正의 개명, 金龍善 2015년)·尹誧(尹諧의 개명), 고종대의 朴文成(朴犀의 개명), 충렬왕대의 崔湍(崔冲紹의 개명)·金利用(金延壽의 개명)·庾自偶(庾瑞의 개명) 등이 있다.

37) 중국 측의 자료는 다음과 같다.

·『송사』 권487, 열전246, 外國3, 高麗, "熙寧二年, 其國禮賓省移牒福建轉運使羅拯云, 本朝商人黃眞·洪萬來稱, 運使奉密旨, 令招接通好. 奉國王旨意, 形于部述. 當國僻居暘谷, 邈戀天

④세가8, 문종 33년 11월, “[是月, 禮賓省移牒日本大宰府, 求名醫:追加]”.

이 기사는 문종의 질병을 치료하려고 의사의 파견을 일본에 요청하면서 외교의 수립을 타진하려는 목적이 가미되어 있었던 제의이기에, 당시에 있어서 중요한 사실일 것이므로 이 달의 기사에서 누락된 것이 분명하다.[38]

朝, 頃從祖禰以來, 素願梯航相繼. 蕞爾平壤, 邇于大遼, 附之則爲睦鄰, 疏之則爲勍敵. 慮邊騷之弗息, 蓄陸讐以靡遑. 久困羈縻, 難圖攜貳, 故違述職, 致有積年. 外雲祥, 雖美聖辰於中國, 空知日遠, 如迷舊路于長安. 運屬垂鴻, 禮稽展慶. 大朝化覃無外, 度豁包荒, 山不謝乎纖埃, 海不辭於支派. 謹當遵尋通道, 遄赴槀街, 但玆千里之傳聞, 恐匪重霄之紆眷. 今以公狀附眞·萬西遷, 俟得報音, 卽備禮朝貢. 徽又自言嘗夢至中華, 作詩紀其事”.

·『寶慶四明志』 권6, 敍賦下, 市舶, “熙寧二年, 前福建路轉運使羅拯言, 據泉州△[商]人黃眞[愼][本名犯孝宗廟諱所具狀, △[愼]嘗以商至高麗, 高麗舍之禮賓省, 見其情意, 欣慕聖化, 兼云 祖禰以來, 貢奉朝廷, 天聖遣使之後, 久違述職, 便欲遣人, 與眞[愼]同至, 恐非儀例, 未敢發遣, 兼得禮賓省文字, 具在乞詳酌行. 時, 拯已除發運使, 詔拯諭眞[愼]許之. 高麗欲因眞[愼] 由泉州路入貢, 詔就明潤州發來. 自是, 王徽·王運·王熙, 修職貢尤謹, 朝廷遣使, 亦密往來, 率道于明, 來乘南風, 去乘北風, 風便不踰[逾]五日, 卽抵岸, 明州始困供頓”. 이에서 添字는 판본에 따라 달리 표기된 것이다.

·『石林詩話』, “高麗, 自太宗後, 久不入貢, 至元豊初, 始遣使來朝. 神宗, 以張誠一館伴, 令問其復朝之意, 云其國與契丹爲鄰[隣], 每因契丹誅求, 藉不能堪, 國主王徽, 常誦華嚴經, 祈生至中國, 一夕忽夢至京師, 備見城邑宮闕之盛, 覺而慕之, 乃爲詩, 以記曰, 惡業因緣近契丹, 一年朝貢幾多般, 移身忽到中華裏[地], 可惜中宵漏滴殘. 余大觀間, 館伴△[高]麗人, 常見誠一語錄, 備載此事”. 이에서 添字는 판본에 따라 달리 표기된 것이다.

이들 자료와 유사한 기록이 『文昌雜錄』 권5, 元豊 7년 1월 5일 ; 『문헌통고』 권325, 四裔考2, 高句麗에도 수록되어 있다.

38) 이는 다음의 자료에 의거하였다.

·『朝野群載』 권20, 異國, 高麗國禮賓省牒大日本國大宰府, “當省, 伏奉聖旨訪聞, 貴國有能理療風疾醫人, 今因商客王則貞廻皈次仰[故鄉], 因便通牒, 及於王則貞處, 說示風疾緣由, 請彼處, 選擇上等醫人, 於來年早春, 發送到來, 理療風疾, 若見功效, 定不輕酬者. 今先送花錦及大綾·中綾各一十段·麝香一十臍, 分附王則貞, 賫持將去知大宰府官員處, 且充信儀, 到可收領者. 牒具如前, 當省所奉聖旨, 備錄在前, 請貴府若有端的能療風疾好醫人, 許容發送前來, 仍收領疋段麝香者, 謹牒」己未年 十一月日牒」少卿林槩」生」卿崔」卿鄭」.

이 牒은 원형을 그대로 유지한 것이 아니라 후세에 필사하는 과정에서 약간의 변형이 이루어지고, 글자의 판독이 제대로 되지 못했던 것 같다. 이에서 禮賓省의 卿(종3품)과 少卿(종4품)이 각각 2人으로 되어 있는데, 당시의 職制에서 1인으로 되어 있는 것과 차이를 보이고 있다(『고려사』 권76, 지30, 백관1, 禮賓寺). 또 이 牒의 末尾인 禮賓省官僚의 署名에 대한 검토도 있다[近藤 康 2011年].

⑤세가14, 예종 12년 7월, "[是月, 遣使如金, 請保州:追加]".

이 기사는 거란이 압록강 동쪽에 보주(保州)를 설치하여 고려를 견제하여 왔기에 당시에 이의 회복(回復)이 가장 절실한 문제였기에 누차에 걸쳐 사신을 파견하여 할양을 요청하였으나 받아들여지지 않았다. 그러므로 이는 사실을 누락한 가장 대표적 사례의 하나가 될 것이다.[39]

[原典引用의 失敗]

①열전6, 金審言, "(成宗)九年七月, 上封事, 王下敎褒奬曰, 朕自御洪圖, 思臻盛業, 內設百寮, 外分牧守, 無曠分憂之任, 欲施利俗之方, 忝冲人之庸昧, 想政敎之陵夷, 昨省右補闕兼起居注金審言所上封事二條, 其一曰, 周開盛業, 姬旦上無逸之篇, 唐啓中興, 宣宗製百僚之誡. 按說苑六正·六邪文, 曰夫[故]人臣之行, 有六正·六邪. 行六正則榮, 犯六邪則辱. □□□□□□□□□[夫榮辱者禍福之門也]. 何謂六正□□[六邪], □□□[六邪者]一曰, 萌芽未動, 形兆未見, 明[昭]然獨見興[存]亡之機[氣]□□□□[得失之要], 預禁乎未然之前, 使主超然立于[乎]顯榮之處, □□□□□[天下稱孝焉]. 如此者聖臣也. 二曰, 虛心白意, 進善通道, 勉主以禮義[誼], 諭主以長策, 將順其美, 匡救其惡, □□□□[功成事立], □□□□[歸善於君], □□□□□□[不敢獨伐其勞], 如此者良臣也. 三曰, □□□□[卑身賤體], 夙興夜寐, 進賢不懈[解], 數□[數]稱往古之□[德]行事, 以勵主意. □□□□[庶幾有益], □□□□□□□□[以安國家社稷宗廟], 如此者忠臣也. 四曰, 明察□□[幽見]成敗, 早防而救之, □□□□[引而復之], □□□□□□[塞其間絶其源], 轉禍□[以]爲福, 使君終已無憂. 如此者智臣也. 五曰, 守文奉法, 任官職事, 辭祿讓賜, □□□□[不受贈遺], □□□□[衣服端齊], 飮食節儉. 如此者貞臣也. 六曰, 國家昏亂, 所爲不諛[道], □□[然而]敢犯主之嚴顔[顏], 面言主之過失, □□□□[不辭其誅]. □□□□[身死國安], □□□□[不悔所行]. 如此者直臣也. 是爲六正□[也]. 何謂六邪[六邪者], 一曰, 安官貪祿, □□□□[營於私家], 不務公事, □□□□□□[懷其智藏其能], □□□□□□□□[主饑於論渴於策], □□□□[猶不]

39) 이는 다음의 자료에 의거하였다.
- 『금사』 권2, 본기2, 太祖, 天輔 1년 8월, "癸亥[8日] 高麗遣使來, 請保州".
- 『금사』 권60, 표2, 交聘表上, 收國二年[天輔元年], "高麗遣蒲馬請保州, 詔諭高麗王, 保州近爾邊境, 請爾自取". 이에서 收國二年은 天輔元年으로 고쳐야 바르게 된다[『금사』, 中華書局, 1985년 1414쪽]. 이처럼 도표로 작성된 『금사』交聘表에는 조판과정에서 연대정리[繫年]에 실패한 사례가 찾아지고 있다. 또 이에서 고려의 사신의 이름이 蒲馬로 기록된 점이 특이하다.

[肯盡節], □□□[容容呼]與世沈浮□□[上下], 左右觀望. 如此者具臣也. 二曰, 主所言皆曰善, 主所爲皆曰好[可], 隱而求主之所好, 而[即]進之以快主之耳目, 偷合苟容, 與主爲樂, 不顧其後害. 如此者諛臣也. 三日. 中實陰詖[頗險], 外□[容]貌小勤[謹], 巧言令色, 妬善[又心]嫉賢, 所欲進則明其善, 而隱其惡. 所欲退則明其過, 而匿其美, 使主□□□□[妄行過任], 賞罰不當, 號令不行. 如此者姦臣也. 四日, 智足以飾非, 辯足以行說, □□□□□□□□[反言易辭而成文章], 內離骨肉之親, 外構[妬]亂於朝廷. 如此者讒臣也. 五日, 專權擅勢, □□□□[持招國事]以爲輕重, □[於]私門成黨, 以爲富家[以富其家], □□□□□□[又復增加威勢], 擅矯主命, 以自貴顯. 如此者賊臣也. 六日, 諂主以佞邪[邪], 陷[墜]主於不義, 朋黨比周, 以蔽主明, □□□□□□[入則辯言好辭], □□□□□□[出則更復異言], □[使]白黑無別, 是非無閒, □□□□□□□[伺候可推而因附], □[然]使主惡布於境內, 聞於四隣. 如此者亡國之臣也. 是謂六邪. 賢臣處六正之道, 不行六邪之術, 故上安而下理[治]. … 令內外諸司, 用爲勸戒, 其下內史門下, 頒示內外司存, 依所奏施行".

이 기사는 성종 9년 7월 우보궐(右補闕) 김심언(金審言)이 올린 봉사문(封事文)을 전재한 것인데, 이에서 첨자는 『설원 說苑』 권2, 臣術에서 본문(本文)이 더 있거나 달리 표기된 글자이다. 추측컨데 『고려사』의 편찬과정에서 본문을 축약하였을 것이고, 달리 표기된 글자인 嚴顏[顏], 何謂六邪[六邪者], 陰詖頗險, □[容]貌, 妬善[又心], 構[妬]亂於朝廷 등을 통해 볼 때 김심언이 읽은 六正·六邪는 『설원』(여러 판본에 따라 약간의 자구에 차이가 있음)은 아닌 것 같고, 『貞觀政要』 권3, 論擇官第7, 貞觀 14년에 인용된 내용으로 추정된다.

②세가3, 성종 12년 3월 7일(乙未), "敎曰, 朕聞, 王者父天母地, 兄日姊月, …. 晉書所云, 兄弟旁及, 禮之變也".

이 기사에서 兄弟旁及은 『晉書』에 나온다고 되어 있으나 『通典』 권48, 禮典2, 兄弟相繼藏主室, "晋太常華恒被符, 宗廟宜時有定處. 恒按前議以爲, 七代制之正也, 若兄弟旁及, 禮之變也. 則宜爲神主立室, 不宜以室限神主. 今有七室, 而神主有十, 宜當別立. 臣爲經朝已從漢制. 今經上繼武帝, 廟之昭穆, 四代而已"를 인용한 것이다. 또 『진서』 권44, 열전14, 華表, 恒과 권19, 지9, 禮上에는 화항(華恒, 生沒年不詳, 4世紀前半 西晉의 宰相)이 예제(禮制)의 개정에 참여한 것은 기록되어 있으나 兄弟旁及에 대해 언급한 내용은 찾아지지 않는다.

③지39, 형법2, 軍律, 예종 1년 7월, 某日,[40] "都兵馬使奏曰, 頃者, 東蕃之役, 軍令不嚴, 故將帥無敢力戰, 卒伍亦皆奔潰, 屢致敗績. 書云, 左不攻于左, 右不攻于右, 汝不恭命. 用命, 賞于祖, 不用命, 戮于社, 予則孥戮汝".

이 기사에서 인용된 구절은 『尙書』 권3, 甘誓第2, 夏書(혹은 『書經』, 甘誓), "啓與有扈, 戰于甘之野, 作甘誓, 大戰于甘, 乃召六卿, 王曰, … 今予惟恭行天之罰, 左不攻于左, 汝不恭命, 右不攻于右, 汝不恭命, 御非其馬之正, 汝不恭命, 用命, 賞于祖, 弗用命, 戮于社, 予則孥戮汝"를 인용한 것이다. 이에서 밑줄을 친 부분은 『고려사』에서 탈락된 것이다.

④세가14, 예종 11년 12월, "甲申[25日] 宴淸讌閣, 謂學士等曰, 朕嘗覽貞觀政要, 太宗曰, 但使天下大[太]平, 家給人足, 雖無祥瑞, □[亦]可比德於堯舜. 若百姓不足, 夷狄內侵, 縱有芝草□[遍]□□[街衢], □□□□□[鳳凰巢苑囿], □亦何異於桀紂. …".

이 기사에서 당 태종의 말은 『貞觀政要』 권10, 論祥瑞第38에 수록되어 있는데, 이에서 달리 표기된 것은 첨자와 같다.

⑤지15, 예3, 吉禮, 大祀, 공민왕 6년 8월 某日, "命[門下侍中致仕]李齊賢, 定宗廟昭穆之次. 齊賢, 上議曰, 謹按宗廟之制, 天子七廟, 諸侯五廟, 太祖, 百世不遷, 太祖而下, 父爲昭, 居左, 子爲穆, 居右, 昭穆左右, 則百世亦不變. 故[春秋左氏傳], 有太王之昭, 王季之穆, 文之昭, 武之穆[之文]".

이 기사에서 이제현이 인용한 구절은 『春秋左氏傳』, 僖公 5년 秋, "公曰, 晉吾宗也. 豈害我哉. 對曰, 太伯·虞仲, 太王之昭也, 太伯不從, 是以不嗣. 虢仲·虢叔, 王季之穆也, 爲文王卿士, 勳在王室, 藏於盟府, 將虢是滅, 何愛於虞, 且虞能親於桓·莊乎, …"와 관련이 있는 것 같다.

그렇지만 이때 이제현이 『춘추좌씨전』의 구절을 인용한 것이 아니라 주희(朱熹)의 글(b)을 인용하였을 것이지만, 『고려사』의 편찬자는 실상을 파악하지 못하였던 것 같다.

·『晦庵先生朱文公文集』 권69, 禘祫議,

40) 이 날은 13일(壬寅)로 추정된다.

a. "而左氏傳曰, 太伯·虞仲, 太王之昭也, 虢仲·號叔[虢叔], 王季之穆也, 又曰管蔡魯衛, 文之昭也, 耶晉應韓, 武之穆也". 이에서 호숙(號叔)은 괵숙(虢叔)의 오자이다.

b. "… 傳所謂太王之昭, 王季之穆, 文之昭, 武之穆, 是也".

·『黃氏日鈔』 권35, 讀本朝諸儒理學書, 晦庵先生文集2, "… 傳所謂太王之昭, 王季之穆, 文之昭, 武之穆, 是也".

[人名·地名의 誤謬]

『고려사』의 편찬에서 북방민족의 인명과 지명을 한자로 표기할 때 일관성이 부족하여 표기를 잘못한 경우도 있는데, 이는 중원의 사서에서도 마찬가지이다.

①세가4, 현종 1년 7월, "戊寅朔, 契丹遣給事中梁炳·大將軍那律允[耶律允]來, 問前王之故".

이 기사에서 나율윤(那律允)은 야율윤(耶律允)의 오자일 것이다. 거란이 외국에 파견한 정사(正使)는 거란의 야율씨(耶律氏) 또는 소씨(蕭氏)였고, 부사(副使)는 그 이외의 성씨(姓氏)였다[陶玉坤 1999年 ; 西尾尚也 2000年].

②세가4, 현종 9년 12월, "戊戌10日 契丹[駙馬:節要轉載]蕭遜寧[蕭排押], 以兵十萬來侵".

이 기사의 소손령(蕭遜寧, 蕭恒德의 字)은 중국 측의 자료에 의하면 그의 형인 소배압(蕭排押)의 오류이다.[41)]

③세가5, 현종 20년 閏2월, "是月, 東·西女眞阿忽·沙一羅[沙逸羅]·骨盖等一百餘人來, 獻土馬·兵器, 增爵一級".

이 기사에서 사일라(沙一羅)는 사일라(沙逸羅)의 다른 표기일 것이다.[42)]

---

41) 중국 측의 자료는 다음과 같다.

·『요사』 권16, 본기16, 聖宗7, 開泰 10년 10월, "丙辰[27日], 詔以東平郡王蕭排押爲都統, 殿前都點檢蕭虛列爲副統, 東京留守耶律八哥爲都監伐高麗".

·『요사』 권80, 열전10, 耶律八哥, "(開泰)七年, 上命東平王蕭排押帥師伐高麗, 八哥爲都監, 至開京, 大掠而還".

·『요사』 권115, 열전45, 二國外記, 高麗, "(開泰)七年, "詔東平郡王蕭排押爲都統, 蕭虛烈爲副統, 東京留守耶律八哥爲都監, 復伐高麗".

④세가5, 현종 21년 10월, "是月, 契丹奚哥[奚家]·渤海民五百餘人來投, 處之江南州郡".

이 기사에서 해가(奚哥)는 여타(餘他)의 기사에서는 모두 해가(奚家)로 기록되어 있음을 보아 후자의 오자로 추측된다.[43)]

⑤세가5, 靖宗 8년 1월, "己巳[24日] 東女眞歸德將軍阿兜幹等四十九人來, 獻土物".

이 기사에서 아두간(阿兜幹, Adugan)은 『고려사절요』 권4에는 아도간(阿都幹)으로, 世家6, 靖宗 9년 7월 丁丑(12일)에는 아두간(阿豆幹)으로 달리 표기되어 있다.

[一貫性의 缺如]

일반적으로 『고려사』 제지(諸志)의 기년표기(紀年表記) 중에서 즉위년(卽位年, 고려왕조의 實錄에 의하면 元年)의 기사는 전대 제왕(前代帝王)의 말년(末年, 崩御한 年度)으로 표기하였다. 곧 5월에 즉위한 덕종 즉위년의 기사는 '德宗卽位年某月某日'로 기술(記述)하지 아니하고, 현종이 붕어(崩御)한 해인 '顯宗二十二年某月某日'로 기술하였다. 이는 편년체의 『고려사』를 기전체로 체제를 변경하였음에도 불구하고 편년체에서 사용하던 표기 방식을 바꾸지 않았다는 것이다. 또 기사의 서술방식도 일정한 법도(法度)가 있었으나 그대로 준용하지 않았던 사례도 찾아진다.

①지38, 刑法1, 避馬式, "顯宗卽位□[年], 禮儀司奏, 定文武官路上相見禮. 一品官, 正三品以上, 馬上祗揖, …".

이 기사의 앞부분에 현종즉위(顯宗卽位)로 되어 있는데, 이 경우는 붕어한 황제의 기년에 따라 穆宗十二年과 같이 표기한 여타의 사례와는 차이가 있다.

②a. 지36, 병2, 城堡, "文宗卽位□[年], 遣兵部郎中金瓊, 自東海, 至南海, 築沿邊城

---

42) 여타의 기록에서는 모두 沙逸羅로 되어 있다(현종 13년 1월 丁亥17日·19년 12월 壬辰[某日]·22년 3월).

43) 奚家는 奚族을 가리키는데, 이들은 南北朝時期 이래 庫莫奚라고도 불렸던 東胡系統의 鮮卑族의 한 部類이다. 이후 여러 갈래로 나뉘어 있다가 契丹帝國 支配下에서 13部, 28落, 101帳, 362族이 하나의 種族으로 통합되었다(『금사』 권67, 열전5, 奚王回离保).

堡·農場, 以扼海賊之衝".

b.『고려사절요』 권4, 靖宗 12년 6월, "遣兵部郎中金瓊, 自東海, 至南海, 築沿邊城堡·農場, 以扼海賊之衝".

이 기사의 앞부분에 문종즉위가 있는데, 일반적으로 전왕(前王)의 재위년(在位年)을 표시했던 관례에 의하면 靖宗十二年으로 표기하였을 것이다.

③지28, 선거2, 國子試額, "忠穆王初年, 祭酒田淑蒙取安保麟等九十九人".

이 기사에서 앞부분에 忠穆王初年이 있는데, 이는 원년(元年)이 아닌 즉위년(卽位年)을 지칭(指稱)하는 것으로 추측된다. 그렇다면 이는 忠惠王後五年으로 표기했어야 일관성을 유지하게 되었을 것이다.

④a. 세가27, 원종 13년 1월, "辛巳22日, 元移鳳州屯田于塩·白州".

b.『원사』 권7, 본기7, 세조4, 至元 9년 1월, "辛巳, 移鳳州屯田於鹽·白二州".

이 기사는 원제국에서 이루어진 사실을 동일한 날짜[日辰]에 그대로 전재(轉載)한 것이기에 적절하지 않다. 중원에서 고려와 관련되어 일어난 사건을 직접 서술할 때는 월말(月末)에 일진(日辰)을 붙여(是月某日), 연말(年末)에 월차(月次)를 붙여(是歲某月) 첨서(添書)하는 것이 일반적이었다.[44)]

⑤세가33, 충선왕 복위년 10월 10일(乙未), "是日, 宿定安君許琮第".

이 기사의 정안군 종(定安君 琮, 혹은 悰, 許珙의 孫)은 충렬왕이 궁궐에서 양육하였다고 한 것으로 보아 입양(入養)하여 사성(賜姓)하였던 것 같다.[45)] 그래서 성씨를 칭하지 않고 있는데, 1308년(충선왕 복위년) 10월 10일(乙未, 提示된 記事)과 21일(丙午)에는 허종(許琮)으로 기록되어 있지만, 1323년(충숙왕10) 10월 16일(甲戌), 1324년(충숙왕11) 2월 11일(丁卯), 1329년(충숙왕16) 10월 16일(己亥) 등에는 성씨가 기록되어 있지 않아 일관성을 잃고 있다. 이러한 양상은 여타의 왕족에게서도 더러 나타난다.

---

44) 그렇지만 이 시기 이후 대원몽골국의 지배질서하에 편입되면서 고려의 국왕이 燕京[大都]에 체재하고 있을 때, 그곳에서 일어난 일을 그대로 수록한 것은 문제가 없을 것이다.

45)『고려사』 권105, 열전18, 許珙, 悰.

[校正의 失敗]

마지막의 고본(稿本)이 만들어질 때 당시의 대표적인 문필가, 전고(典故)에 밝은 박학(博學)한 인물에게 윤문과 교감을 받아야 될 것인데, 그러하지 못해 적절하지 못한 용어의 사용, 사실의 착오, 사실의 전후를 감안하지 않아 관작(官爵)·인명·지명 등에 오류를 범한 경우도 있다.

①세가1, 태조 2년 3월, "辛巳[13日] 追謚[諡]三代, 以曾祖考爲始祖[國祖]·元德大王, 妃爲貞和王后, …".

이 기사의 시조(始祖)는 『고려사절요』 권1에는 국조(國祖)로 달리 표기되어 있는데, 후자가 옳을 것이다. 시조는 세계(世系)에서 추심(推尋)할 수 있는 최초의 조상(祖上)이므로(『儀禮』 권11, 喪服第11, "大祖始封之君, 始祖者, 感神靈而生, 若稷契也"; 『儀禮疏』 권30, "云始祖, 感神靈而生, 若后稷契也"), 태조 왕건의 시조는 성골장군을 자칭한 호경(虎景)이다.

②세가1, 태조 5년 2월 某日, "契丹□□[遣使]來, 遺槖駝馬及氈".

이 기사의 □□에 견사(遣使)를 넣어야 바르게 될 것인데, 윤문(潤文)을 하지 않았던 것 같다.

③지31, 百官2, 外職, 西京留守官, "置廊官【廊者官號, 方言曹設】, 侍中一人·侍郎二人·郎中二人·上舍一人·史十人. 衙官【衙亦官名, 方言豪幕】, □[令]具壇一人·卿二人·監一人·粲一人·理決一人·評察一人·史一人. 兵部, 令具壇一人·卿一人·大舍一人·史二人. 納貨府, 卿一人·大舍一人·史二人. 珍閣省, 卿一人·大舍二人·史二人. 內泉府, 令具壇一人·卿二人·大舍二人·史二人".

이 기사는 태조 2년에 설치된 평양대도호부(平壤大都護府)의 분사체제(分司體制)의 정비에 관한 것인데, 아관(衙官)의 □에 영자(令字)가 탈락되었던 것 같은데, 이는 병부와 내천부의 장관이 령구단(令具壇)임을 통해 알 수 있다.

④세가1, 태조 13년 8월, "己亥[8日] 幸大木郡[大木岳郡], [合東西兜率, 爲天安府, 置都督: 節要轉載], 以大丞弟弓爲天安都督府使, 元甫嚴式爲副使".

이 기사에서 대목군(大木郡)은 대목악군(大木岳郡)의 오류일 가능성이 있다. 『고려사』에 의하면 고려 초기에 대목군이 두 곳에 있었던 것처럼 보이는데, 그 하나는 현재의 경상북도 칠곡군 약목면(若木面)에, 다른 하나는 현재의 충청남도 천안시 목천면(木川面)에 있었던 것으로 비친다. 그렇지만 후자를 백제의 대목악군(大木岳郡, 統一新羅의 大麓郡)으로 비정하면 두 개의 대목군이 존재하지 않았던 것으로 이해할 수 있을 것이다.[46)]

⑤세가14, 예종 15년 8월, "戊戌[30日] 幸大東江[大同江], 登舟觀魚".

이 기사에서 大東江은 大同江의 오자인데, 『고려사절요』 권8에는 바르게 되어 있다[東亞大學校 2008년 4책 436쪽]. 이는 전사 또는 집자에서 발생한 단순한 오자였으나 후세에 목판본으로 복각할 때 고본을 만들거나 교정을 담당하였던 문인관료의 무성의를 잘 보여주는 글자일 것이다.

이상에서 『고려사』의 편찬과정에서 발생한 여러 가지의 오류를 찾아내어 형태별로 구분하고 대표적인 사례를 교정하여 보았는데, 이를 간단히 정리하여 결론으로 삼고자 한다.

연대기의 편찬에는 일정한 체제가 있고, 사실의 서술에는 일정한 방식이 있으나 현존의 『고려사』는 이를 철저하게 준용하지 못하였던 것 같다. 또 기왕의 주석본에서 일부의 오자·탈자 등이 지적되기도 하였으나 사실의 교정단계에는 이르지 못하였다. 이제 『고려사』가 지니고 있는 문제점을 지적하면 다음과 같다.

첫째, 현존 『고려사』를 처음 을해자로 채자·조판할 때 오자·탈자 등이 발생하였고 활자의 전도(顚倒)도 일어나 문장의 구성에 착란이 생긴 곳도 없지 않지만, 이를 복각한 목판본에서도 오류를 바로잡지 못하였다.

둘째, 당시에 사용하던 칭원법이 변경되면서 편년의 정리에 실패한 사례[繫年錯誤]가 있고, 편년체로 기록된 여러 사실을 기전체로 재편성하면서 제왕의 명호, 시기의 정리[繫年] 등에 오류가 발생한 사례도 있다.

셋째, 기사의 정리에서 일진[干支]의 오자, 월차[月數]·삭일 등을 빠뜨린 경우, 일

---

46) 『삼국사기』 권36, 雜志5, 지리3, 西原京, 大麓郡·권37, 雜志6, 지리4, 百濟, 熊川州, 大木岳郡. 또 이 사실은 金明鎭教授의 조언에 의해 알게 되었다.

진의 순서가 바뀐 경우, 같은 일진의 중출(重出), 그리고 시기의 잘못된 편성[계년착오] 등이 찾아진다.

넷째, 고려왕조의 실록을 축약하면서 발생한 잘못으로 인해 문장의 탈락, 사실의 누락, 원전인용(原典引用)의 잘못 등도 찾아진다.

다섯째, 사실의 앞뒤를 감안하지 않아 관작·인명·지명 등에 오류를 범한 경우도 있다. 그 중에서 북방민족의 인명·지명을 한자로 표기할 때 일관성을 갖추지 못한 사례도 많다.

이러한 『고려사』의 약점은 활자로 인쇄하던 과정에서 발생한 단순한 오류도 있으나 그보다는 고려시대에 사용된 즉위년칭원법을 유년칭원법으로의 변경, 연월일순으로 정리된 편년체를 주제별로 분류한 기전체로의 재편성 등에 의해 잘못이 많이 발생한 것 같다. 또 철저한 자료의 정리, 윤문, 교정 등이 이루어지지 못하여 생긴 오류도 찾아지는데, 이는 전고에 해박하지 못한 춘추관의 젊은 하급관원들에 의해 편사(編史)가 이루어진 결과로 추측된다. [『歷史教育論集』 56, 2015]

제3절 『역주고려사』의 성과와 한계

『고려사』의 주석본(注釋本)을 이해하기 위해서는 고려시대사의 연구에 대한 전개를 살펴 볼 필요성이 있다. 전전(戰前)에는 고려사에 대한 연구가 거의 일본인학자의 소수인에 의해 이루어졌기에 그 성과는 이렇다하게 발전하지 못했다. 그러다가 전후에 한국학자에 의한 이 분야에 의한 연구가 진행되기도 하였으나, 이 시기에 이루어진 좌·우 이념의 대립에 학자들도 관여하여 큰 진전을 보지 못했다. 뒤이어 한국전쟁과 그로 인한 황폐화로 인해 모든 분야에 걸쳐 발전이 제대로 이루어지지 못했다.

이러한 형편으로 인해 1950~60년대의 고려시대사연구도 전체상에 있어서는 큰 진전을 보지 못했지만, 姜晋哲·李基白·邊太燮·李佑成教授 등에 의해 특정분야가 심도있게 연구되어 이 분야의 연구를 한 단계 높은 수준으로 이끌어 올려졌다. 이어서 1970~80년대에는 수많은 정예의 학자들이 등장하여 여러 분야에 걸쳐 두드러진 연구업적을 발표하여 고려사의 연구에 새로운 기풍을 조성하기도 하였다[邊太燮 1986년 16쪽]. 그럼에도 불구하고 고려시대사 연구의 기본사료인 『고려사』와 『고려사절요』에 대한 체계적인 검토와 분석이 이루어지지 못해 학문후속세대의 육성에 큰 기반을 다져놓지 못한 한계를 가지고 있었다.

이로 인해 한국사의 여타 분야가 큰 발전을 거듭하고 있는 것에 비해 고려시대사의 연구 성과는 큰 진전을 보지 못하게 되었다. 그 결과 고려시대사는 이를 전공하려는 대학원생이 소수에 지나지 않는 영세한 연구 분야로 전락하게 될 위기에 처해 있다. 이는 한국대학의 대부분 사학과에 고려시대사를 전공하는 교수가 충원되지 않아 향후의 진로를 감안하지 않으면 안되는 현실적인 이유도 있었기 때문이다. 또 남북의 분단으로 인해 당시의 수도였던 개성지역(開城地域)에의 접근이 불가능한 점에 기인하는 바도 있지만, 해방 이후 남·북한이 모두 자신의 정통성을 강조한 나머지 고구려 및 신라의 연구에 중점적인 지원을 해왔던 것도 하나의 이유로 작용하였다.

한편 1960년대 이후 군부독재체제가 지속된 거의 20여년 간에 걸쳐 기성학자들은 한국 측의 문헌인 연대기·문집·금석문 등의 자료에만 한정된 연구로 많은 성과를 축적하기도 하였으나 늘 자료 부족을 내세워 기대치에 이르지 못한 경우가 많았다. 그러면서도 이들은 1980년대 이후 각종 독재체제에 비판적인 인식을 지닌 일부 소장 학자들에 의해 새로운 이론적 방법의 구사가 일어나자, 이들의 성과에 대해서는 자료의 뒷받침이 부족하다는 거부감을 보이기도 하였다. 이는 한국전쟁 전후에 활약했던 학자들이 외국의 자료를 부분적이나마 이용하기도 했던 전통을 계승하지 못한 채, 연구에만 몰두할 수 없었던 당시의 현실에 순응하였던 결과였을 것으로 판단된다.

이상과 같은 한계를 극복하기 위해서는 고려시대사보다 더 문헌자료가 부족한 한국고대사분야와 같이 연대기에 대한 다양한 주석본이 만들어져서 향후 고려시대사의 연구에 튼튼한 기초가 이루어져야 할 것이다. 또 끊임없는 새로운 자료를 발굴하여 연대기가 지닌 자료적인 한계를 보충해 나가야 할 것이다. 이를 위한 학계의 자기 성찰이 요청되는 동시에 기왕에 이루어진 주석본의 『고려사』가 지니고 있는 문제점도 검토해 볼 필요성이 있다.

현재까지 『고려사』의 주석본은 거의 네 종류가 발간되었는데, 각각의 공과(功過)를 정리해보면 다음과 같다.

1. 『譯註高麗史』

이는 1960년에 『고려사』를 최초로 역주(譯注)하기 시작하여 1972년에 11책으로 완간된 업적으로[1책은 1965年 刊行] 이에 참여했던 학자들은 어려서부터 전통적인 유가(儒家)의 가문(家門)에서 성장하여 유학에 잘 훈도(薰陶)되어 있었던 인물들이다. 또 근대적인 학문도 일정하게 이수하였으며 동아대학(東亞大學)에서 교수로 재직하고 있었던 인물을 중심으로 하여 인근지역의 유학자들이 일부 참여하였다. 그렇기 때문에 박학강기(博學强記)하여 전고(典故)에도 밝은 경륜(經綸)들이 이 책의 번역에 반영되었다고 할 수 있을 것이다.

이로 인해 이 역주본은 사서삼경을 위시한 전통적인 학문에 대해 거의 무지했던 필자를 포함한 70년대 이래의 학문후속세대들에게 큰 영향을 주었다. 당시 군사 독재체제 하에서 대학에서의 강의는 제대로 진행되지 못했다. 그래서 대학원생들의 고려시대에 대한 입문은 이 책을 통해 이루어졌다고 할 수 있다. 아울러 이 책의 색인(索引)이 기존의 영인본의 그것에 비해 매우 상세하므로 한문에 능숙했던 기성의 학자들도 이를 이용하였을 것으로 추측된다. 그래서 이 책은 현재까지도 큰 영향력을 지니고 있다.

그렇지만 이 책에도 일정한 한계가 없지 않아 관직명을 위시한 여러 보통명사들이 동사(動詞)로 번역되기도 하였다. 또 대원몽골국[大元蒙古國]의 압제 하에서 이루어졌던 외교문서들에 백화체(白話體)가 등장하였지만, 이를 적절히 해독하지 못하기도 하였다. 또 고사성어(故事成語)들에 대한 주석도 당시의 경제적인 사정으로 인한 지면(紙面)의 제한으로 인한 것인지는 알 수 없으나, 이에 인용된 내용들이 거의 앞뒤가 잘린 채[去頭截尾] 수록되었기에 무슨 의미인지를 알 수 없는 경우도 많이 있다. 또 인용문헌의 판본, 권수, 그리고 장절이 제시되어 있지 않아 원전(原典)을 확인하기에 너무나 어려움이 많이 있다.[1)]

2. 『高麗史』

이는 북한에서 1962년에 역주작업이 시작되어 1966년에 완성된 것으로 남한의 역주본과 거의 비슷하게 출간되었지만, 남북의 왕래가 두절되어 있었던 당시의 사정으로 인해 남한학계에서 유통되지 못하였다. 그러다가 20여년 후에 남한에서 영인되어 보급되게 되었는데[新書苑 1991년], 이는 60여인의 역사 및 한문학자가 동원되어 국가적인 사업으로 추진되었다고 하지만, 이들의 학문적인 위상은 확인할 수 없다.

이 주석본은 동아대학의 그것과는 달리 한글 전용(專用)으로 번역되었으므로 일반인에게는 유용한 바가 많을 것이지만, 특이한 번역의 내용은 원전을 대조하여야만이 자구(字句)의 파악이 가능할 수 있는 부분도 있다. 또 주석이 평이하게 정리되어 있지만, 한글에 병용(竝用)된 한자(漢字), 한자읽기, 내용 설명 등에서 많은

1) 이 점은 고사성어의 풀이에서 諸橋轍次, 『大漢和辭典』, 大修館書店, 1960年을 이용했던 결과로 추측된다.

오류가 찾아지고 전거나 학계의 연구 성과가 제시되어 있지 않아 전문학자에게는 큰 도움을 줄 수 없는 한계를 지니고 있다.

3. 『국역고려사』

이는 『역주고려사』의 계승사업으로 2001년부터 진행되어 2011년에 완성을 보았다. 이의 주석 작업에 참여한 인물들은 동아대학 석당연구원(石堂硏究院)의 연구원들을 중심으로 하여 한국전쟁 이후에 출생한 50대의 중반에서 30대에 걸친 중견 및 소장학자들을 주축으로 한 한국중세사학회의 회원들이 대거 참여하였다. 기존의 『역주고려사』가 주로 동아대학의 연구진들 곧 한학과 전고에 밝은 원로학자들에 의해 추진되었는데 비해, 관련된 학계의 신세대들이 참석하였다는 점에서 일정한 의의가 있다.

이러한 『국역고려사』는 여러 면에서 이전의 여러 주석본에 비해 내용적으로 크게 보완된 점이 많았다. 곧 과거의 여러 주석본이 원문의 내용을 거의 직역하여 주석본을 고려시대사의 이해에 입문서로 삼는 학문후속세대에게 난해한 감을 준 점도 없지 않았다. 이 점을 감안하여 현재에 통용되고 있는 문장으로 개수(改修)한 점이 높이 평가될 수 있을 것이다.

그렇지만 참여자들이 한학과 전고에 능하지 못하고, 각종 경전에 대한 지견(知見)이 부족하여 난해한 문장의 해석이나 고사성어에 대한 주석은 『역주고려사』의 내용을 그대로 전재하거나 일부를 이용하여 현시점에 걸맞게 윤문(潤文)한 경우도 없지 않다. 그 결과 주석의 전거가 분명히 밝혀지지 못한 곳도 있고, 인용의 저본에서 잘못된 내용을 그대로 전달한 경우도 없지 않았다.[2)]

그리고 이 작업의 참여자에게 배당된 분량이 『고려사』의 세가46권, 지39권, 열전50권 중에서 1인당 대체로 1권 혹은 1.5권씩이었다[金光哲, 2012년a]. 각인(各人)에게 배당된 부분은 세가편과 열전편은 참여자의 연구시기에 맞추어, 지편(志編)은 연구분야에 맞추어 선정하였다고 한다. 이로 인해 학계에서 축적된 연구 성과가 각주(脚注)에 상세히 반영될 수 있게 되어, 이 주석본의 가치를 더 한층 높여주고 있다.

---

2) 제1책에 수록된 사례만을 들어 보면 齒學·四封 등과 같은 고시성어를 설명한 脚注이다.

그렇지만 주석자 자신의 업적을 지나치게 이용하여 중복, 삼복으로 인용한 경우도 없지 않고, 일반화되지 못한 자신의 견해를 지나치게 강조한 점도 없지 않다. 또 주석자에게 주어진 여건에 의해 다른 학자의 연구 성과를 위시하여 외국학계의 연구 성과가 전혀 반영되지 못한 한계도 있다. 또 지편(志編)을 담당한 일부의 참여자들은 평소 비교적 좁은 영역(領域)을 집중적으로 세밀하게 연구한 결과인지는 알 수 없으나, 타 분야에 대한 연구 성과를 제대로 반영하지 못한 부분도 많이 있다.[3)]

이러한 미비점은 먼저 참여자들의 많은 인물들이 사전(事前)에 개최된 심포지움에 참석하지 않아 집필의 방침과 방법을 이해하지 못하였고, 원고청탁과 함께 보내진 지침서를 숙지(熟知)하지 않았던 결과일 것으로 추측된다. 또 현재까지 학회의 차원, 또는 소규모의 차원에서 『고려사』의 윤독(輪讀)이 제대로 이루어지지 못하여 관련된 학자 사이에 공통된 인식을 전혀 갖추지 못하였던 결과일 것인데, 이것이 미비점의 더 큰 요인으로 작용하였을 것이다.

이러한 미비점들은 원고(原稿)가 수합(收合)된 이후 이 사업을 주관했던 편찬위원회에서 일관성을 정하여 여과(濾過)될 수도 있었을 것이지만, 턱없이 부족했던 경비와 제한된 시간으로 인해 관철될 수 없었을 것이다. 또 이 편찬위원회가 교수들로 구성되어 있었을 것이기에, 책자(册子)의 구성·편집·조판 등에 있어 충분한 자문을 받지 못하였을 것이다. 이 점은 향후 충분히 해결될 수 있는 것이므로 큰 한계로 지적되지는 않을 것이다.

4. 未完成의 『譯註高麗史』

이와는 달리 1990년대 중반에 어떤 국책연구기관[現 韓國學中央研究院]의 기금으로 『고려사』를 역주하려는 프로젝트가 시작되었는데, 그 첫 대상이 지편(志篇)이었으나 어떤 문제가 있어 중단되었던 것 같다. 그렇지만 이에 참여했던 대부분의 학자들은 자신에게 주어진 과제에 대해 최선을 다하여 후일 개별적으로 훌륭한 성

3) 이 점은 충렬왕 세가편의 역주에 참여한 필자도 예외는 아닐 것이며, 담당했던 부분이 간행되지도 않았던 시점에서 조차 용의주도하지 못했던 스스로의 불찰을 부끄러워하기도 하였다.

과를 거두었다[權寧國 等 1996년 ; 朴龍雲 2009년 ; 蔡雄錫 2009년 ; 金龍善 2011년].[4] 이들 성과를 모두 언급할 형편은 아니기에 이들 중에서 『고려사』에 관한 기왕의 어떠한 주석서에 비견될 수 없는 두 결과를 가지고서 말해 보고자 한다.

먼저 백관지(百官志)를 다룬 업적은 『고려사』의 전반에 걸친 내용을 소략하게 만들어진 백관지에 투영(投影)시켜 여러 면에서 주목할 만한 성과를 거두었다. 우리들이 『고려사』를 읽을 때 가장 궁금증을 불러일으키는 것이 백관지의 내용인데, 이 책에서 상세한 주석이 이루어졌고, 또 변화가 무상했던 직제(職制)를 일목요연(一目瞭然)하게 도표화(圖表化)하는데 성공하였다. 앞으로 이 책은 중세사연구자들이 늘 가까이 두는 필수품이 되어 오랫동안 그 생명력을 유지할 것으로 판단된다. 그렇지만 『고려사』와 내용적으로 약간씩 차이를 보이고 있는 고문서(古文書)·석각(石刻) 등의 자료에 수록된 사실과의 비교에 문제점이 없지 않다. 또 고려의 여러 정치제도의 치폐(置廢)는 중원(中原)의 정치제도를 수용하여 현실에 적합하도록 변용(變用)되고 폐기(廢棄)되었던 점을 감안할 때, 이들 제도를 보다 명쾌히 해명하기 위해서 중국 측의 자료나 이에 대한 연구 성과를 원용(援用)하였으면 하는 아쉬운 점이 없지 않다.[5]

다음으로 형법지(刑法志)를 다룬 업적은 백관지의 역주작업이 지닌 하나의 한계를 초월하려는 결과인지는 알 수 없으나, 당제국의 법제를 많이 의식하면서 연구의 결과를 마무리하여 우리의 지견(知見)을 한 단계(段階)씩 상승(上昇)시켜 주었다. 곧 고려왕조가 당의 법제를 많이 준용하였던 점을 염두에 두고서 그들의 법

4) 필자의 기억으로는 1997년 전반에 이 작업의 중간보고서가 제출되었는데, 위에서 열거한 성과 이외에도 예지, 선거지 등의 보고서가 함께 제출되었던 것 같다. 이들의 내용은 너무나 부실하였고 아직까지 그 결과보고서가 제출되지 않은 것 같다. 그렇지만 이에 참석했던 한 분은 선거지와 여복지도 주석하여 대단한 성과를 거두어(2012년, 2013년) 후진들의 귀감이 되었다.

5) 저자는 『고려사』가 지니고 있는 약점을 잘 알고 있으면서도 잘못 정리된 것으로 판단되는 기사조차 버리지 않고 사료로서 이용하려고 하였다. 곧 백관지에 의하면 중서문하성에는 中書侍郎平章事(혹은 中書侍郎同中書門下平章事)와 門下侍郎平章事(혹은 門下侍郎同中書門下平章事), 中書平章事와 門下平章事의 두 種類2種의 宰相職이 있었다고 하지만, 후자는 전자의 약칭(略稱)일 뿐이다[장동익 2013년]. 저자도 이를 잘 인지하고 있었을 것이지만, 끝까지 버리지 않고 품고 있는 것은 『고려사』에 수록된 미세한 구절까지 소중하게 다루려고 하는 정성의 소산물일 것이다.

률문서인『당률소의 唐律疏議』와 수습된 당령(唐令)의 내용을 고려의 형법지의 해당조문(該當條文)과 비교·검토하여 괄목할 만한 성과를 거둔 것으로 판단된다. 그렇지만 고려의 법제는 독자적인 불문율(不文律)과 관습법(慣習法)을 중심으로 하여, 주로 관인층(官人層)에게 적용의 대상으로 삼았던 당제(唐制)를 위시한 북위(北魏)·송(宋)·몽골[蒙古] 등과 같은 제국(帝國)의 법률질서가 함께 적용되기도 하였다. 그러므로 중국적인 법률체계와 고려의 법제가 퇴적(堆積)되어 있었던 조선왕조의 법제를 보다 더 많이 소급 적용하여『고려사』의 형법지를 이해하였으면 어떨까하는 소견을 제시해 본다.

아울러 양자가 국가기관의 연구비 지원을 통해 이 작업에 참여하였다면, '연구의 앞부분에서 참여한 모든 인물들과 함께 고려의 법령제정이나 제도의 개폐를 편년별로 총정리하는 작업을 선행하여, 제지(諸志)를 역주했어야 보다 충실한 결과를 얻을 수 있었을 것인데' 하는 아쉬움이 남아 있다.『고려사』의 주석과 같은 큰 사업은 국가기관의 재정지원 아래 관련된 학회의 의견을 제시받아 숙고(熟考)를 거듭하여야 했을 것이므로, 그 때의 일을 기획했던 당해자(當該者)의 단견(短見)을 지적(指摘)하고 싶다.[6)]

이상과 같은 여러 종류의 역주본이 만들어 졌음에도 불구하고 이들 역주 작업에서 무엇인가 미진(未盡)한 점이 없지 않은 것 같다. 그것은 대부분의 연구자들이 여러 종류의『고려사』와『고려사절요』의 판본(版本)을 읽어 보고, 그것들이 가진 차이를 검정(檢定)하지 못했기 때문일 것이다. 이로 인해 교정본(校定本)이 만들어지지 못했고, 여러 종류의 주석서(注釋書)에서 극히 일부분의 내용의 차이나 오자(誤字)를 추출하는 정도였다. 그 결과 내용의 주석과 번역이 중심이 되었고, 각 편목(編目) 사이의 비교를 통한 사실(事實) 또는 사실(史實)의 차이와 그 잘잘못을 가리지 못했다.

또 이를 판가름하지 못했던 가장 주요한 원인의 하나는 고려력(高麗曆)의 실상(實相)을 파악하지 못하여 간지(干支)로 남겨져 있는 날짜[日辰]를 아라비아 숫자로 계산(計算)하지 못했던 점에 있다. 필자가 고려력의 복원(復元)에 노력하여 어느

6) 그 외에 풍문에 의하면 어떤 국책연구기관에 의해『고려사』의 주석작업이 가만히 진행되어 현재 세가편은 완성되었다고 하며, 2015년 현재 지편과 열전편이 작업 중에 있다고 한다.

정도 성과를 거두었고, 이를 『고려사』에 적용시켜 본 결과 수많은 문제점이 발견되었음은 앞에서 언급(言及)한 바와 같다.[7)]

이상과 같은 사실들을 감안하여 향후(向後)에는 여러 판본의 『고려사』와 『고려사절요』를 비교 검토하여 보다 나은 교정본이 간행되어야 할 것이다. 또 여러 종류의 『역주고려사』는 주석자의 고려시대사에 대한 다양한 관점이 반영되어 있음으로, 그 장단(長短)을 평가하기 보다는 역사적인 사실을 어떻게 접근해야 실상(實相)에 보다 가까이 접근할 수 있는가? 하는 목적의 달성을 위한 방편으로 받아 드려야 할 것이다. [新稿]

---

7) 그렇다면 독자께서는 필자에게 어떤 기관의 데이터베이스에 올려 져 있는 아라비아 수자로의 계산치에 대한 신빙성 여부를 질문하실 것이다. 이는 대체로 신빙할 만하지만, 정확하지 못한 잣대를 정확한 측정위치에 올려놓지 못해 불명(不明)으로 처리한 것이 많아 마치 길을 잘 인도하던 네비게이션이 간혹 자동차를 엉뚱한 곳으로 안내하기도 하는 꼴과 같다고 비유할 수도 있다.

제2장
『고려사』의 편찬과정에서 內容의 改書

제1절 편찬과정에서의 改書

고려시대사를 연구하는데 있어 기본적 사료인 『고려사』에 대한 검토는 일찍부터 여러 방면에서 이루어져 일정한 성과를 축적하였다. 먼저 1960년대에 이의 영인과정(影印過程)에서 간단한 해제가 있었고, 이어서 병지(兵志)에 대한 역주작업도 행해졌다.[1] 그 후 1970년대에 이의 편찬 과정·편찬 원칙·내용 분석·이에 나타난 역사관·사론·객관성의 문제 등이 차례로 검토되어 1980년대에 하나의 단행본으로 간행되었다.[2] 이와 함께 편찬방침에서 나타난 국왕중심[王權]과 사대부중심[臣權]의 문제를 검토하기 위해 『고려사절요』와의 비교가 이루어지기도 하였고,[3] 『고려사절요』의 검토를 통해 사료의 분량이 검정되기도 하였다.[4]

이와 함께 1970년대에 동아대학에서 『역주고려사』가 간행되었고, 이것이 2000년대에 다시 새로운 『국역고려사』작업의 일환으로 열전부분이 간행되어 학계에 크게 기여하고 있다.[5] 또 이 사업과 관련되어 「백관지」를 분석한 업적이,[6] 이와는 달리 한국학중앙연구원에서 여러 지(志)를 역주한 업적이 간행되어[7] 큰 성과를 거두었다.

이러한 연구 성과에 의해 『고려사』의 편찬 과정에서 나타난 여러 가지의 양상과 이 책이 지니고 있는 성격, 사료적 가치 등이 보다 분명해졌다. 이들 업적을 진전시키기 위해서는 『고려사』가 지니고 있는 여러 양상들을 보다 다각적으로 분석

---

1) 李基白, 「高麗史解題」 『高麗史』(영인본), 연세대학 동방학연구소, 1972 ; 李基白, 『고려병제사연구』, 일조각, 1960.
2) 邊太燮, 『高麗史의 硏究』, 삼영사, 1982.
3) 韓永愚, 『조선전기사학사연구』, 서울대학출판부, 1981.
4) 尹龍爀, 「고려시대 사료량의 시기별 대비」 『공주사대논문집』 24, 1986.
5) 동아대학 고전연구실, 『역주고려사』, 1982 ; 동아대학 석당학술원, 『국역고려사』, 2006.
6) 崔貞煥, 『역주고려사백관지』, 경인문화사, 2006.
7) 權寧國 等, 『역주고려사식화지』, 한국정신문화연구원, 1996 ; 朴龍雲, 『고려사백관지역주』, 신서원, 2009 ; 蔡雄錫, 『고려사형법지역주』, 신서원, 2009.

해 볼 필요성이 있을 것이다. 곧 국내외에 소장되어 있는 여러 종류의 판본을 비교하는 서지학적인 검토, 이의 편찬에서 저본(底本)으로 사용된 자료 및 자료의 편린(片鱗)을 통한 비교, 편찬에 참조되었던 중국사서와의 내용 및 사관(史官)에 의해 구사된 어투(語套) 등의 비교 작업이 있어야 할 것이다. 그리고 그러한 작업의 결과를 수용하고 간지(干支)로 된 날짜[日付]를 아라비아 숫자로의 계산 등을 거쳐 『고려사』의 교정본(校訂本)을 만들어야 할 것이다.

이러한 작업의 일환으로 이 글에서는 '있었던 사실(事實)을 그대로 기록하였다(以實直書)'는 『고려사』의 편찬과정에서 행해진 개서(改書)의 내용·실상 등에 대해 살펴보고자 한다.[8] 이를 위해 ① 『조선왕조실록』을 바탕으로 하여 편찬과정에서 이루어진 개서와 관련된 내용을 정리하고, ②개서되었다고 하는 내용을 현존의 『고려사』와 비교하여 실제 개서가 이루어졌는가를 검정하고자 한다. 또 ③고려시대의 문집·고문서·금석문 등과 같은 당시의 자료와 비교하여 개서의 한계를 추출하고, ④조선왕조 전기에 기록된 『고려사』에 관련된 자료들을 통해 현존 『고려사』의 내용과의 차이점에 대해 분석하고자 한다.

이들 사항은 『고려사』의 모든 내용에 걸쳐 이루어져 하겠지만, 한 개인의 역량으로 모두 해결할 수 없어 일부의 대표적인 사례를 들어 검정하고자 한다. 이러한 작업은 향후 보다 광범위하게 이루어질 때 『고려사』가 지니고 있는 특징과 한계성을 선명하게 드러낼 수 있을 것이고, 이 분야의 연구에 새로운 기풍을 조성할 수 있는 터전을 마련하게 될 것이다.

『고려사』의 편찬 과정에서 이루어진 사실의 개서와 관련된 주목되는 내용을 정리하면 다음과 같다.[9]

①1392년(태조1) 10월 13일, 우시중 조준(47세)·문하시랑찬성사 정도전(56세)·예문관학사 정총(鄭摠, 35세)·박의중(朴宜中, ?)·병조전서 윤소종(尹紹宗, 48세)에게 명하여 고려왕조사[前朝史]를 수찬하게 함(同日條).[10]

---

8) 『고려사』의 편찬과정에서 이루어진 사실의 改書問題에 대한 연구로 邊太燮, 앞의 책, 19~39쪽, 「改修作業을 통하여 본 高麗史」가 있다.
9) 이하의 내용 중 전거가 『조선왕조실록』인 경우, 날짜가 다른 경우에만 해당 권수를 제시하였다.

②1395년(태조4) 1월 25일, 판삼사사 정도전(59세)·정당문학 정총(38세) 등이 태조로부터 공양군에 이르기까지 『전조고려사 前朝高麗史』 37권(『高麗國史』)을 편찬하여 바치자, 2인에게 교서를 내려 포상함(同日條).[11]

편찬 방침 : ⓐ원종[元王] 이전은 참람한 기록이 많아 宗→王, 節日→生日, 詔→敎, 朕→予로 하여 명분을 바로 잡고, ⓑ조회(朝會)와 제사(祭祀)는 상사(常事)이기에 연고가 있는 조회와 왕이 친히 행한 제사만 기록하고, ⓒ재상의 임명·과거(科擧)의 설행·대간(臺諫)의 복각(伏閤) 등을 기록하고, ⓓ명[上國] 사신의 왕래·재이수한(災異水旱)·유전연락(遊畋宴樂) 등을 모두 기록함(『동문선』 92, 高麗國史序).

평가1 : ⓐ연대를 표기하고 대략 사실을 자세히 기록하였는데, ⓑ변고(變故)와 상사(常事)는 대체(大體)에 관계되는 것을 취사선택하고, ⓒ포폄(褒貶)은 선현(先賢)에 얽매이지 아니하였으며, ⓓ사건은 본말(本末)을 자세히 썼으되 너무 복잡하지 않고, 문장은 간결하되 속되지 않았고(정도전교서), ⓔ사마천의 편년체의 규범에 의하여 전사(全史)를 완성하여 ⓕ본받을 만하고 경계할 만한 일에 대하여 선악을 명시하였음(정총교서 : 『태조실록』 권7, 4년 1월 25일).

평가2 : 정도전이 찬술한 『고려사』는 공민왕 이후의 필삭(筆削)이 부실한 것이 많아 식자(識者)가 이를 그르게 여겼다고 함(『태조실록』 권14, 7년 8월 26일조, 鄭道傳 卒記).

평가3 : 하륜(河崙)은 정도전·정총 등에 의한 『고려사』는 우왕[僞朝] 이후의 기사는 사실과 다른 것이 많았다고 개수를 요청함. 태종이 태조 이성계의 사실이 자못 사실과 달랐다고 지적하자, 한상경(韓尙敬)도 태조가 그러한 지적을 한 적이 있었다고 함. 이응(李膺)은 태조시기에 정도전·정총·윤소종 등이 전조실록(前朝實錄)을 수찬할 때 사관들이 모두 사초를 고쳐 써서 바쳤으나, 오로지 이행(李行)만은 그렇게 하지 않아 수금(囚禁)되었다고 함. 한상덕(韓尙德)은 공민왕[玄陵] 이후의 기사는 모두 잘못 썼다는 조준(趙浚)의 견해를 전함(이상 『태종실록』 권27, 14년 5월 10일조).

---

10) 고려왕조가 멸망한지 2개월 23일을 경과한 시점이어서, 멸망한 후 3개월 후에 편찬의 명령이 내려진 『원사』보다 빠르다.

11) 처음 『고려국사』의 편찬을 담당하게 된 윤소종은 1393년(태조 2) 9월에 죽었고(49세), 조준은 중도에 물러났으며, 박의중은 참여하지 않았다[변태섭 1982년, 155~156쪽].

평가4 : 정도전·정총 등이 이색·이인복의 『금경록 金鏡錄』을 근거로 『고려사』 37권을 편찬할 때 원종[元王] 이후는 참의(僭擬)한 것이 많다고 하여, 宗→王, 節日→生日, 朕→予, 詔→教로 개서(改書)하여 실상이 인멸되었고, 정운경(鄭云敬)의 사실은 높이 평가하였고, 정몽주·김진양(金震陽)은 충신인 것을 깎아 내렸다고 함(『세종실록』 권22, 5년 12월 29일조).

평가5 : 정도전·정총 등이 역대실록(歷代實錄)·민지(閔漬)의 『강목 綱目』·이제현의 『사략 史略』·이색의 『금경록 金鏡錄』을 바탕으로 편년체로 만들었으나, 잘못된 것이 많았고 범례(凡例)에 원종(元宗) 이전은 사실의 서술에 참람한 것이 많았다고 함(『세종실록』 권25, 6년 8월 11일, 『讎校高麗史』序文).

평가6 : 정도전에게 명하여 『고려사』를 찬술하도록 했는데, 정도전이 관장하는 사무가 많아서 이 일을 요속(僚屬)에게 맡겼기에 빠져나간 부분이 매우 많았다고 함(『문종실록』 권12, 2년 2월 20일).

평가7 : 정도전은 권근(權近)이 이숭인(李崇仁)을 변호했던 글을 삭제함(『세종실록』 권50, 12년 11월 23일조).

③1414년(태종14) 5월 10일, 영춘추관사 하륜(68세)을 불러서 『고려사』를 刪削訂正[竄定]하게 함(同日條).

④1414년(태종14) 8월 7일, 영춘추관사 하륜(68세)·감관사 남재(南在, 64세)·지관사 이숙번(李叔蕃, 42세)·변계량(卞季良, 46세) 등에게 『고려사』를 개수(改修)하게 하면서, 공민왕 이후의 일은 부실함이 많으니 다시 刪削訂正[竄定]하라고 함(同日條).

⑤1416년(태종16) 6월 20일, 영춘추관사 하륜(70세)·지관사 한상경(韓尙敬, 57세)·동지관사 변계량(48세) 등이 『고려사』를 3分하여 그 집에서 개수함. 3인이 충정왕(忠定王) 이전의 역사를 3分하여 찬정하였으나, 같은 해 겨울에 하륜이 별세하여 완성되지 못함(同日條).

讎校 참여자 : 재상에게 수교(讎校)하게 하였는데, 지은 사람은 하나둘이 아니었음(『문종실록』 권9, 1년 8월 25일, 『고려사』箋文).

평가 : 이때 하륜이 정도전의 심술(心術)이 부정하여 극심한 지경에 이르렀다고

하면서 조정에 건의하여 구사(舊史)에 의거하여 필삭(筆削)을 가하려고 하였으나 뜻을 이루지 못함(『세종실록』 권22, 5년 12월 29일조).

⑥1418년(세종 즉위) 12월 25일, 경연(經筵)에서 『고려사』의 공민왕 이후의 사적은 정도전이 들은 바로써 필삭하여, 사신(史臣)의 본초(本草)와 같지 않은 곳이 많다고 지적하자 변계량·정초(鄭招)가 개수하기를 청함(同日條).

⑦1419년(세종1) 9월 19일, 경연에서 윤회(尹淮)에게 『고려사』를 개수해야 할 필요성을 전하고, 20일 예문관 대제학 류관(柳觀, 74세), 의정부 참찬 변계량(51세) 등에게 명하여 정도전의 『고려사』를 개수하게 함(同日條).

개수에 대한 논의 : 이때[12] 세종이 주희(朱熹)의 『강목 綱目』을 모방하여 편집하려고 하였으나, 변계량은 『고려사』가 이미 이인복과 이색, 정도전의 손을 거쳤으니 경솔히 고칠 수는 없다고 하면서, 그 편수함에 미쳐서는 옛 그것을 답습하여 太子의 太傅·少傅·僉事를 世子의 태부·소부·첨사로 하고, 太子妃를 世子嬪으로 하며, 制勅을 敎로 하며, 赦를 宥로 하고, 奏를 啓로 하였고, 아직 知奏는 고치지 않았으나, 자못 당시의 사실을 잃었던 것이라고 함. 사관(史官) 이선제(李先齊)·양봉래(梁鳳來)·정사(鄭賜)·강신(康愼)·배인(裵寅)·김장(金張) 등은 태자태부(太子太傅) 등의 칭호는 당시의 官制이고, 制·勅·詔·赦도 당시에 호칭이므로 비록 명분을 바로잡는다고는 말하지만, 이를 고치면 실상을 인멸하게 된다고 함. 세종은 사실에 의거하여 宗을 칭하게 하고 묘호(廟號)·시호(諡號)도 그대로 사용하고, 범례에서 고친 것도 이에 준하여 쓰라고 함. 변계량은 정도전이 참람한 것을 고친 것은 그 자신이 처음으로 고친 것이 아니고, 이제현·이색이 宗을 王으로 개서한 것을 답습하였다고 하면서 개서에 반대함(『세종실록』 권22, 5년 12월 29일조).

⑧1420년(세종2) 2월 23일, 경연에서 『고려사』의 讎校[高麗史讎校事]에 대해 묻자 류관이 『고려사구본 高麗史舊本』에 재이(災異)에 대한 것을 모두 쓰지 아니하였다고 하자, 이를 기록하게 함(同日條).

12) 원 자료에는 戊戌(1418년, 세종 즉위년)로 되어 있으나, 류관과 변계량이 개수의 명령을 받은 것이 이 해(1419년)이다.

⑨1420년(세종2) 5월 28일, 경연에서 변계량이 『고려사』의 재이를 기록하여 올리자, 『前·後漢書』에 기재되어 있는 재이를 주희(朱熹)가 『강목』에 다 적지 아니하였다고 하면서 수교(讎校)할 때 반드시 가록(加錄)할 필요가 없다고 함(同日條).

⑩1421년(세종3) 1월 30일, 이보다 먼저 정도전의 『고려사』가 간혹 사신(史臣)의 본초(本草)와 같지 아니한 곳이 있고, 또 制·勑·太子 등으로 稱한 것은 참유(僭踰)한 것이라고 하여 류관·변계량에게 명하여 수교하게 하였는데, 이때 책이 완성되어 바침(同日條).

평가 : 정도전의 『고려사』에서 삭제된 권근이 이숭인을 변호했던 글은 변계량에 의해 추가됨(『세종실록』 권50, 12년 11월 23일조).

⑪1423년(세종5) 12월 29일, 지관사 류관(78세)·동지관사 윤회(44세, 知貢擧 하륜의 문하에서 급제)에게 『고려사』를 개수하게 함(同日條).

개수에 대한 논의 : 이때 세종은 류관·윤회에게 정도전이 고친 것까지도 모두 舊文을 따르도록 하게하고, 廟號·謚號·太后·太子·官制를 고치지 말고, 오직 '大赦天下'에서 천하만을 삭제할 것을 명함(『세종실록』 권22, 5년 12월 29일조).

편찬 방침 : 사실을 그대로 쓰라는 세종의 명에 따라 元宗 이전의 고려실록을 바탕으로 정도전의 『고려사』에서 宗→王, 節日→生日, 詔書→教書, 赦→宥, 太后→太妃, 太子→世子라고 개서한 것을 환원시킴(『讎校高麗史』序文).

⑫1424년(세종6) 8월 11일, 『수교고려사 讎校高麗史』를 바침(同日條).

평가 : 세종이 윤회에게 명하여 고쳐 찬술하도록 하였는데, 정도전의 초고(草藁)에 비하면 조금 상세한 편이었으나 또한 빠지고 간략히 한 실수가 있었다고 함(『문종실록』 권12, 2년 2월 20일).

⑬1425년(세종7) 12월 7일, 세종이 기존의 입장을 변경하여 변계량과 참찬(參贊) 탁신(卓愼)의 의견에 따라 윤회가 지은 『수교고려사』 서문의 내용을 철회함(同日條).

⑭1432년(세종14) 8월 10일, 세종이 『고려사』의 체제를 『강목』에 의할 것인가, 편년체로 만들 것인가를 하문(下問)하자 맹사성(孟思誠)·권진(權軫) 등이 편년체를 건의하자 받아들임(同日條).

⑮1438년(세종20) 3월 21일, 승지(承旨) 허후(許詡)가 경연에서 정도전·권근·하륜·윤회 등에 의해 편찬된 편년체의 여러 『고려사』가 이제현의 『사략』에 의거하였기에 소략하다고 하면서 기전체로 편찬할 것을 건의함. 이에 비해 지관사(知館事) 권제(權踶)는 『고려사』의 본초(本草)가 소략하므로 기전체로의 변경은 어렵다고 함(同日條).

⑯1438년(세종20) 7월 8일, 춘추관이 정도전 등의 『고려사』에서 禑王, 昌王을 위조(僞朝)로 배척하여 禑, 昌이라고 기재한 것을 廢王 禑, 廢王 昌으로 기재할 것을 청하자 허락함(同日條).

⑰1439년(세종21) 1월 12일, 세종이 검토관 이선제(李先齊)에게 고려왕실이 용손(龍孫)이라는 황당한 사실조차도 후세에 그대로 전하기 위해 『고려사』에 기재하는 것이 옳다고 함(同日條).

⑱1442년(세종24) 8월 12일, 감춘추관사 신개(申槩, 69세)·지춘추관사 권제(權踶, 56세) 등이 찬술한 『고려사』(『고려사전문』)를 바침(同日條).[13)]

편찬 참여자 : 郎廳 南秀文(35세), 史官 李先齊(?)·鄭昌孫(41세)·申碩祖(36세)·魚孝瞻(38세) 등(『세종실록』 권123, 31년 2월 22일조).[14)]

평가1 : 세종은 권제가 뜻대로 삭감하여서, 혹은 남의 請囑을 듣고, 혹은 자기에게 관계되는 긴요한 節目은 모두 그 사실을 빠뜨렸고, 安止(66세)도 권제와 마음을 같이하여 도왔고, 郎廳 南秀文도 『고려사』의 편찬을 專擔하여 당상관에 아부하였다고 함. 이때 權踶가 舊史를 깎고 보탠 것은 매우 자세하였으나, 龍崗官婢 출신의

13) 이때 權踶·安止 등이 당상관에 승진되고, 3품 이하의 문관은 加資되었으나 하사물은 없었다(『문종실록』 권9, 1년 8월 30일).
14) 이들 사관은 1442년(세종24)의 연령이다.

蔡河中의 母(金方慶의 小室)에 대해 史官이 바르게 기록한 것을 尹淮도 따랐고, 權踶도 初藁에는 실었으나 이후 崔士康의 청을 듣고 삭제하였고, 또 權踶의 父 權近이 (明太祖의) 聖旨를 사사로이 開圻한 것을 歪曲하여 쓰고, 史草에 權溥·權準·權皐 등의 행실을 폄하한 것을 기록하지 아니하였다고 함. 또 『고려실록』에 世系가 未詳하다고 된 權守平을 太祖功臣 權幸의 後孫이라고 기재하였다고 함. 이때 南秀文은 司馬遷을 모방하여 역사를 편찬하고자 하였으나, 衆論의 억제하는 바가 되어 실행하지 못하였는데, 그의 글이 『고려사』(『고려사전문』)에 많았고, 역사를 편찬하는 일을 스스로 오로지 함이 많았다고 함(『세종실록』 권123, 31년 2월 22일조).

평가2 : 권제가 안지·남수문과 함께 撰錄·裒集한 것은 하륜·윤회(二家)보다는 상세한 편이었지만, 그 좋아하고 미워함을 마음대로 처리하여 필삭(筆削)이 공정하지 못하였다고 함(『문종실록』 권12, 2년 2월 20일).

평가3 : 成三問에 의하면 이 책은 태종 때 편찬하기 시작하여 세종 때에 완성되었는데, 사람들에게 사사로이 찍는 것[私印]이 허락되었으나 오류가 있었다고 함(『단종실록』 권7, 1년 7월 22일조).

⑲1446년(세종28) 10월 11일, 세종이 集賢殿直提學 李季甸·應教 魚孝瞻에게 '『고려사』는 처음 撰述한 것이 매우 간략하여 후에 다시 添入하였으나 遺漏된 일이 많이 있다. 遼나라에서 고려의 世子에게 冕服을 내려 준 일을 쓰지 않았으니 그 나머지를 알 수 있겠다. 지금 다시 校正해야 되겠다'고 하였음. 또 李子春[桓祖]이 萬戶로써 朔方에의 파견, 『용비어천가 龍飛御天歌』의 내용[龍飛詩]을 이성계(태조)의 昇天府 전투에 添入을 위시한 李椿(度祖)로부터 太祖에 이르기까지 자취를 수색(搜索)하여 보고하게 함(同日條).

⑳1446년(세종28), 이 해에 세종이 『고려사전문』을 鑄字所로 하여금 인출하게 하여 양성지로 하여금 監校하게 하였으나, 修史가 공정하지 못했음을 듣고 頒賜를 정지하고 참여자[秉筆史臣]를 처벌함(『성종실록』 권138, 13년 2월 13일조).[15]

15) 이 『고려사전문』은 權草·紅衣草·全文이라고도 불리었던 것 같고, 1458년(세조4)에 양성지가 권람(權擥)과 함께 사정전에서의 교정을 건의하여 허락받았고, 1482년(성종13) 2월 13일 南原君 梁誠之가 이의 간행을 요청하기도 하였다(『성종실록』 권138, 13년 2월 13일, 28일조).

㉑1449년(세종31) 1월 4일, 세종이 춘추관에 '전에 편찬한 『고려사』는 疎略한 실수가 있어서 다시 편찬하게 하였더니, 遼에서 세자에게 冕服을 준 일을 또 빠뜨렸으니, 이제 다시 교정하되 비록 한 글자와 한 가지 일이라도 빠져서 고쳐야만 할 일은 모두 다 表를 붙여서 보고하라'고 함(同日條).

㉒1449년(세종31) 1월 28일, 집현전 부제학 鄭昌孫을 불러, 『고려사』의 改撰에 대해 의논하고 춘추관에 『고려사』의 지나친 疎略을 다시 考閱하여 추가하라고 명하고, 우찬성 金宗瑞(60세)·이조판서 鄭麟趾(54세)·호조참판 李先齊(?)·鄭昌孫(48세)에게 監掌하게 함(同日條).

㉓1449년(세종31) 2월 1일, 金宗瑞를 의정부 우찬성·知春秋館事兼判兵曹事로 삼아 지춘추관사 安止를 대신하게 함. 이보다 먼저 權踶·安止 등이 편찬한 『고려사』가 보태고 깎은 것이 공정하지 못함으로써 改撰하기를 명하였는데, 이때 김종서로 대신하게 함(同日條).

㉔1449년(세종31) 2월 5일, 춘추관에서 『고려사』를 고쳐 편찬하기를 논의하였는데 의논이 일치하지 아니함. 史官 辛碩祖(43세)·崔恒(41세)·朴彭年(33세)·李石亨(35세)·金禮蒙(44세)·河緯地(38세)·梁誠之(36세)·柳誠源(?)·李孝長(?)·李文炯(?) 등은 紀·傳·表·志 등으로 구성된 기전체의 本史를 편찬한 후, 이의 編年에 刪削을 가하여 별도의 한 책을 만들자고 함. 또 凡例 안에 조회·제사·街衢經行·春秋藏經道場·生辰受賀·王子誕生·賜敎禮物·人日頒祿·燕享中國使臣 등과 같은 것은 모두 常事라 하여, 省略하여 쓰지 아니하고, 다만 처음 보는 것만 기록한 문제점을 지적함.

이에 비해 魚孝瞻(45세)·金係熙(?, 1441급제)·李勿敏(?, 1444급제)·金命重(?, 1444급제) 등은 기전체의 편찬은 '일을 쉽게 성취할 수 없어 수년 안에 반드시 이루어질 수 없을 것'이라고 하면서 이미 편찬된 『고려사』에 교정을 더하여 頒行하고, 기전체는 후일에 편찬하자고 함. 세종이 후자를 따르자, 지관사 김종서·정인지가 世子[東宮]를 통해 辛碩祖의 주장에 따르기를 청하자 세종이 기전체로 改撰하기를 명함(同日條).

㉕1449년(세종31) 2월 22일, 『고려사』(『고려사전문』)의 편찬에 참여한 權踶의 告身과 諡號를 追奪하고, 安止의 告身을 빼앗아 영구히 敍用하지 말게 하고 이를 전담했던 郎廳 南秀文도 告身을 추탈하게 함(同日條).

㉖1449년(세종31) 4월 6일, 춘추관이 以前에 『고려사』(『고려사전문』)를 편수할 때 僞朝의 辛禑 父子를 모두 王으로 稱하였던 것에 대해 반대의 의견을 제시하여 '前者에 정도전 등이 역사를 편수할 때 禑와 昌을 이름으로 썼고(『고려국사』), 그 뒤에 하륜·류관·변계량 등이 다시 다듬고, 윤회가 거듭 편찬할 때에도(『수교고려사』) 또한 모두 그대로 하였사오니, 어찌 소견이 없어서 그랬겠습니까? 지금 『고려사』를 편수함에 있어서 우·창 부자를 모두 『한서』 왕망의 例에 의하여 명분을 바르게 하고 난적(亂賊)을 징계하여 만세의 법을 엄하게 하십시오'하니 허락함(同日條).

㉗1451년(문종1) 8월 25일, 지춘추관사 김종서(62세) 등이 새로 편찬한 『고려사』를 바침. 世家 46권, 志 39권, 年表 2권, 列傳 50권, 目錄 2권으로 구성됨.[16] 이에 의거하여 편년체의 사서를 따로 만들게 함(同日條).

편찬 방침 : ⓐ凡例는 司馬遷의 『사기』에 의거하였고, ⓑ本紀를 世家로 하여 名分을 바로 잡고, ⓒ僞朝의 辛氏를 폄하여 列傳에 넣었음(『문종실록』 권9, 1년 8월 25일, 『고려사』 箋文).

편찬 참여자 : 지춘추관사 정인지(56, 1414), 동지춘추관사 金銚(?)·이선제(?, 1419), 編修官 정창손(50, 1426)·辛碩祖(辛石堅:45, 1426)·최항(43, 1434)·盧叔仝(49, 1427), 記注官 이석형(37, 1441)·신숙주(34, 1439)·崔德之(68, 1405)·어효첨(47, 1429)·김예몽(46, 1432)·金淳(?, 1432)·양성지(38, 1441)·李芮(33, 1441)·金之慶(33, 1439?)·金閏福(?, 1438), 記事官 李克堪(25, 1444)·尹起畎(?, 1439)·朴元貞(?, 1444)·金命重(?, 1444)·趙瑾(35, 1441)·洪禹治(60, 1447)·芮承錫(?, 1447)·尹子雲(36, 1444)·李孝長(?, 1447)·李仁全(?, 1444)·柳子文(37, 1447)·全孝宇(?, 1447)·金勇(?, 1447)·韓瑞鳳(40, 1447)·吳伯昌(37, 1450)(『고려사』修史官).→이때 양성지는 「지리지」의 편수를 담당함(『단종실록』 권8, 1년 10월

16) 이는 『고려사』의 편찬이 시작된 지 58년 10개월 정도가 경과한 것으로 중국에서 官撰된 어느 정사보다도 그 기간이 긴 셈이다. 장시간에 걸쳐 『고려사』의 편찬이 이루어진 것은 고려시대에 당대를 대상으로 한 기전체의 사서가 만들어지지 않았기 때문일 것이다.

17일조).[17)]

평가 : 김종서에게 명하여 정인지 등과 함께 찬술하도록 함. 김종서 등은 편년체는 상세히 구비할 수 없다고 생각하여 기전체의 법에 의거하여 科를 나누어 최항·박팽년(35, 1434)·신숙주·류성원(?, 1444)·이극감 등으로 하여금 열전을, 노숙동·이석형·김예몽·이예·윤기견·윤자운 등으로 하여금 紀·志·年表를 나누어 撰述하도록 하고, 김종서·정인지·허후(?, 1426)·김요·이선제·정창손·신석조 등과 더불어 이를 刪削·潤色하게 하였음. 이때 권제·안지·남수문이 重罪를 얻게 되니, 사관들이 모두 몸을 움츠려서 刪削하지 못했으므로, 자못 煩亂하고 冗長한 곳이 있게 되었음(『문종실록』 권12, 2년 2월 20일).

㉘1451년(문종1) 8월 30일, 『고려사』의 편찬에 참여한 김종서·정인지·허후·이선제·신석조, 일찍이 참여한 바 있는 김요·정창손·최항 등에게 말을 하사하고, 전후 편찬에 참여하였던 3품 이하에게 1資級씩을 승진하게 함(同日條).

㉙1451년(문종1) 9월 2일, 『고려사』를 편수한 3품 이하의 관원으로 만 5개월간 근무한 자에게 1資級씩을 승진하게 함(同日條).

㉚1452년(문종2) 2월 20일, 김종서 등이 새로 찬술한 『고려사절요』 35권을 바침(同日條).

평가1 : 『고려사』의 간절하고 요긴한 것만 모아서 史略을 찬술하여 바침(同日條).

평가2 : 이 책은 1424년(세종6) 류관·윤회 등에 의해 이루어진 『수교고려사』를 底本으로 만들어진 사서로 추측됨(『단종실록』 권7, 1년 7월 22일조).

㉛1452년(단종 즉위) 11월 28일, 춘추관이 『고려사』를 인쇄할 것을 청하니 허락함(同日條).

---

17) 이들 사관은 1451년(문종 1)의 연령이고, 서력은 과거에 급제한 해이다.

이상에 정리한 것처럼 『고려사』는 조선왕조가 개창된 3개월 후인 1392년(태조1) 10월 13일에 편찬이 시작되어 1395년(태조4)에 『고려국사』가 만들어 졌다. 이후 이 책의 미비한 점들이 1414년(태종14)의 개수, 1424년(세종6)의 『수교고려사』, 1442년(세종24)의 『고려사전문』 등의 세 차례에 걸친 개수 작업이 이루어졌으나, 체제 및 내용면에 있어서 『고려국사』의 한계를 극복할 만한 수준에 도달하지 못했던 것 같다.

이는 정도전·정총을 중심으로 편찬된 편년체의 『고려국사』가 원 압제 하에서 이루어진 『금경록』을 위시한 여러 사서의 한계를 극복하지 못한 채 편찬되었기에 (자료② 평가4·5) 사실의 기록을 둘러싼 여러 문제가 발생하였기 때문이다. 또 고려 후기의 이성계 가계의 역할에 대한 기록이 소략한 점, 편찬에 참여했던 인물들의 개인적인 친소관계에 의한 사실의 윤색 등이 수차에 걸친 개수의 부차적인 사유로 등장하기도 하였다. 이는 편찬 작업에서 주축을 이루었던 정도전·하륜·류관·변계량 등이 고려 말의 이제현·이색으로 이어지는 성리학적 사승관계 및 과거에서의 좌주·문생관계로 인해 역사편찬에서 고려후기의 사풍(史風)을 벗어나지 못했던 결과로 추측된다.

이러한 한계를 극복하기 위해 조선왕조가 개창된 지 57년 후인 1449년(세종31) 1월부터 전면적인 개수가 이루어져 기전체의 『고려사』로 편찬되게 되었다. 이는 『고려국사』가 지닌 한계점이 편년체의 사서로서 극복하기 어렵다는 김종서 등의 건의가 받아들여졌기 때문이다. 이후 김종서를 중심으로 하여 2년 7개월에 걸쳐 『고려사』의 편찬에 참여한 대다수의 인물들은 1426년(세종8) 이후 과거에 급제한 30~40대의 춘추관의 관원들로서(자료㉔·㉗),[18] 그 이전의 편찬자들과는 달리 고려후기 성리학자들의 직접적인 영향을 받지 않았다.

또 『고려사』의 편찬에 참여한 인물들의 가계가 고려후기의 지배층 및 조선왕조 건국의 주축들과 직접적인 관련이 없었기 때문에 수사(修史)에 있어 윤색이 이루어질 소지가 없었다. 그래서 여러 차례에 걸친 개수 작업의 한계를 벗어날 수 있었을 것이다. 그렇지만 고려후기 이래 축적되어 온 수사에 대한 전통이 온전히 계승

18) 편찬에 참여한 상층부인 지춘추관사·동지춘추관사인 김종서·정인지·김요·허후·이선제 등을 제외하고 최덕지(崔德之, 68세, 1405급제)가 기주관으로 참여하였는데, 그는 1450(문종 즉위)년경 67세의 나이로 예문관직제학에 임명되어 『고려사』 편찬의 마지막에 참여하였던 것으로 추측된다.

되지 못했을 가능성도 없지 않다.[19] 곧 『고려사』는 편찬에 참여했던 조선 초기 학자들의 고려왕조에 대한 이해의 수준, 역사에 대한 안목 등이 반영되어 있을 것인데, 이는 『고려사』에 수록되어 있는 여러 내용들을 통해 검정될 수 있을 것이다.

---

19) 현존 『고려사』의 내용을 통해 볼 때 공민왕 이전의 기사는 문장이 비교적 세련되고 압축되어 있는데 비해, 그 이후의 기사는 자료의 원문이 그대로 수록되어 있어 번잡한 점이 없지 않다. 이는 『고려국사』를 계승한 『고려사절요』와 세종대의 사관에 의해 편찬된 『고려사』 공민왕세가 및 이 시기 이후의 열전을 비교해 보면 알 수 있다.

제2절 用語의 改書

고려왕조는 황제국이었던 궁예의 후고구려를 계승한 것이기에 태조 왕건 때부터 황제국의 격식을 갖추고 있었고, 그의 계승자들도 이를 준용하였다.[1] 단지 중국과의 원활한 외교 관계를 고려하여 그들에게 보내는 외교문서에서는 칭신(稱臣)하며 그에 준하는 서식(書式)을 사용하였다. 그 과정에서 거란[契丹]·금(金)에 사대(事大)의 예(禮)를 맺은 성종·인종은 일시 대내적으로도 조칙(詔勅)을 교서(敎書)로 바꾸는 등 황제의 위상을 낮추기도 하였으나 곧 환원시키기도 하였다.[2]

이처럼 고려왕조가 황제국을 칭하고 있었던 여러 모습은 당시의 형편을 반영하고 있는 외교문서·고문서·금석문·대장경 등의 자료에서 皇帝·神聖帝王[3]·聖旨·詔勅·陛下·皇太子·皇太后·皇后[4] 등과 같은 용어가 구사되고 있었음을 통해 잘 알 수 있다.[5] 그 중에서 중국에 대해 사대적인 예의를 갖추고자 하는 일부 문신들에

---

1) 유교적인 정치체제가 어느 정도 정비된 光宗 이전의 국초에는 帝王을 大王·帝·聖上·聖帝, 殿下·寡人·朕 등으로, 명령을 敎書·詔·勅·制·聖旨 등으로 표기하여 제후와 황제의 격식이 混用되었다. 이는 唐의 영향력 안에 들어간 신라 중대 이래의 유학자들의 文套를 계승한 것으로 보이는데, 시대의 진전에 따라 점차 황제국의 그것으로 변모되어가 광종대에 황제국으로 정착하였다. 그렇지만 契丹 및 金의 정치적 압박이 심하였던 시기에 사대적인 성향을 지니고 있었던 小數의 文臣에 의해 帝王의 廟號의 첫 글자를 이용하여 '□王'(예 肅王·仁王)과 같이 표기된 사례도 없지 않다.

2) 『고려사』 세가3, 성종 5년 3월, 세가16, 인종 16년 2월 26일(임오). 成宗代에 조서를 교서로 바꾸었으나 자신을 여전히 朕이라고 稱하였고, 이후에 어떻게 되었는지 알 수 없으나 금석문을 통해 볼 때 현종대에는 다시 조칙이라고 하였다.

3) 1138년(인종16) 2월 26일(임오)에 지금까지 행해지던 章疏·公行案牘에서 '神聖帝王'이라는 말을 사용하지 못하게 하였다(『고려사』 세가16).

4) 고려시대에 皇后를 간혹 王后로 표기하기도 하였다.

5) 고려가 대외적으로도 황제국을 칭하고 있었던 것을 보여주는 자료로 1080년(문종34) 예빈성이 일본에 보낸 문서에서 '聖旨'를 칭하고 있고(『朝野群載』 20, 太宰府解) 이를 받아본 일본의 귀족관료들도 '高麗國皇帝의 牒이 도착하였다'한 것 등을 들 수 있다(『水左記』, 承曆 4년 2월 16일 : 張東翼, 『일본고중세고려자료연구』, 서울대출판부, 2004, 100-101쪽).

의해 황실에 대한 용어가 제후국의 그것으로 개서되기도 하였으나 대세를 이루지는 못하였다.[6)]

그러다가 13세기 후반 이래 고려왕조는 대원몽골국[大元蒙古國, 元]의 무력에 굴복하여 종래의 황제국 체제에서 원에 대해 사대책봉(事大冊封)의 관계를 행하지 않을 수 없는 제후국으로 지위가 격하되었다. 이후 80여 년에 걸쳐 고려 국왕은 종래 황제국으로서의 묘호(廟號)인 祖나 宗을 사용할 수 없게 되었고, 원의 제왕(諸王)이나 재상들이 사후(死後)에 부여받는 忠字를 포함한 묘호를 원으로 부터 받을 수밖에 없게 되었다. 또 자주국(自主國)의 제왕으로서의 위상을 상실하게 되어 의식·의복·용어 등이 모두 제후국의 그것으로 격하되어 의식에서 산호(山號)·만세(萬歲) 등을 부를 수 없게 되고, 의복에서 황포(黃袍)의 착용이 저지되고, 종래 사용했던 여러 가지의 용어도 격하되었다. 그리고 정치제도도 지위가 격하되어 종래 唐·宋制를 바탕으로 한 3성 6부 및 추밀원을 중심으로 했던 황제국의 정치체제는 붕괴되어 6典組織은 그 기능이 약화되었다.[7)]

이때의 형편을 최해(崔瀣)는 1338년(충숙왕 복위7)에 자신이 편집한 책의 서문에서 고려의 역대 제왕은 대외적으로는 중국의 황제에게 자신을 낮추었지만 대내적으로 황제의 격식을 취하였다고 한다. 그래서 관료들이 제왕에 대해 聖上·皇上으로 부르면서 요순시대(堯舜時代)와 한당(漢唐)의 황제에 비유하였고, 관부와 관원의 명칭도 모두 중국을 모방하였다고 한다. 그 후 대원몽골국에 귀부한 이래 황제국의 체제가 제후국의 그것으로 격하되었지만, 고려인들은 여전히 왕실에 관한 종래의 호칭을 그대로 사용하였는데,[8)] 1299년(충렬왕25) 10월 정동행성(征東行省)의

---

6) 이는 1117년(예종12) 宋의 徽宗이 비교적 事大的인 성향을 지니고 있었던 김부식의 형제 중에서 金富佾이 지은 「八關會致語口號」를 듣고서 고려 사신 李資諒에게 '僭越한 말이 있으나 진실로 아름다운 글'이라고 평했던 사실을(『고려사』 권97, 열전10, 金富佾) 통해서도 알 수 있다. 이러한 형편에 의해 遼·金의 사신이 고려에 도착할 때는 궁궐의 殿閣에서 황제국을 상징하는 鴟尾를 내려놓기도 하였다고 하며, 그들이 왕래하는 통로에 인접한 지역의 館驛·亭臺·寺刹 등에 있던 각종 銘文에 황제를 지칭하는 용어를 제후국의 그것으로 개서하였던 것 같다.

7) 장동익, 『고려후기외교사연구』, 일조각, 1994, 114쪽.

8) 왕실에 관련된 용어는 1276년(충렬왕2) 3월 19일(갑신)에 개정되었으나(『고려사』 권28, 세가28), 고려인이 여전히 과거의 용어를 사용하고 있었던 사례로 1279년(충렬왕5) 4월[余月] 秘書監致仕 金之稹이 쓴 『수릉엄경환해산보기』하, 跋文(『한국불교전서』 6 所收)의 '特下

평정사(平章政事)로 파견되어 온 그레고리우수(闊里吉思)에 의해 철저하게 변개되고 말았다고 한다.[9)]

이러한 원 압제 하에서의 제후국 체제는 1356년(공민왕5) 7월 반원정책의 추진에 따라 고려전기의 황제국 체제로 환원되었다. 당시 공민왕이 황제를 칭했다는 구체적인 기록은 찾아지지 않지만, 그 흔적은 찾아진다. 곧 공민왕이 황제의 복식(服式)인 12章(열두 가지의 繡를 놓은 官服)의 옷을 입고서 기용(器用)을 모두 황색으로 사용하였다고 하며,[10)] 이후 황제의 격식인 선지(宣旨)·조서(詔書)·칙서(勅書)·태후(太后) 등의 용어가 사용되고 있다.[11)] 또 이 시기의 사경(寫經)의 발원문(發願文)에서 원 압제 하에서 사용되던 원의 황제를 지칭하는 '皇帝萬壽'·'皇帝萬年'을 대신하여 고려왕에 대한 '當今主上萬歲'·'聖壽萬歲'로 바뀌고 있다.[12)]

그리고 1366년(공민왕15) 8월 고려가 좌우위보승중랑장(左右衛保勝中郎將) 김룡(金龍) 등 17인을 일본에 파견하여 왜구를 금지할 것을 청할 때의 문서 가운데, '고려 사신단이 우리나라의 황제가 일본국황제에 어떤 뜻을 전하고 인국과 사귀기 위해 선물을 드린다(高麗使□佐 我國皇帝說言, 日本國皇帝□□之意, 交親隣國, 故事奉上寶物…'라는 구절이 찾아진다. 또 이에 구절에 대한 일본 측의 추서(追書)에 '일본국황제는 형이고, 고려국황제는 동생의 뜻이다(日本國皇帝兄, 高麗國皇帝弟之意也)'라는 구절도 있다.[13)]

이러한 공민왕대의 황제국 체제에의 지향은 원의 압박과 홍건적의 토벌 과정에

手詔'·'勅', 1294년(충렬왕20) 李承休가 왕을 '本國主上陛下'라고 한 점(『동안거사집』 雜著, 看藏寺記), 1295년(충렬왕21) 8월에 건립된 「麟角寺普覺國尊靜照塔碑」에서 1277년(충렬왕3) 이후에도 왕명을 '詔'·'制'·'奉勅撰'·'奉勅', 普覺國尊 一然이 왕의 使臣을 '天使' 라고 표기한 것을 들 수 있다. 또 이 시기에 충렬왕도 圓悟國師 天英에게 보낸 詩文에서 자신을 '朕은 본래 唐 皇帝의 後孫이거늘(朕曾唐帝孫)'라고 하였다(「佛台寺慈眞圓悟國師靜照塔碑」).

9) 『졸고천백』 권2, 東人四六序.

10) 『세종실록』 권105, 26년 윤7월 23일.

11) 『백운화상어록』 권下, 丁酉九月日答宣旨書 … ; 『태고화상어록』下, 玄陵勅刊百丈淸規跋 ; 『조선사찰사료』상, 至正17年 僧錄司貼.

12) 이러한 형편에서 1377년(우왕3)에는 역대 제왕을 '先王帝·王后妃'로 표기하고 있다(이기백, 『한국상대고문서자료집성』, 일지사, 1986, 235쪽, 「浮石寺祖師堂棟樑記」).

13) 京都市 醍醐寺 寶聚院에 所藏된 「征東行中書省咨文」: 『異國出契』 所收. 이 문서에 대한 검토로 張東翼, 「1366年高麗國征東行中書省の咨文についての檢討」 『アジア文化交流硏究』 2, 2007[張東翼 2016年 所收]이 있다.

서 다시 원과 연결되게 됨으로써 소기의 성과를 거두지 못하였던 것 같다. 또 고려 왕조는 1368년(공민왕17) 원을 북쪽으로 밀어내고 중원의 패자(覇者)가 된 명제국(明帝國)과의 외교 관계를 그 이전의 원에 대한 사대책봉의 체제를 그대로 준용하기로 결정하였다. 이러한 외교 방침의 결정은 북쪽으로 원의 세력이 여전히 고려를 압박하였고, 대내적으로 왕실의 정치적인 기반이 취약하였기 때문이었을 것이다.

그 후 쿠데타로 새 왕조를 건설한 태조 이성계도 국내에서의 취약한 정치적인 입지를 명제국에 의지하여 보완하기 위해 공민왕 이래의 사대책봉의 관계를 답습하였다. 이러한 외교방침에 의해 그의 후계자들도 사대명분론을 준수한다는 입장을 명백히 하여 왕실에 관련된 용어의 구사에 항상 조심하였고, 자신들에 의해 만들어진 각종 자료가 명의 사신에게 알려질까 노심초사하였다.

이러한 형편으로 인해 13세기 후반 이래 한반도에서 만들어진 각종 자료에서는 고려 원종(元宗) 이전의 황실에 관련된 용어들을 다른 용어로 개서(改書)하기 위해 고심하였다. 이러한 개서가 1451년(문종1) 『고려사』가 최종적으로 완성될 때 어떻게 전개되었는가를 살펴보면 다음과 같다.

·1338년(충숙왕 복위7) 최해의 『동인지문사륙 東人之文四六』: 최해는 이 책의 서문에서 원 압제 이전에 만들어진 문장에 수록된 황실에 관련된 용어들에 대해 변명하였다.[14] 또 이 책에 수록된 각종 자료의 저술 시기, 저자, 사신단의 인명 등을 설명할 때 '顯乙卯告奏使郭元', '文丙申告奏使姜源廣賫去' 등과 같이 표기하여 제왕의 묘호에서 祖와 宗을 삭제하였다. 곧 '睿王親製', '回㪅祭仁王表' 등과 같이 묘호의 첫 글자와 王字를 결합시켜 睿宗을 睿王, 仁宗을 仁王과 같이 개서하였고, 高宗과 元宗의 경우 元으로부터 받은 시호인 '忠憲王', '忠敬王'으로 대신하였다.[15]

---

14) "그리고 王은 자신을 일컬어 朕·予一人이라고 칭하고 명령을 詔·制라고 하면서 赦宥를 행할 때 '천하에 사면을 내리다(大赦天下)'고 하였으며, 관부와 관원의 명칭도 모두 중국(天朝)을 모방하였다. 이와 같은 것들은 크게 僭濫한 일로서 실로 귀와 눈을 놀라게 하는 일이지만 중국에서 본디부터 이를 개의치 않았으니 무슨 혐의가 있겠는가? … 그러나 이번에 편집된 것은 대부분 (元에) 臣服하기 이전의 작품(文字)에서 취한 것이라 아마도 처음 보는 사람들에게 의아스러운 점이 없을 수 없을 것이다. 그래서 첫머리에 이 말을 달아 서문을 쓰는 바이다."(『졸고천백』 권2, 東人四六序).

그리고 황실의 가족에 대한 명칭에서 肅宗妃 明懿太后의 喪을 '肅王妃明懿之喪'으로, 仁宗妃 恭睿太后의 喪을 '恭睿之喪'으로 표기하여 태후의 명칭도 삭제하거나 皇太后를 '王太后'로 개서하였다. 이는 황태자의 경우에도 마찬가지로 적용되어 '王太子'로 개서하였다.

그렇지만 최해는 각종 문장의 제명(題名)을 반드시 밝혀야 할 경우에는 睿宗·神宗의 경우와 같이 묘호를 그대로 인용하였는데, 황태후, 황태자의 경우에도 마찬가지로 적용하였다.

·1342년(충혜왕 복위3) 이제현의 『역옹패설』 : 역대 제왕의 묘호를 태조 왕건을 제외하고 모두 묘호의 첫 글자와 王字를 결합시켜 惠王(惠宗)·定王(定宗)과 같이 표기하였다. 또 묘호의 첫 글자와 廟字를 결합시켜 文廟(文宗)·睿廟(睿宗) 등과 같은 글자를 사용하여 역대 제왕을 나타냈다. 이러한 표기 방식은 비슷한 시기에 만들어졌을 것으로 추측된 그의 저술 「金就礪行軍記」·「史贊」 등에서도 그대로 적용되었고, 또 高宗의 事跡을 「忠憲王世家」로 표현하여 원제국의 지배를 받기 이전의 사실조차 나라의 격을 제후국으로 낮추어 편찬하였다.[16)]

그렇지만 이제현은 고려 전기에 만들어진 사서(史書)를 위시한 각종 저술을 인용하였을 때, 이에 수록되어 있는 묘호 및 황제를 지칭하는 '聖上'과 같은 글자는 그대로 사용하여 원형을 보존하려고 하였다.

이상과 같이 원 압제 하에서의 대표적인 문인이었던 최해(1287~1340)와 이제현(1287~1367)이 당시 사회의 형편을 그대로 반영하여 고려왕조 전기의 사실조차 제후국에 해당하는 용어를 구사하였음을 알 수 있다.[17)] 이러한 현상은 그들의 영향을 받은 고려후기 및 조선초기의 학자들에게 계승되어 정도전 이래의 여러 『고려사』의 편찬에 반영되었을 것이다. 곧 정도전은 사대명분론을 바르게 한다는 기치 아래 이제현의 『사략』, 이인복·이색의 『금경록』을 전형으로 하여 『고려국사』를 편

15) 이 점은 그의 다른 책인 『동인지문오칠』에서도 적용되었다.
16) 이제현도 최해와 마찬가지로 고종을 충헌왕으로, 원종을 충경왕으로 기록하였다(『동문선』 권62, 上征東省書).
17) 이는 당시에 보편적인 현상이어서 충렬왕·충선왕도 고종을 고왕으로 부르기도 하였다(『고려사』 권31, 세가31, 충렬왕 20년 5월 갑인, 세가35, 충숙왕 8년 11월 임오).

찬하였고, 그 이후에 3차에 걸쳐 『고려국사』의 개수에 참여하였던 인물들도 이색의 학문적 훈도를 받은 인물이었기에 그 영향력에서 벗어날 수 없었을 것이다.

그러다가 1449년(세종31) 1월 이래 기전체의 『고려사』가 세종의 명에 의해 사실을 있는 그대로 편찬한다는 방침이 마련되어 편찬이 진행되었으나, 여전히 고려후기 이래의 전통에서 크게 벗어나지 못한 점이 없지 않다. 곧 원종 이전의 왕실과 관련된 용어를 모두 당시에 사용한 그것으로 환원하였다고 하지만, 현존의 『고려사』에는 그러하지 못한 점들이 많이 찾아진다.

곧 『고려사』에서 황제국으로서의 용어가 철저하게 환원되지 못한 사례들을 살펴보면 다음과 같다. 먼저 帝王에 대한 호칭인 '聖上'·'聖皇'·'皇上'·'天子'·'大王'·'□□聖王'·'皇帝陛下',[18] 제왕의 命인 '聖旨'[19]·'聖勅' 등을 모두 삭제하였고, 단지 제왕이 자신을 짐(朕)이라고 칭한 것의 극히 일부만을 표기하기도 하였다. 또 제왕을 가리키는 용어에서 '帝'라고 하지 아니하고 모두 '王'이라고 하였는데,[20] 이는 본기(本紀)를 세가(世家)로 편성하여 명분(名分)을 바로잡는다는 범례(凡例)에 의거한 것이다.

그리고 고려시대에는 제왕의 생일을 절일(節日)이라고 하고서,[21] 이에 제왕의 존호를 붙여 '□□天聖節'이라고 하였을 것인데,[22] '天聖'字를 삭제하고 '□□節'이라고 표기하였다.[23] 또 제왕의 崩御·升遐를 諸侯를 위시한 高官[公侯]의 용례인 薨

18) 제왕의 전임 황제는 '上皇'·'太上皇'으로 불렀다(『동국이상국집』 권16, 王太后挽詞 太上皇母 受勑述).

19) 외국에 보내는 문서에서도 聖旨를 사용하고 있었다(『朝野群載』 20, 太宰府解의 禮賓省牒).

20) 예를 들면 '帝가 □□을 하다'라고 하지 아니하고 모두 '王이 □□을 하다'고 기술하였다.

21) 金에서 파견되어온 聖節의 축하 사신단을 '北朝賀節日使'·'(北朝)賀聖節日使'로 표기하였다(「朴仁碩墓誌銘」; 『동국이상국집』 권32, 賀聖節日使到館日勞問狀). 그리고 宋·遼·金의 자료에는 고려왕의 경우 生日로 표기하였는데, 이는 고려가 그들에게 稱臣하였기 때문이다.

22) 이는 帝王의 聖壽를 비는 祝壽齋(祝壽道場)를 '祝聖法會'·'祝聖道場'·'祝聖壽法會' 등이라고 한 것(『고려사』 권123, 열전36, 榮儀 ; 「證智首座觀奧墓誌」; 「龍門寺重修碑」), 聖節日을 하례하는 表(『동국이상국집』 권30, 賀聖節日表), 태조 왕건의 御眞을 봉안한 사당을 聖容殿이라고 한 것, 황실의 족보를 聖源錄으로 부른 것 등을 통해 알 수 있다.

23) 그 한 예로 충렬왕의 경우, 그가 태자일 때인 1261년(원종 2) 1월 1일(癸亥)에 태자의 생일을 壽元節로 정하였고(『고려사』 권25, 세가25), 1275년(충렬왕 1) 2월 27일(戊辰)에 생일을 壽元節로 하였다고 되어 있다(『고려사』 권28, 세가28). 1275년의 경우 壽元天聖節로 定하였을 것인데(『고려사』 권67, 지21, 禮9, 嘉禮, 王太子節日受宮官賀并會議), 『고려사』의 편찬과

去[薨]로[24] 개서하였다. 이 점은 詔書·勅書·制書의 경우에도 마찬가지여서 이를 모두 敎書로 개서했다가 還元하는 과정에서 철저하지 못해 敎書로 잘못 남아 있는 경우가 많이 있다.

또 皇太后·太后·東朝를 王太后로,[25] 皇太子·太子·儲皇·儲副를 王太子로, 皇后를 王后로, 皇子를 王子로, 皇太弟를 王太弟로[26] 바꾸어서 황제국의 칭호를 굳이 제후국의 칭호인 '王'字를 붙여 기록하였다. 이는 최해가 『동인지문사륙』에서 개서한 것을 계승한 것이다. 한 예를 들어 보면 仁宗의 경우, 『고려사』에 의하면 1115년(예종 10) 2월 王太子로 책봉되었다고 기록되어 있지만,[27] 당시의 기록에는 太子로 되어 있고,[28] 그 자신이 쓴 「唐律四韻詩」의 碑(靖國安和寺에 있었다는 睿宗이 찬한 碑)에도 '太子 楷'를 칭하였다고 한다.[29]

정에서 天聖이 削除되었을 것이다.

24) 『용비어천가』 권1, 8章, '薨 公侯卒也 薨之爲言'.

25) 후비열전(后妃列傳)을 위시한 세가편의 여러 기록에서 당대 제왕의 母后를 '太后'라고 표기하였으나 이를 '王太后'로 개서하기도 하였다. 곧 현종의 母后인 獻貞王后 皇甫氏(景宗妃)를 '현종이 즉위하자 孝肅王太后로 追尊하였다'(열전1, 후비1, 경종비)로, 예종의 母后(肅宗妃)인 明懿太后 柳氏를 '王太后'·'王太后 柳氏'·'明懿王太后'로 각각 개서한 것(세가12, 예종 즉위년 10월 계사, 세가13, 예종 7년 7월 기사, 8월 병신, 열전1, 후비1, 숙종비 명의태후의 책문) 등을 들 수 있다. 그 중 '明懿王太后'는 당시의 기록처럼 '明懿太后'로 표기한 곳도 있다(『고려사』 권12, 세가12, 예종, 세가13, 예종 7년 11월 경신, 9년 10월 병오, 세가14, 10년 7월 무진, 11년 7월 무신 ; 「崔繼芳墓誌銘」 ; 「尹彦榮配柳氏墓誌銘」 ; 「興王寺圓明國師墓誌」 등). 그 외 『고려사』에서 '皇太后'로 표기한 것은 1223년(고종 10) 10월 7일(병자)의 한 곳 뿐이다(세가22).

26) 현재의 인쇄된 각종 자료를 통해 볼 때 고려시대에도 황태자를 왕태자로, 황후를 왕후로, 皇子를 王子로, 황태제를 왕태제로 표기한 경우도 있었다(『동국이상국집』 ; 「文章弼墓誌銘」 ; 「崔孝思墓誌銘」 ; 「王侾廟誌銘」).

27) 『고려사』 권13, 세가13, 예종 10년 2월 7일(계묘).

28) 「韓惟忠墓誌銘」. 또 고려시대에 太子의 官府인 詹事府를 王太子詹事府로 칭한 적은 없다.

29) ·『역옹패설』 후집1, 靖國安和寺….

·이와 같은 유형으로 『고려사』 권17, 세가7, 1054년(문종8) 2월 9일(癸卯)에는 '長子 勳(後日의 順宗)을 왕태자로 책봉하였다'라고 되어 있으나(이를 계승한 것이 『동문선』 권28, 王太子冊文임), 당대의 기록에는 太子로 되어 있고(「崔繼芳墓誌銘」), 1100년(숙종5) 1월 28일(乙未) '長子 俁(후일의 예종)를 왕태자로 책봉하였다'고 되어 있으나(세가11, 세가12, 예종1) 당대의 기록에는 황태자로 책봉되었다고 되어 있다(李公壽墓誌銘).

·『고려사』 권62, 지16, 禮4, 籍田, 耕籍에는 제왕의 親耕儀禮에 '왕태자'를 위시한 관료들이 참석하여 儀禮를 행한 절차를 기록하였다. 1475년(성종6) 1월에 이를 참조한 禮曹는 '왕

그 외 현존『고려사』의 편찬에서 고려시대 왕실에 관련된 용어를 개서한 사례는 다음과 같다.[30)]

·陪奉→行幸 : 皇帝(國王)의 幸次를 陪奉이라고 하였고, 이 용어는 조선초기까지 계속 사용되다가 1418년(세종 즉위) 11월 行幸으로 고쳤다(『세종실록』 권1, 즉위년 11월 21일).

·制可→判 : 帝王의 決定 事項을 制可·制라고 하였으나,[31)] 원 압제 하에서 개정된 判[批判]을 그대로 사용하였다.

그리고 1449년(세종31) 1월 이래 세종의 명에 의해 '以實直書' 의 원칙에 따라『고려사』(최종본, 현존본)의 편찬에서, 그 이전에 편찬된 여러『고려사』에 수록된 자구(字句)를 고치다가 잘못 고친 경우도 없지 않았다. 곧 역대 제왕의 사찬(史贊)에서 이제현의 사찬을[32)] 인용하면서 이제현이 묘호를 피하여 '惠王', '定王' 등으로 표기한 것조차 '惠宗', '定宗' 등으로 개서하였다. 이는 이제현이 자신의 기술과 그 이전의 기록을 분명히 구별하려고 했던 자세와는 차이를 보이는 것이다.

이는 1449년(세종31) 1월 이래『고려사』의 편찬에 참여한 인물들이 논찬(論贊)을 짓지 않고 과거의 사신(史臣)들이 지은 논찬을 그대로 이용하여 '술이부작(述而不作)'의 자세를 지녔다는 것과도 차이가 나고 있다. 그렇다면 이러한 개서는『고려사』의 편찬에 참여한 사관들이 분명한 주견을 갖지 못하고 편의적이고 기계적(機械的)으로 개서하였다는 비판을 면치 못할 것이다.[33)]

태자'를 '태자'로 개서하였는데(『성종실록』 권51, 6년 1월 23일조), 이는『고려사』에서의 '왕태자'는 '태자'의 잘못임을 인지하고 있었던 결과로 추측된다.

30) 이와 함께 고려가 臣事했던 중국의 왕조를 지칭했던 '皇朝'·'大朝' 등과 같은 용어는 인용문을 제외하고 '上國'으로 개서하였다(『대동운부군옥』 권5, 朝, 八使皇朝 ;『고려사』 권106, 열전19, 張鎰).

31)『세종실록』 권61, 15년 8월 27일(정축).

32)『익재난고』 권9하, 史贊.

33) 이는 현재 우리가 컴퓨터에서 '아래한글'의 프로그램을 이용하여 일괄고치기를 하는 경우와 같은 범주에 해당한다.

제3절 事實의 改書

『고려사』의 사실에 대한 개서의 주된 이유는 조선왕조 개창과 관련된 기록의 잘못 및 편찬에 참여한 인물들이 행한 자신의 가계(家系)에 대한 곡필이었다고 한다. 그렇지만 후자는 개서의 중대한 사유라고 보기에는 어려운 지엽적인 윤색일 뿐이다.[1)]

개서는 기본적으로 조선왕조의 건국과 관련된 기록에 대한 태종과 세종의 불만에서 출발하였다. 곧 태종은 정도전에 의해 편찬된 『고려국사』에 대해 '禑王 이후의 사실은 자못 진실을 잃은 것이 많다', '태조의 사적을 기록한 것은 자못 부실한 점이 있다'고 지적하였다.[2)] 이로 인해 1414년(태종 14) 하륜 등에 의해 『고려국사』가 개수되었으나 완성을 보지 못하고 개수 작업은 세종대에 승계되었다.

세종 역시 『고려국사』에 대한 불만이 없지 않아 공민왕 이후의 사실이 정도전에 의해 필삭(筆削)이 이루어져 사신(史臣)들에 의해 작성된 사초(史草, 本草)와 차이가 있음을 지적하고 개수를 명하였다.[3)] 이로 인해 개수의 대상이 시기를 소급하여 공민왕 이하의 사실까지 확대되게 되었다.

그렇다면 이 시기에 개수된 내용은 어떠한 것이었을까? 먼저 역대 제왕이 가장 관심을 많이 가지고 있었던 공민왕 이후의 이성계와 관련한 사실에 대해 찾아보기로 하자. 『고려실록』을 위시한 고려말기의 여러 전적들이 많이 남아 있지 않는 현

1) 이는 정도전에 의한 정운경(鄭云敬)의 업적을 과장한 것, 1442년(세종24)에 완성된 『고려사전문』에서 권제(權踶)가 그의 조상인 권수평(權守平)의 계보를 조작한 점 등이다. 이들은 현존 『고려사』에서 정운경에 대한 기록과 『삼봉집』에 수록되어 있는 「정운경의 행장」의 내용을 비교해 볼 때 큰 차이가 없음을 통해 알 수 있다. 또 권수평의 경우는 '태조공신 權幸의 후예'라는 조작이 '門跡이 한미하여 그 족보를 알지 못한다'라고 개서하였을 정도였다.

2) 『태종실록』 권27, 14년 5월 10일(임오).

3) 『세종실록』 권2, 즉위년 12월 25일(경자).

재의 상태에서 이성계의 행적에 대해 비교가 가능한 것은 『고려사』의 편찬에 앞선 1445년(세종27) 4월에 완성된 『용비어천가』와의 비교이다. 곧 『용비어천가』는 『고려사전문』을 편찬한 권제(權踶)·안지(安止) 등에 의해 만들어졌기에 이에 수록된 내용은 『고려사전문』의 내용과 같을 것이다.

현존의 『고려사』와 『용비어천가』에 수록되어 있는 이성계와 그의 선조들에 대한 사실은 내용적으로 거의 일치하고 있다.[4] 이를 통해 볼 때 태종·세종의 『고려사』에 대한 불만은 자신의 선조에 대한 기록의 누락이 아니라, 편년체로 구성된 사서(史書)의 특성으로 인해 이성계의 동녕부(東寧府) 정벌, 홍건적 및 왜구 토벌 과정에서의 역할이 주도적으로 서술될 수 없었던 것에 있었을 것이다.[5] 또 정도전에 의한 『고려국사』에서 이성계나 이방원의 구체적인 성명기재(姓名記載) 같은 정도의 미미한 점이었을 것으로 추측된다.[6] 그 외의 불만은 기왕의 업적에서 정리된 것처럼 건국과정에서의 정도전의 역할이 강조된 것에 대한 것으로 추측된다.

다음으로 개서의 사례를 찾을 수 있는 것은 『조선왕조실록』에 수록되어 있는 『고려사』의 편린과 현존의 『고려사』의 내용을 비교하는 것이다. 1451년(문종1) 8월에 최종적으로 완성된 『고려사』에는 그 이전의 『고려사』에 수록되어 있었던 내용이 삭제된 경우도 있었던 것 같은데, 그 사례는 다음과 같다.

·1440년(세종22) 2월 18일, 우의정 申槩는 "삼가 『고려사』를 살펴보면 "德宗이 平章事 柳韶에게 명하여 처음으로 北境의 關防을 설치하게 하였는데, 서해 바닷가의 예전 國內城 지경의 압록강이 바다로 들어가는 곳에서 시작하여, 동쪽으로 威遠·興化·靜州·寧海·寧朔·雲州·安水·靑塞·平虜·寧遠·定戎·朔州 등 13성을 거쳐 동해에 이르는 수 천리를 뻗어 石城을 쌓았는데, 높이가 25척이고, 넓이도 그와 같았으

---

4) 그 외 이성계의 행적이 『고려사』에서 빠진 부분은 1377년(우왕3) 여름 東北面都元帥로 부임한 사실(「釋王寺藏經碑」), 10월 贊成事·判禮儀司事의 재임(「開城廣通普濟禪寺碑」), 1390년(공양왕2) 12월경 문하시중에의 임명(「高麗末和寧府 및 開京戶籍文書」) 등이 있다.

5) 이 점은 편년체로 이루어진 『고려사절요』의 내용을 분석하여야 할 것인데, 이는 이 논문에서 다루어야 할 과제는 아니다.

6) 『용비어천가』와 『고려사』를 비교해 볼 때 定宗(李芳果)을 赤靖大王이라고 표기한 것을 赤靖王으로, 위화도 회군 때 우왕의 敎書[敎]를 書[狀書]이라고 개서한 정도의 차이 밖에 달라진 내용은 없다.

며, 무릇 끝에서 끝으로 가려면 석 달이나 걸렸습니다. 그로부터 동서의 오랑캐 도적들이 감히 변경을 엿보지 못하였고, 문종 때에 이르러서는 다투어가며 와서 변방에서 항복하고 州나 縣을 설치하기를 청원하여, 국적에 붙여 민호로 편입된 자가 1만 명에 가까웠습니다."라고 하였다.

•1442년(세종24) 4월 10일, 兵曹가 呈狀을 올려 "삼가 『고려사』를 살펴보건대, 중국에 매[鷹]를 바치는 것은 명백히 그 전의 규정이 있었으며, 우리 祖宗에 와서도 선덕연간(宣德年間)에 여러 번 송골매(松骨)를 바쳤습니다"라고 하였다.

•1451년(문종 1) 9월 18일, 사헌부집의 박팽년이 '臣이 일찍이 『고려사』를 보니 '진실로 兵事가 있으면 『융만경 戎蠻經』을 講한다고 하였으므로, 신은 은근히 부끄러워하였습니다.'라고 하였다.

이들 내용은 현재 우리가 이용하고 있는 『고려사』에서 찾아 볼 수 없다. 그런데 이중 앞의 두 사례에서 신개와 병조가 참조한 『고려사』는 1442년(세종 24) 8월 권제·안지에 의해 편찬된 『고려사전문』 이전에 편찬된 『고려국사』 또는 『수교고려사』였을 것이다. 또 신개는 『고려사전문』의 편찬에, 박팽년은 『고려사』의 편찬에 참여하였다. 그렇다면 최종본의 『고려사』가 편찬되기 이전에는 천리장성, 중국에 대한 매[鷹]의 조공 규정, 그리고 『융만경』과 같은 불교관계의 기록이 수록되어 있었음을 알 수 있다.[7)]

그렇다면 『고려사』는 편찬과정에서 내용의 삭제와 첨가가 이루어졌을 가능성이 많다. 곧 이 시기에 국가체제의 정비와 유교에 대한 숭상이 이루어지는 가운데서 북방의 경계, 중국에의 조공,[8)] 그리고 불교에 관련된 내용들이[9)] 삭제되었을 것

---

7) 그 외 허목(許穆, 1595~1682)에 의하면 '『고려사』충절전[麗史忠節傳]에 고려가 망하자 정몽주·이색·김진양·이종학·길재·서견(徐甄) 등 몇몇 君子들이 죽은 사람도 있고, 죽지 않은 사람도 있으나 지조를 지킨 것은 같았다'는 구절이 있었다고 하는데, 허목이 본 『고려사』가 어떠한 책인지 알 수 없다(『記言』 권58, 散稿續集, 節行, 高麗徐掌令墓石記).

8) 『고려사』가 편찬되던 시기인 世宗代에는 명에 매[鷹]를 바치는 과정에서 많은 폐해가 일어났다(『세종실록』 권8, 2년 5월 2일). 또 『고려사』에는 원 압제 하에서 이루어진 고려의 歲貢에 대한 기록은 상세하지 않지만, 이 시기에 이루어진 세공에 대해서는 현존하지 않

이다.

다음으로 『고려사』의 편찬과정에서 사실을 개수한 사례로 이색(李穡)에 의한 창왕(昌王)의 옹립에 대한 기술을 들 수 있다. 곧 서거정(徐居正 1420~1488)은

> 고려말 무진년(1388년)에 僞主 辛禑가 江華로 쫓겨 가니 조정에서 왕씨를 세우려고 논의하였다. 侍中 曹敏修가 李仁任이 자신을 추천·발탁한 은혜를 생각하여 이인임의 族孫 李琳의 딸인 謹妃의 아들 昌을 세우려고 도모하였으나, 諸將이 자기를 반대할까 두려워하였다. 이색이 名儒이므로 그의 말을 빙자하고자 하여 은밀히 이색에게 물으니, 이색도 또한 말하기를 '마땅히 前王의 아들을 세워야 한다' 고 하여 드디어 昌을 옹립하기로 결정하였다. 그 뒤에 대간이 이색의 죄를 논하여 '왕씨를 세우지 아니하고 창을 세운 것은 萬世의 不忠한 罪惡의 으뜸이다' 고 하였다. 뒤에 史臣 趙璞이 論하기를 '晉의 元帝는 小吏 牛金의 所生임이 顯著하였는데도 王導의 무리가 찬성하였으니, 元帝는 비록 가짜[假名]에 불과하나 元帝가 아니면 능히 人心을 鎭壓할 수 없었고, 중흥의 대업을 이룰 수 없었기 때문이다. 이색이 昌을 세우자는 논의도 대개 이와 같으니, 이로써 이색을 완전히 죄줄 수는 없을 것이다' 고 하였다. 조박의 말은 옳고 그른 것을 알 수 없다. 그런데 前史에서는 이를 取하였으나 지금은 삭제하였다[然前史取之, 而今刪去]. 後日 옛사람의 행사를 논하는 인물은 이를 알지 않을 수 없다.[10]

라고 하여 이색에 의한 창왕 옹립에 대한 조박(趙璞)의 사론(史論)이 전사(前史)에 수록되어 있었으나 최종본의 『고려사』에는 삭제되었다고 한다. 조박의 사론이 어느 『고려사』에 수록되어 있었는지는 알 수 없으나,[11] 『고려사』의 편찬과정에서 사

은 『經世大典』의 春官條에 기록되어 있었다고 한다(『원고려기사』, 中統 5年). 원 압제 하에서 이루어진 고려의 각종 세공, 탐라총관부의 목장에서 사육된 馬 및 고려 말의 明에의 馬 수송 등에 대한 기록은 『고려사』에 구체적으로 기록되어 있지 않는데, 이는 明의 각종 요구를 사전에 막으려는 의도가 있었던 것으로 추측된다.

9) 이 점은 1474년(성종 5) 10월 26일(무신)의 경연에서 『고려사』를 강독하다가 929년(태조12) 8월 '신라 승려 洪慶이 唐 閩府로부터 대장경 1부를 배에 싣고 예성강에 이르자, 왕이 친히 맞이하여 제석원에 두게 하였다'(『고려사』 권1, 세가1, 태조 12년 8월)에 대해 제석원은 생략하고 '왕이 친히 맞이하였다'라고 표기한 것과 같은 범주일 것이다.

10) 『필원잡기』 권2.

11) 趙璞은 趙仁規의 高孫이며 이방원[太宗]의 同壻로서 공양왕대에 郎舍로 창왕의 옹립에 참

실의 개서와 함께 고려말기의 특정 인물에 대한 평론(評論, 史論)도 취사선택되어 교체되기도 하였음을 알 수 있다.

다음으로 『고려사』의 편찬에 참여한 인물들이 고려사회의 실상을 잘 인지하지 못하여 사실을 개서하였거나 편년체의 사서를 기전체로 전환한 과정에서 사실을 탈락시킨 대표적인 사례를 살펴보면 다음과 같다.[12)]

•926년(太祖9) 張彬(張芬)을, 927년(太祖 10) 林彦을 後唐에 파견한 기사는[13)] 『삼국사기』와 중국 측의 기록을 통해 볼 때 각각 신라와 權知康州事 王逢規가 파견한 것을 개서한 것이다.[14)]

•950년(光宗1, 庚戌) '이해에 연호를 光德이라고 하였다[建元光德]' 라고 하여,[15)] 이때 '光德'연호를 사용하였다고 되어 있다. 그런데 谷城의 「大安寺廣慈大師碑」에는 '光德二年歲次庚戌'로 되어 있어 光德 2년(庚戌)은 950년(광종 1)임을 알 수 있고, 왕적(王寂)의 『요동행부지 遼東行部志』에 의하면 '以我國光德四年歲在壬子秋'로 되어 있어 壬子年은 光德 4年(952)에 해당된다. 이들 자료에 의하면 光德으로 建元한 해는 광종 즉위년인 949년이 된다. 이처럼 『고려사』 세가와 연표(年表)에서 연대정리[繫年]를 잘못한 것은 고려시대에 행해진 卽位年稱元을 踰年稱元으로 재정리하다가 착오를 일으킨 것으로 추측된다.[16)]

여했던 조민수·이색의 탄핵에 참여한 인물인데, 이색에게 유리한 사론을 쓴 것은 흥미롭다. 그리고 『수교고려사』를 편찬한 윤회가 1401년(태종1) 4월 지공거 하륜·동지공거 조박에 의해 급제하였던 점을 감안하면(『태종실록』 권1, 1년 4월 9일), 조박의 사론은 『수교고려사』에 수록되었을 가능성이 있다.

12) 그 외 『고려사』의 편집 및 조판 과정에서 생긴 오자·탈자, 윤월·일진·사실의 편성[繫年]의 오류, 북방민족 및 원 압제 하에서의 인명·지명의 표기에서 동일한 사항을 달리 표기한 것 등이 있다.

13) 『고려사』 권1, 세가1, 태조 9년, 10년.

14) 장동익, 『고려시대대외관계사종합연표』, 동북아역사재단, 2009, 22쪽, 428쪽 참조.

15) 『고려사』 권2, 세가2, 광종 1年條, 表1, 年表1.

16) 장동익, 2009년, 32쪽, 432쪽 참조. 이는 1113년(예종8) 都部署使를 按察使로 改稱하였다는 것과(『고려사』 권77, 지31, 百官2, 外職, 按廉使) 같은 범주로서 이의 개칭은 1년전인 1112년(예종7)이었다(『경상도영주제명기』 ; 장동익, 위의 책, 447쪽).

·985년(성종4) 5월 송의 사신인 한국화(韓國華), 992년(성종 11) 6월 2일(갑자) 송의 사신 유식(劉式)·진정(陳靖) 등의 도착에 관한 기사는[17] 각각 986년(성종 5) 5월, 993년(성종 12) 6월 7일(갑자)에 도착한 사실을 잘못 기록한 것이다. 또 1080년(문종 34) 3월 9일(임신) 류홍(柳洪)·박인량(朴寅亮)의 송에의 파견 기사는[18] 1079년(문종 33) 10월 이전에 파견한 기사를 잘못 정리한 것이다.[19]

이들 사례는 『고려사』의 편찬자가 중국 측의 자료를 위시한 각종 자료의 정리에서 연대정리[繫年]에 실패한 것이다. 또 『고려사』에는 편찬자가 여러 자료를 정리할 때 참조한 원래의 자료에서 월일(月日)을 확인할 수 없을 때 '是歲'·'是月'로 표기하였는데, 이 글자가 편찬 과정에서 삭제되어 사건이 일어난 지역 및 月日의 판정에 곤란한 점이 없지 않다.[20]

·1120년(예종15) 이래 무거(武擧)가 제술업(製述業)에 부가(附加)하여 실시된 이래[21] 무신집권기를 거쳐 원 압제 이전까지 시행되었었음에도 불구하고,[22] 이의 실

17) 『고려사』 권3, 세가3, 성종 4년, 11년.

18) 『고려사』 권9, 세가9, 문종 34년.

19) 장동익 2009년, 435쪽, 442쪽. 이러한 예는 志의 정리에서도 다소 나타나고 있는데, 『고려사』 권79, 지33, 食貨2, 科斂에는 '1226년(고종13) 3월에 諸王·大小臣民에게 콩을 差等이 있게 내게 하여 元軍의 屯田의 소 飼料[牛料]를 補助하게 하였다'고 한다. 이는 시기상으로 맞지 않고 1272년(원종13)의 3월의 잘못이다.

20) 그 한 예로 1099년(숙종4) 2월 26일(기해)에 '宋의 哲宗이 高麗擧子의 賓貢科 應試를 許諾하였다'고 하였으나(『고려사』 권11, 세가11, 권74, 지28, 選擧2, 科目2, 制科), 이는 고려에서 일어난 일이 아니고 이 달 2월 6일(己卯) 宋에서 일어난 일이다(『속자치통감장편』 권506, 元符 2년 2월 6일 ; 『宋史』 권18, 본기18, 元符 2년 2월 6일). 그러므로 이 날의 『고려사』의 기록은 '是月'이 缺落된 것이다.

21) 이때 第2人으로 급제한 金惟珪가 찾아진다(金龍善, 『고려묘지명집성』, 한림대학 출판부, 2006, 162쪽, 金惟珪墓誌銘). 또 1131년(인종9) 9월의 東京[遼陽府]持禮使 書狀官으로 파견된 崔逢深은 武擧出身이고(『고려사』 권16, 세가16, 인종 9년 9월 정유), 1254년(고종41) '及第第3人'이라는 鄭仁卿도(「鄭仁卿行狀」), 같은 해 6월에 실시된 예부시(禮部試)의 무거 합격자로 추측된다.

22) 무거(武擧)가 원 압제 이전까지 시행되고 있었음은 1261년(원종2) 6월 世子(충렬왕)와 함께 燕京에 들어가 몽골의 관료들과 문답한 李藏用의 대답을 통해 알 수 있다(『秋澗先生大全文集』 권82 : 『中堂事記』 권下 : 장동익, 『원대여사자료집록』, 서울대학 출판부, 1997, 50~51쪽). 또 이 시기 武擧의 選拔人員은 4人이었다고 한다(『송와잡설』).

시 내용을 완전히 삭제하였다. 이는 『고려사』가 문신 중심으로 편찬되었다는 기왕의 업적과 같이 무신에 대한 차별적인 시각을 보여주는 것이다.

그 외 『고려사』의 편찬에서 사실이 개서된 경우로 1290년(충렬왕16) 9월 20일(경신)의 일본정벌을 위한 纛旗에의 祭祀(←哈丹을 정벌[東征]하기 위한 纛旗에의 祭祀),[23] 1314년(충숙왕1) 6월 8일(경인)의 成均提擧司(←征東行省 儒學提擧司),[24] 南京留守官 楊州의 沿革에서의 誤謬[25] 등이 있고, 원 압제 하의 官職의 표기에서 改名되기 이전의 관직을 제시한 경우도 많이 있다.[26]

끝으로 『고려사』의 편찬에서 조선왕조의 국왕의 이름을 피휘결획(避諱缺劃)하지 않았는데, 태조(成桂, 改名 旦), 정종(芳果, 改名 曔), 태종(芳遠), 세종(裪), 문종(珦) 중에서 흔히 쓰이지 않은 벽자(僻字)인 曔·裪를 제외하고 여타의 글자는 그대로 사용하고 있었다.[27] 이는 조선초기에는 피휘가 제대로 실시되지 않았기 때문이다.[28] 이와 관련하여 고려시대에 행해진 피휘의 글자를 원형대로 복원시키기도 하였으나 철저하지 못해 中武將軍(→中虎將軍)·整治都監(→整理都監) 등과 같이 양자가 함께 쓰여진 글자도 있고, 글자가 바뀌어 사용된 금제국의 연호(正隆→正豊)와[29] 같이 복원되지 못한 글자도 있다.[30]

---

23) 이는 『고려사』 권63, 禮5, 雜祀의 기록으로 이의 편찬자가 世家의 같은 날짜에 표현된 '東征'을 잘못 이해한 것이다.

24) 『고려사』 권34, 세가34에는 '成均提擧司'로 되어 있으나 당시의 成均館에는 提擧司가 설치되어 있지 않았음으로 이는 征東行省 예하의 儒學提擧司의 잘못이다.

25) 이의 오류는 『신증동국여지승람』 권3, 漢城府에서도 지적되었다.

26) 이러한 오류는 『고려사』의 志를 譯註한 여러 업적(이기백·최정환·권영국·박용운·채웅석 등)에서도 수많은 사례가 지적되고 있다.

27) 이의 사례로 王旦·胡宗旦·兪升旦·尹希旦·文光旦·文英旦·河千旦·印承旦[태조], 柳芳係·柳芳桂·朴遠·李光遠[태종], 金珦·安珦·王珦[문종] 등을 들 수 있는데, 이들은 피휘가 적용된 1482년(성종 13) 9월 이후부터(『성종실록』 145, 13년 윤8월 14일, 권146, 13년 9월 11일) 字나 初名으로, 또는 피휘의 代用 글자로 달리 표기하기도 하였다(金珦→金富民, 安珦→安裕, 胡宗旦→胡宗朝).

28) 그렇지만 『고려사』에서 이성계의 부자에 대한 기록은 行을 바꾸어서 '我太祖'·'我太宗' 등으로 표기하거나, 이름을 표기해야 할 경우는 '李太祖舊諱'·'李恭靖王舊諱'로 처리하여 尊崇의 예를 나타내었다.

29) 『고려사』 권86, 연표1에서는 중국의 연호를 그대로 환원시켰으나 世家에서는 환원시키지 않았다. 또 고려는 남송의 연호인 建炎을 立炎으로 改字하였는데(「王字之妻金氏墓誌銘」·

이상에서 『고려사』의 편찬과정에서 행해진 개서의 내용·실상 등에 대해 살펴보고자 하였다. 이를 위해 『고려사』의 편찬과정을 정리하고 용어 및 사실의 개서에 대해 검토하였다. 현존의 『고려사』는 조선왕조가 개창된 지 57년 후인 1449년(세종31)부터 전면적인 개수가 이루어졌는데, 이의 편찬에 참여한 대다수의 인물들은 1426년(세종8) 이후 과거에 급제한 30~40대의 춘추관의 관원들이었다. 이들은 그 이전의 편찬자들과는 달리 고려후기 성리학자들의 직접적인 영향을 받지 않았지만, 고려후기 이래 축적되어 온 수사(修史)에 대한 전통을 온전히 계승하지 못해 일정한 한계를 지니고 있었다.

이로 인해 『고려사』는 '이실직서 以實直書'를 표방하였음에도 불구하고 여러 가지의 미비점이 있었는데, 그 대표적인 것이 용어(用語)의 개서이다. 황제국이었던 고려전기의 황실에 대한 용어를 당시의 그것으로 표기한다고 하였지만 완벽하지 못하였다. 곧 원 압제 하의 인물인 최해·이제현의 영향에서 벗어나지 못해 제왕에 관련된 聖上·聖皇·天子·聖旨·聖勑 등을 모두 삭제하였다. 이와 함께 제왕을 '帝'라고 표기하지 아니하고 모두 '王'이라고 하였는데, 이는 본기를 세가로 하여 명분을 바로잡는다는 입장에서 나온 것이다. 이 점은 조서·칙서의 경우에도 마찬가지여서 이를 모두 교서로 개서했다가 환원하는 과정에서 철저하지 못해 교서로 잘못 남아 있는 경우도 많이 있다.

또 황태후·태후를 왕태후로, 황태자·태자를 왕태자로, 황후를 왕후로, 황자를 왕자로 바꾸어서 황제국의 칭호를 굳이 제후국의 칭호인 王字를 붙여 기록하였다. 이는 명제국(明帝國)의 정치적 위세를 고려하지 않을 수 없었던 제후국인 조선(朝鮮)의 현실적인 형편이 투영되었던 결과일 것이다.

다음으로 『고려사』의 편찬과정에서 이루어진 사실의 개서는 『조선왕조실록』에 수록되어 있는 『고려사』의 편린(片鱗)과 현존의 『고려사』의 내용을 비교해 볼 때 그 일면을 살필 수 있다. 이에 의하면 최종본의 『고려사』가 편찬되기 이전의 여러

「眞樂公文殊院記」), 『고려사』의 편찬자들은 인지하지 못하였다.

30) 이의 사례로 1220년(고종7) 義州에서 반란을 일으킨 尹昌(尹章, 충선왕 璋의 피휘)·몽고에 투항한 趙叔昌(趙叔璋, 趙冲의 아들), 佋勇大將軍(昭勇大將軍, 光宗 昭의 피휘), 1079년(문종33) 12월 1일(을미)의 馬高俊(遼 馬堯俊, 정종 堯의 피휘), 馬世安(문종 28년 고려에 온 宋 馬世長) 등이 있다(장동익, 앞의 책, 90쪽, 442쪽, 92쪽, 443쪽). 이들은 『고려사』의 편찬자가 개서된 섯을 인지하지 못했음에서 비롯된 것이다.

『고려사』에는 천리장성, 중국에 대한 매[鷹]의 조공 규정, 그리고 『융만경』과 같은 불교관계의 기록이 수록되어 있었던 것 같다. 이를 통해 볼 때 『고려사』의 편찬과정에서 내용의 삭제와 첨가가 이루어졌을 가능성이 많다. 곧 이 시기에 국가체제의 정비와 유교에 대한 숭상이 이루어지는 가운데서 북방의 경계, 중국에의 조공, 불교에 관련된 내용, 그리고 무반(武班)에 대한 사실 등이 삭제되었을 것으로 추측된다.

또 『고려사』의 편찬과정에서 사실을 개수한 사례로 이색에 의한 창왕의 옹립에 대한 사론이 교체된 흔적도 찾아지고 있다. 이는 『고려사』의 편찬과정에서 사실의 개서와 함께 고려말기의 특정 인물에 대한 평론[史論]도 취사선택되어 교체되기도 하였음을 보여 주는 것이다.

그리고 편찬에 참여했던 인물들이 고려사회의 실상을 잘 인지하지 못하여 사실을 개서하거나 사실을 탈락시키기도 하였다. 이는 편찬자가 중국 측의 자료를 위시한 각종 자료의 정리에서 연대정리[繫年]에 실패한 것, 편년체의 사서를 기전체로 전환하면서 사실을 편목별로 정리하는 과정에서 용의주도하지 못한 것 등으로 인한 오류일 것이다. 이러한 점을 감안해 볼 때 우리들은 앞으로 『고려사』의 이용에서 용어 및 사실의 하나하나를 보다 면밀히 검토해야 할 것이다. [『退溪學과 韓國文化』 46, 2010]

제3장

高麗前期의 曆日

제1절 高麗曆의 編纂

현재 우리 학계에서는 고려왕조가 몽골제국의 영향을 강하게 받게 되어 그들의 연호(年號)와 역법(曆法, 中統曆)을 사용하기 시작했던 1260년(원종1, 中統1) 8월 이전인[1] 고려전기(高麗前期)에 어떠한 역법(曆法)을 사용하였는지는 분명히 알지 못하고 있다. 그래서 13세기후반 이전까지 『고려사』에 수록된 각종 간지(干支)로 표기된 날짜[日辰]를 아라비아 숫자로 계산하지 못하여 사건이 일어난 시점을 정확히 그려내지 못하는 실정이다. 이를 해결하기 위해서는 고려전기에 사용되었을 것으로 추측되는 역일(曆日)의 모습을 그려내야 할 것이지만, 이의 재현(再現)에는 어려움이 많이 있다.

단지 『고려사』에 수록되어 있는 역지(曆志)의 서문을 통해 당(唐)의 선명력(宣明曆)을 수용하여 적절히 이용하였음을 알 수 있는데, 이를 전재(轉載)해보면 다음과 같다.

> 고려왕조는 따로 역을 만들지 아니하고 당의 선명력을 이어받았다[承用]. 長慶壬寅年(822, 長慶2, 新羅 憲德王14)으로부터 太祖의 개국(918)까지 백년이 지났으며 그 술법(術法)도 차이가 생겼는데, 이에 앞서 당에서 개력(改曆)을 하였기 때문이다. 이로부터 (中原에서는) 22회나 역이 바뀌었으나 고려에서는 아직 선명력을 그대로 사용하여 왔다. 충선왕에 이르러 원의 수시력(授時曆)으로 바꾸어 사용하게 되었으나 개방(開方)의 술법이 전하여지지 않아 일식·월식의 推算[交食一節]은 여전히 선명력의 推算法[宣明舊術]에 의거하였으므로 (日月의) 虧食·加時가 天體에서 일어나는 실제의 현상과 맞지 않았다. 日官은 대략 先後의 것을 서로 끌어들여 (數値를) 맞추려고 생각하였으나 다시 맞지 않은 것이 있었다.[2]

1) 『고려사』 권87, 연표2 ; 『경상도영주제명기』.
2) 『고려사』 권50, 志4, 曆1.

이에 의하면 고려전기에는 신라 하대에 수용된 선명력을[3] 그대로 사용하다가 대원몽골국의 지배질서에 편입된 충선왕대(1308~1313)에 수시력(授時曆)을 수용하였지만 이 역시 완전하게 습득을 하지 못해 日官이 적절히 변개하여 사용하였기에 문제점이 없지 않았다고 하였다. 이러한 『고려사』찬자의 고려력에 대한 이해가 어느 정도로 실상을 반영하고 있는가를 판단하기에 어려운 점이 없지 않다.

이를 해결하기 위해서는 고려왕조가 중국의 오대(五代)의 영향을 받으면서 그들로부터의 역법을 바탕으로 고려의 현실에 적합하게 변개하여 사용하였을 것으로 추측되는 고려력의 모습을 찾아야 할 것이다. 그렇지만 관련된 자료가 거의 없어 이를 재현하기에는 너무나 어려움이 많지만, 여러 가지의 정황을 고려하여 고려력의 모습을 유추(類推)하여 보기로 한다. 이의 접근은 역일 그 자체에 대한 하드웨어적인 방법이 아니라 선명력을 바탕으로 하였던 고려력의 운용에 대한 소프트웨어적인 분석이다.

『고려사』에는 역지(曆志, 律曆志)가 수록되어 있지만, 이는 율역에 대한 전반적인 사실을 정리한 것이 아니고, 고려가 사용하였다는 역본(曆本, 宣明曆)의 일부 내용과 수시력을 그대로 전재한 것에 지나지 않는다. 이를 통해 고려시대에 어떠한 역을 어떻게 사용하였는지를 구체적으로 알 수 없다. 그렇지만 고려초기 이래 독자적인 연호를 사용하여 황제국(皇帝國)으로서의 위상을 지니고 있었기에 한반도의 현실에 적합한 역을 제작하여 사용하였을 것이다. 이 역은 중국의 5대와 외교관계를 수립하여 형식상으로 나마 책봉을 받고 그들의 역을 수용하였기에 이를 바탕으로 적절히 변개하여 만들었을 것이다.

이처럼 독자적인 고려력이 존재하고 있었음은 송대의 자료에서도 찾아지고 있

---

3) 선명력은 서앙(徐昂)이 편찬한 것으로 822년(穆宗 長慶2)에서 892년(昭宗 景福1)까지 71년간에 걸쳐 사용되었다[大谷光男 1991年]. 한반도에 선명력이 수용되기 이전에 사용되었던 신라의 역일도 당의 역일과 동일하였음은 다음의 자료를 통해 알 수 있는데, 이들의 날짜[日辰]는 당력(唐曆)과 일치하고 있다.
- 「丹城斷俗寺神行禪師碑」: 813년(元和8, 헌덕왕5, 癸巳) 9월(朔日은 庚戌) 9일(무오)에 건립.
- 「中初寺幢竿石柱記」: 826년(寶曆2, 흥덕왕1) 8월 6일(辛丑)에 造成하여 다음해 3월 30일(이 달은 大盡임)에 竣工.
- 「長興寶林寺普照禪師彰聖塔碑銘」: 884년(中和4, 헌강왕10, 甲辰) 9월(朔日은 무오) 19일(병자)에 건립.

는데, 이를 전재해보면 다음 자료 A1, 2와 같다.

A1. 고려의 역일은 契丹 天慶 8年(1118, 예종13) 이후는 모두 紀年을 빠뜨렸다. 壬戌年(1142, 皇統2, 인종20)에 金의 皇統으로 바꾸었고, 辛未(1151, 天德3, 의종5)에 天德으로, 癸酉(1153, 貞元1, 의종7)에 貞元으로, 丙子(1156, 正隆1, 의종10)에 正豊으로 바꾸었다. 癸未年(1163, 大定3, 의종17)에 이르러 또 기년을 빠뜨렸고, 겨우 壬辰年(1172, 大定12, 명종2)에 이르러 바야흐로 大定 12年으로 기년하였는데, 가히 고증할 수 없다고 하겠다. 생각건대 壬戌年은 宋의 紹興 12年이다. 熊克[熊子復]의 『中興小曆』에는[4] 皇統으로 바꾸어 14年間에 걸쳤다고 되어 있는데, 생각하여보니 辛酉歲는 兀朮[烏珠]의[5] 책과 本朝의 서책에 의하면 이미 皇統元年을 칭하고 있다. 그런데 王大觀의[6] 『行程錄』에도 皇統 8年의 干支는 戊辰이라고 하며, 戊辰은 紹興 18年이다. 이를 逆算하면 紹興 11년에 皇統으로 改元하였다고 보는 것이 옳으므로 『中興小曆』의 기록은 오류이다. 또 正隆은 海陵王(1149~1161 在位)의 연호로서 『隆興時政記』에 보이는데, 역시 正豊으로 한 것은 잘못이다. 辛巳年(1161, 大定1, 의종15)에 世宗[葛王]이 會寧에서 즉위하여 大定으로 改元하였으므로 壬辰年을 12年으로 한 것은 틀리지 않았다. 그런데 癸未年을 알지 못하고 빠뜨린 것은 金이 紛亂하여 屬國에 頒曆을 할 여유가 없었기 때문이 아닐까?(『舊聞證誤』 권4).[7]

---

4) 熊克(生沒年不明, 高宗·孝宗代의 인물)은 建寧 建陽人으로 자는 子復이며, 1157년(紹興27) 進士科에 급제하여 知諸暨縣·直學士院·起居郎·知台州 등을 역임하였다. 그는 박문강기하였으며 당대의 典故의 연구에 노력하였다고 한다(『송사』 권445, 열전204, 熊克). 『中興小紀』 40권은 송이 남쪽으로 옮긴 이후인 1127년(建炎1)부터 1162년(紹興32)까지의 사실을 기록한 것으로, 같은 시기를 대상으로 한 李心傳의 『建炎以來繫年要錄』의 기초 자료가 되었으나, 이 책의 오류가 많이 지적되었다. 이 책은 淸代에 高宗을 避諱하여 『中興小紀』로 바꾸었다(『四庫全書』史部;影印本 313册 ; 『新編總書集成』 115册 所收).

5) 原文에는 烏珠로 되어 있으나 이는 兀朮의 다른 표기인데, 어떠한 인물인지 알 수 없다.

6) 王大觀은 어떠한 인물인지를 알 수 없으나 宋代에 號가 大觀인 인물은 王臨(생몰년불명)이 찾아진다. 그런데 王大觀은 1103년(崇寧2, 숙종8) 戶部侍郎 劉逵와 給事中 吳栻이 고려에 파견될 때 書狀官으로 수행하여 『雞林志』 30권을 지은 王雲(字는 子飛, ?~1126)일 가능성이 있다[張東翼 2000년 464~465쪽].

7) "高麗曆日, 自契丹天慶八年以後, 皆闕不紀. 壬戌歲, 改皇統, 辛未改天德, 癸酉改貞元, 丙子改正豊. 至癸未歲又闕, 直至壬辰歲, 方紀大定十二年, 不可考云. 案壬戌, 紹興十二年也. 熊子復中與小曆, 改皇統, 在十四年, 按辛酉歲, ①兀朮與本朝書, 已稱皇統元年. 而王大觀行程錄, 亦云皇統八年, 歲次戊辰, 戊辰紹興十八年. 逆數之, 當以十一年改元爲正, 此所記誤. 又正隆, 乃海陵年號, 見於隆興時政記, 亦不當作正豊. 辛巳歲, 葛王卽位于會寧, 改元大定, 至

2. 金의 熙宗[金主亶]이 (1141년에) 皇統으로 改元하였는데, 蔣芾의[8] 『逸史』에 의거하면 『高麗日歷』에는 壬戌年(1142, 皇統2, 인종20)에 皇統으로 바꾸었다고 하는데, 壬戌年은 紹興 12年이다. 熊克의 『中興小曆』에는 皇統으로 바꾸어 14年間에 걸쳤다고 되어 있는데, 『紹興講和錄』과 蕭毅가 所持한 兀朮[烏珠]의 書册에 이미 皇統元年을 칭하고 있다. 또 王大觀의 『行程錄』에도 皇統 8年의 干支는 戊辰이라고 하며, 戊辰은 紹興 18年이다. 이를 逆算하면 今年에 改元하였다고 해야 바르게 되므로 蔣芾과 熊克의 說은 모두 誤謬이다(『建炎以來繫年要錄』 권143, 紹興 10년 12월).[9]

이상의 자료는 이심전(李心傳, 1167~1244)의[10] 기록인데, 이들은 남송대의 중국에 전해진 고려의 역서인 『고려일록 高麗日曆』에 수록되어 있는 금대(金代)의 각종 연호에 대한 설명이다. 자료 A1에 의하면 고려는 1118년(契丹 天慶8, 예종13) 이후 거란·금의 연호를 사용하지 않았다고 하며, 壬戌年 곧 1142년(金 皇統2, 인종20) 이후 금의 연호 사용에 있어서도 잘못이 있다고 한다. 그렇지만 李心傳 자신도 잘못을 범하여 그가 말한 금의 개원의 연대가 잘못된 점도 있다. 그리고 고려가 금의 正隆(1156~1161)을 正豊으로 잘못 사용하고 있다고 하지만, 이는 고려의 사정을 잘 이해하고 있지 못한 결과이다. 당시 고려는 금이 正隆으로 개원한 사실을 알고 이를 사용하면서, 세조(世祖)의 이름인 隆字를 피해 豊字를 사용하여 正隆대신에 正豊을 사용하였음을[11] 이심전은 알지 못했던 것이다.

壬辰爲十二年不誤. 但不知癸未歲, 何以缺, 豈非金方紛亂, 不暇頒曆于屬國故耶"(『舊聞證誤』 권4 : 『四庫全書』史評:影印本 686册 ; 『新編總書集成』 117册 所收).

8) 蔣芾(생몰년불명, 高宗·孝宗代의 인물) 常州 宜興人으로 1151년(紹興21) 進士 第2人으로 급제하여 起居郎·簽書樞密院事·右僕射同中書門下平章事兼樞密使 등을 역임하였다(『송사』 권384, 열전143, 蔣芾).

9) "金主亶改元皇統, 案蔣芾逸史云, 高麗日歷, 壬戌年改皇統, 壬戌紹興十二年, 熊克中興小曆, 改皇統元年, 在十四年, 據紹興講和錄, 蕭毅所持烏珠書, 已稱皇統元年. 又王大觀行程錄稱, 皇統八年歲次戊辰, 戊辰紹興十八年. 逆數之, 當以今年改元爲正, 蔣·熊皆誤"(『建炎以來繫年要錄』 권143 : 『사고전서』史部:影印本 325册 ; 『신편총서집성』 115·116册 所收).

10) 李心傳은 隆州 井研人으로 자는 微之·伯微, 호는 秀巖으로 1226년(寶慶2) 천거를 받아 史館校勘이 되었다. 이어서 進士出身을 하사받고 工部侍郎에 발탁되었는데, 저서로는 『建炎以來朝野雜記』·『舊聞證誤』등 수많은 저술이 있다(『송사』 권438, 열전197, 李心傳).

11) 『고려사』 권18, 세가18, 의종 10년 윤10월, "是月, 金 改貞元四年, 爲正隆元年, 避世祖諱, 以豊字代隆字, 行之".

또 자료 A2는 고려에서 금의 연호인 皇統을 사용한 시점에 관한 기록이다. 당시 고려에서 1141년(辛酉, 紹興11, 인종19) 금으로부터 황통으로의 개원을 통고받았다는 기사가 있었음을 보아,[12)]『고려일력』에서 1142년(壬戌)에 개원하였다고 기록되어 있다는 점은 어떤 착오에 의한 것일 것이다.

그렇지만 이들 자료에서 주목되는 것은 고려에서도 독자적인 역일(曆日)이 만들어져 사용되고 있었음을 알려주며, 이것이 송에 전해져 중국인들이 이를 섭렵하기도 하였다는 점이다. 우무(尤袤, 1124~1193)의[13)]『수초당서목 遂初堂書目』, 經總類, 僞史類, 術家類에 이름만 기록되어 있는『고려일력』1권이 그러한 사례의 하나로 추측된다.

이러한 고려력의 제작은 중원의 역일을 일부 참용(參用)하기도 하였지만 독자적인 면을 많이 가지고 있었던 것 같은데, 이를 방증하는 자료로 다음의 자료 B1, 2가 있다.

B1. 文宗 35년(1081) 12월 11일(癸亥) 知太史局事 梁冠公이 上奏하기를 '宣勅을 받들어 다음해 壬戌年曆日을 校勘하여 바칩니다. 특별히 疑心되고 틀린 곳은 없지만 臘日(冬至 이후 3번째의 戌日)을 己未年(1079, 문종33)이래로 大宋의 역법에 의거하여 戌日로 하여 사용하여 왔으나 臣은 그 가부를 상세히 알 수 없습니다.[14)]

2. 숙종 5년(1100) 3월 18일(乙酉) 중서성이 상주하기를 "現行의 曆書에 乖離와 錯誤된 곳이 있으니 역서를 찬한 자의 직을 삭탈하십시오" 하니 이를 따랐다.[15)]

3. 高宗 5년(1218) 正月에 知太史局事 金德明이 新曆을 바쳤다. 德明은 일찍이 승려가 되어 음양설로 (집정자인) 최충헌에게 아첨하여 관직을 얻었는데, 그가 바친 신력은 모두 마음대로 舊法[古法]을 변경한 것이었다. 日官과 臺諫이 마음속으로는 그 잘못을 알면

---

12)『고려사』권17, 세가17, 인종 19년 1월 己巳.

13) 尤袤는 常州 無錫人으로 자는 延之, 호는 遂初居士로서 1148년(紹興18) 진사과에 합격하여 태상소경·급사중·예부상서 등을 역임하였다(『송사』권389, 열전148, 尤袤).

14)『고려사』권9, 세가9, 문종 33년 12월 계해.

15)『고려사』권11, 세가11, 숙종 5년 3월 을유. 이는 1096년(숙종1)의 역일이 송력과 크게 달랐기 때문으로 추측된다.

서도 충헌을 두려워하여 말을 하는 사람이 없었다.[16)]

이를 통해 볼 때 고려력은 『고려사』역지의 서문과 같이 선명력을 근간으로 하여 송대에 편찬된 여러 역일을 적절히 참용하고 있었음을 알 수 있다(B1). 그렇지만 역서의 편찬에서 송력과의 괴리와 착오가 있었다고 한 점을 보아 고려의 독자적인 역일이 만들어지고 있었음을 알 수 있다(B1). 또 무인집권기에는 권력자의 기호에 맞게 역일이 적절히 변조되기도 하였음을 알 수 있다(B3). 이렇게 독자적으로 만들어진 고려력은 고려의 선진 문물을 수용하려고 했던 여진족의 여러 부족들에게 반사(頒賜)되기도 하였다.[17)]

그러나 이상의 자료들을 통해 고려력의 구체적인 형편을 알 수 없으나, 다음의 자료 C에서 그 일단을 엿볼 수 있다.

C. 張世南이 『游宦紀聞』의 머리 부분에서 일찍이 一週年[期, 朞]의 366日說을 논한바 있는데, (중략) 그 실상은 하늘[天象]이 왼쪽으로 선회함에 해와 달도 또한 왼쪽으로 선회하여 하나의 밤낮이 되고 해가 밝고 어두워짐으로써 한 節日을 삼았는데, 해가 365度 4분의 1을 가니 곧 하늘의 선회에 견주어 한 바퀴가 적어서 날마다 따라가도 미치지 못한다. 하늘의 운행은 28개의 별로 이를 계산하는데 나누어서 度數를 만드니 대개 28개의 별은 이에 經星으로[18)] 하늘과 붙어서 가기 때문에 凝固된 듯이 움직이지 아니하니 이를 따라서 그 度數를 계산할 수 있기 때문에 또한 땅의 里數를 측량하는 것과 같다. 某州·某郡의 약간의 마을에 이르러서는 州郡에 일정한 장소가 있어서 사람들이 모두가 다 알기 때문에 임시로 이것을 빌려서 尺度나 표준을 삼는다. 고려국에도 『九執曆』이 있는데 정히 이것과 같다(『游宦紀聞』 권8).[19)]

---

16) 『고려사절요』 권15, 고종 5년 1월. 이와 유사한 기사가 『고려사』 권129, 열전42, 최충헌에도 수록되어 있다.

17) 『고려사』 권5, 세가5, 현종 21년 4월 기해.

18) 經星은 28개의 별인 恒星을 가리킨다.

19) "(張)世南於紀聞首端, 嘗論期[朞]三百有六旬有六日之說 … 其實天左旋, 日月亦左旋一晝夜, 以日之明晦爲節, 日之行三百六十五度四分日之一, 則比天之旋, 少一周, 逐日所不及 天之運以二十八宿計之, 分爲度數. 蓋二十八宿及[乃]經星附天而行, 凝然不動, 可從而計[紀]其度數, 亦猶量地之里, 云至某州某郡若干里, 州郡有定所, 人莫不知, 姑借之以爲限節也. 高麗國有九執歷[曆], 正如此"(『游宦紀聞』 권8 : 『사고전서』 雜家, 영인본 864책 ; 『신편총서집성』 87 所收,

이는 張世南(生沒年不明, 남송 寧宗·理宗代 인물)의[20] 소견인데, 그에 의하면 고려력은 서역에서 만들어진 역서인 구집력(九執曆)을 바탕으로 하고 있었다고 한다. 구집력[九曜曆]은 718년(開元6) 印度출신의 천문학자인 太史監 瞿曇悉達이 번역한 천축역법(天竺曆法)으로 그가 편찬한 『대당개원점경 大唐開元占經』 120권 중 권104가 이에 해당하는데,[21] 고려력은 이와 어떤 관련성이 있을 것이다.

이처럼 구집력을 바탕으로 한 고려력이 중국 및 일본의 역일과 어떠한 차이가 있었는지는 분명히 알 수 없으나 『고려사』 세가편의 기록에 의하면 윤월(閏月)의 설정에서[22] 차이를 보이는 바도 있고, 매월(每月) 초하루[朔日]의 표기에서 차이를 보이기도 한다. 이 점은 중·일 양국의 자료에 그 흔적이 보이고 있는데, 이를 적시하면 다음 자료 D1, 2, 3과 같다.

D1. 5월 2일(己亥) 다자이후[太宰府]로부터 신라력(新羅曆, 고려력)이 進上되었는데, 본조(本朝)의 역일과 서로 다른 바가 없고 단지 12월의 크기가 같지 아니하다(『扶桑略記』 권29, 後冷泉 永承 3년 5월 2일).[23]

2. 12월 1일(辛丑朔) 提擧司天監集曆官에 명하여 遼·고려·일본국과 本朝의 奉元曆을 검토하여[考算] 같은 점과 차이점을 보고하게 하였다. 그 후 曆官 趙延慶 등이 말하기를

添字는 판본에 따라 다르게 표기된 것이다).

20) 張世南은 鄱陽人으로 자는 光叔이지만, 구체적인 歷官 과정은 알 수 없다. 단지 嘉定, 紹定 연간(1208~1224, 1128~1233) 閩 지역에서 활약하면서 '永福縣事'를 담당하였다고 한다. 『游宦紀聞』 10권은 雜事·舊記를 많이 기록하고 있지만 번잡하지 않아 宋末의 小說類 중에서 佳本이라는 평을 받고 있다.

21) 『사고전서』 영인본 807책 所收 ; 藪內 淸 1989年.

22) 閏月은 '餘分의 月'을 의미하는 것으로 역일에서 平年보다 1個 더 추가된 月을 가리킨다(『事物紀原』 권1, 正朔曆數部), 太陰曆에서는 1개월이 30일(大盡)과 29일(小盡)로 이루어져 있기에 1년에 十數日의 잉여가 생기게 되므로, 3년에 1회, 5년에 2회, 19년에 7회의 윤월을 두어서 조절하였다.

23) ·『扶桑略記』 권29, 後冷泉天皇 永承 3년 5월 2일, "五月二日己亥, 自太宰府進新羅曆, 與本朝無相違, 但十二月大小不同" 『新訂增補國史大系』 12冊 ; 『改定史籍集覽』 1冊 所收).
·『百練抄』 권4, 後冷泉天皇 永承 3년, "五月二日, 太宰府進新羅曆, 與本朝無相違, 但十二月大小不同云〃"(『國史大系』 14冊 ; 『新訂增補國史大系』 11冊 所收).
·『年中行事祕抄』, 曆給諸司事, "永承三年五月二日, 太宰府進新羅曆, 日本無相違, 但十二月大小不同"(『群書類從』 6冊, 公事部, 권86 所收).

'遼의 己未年(1079, 太康5)의 절기(節氣)와 삭일은 선명력과 부합되고, 일본의 戊午年(1078, 承曆2)의 절기와 삭일은 遼曆과 유사하며, 고려의 戊午年(1078, 문종32)의 삭일은 봉원력과 합치되지만 그 24절기 중에 7절기는 시각과 逐月에서 태양이 過宮하는 日數 및 시각이 같지 않습니다'라고 하였다(『속자치통감장편』 권295, 神宗 元豊 1年 12月).[24)]

3. 宋 元豊 1년(1078) 12월 사천감에 명하여 遼 및 고려, 일본국의 역을 봉원력과의 차이[同異]를 검토하게 하였다. 遼 己未年(1079, 太康5)은 절기와 삭일은 선명력과 부합되고, 日本 戊午年(1078, 承曆2)은 遼曆과 유사하며, 高麗 戊午年(1078, 문종32)의 삭일은 봉원력과 합치되지만 절기는 같지 아니하다. 戊午年은 遼 大康 4年(1078)이고, 己未年은 5年(1079)이다. 遼·宋의 시기에 2국의 사천감이 항상 서로 참고하고 있었다. 고려가 바친 『대요사적 大遼事蹟』은 諸王이 받은 册文을 수록하고 있는데, 삭일[月朔]이 제법 많이 있음으로 붙여서 넣었다(『요사』 권44, 志14, 曆象志下, 朔考).[25)]

위의 자료 D1은 1048년(문종2, 永承3) 5월 日本의 다자이후[太宰府]가 '新羅曆'을 구해 조정에 바친 것인데,[26)] 이는 '고려력'을 가리키는 것이다. 이에서 고려력이 일본력과 대체로 유사하지만 12월의 크기가 달랐다고 한다. 또 자료 D2는 송대(宋代)에 만들어진 자료인데, 이에 의하면 고려의 戊午年(1078년, 문종32)의 역은 송의 봉원력(奉元曆)과 비슷하지만, 24절기 중 7절기의 일수와 시각이 송의 그것과 같지 않았다고 한다. 그리고 자료 D3은 『요사』, 曆象志, 朔考의 후기(後記)인데, 전반부는 자료 D2를 축약한 것이고, 후반부는 요·송 양국의 사천감이 서로의 역을 참고하

24) 『속자치통감장편』 권295, 神宗 元豊 1年 12月, "十二月辛丑朔, 詔提擧司天監集曆官, 考算遼·高麗·日本國, 與本朝奉元曆, 同異聞奏. 其後, 曆官趙延慶等言, 遼己未年氣朔與宣明曆合, 日本戊午年氣朔與遼曆相近, 高麗戊午年朔與奉元曆合, 其二十四氣內, 有七氣, 時刻并逐月, 太陽過宮日數時刻不同". 이와 같은 내용이 著者不明, 『宋史全文』 권12上, 神宗 元豊 1年 12月에도 수록되어 있다.

25) 『요사』 권44, 志14, 曆象志下, 朔考, "宋元豊十二月, 詔司天監考遼及高麗·日本國曆, 與奉元曆同異. 遼己未年氣朔與宣明曆合, 日本戊午歲與遼曆相近, 高麗戊午年朔與奉元曆合, 氣有不同. 戊午遼大康四年, 己未五年也. 當遼·宋之歲, 二國司天固相參考矣. 高麗所進大遼事蹟, 載諸王册文, 頗有月朔, 因附入".

26) 같은 해에 다자이후[大宰府]는 송의 역일을 구해 조정에 바쳤으며, 일본의 조정은 이를 바탕으로 자신들의 역일을 정비하였다(『扶桑略記』 권29, 後冷泉天皇, 永承 3년 11월 16일, 5년 11월 1일).

고 있음과 고려가 요에 바친 『대요사적』에 삭일[月朔]이 제법 많이 있음으로 閏考와[27] 朔考의 작성에 이를 이용하였다는 것이다.

이상의 사실들을 통해 볼 때 고려는 건국이래 당의 선명력을 바탕으로 하여 독자적인 역일을 제작하여 사용하였음을 알 수 있고, 그것은 구집력(구요력)에 의거한 천체운행의 관측을 통해 시의(時宜)에 적절하게 수정·가감을 덧붙였던 것으로 추측된다. 또 송과의 외교관계를 유지하고 있었던 때인 1016년(현종7)의 역일, 1020년(현종11)의 천희4년구주력(天禧四年具註曆),[28] 1022년(현종13)의 건흥력(乾興曆, 儀天曆),[29] 1071년(문종25, 熙寧4) 이후의 봉원력(奉元曆) 등을 송으로부터 수용하여 참고하고 있었던 것 같다. 그 결과 윤월·절기·월의 대소 등에 있어서 송·거란·일본의 역일과 약간의 차이를 보이고 있었으나 대체로 유사하였던 것으로 이해될 수 있을 것이다. 이 점은 고려의 각종 자료를 통해 그 편린을 엿볼 수 있는 역일을 당대의 북동아시아 3국의 그것과 비교·검토해 볼 때 보다 구체적인 차이점을 찾아볼 수 있을 것이다.

---

27) 『요사』 권43, 지13, 曆象志中, 閏考.
28) 『동문선』 권33, 上大宋皇帝謝賜曆日表.
29) 乾興曆은 儀天曆에 의거한 역일이다.

제2절 閏年·閏月의 編成

고려초기 이래 구집력(구요력)을 바탕으로 한 선명력을 사용하다가 11세기 전반에는 송의 건흥력(의천력)·봉원력 등을 참용하여 만든 독자적인 고려력의 모습을 살펴보기로 한다. 이를 위해 윤년·윤월, 삭일[월삭], 그리고 금석문에 나타난 일진 등을 중·일 양국의 그것과 차례로 비교·검토하기로 하자.

먼저 윤년·윤월의 경우 오대이래 중원의 국가, 북방민족인 거란[遼]·여진[女眞], 그리고 일본의 역일에서 차이를 보이는 것을 정리하면 다음 〈표3-1〉과 같다.

〈표3-1〉 10~13世紀 北東아시아 三國의 閏年·閏月의 差異[1)]

年代	高麗	中原	北方	日本	年代	高麗	中原	北方	日本
985(成宗3)	⑨?	宋⑨	遼⑧	⑧	1181(명종11)	③	③	③	②
999(穆宗4)	③	③	[4]	③	1183(명종13)	⑪	⑪	⑪	⑩
1001(목종4)	⑫	⑫	⑪	⑫	1189(명종19)	⑤	⑤	⑤	④
1015(顯宗6)	⑥	⑥	[7]	⑥	1191(명종21)				⑫
1028(현종19)	⑥				1192(명종22)	②	②	②	
1029(현종20)	②	②	[3]	②	1194(명종24)	⑩	⑩	⑩	⑧
1050(文宗4)	⑪	⑪	⑪	⑩	1202(神宗5)	⑫	⑫	⑫	⑩
1064(문종18)	⑤	⑤	[6]	⑤	1205(熙宗1)	⑧	⑧	⑧	⑦
1067(문종21)	①	③	③	①	1211(희종7)	②	②	②	①
1069(문종23)	⑪	⑪	⑪	⑩	1216(高宗3)	⑦	⑦	⑦	⑥
1077(문종31)			⑫	⑫	1219(고종6)	③	③	③	②
1078(문종32)	①	①			1221(고종8)	⑫	⑫	⑫	⑩
1080(문종34)	⑨	⑨	[8]	⑧	1224(고종11)	⑧	⑧	⑧	⑦
1088(宣宗5)	⑫	⑫	⑫	⑩	1227(고종14)	⑤	⑤	⑤	③
1091(선종8)	⑧	⑧	⑧	⑦	1230(고종17)	②	②	②	①

1) 이는 加唐興三郎 1992年·內田正男 1994年·大谷光男 1991年·對外關係史綜合年表編輯委員會 編 1998年·洪金富 2004年·張東翼 2009년 등을 바탕으로 정리하였다. 또 이의 정리에서 遼의 경우 『요사』 本紀의 該當年 및 권43, 지13, 曆象志中에서 나타나지 않는 것이어서 陳垣, 『二十史朔閏表』에 의거하였는데, [4]와 같은 표기이다.

1094(선종11)	④	④	④	③	1235(고종22)	⑦	⑦		⑥
1097(숙종2)	②	②	②	①	1238(고종25)	④	④		②
1102(숙종7)	⑥	⑥	⑥	⑤	1240(고종27)	⑫	⑫		⑩
1105(숙종10)	②	②	3	②	1243(고종30)	⑧	⑧		⑦
1110(睿宗5)	⑧	⑧	⑦	⑦	1248(고종35)				⑫
1113(예종8)	④	④	④	③	1249(고종36)	②	②		
1124(仁宗2)	③	③	③	②	1251(고종38)	⑩	⑩		⑨
1126(인종4)	⑪	⑪	金⑪	⑩	1254(고종41)	⑥	⑥		⑤
1129(인종7)	⑧	⑧	⑧	⑦	1257(고종44)	④	④		③
1134(인종12)				⑫	1259(고종46)	⑪	⑪		⑩
1135(인종13)	②	②	②		1262(元宗3)	⑨	⑨	蒙⑨	⑦
1137(인종15)	⑩	⑩	⑩	⑨	1265(원종6)	⑤	⑤	⑤	④
1140(인종18)	⑥	⑥	⑥	⑤	1270(원종11)	⑪	⑩	⑪	⑨
1143(인종21)	④	④	④	②	1273(원종14)	⑥	⑥	⑥	⑤
1145(인종23)	⑪	⑪	⑪	⑩	1278(忠烈4)	⑪	⑪	⑪	⑩
1148(毅宗2)	⑧	⑧	⑧	⑥	1281(충렬7)	⑧		⑧	⑦
1156(의종10)	⑩	⑩	⑩	⑨	1284(충렬10)	⑤		⑤	④
1159(의종13)	⑥	⑥	⑥	⑤	1286(충렬12)				⑫
1164(의종18)	⑪	⑪	⑪	⑩	1287(충렬13)	②		②	
1170(의종24)	⑤	⑤	⑤	④	1295(충렬21)	④		④	②
1172(明宗2)				⑫	1297(충렬23)	⑫		⑫	⑩
1173(명종3)	①	①	①		1300(충렬26)	⑧		⑧	⑦

이상의 〈표3-1〉의 작성에서 고려의 경우 991년(성종10) 이전의 연대기에서 윤월이 나타나지 않아 구체적으로 알 수 없다. 그렇지만 건국이전부터 선명력을 사용하였고, 933년(태조16) 3월 후당(後唐)의 역서(曆書)를 받았음을 고려하면 중국의 5대이래의 역일에 의거하여 역일을 편찬하였을 가능성이 높으므로 중원의 윤년·윤월과 대동소이하였을 것이다.[2)]

이제 북동아시아 3국의 윤년·윤월을 비교할 수 있는 991년부터 수시력(授時曆)이 수용되었던 충선왕대(1308~1313) 이전인 1300년(충렬왕26)까지의 310년에 걸친 기간에서 고려력에 반영된 윤년·윤월을 여타의 그것과 관련하여 살펴보자. 먼저 이 기간에 윤월의 편성은 전체 115回에 달하는데, 이는 윤년이 기본적으로 3년만에 1회씩 편성되었지만, 6년 또는 9년을 경과한 시점에는 2년만에 편성되었기 때문이다. 이 시기에 2년만에 편성된 것이 29회인데, 이를 편성함에 있어 고려와 일본의

2) 고려에서는 윤월의 삭일에 太廟에 閏月을 告由하였다.

경우 윤년을 중원의 편성과 달리한 것이 고려가 1회[1028·29년], 일본이 6회에 걸쳐 찾아진다[1077·78년, 1134·35년, 1172·73년, 1191·92년, 1248·49년, 1286·87년].

이러한 차이는 삼국의 역일이 기본적으로 선명력을 바탕으로 하고 있었지만, 이를 자국의 현실에 맞게 적절히 변용하여 사용하고 있었기 때문일 것이다. 그 중 고려의 경우 ⓐ1028년(현종19) 6월에 윤월을 편성하여 중원[宋]의 윤년과 달리하고 있지만,[3] 다음해(1029년, 현종20)에 다시 중원과 같이 2월에 윤월을 편성하고 있음을 통해 볼 때,[4] 윤년을 잘못 편성하였던 결과인 것 같다. 이는 고려가 거란과의 관계를 고려하여 때때로 송과의 외교관계를 단절하기도 하였으나(994년, 성종13),[5] 재개할 때는 역일[正朔]을 반사(頒賜)하여 줄 것을 요청하여 수령하였기에(1016, 현종7)[6] 중원의 역일을 인지하고 있었을 것이다. 그 한 사례로 1022년(현종13) 송으로부터 건흥력(乾興曆, 儀天曆)을 받은 것을 들 수 있는데,[7] 이러한 송력을 바탕으로 고려력을 제작하였기에 양자 간에 큰 차이는 없었을 것이다.

이에 비해 고려와 같이 선명력을 사용하고 있었던 일본의 경우[8] 윤년의 편성이 중원의 그것에 비해 6회나 차이를 보이고 있었는데, 이는 고려가 건흥력(의천력)·봉원력 등을 통해 가감을 가하고 있었지만, 일본은 그러한 차이를 극복하지 못했던 것으로 추측된다. 그 결과 윤년의 편성이 중원[송]의 그것과 같아도[全體 60回] 윤월이 같은 달에 편성된 것은 5회뿐이어서 큰 차이를 보이고 있다.

또 고려의 경우 중원과 윤년이 같아도 윤월이 달리 편성된 것이 ⓑ1067년(문종

---

3) 『고려사』 권5, 세가5, 현종 19년(1028년) 6月 다음에 윤月이 있고, 『고려사절요』 권3, 현종 19년에 閏6月이 설정되어 있다.

4) 이 해의 12月이 송력은 30日[大盡]인데 비해 고려력은 29日[小盡]이어서 太史官員이 推鞫당하게 되었던 점을 통해 보아(『고려사』 권5, 세가5, 현종 21년 4월 을유), 당시의 고려력에 어떤 문제점이 있었던 것 같다.

5) 『속자치통감장편』 권36, 淳化 5年 6月 29일(庚戌), 7月 2일(壬子), "庚戌, 高麗國王治, 遣使元郁來乞師言, 契丹侵掠其境故也. 上以夷狄[蠻戎]相攻, 蓋常事, 而北邊甫寧, 不可輕動干戈. 秋七月壬子, 厚禮其使而歸之, 仍優詔答之, 高麗, 自是絕, 不復朝貢矣".

6) 『속자치통감장편』 권85, 大中祥符 8年 11月 27일(癸酉), "高麗進奉告奏使御事民官侍郎郭元與東女眞首領何盧太來貢 高麗主 表求賜曆日及尊號 … 明年辭[使]還 賜其主詔書七函 衣帶器幣鞍馬及經史·聖惠方·曆日等".

7) 『고려사』 권4, 세가4, 현종 13년 5월 8일(丙子).

8) 일본은 발해의 사신단을 통해 859년(貞觀1)에 선명력을 취득하여 862년(貞觀4)부터 사용하였다고 한다[大谷光男 1991年].

21)·ⓒ1270년(원종11)의 2회에 걸쳐 있다. 먼저 ⓑ1067년(문종21) 1월에 윤월을 편성하여 같은 해 3월에 편성된 송력과 차이를 보이고 있다. 이는 1031년(현종22) 이후 1070년(熙寧3, 문종24)까지 41년간 여·송 양국의 외교가 단절된 결과로[9] 인해 고려가 송의 역일을 수용하지 못하고, 그 이전에 송으로부터 받은 건흥력(乾興曆, 儀天曆)을 이용하고 있었기에 차이가 생겨나게 되었던 것으로 추측된다.[10]

이 점은 송과의 외교관계를 재개한 1071년(문종25, 熙寧4) 이후에는 고려의 윤년과 윤월이 중원[송]의 그것과 차이를 보이지 않는 것을 통해 유추할 수 있는데, 이는 이 시기 이후에 송의 봉원력을 수용하여 참고하였던 결과인 것 같다. 이 경우는 북방민족인 거란·금의 경우도 마찬가지인데, 이는 자료 C3과 같이 남북의 양국사이에 서로의 역일을 참고하였던 결과로 보이지만 약간의 차이는 있었던 것 같다.[11]

그리고 ⓒ1270년(원종11)의 경우 고려와 몽골국이 11월에 윤월을 편성한데 비해 중원[남송]은 10월에 편성하여 차이를 보이고 있는데, 이는 이 시기에 고려가 몽골국의 압제 하에 들어가 그들의 중통력(中統曆)을 사용하였기 때문이다. 이 시기 이후의 고려력은 중원을 제압한 몽골·명제국의 그것과 대체로 동일하여 윤년·윤월·삭일의 편성에서 차이를 보이지 않았다.

이상과 같은 점을 고려해 볼 때 고려전기의 역일은 윤년과 윤월의 편성에서 일관(日官)의 잘못에 의해 편성된 ⓐ1028년(현종19), 봉원력과의 차이에 의한 ⓑ1067년(문종21)을 제외하고는 중원의 국가인 오대·송의 역일과 대동소이하였다고 이해하는 것이 좋을 것이다. 송과의 외교관계를 재개한 1071년(문종25, 熙寧4) 이후부터 몽골제국의 영향권 내에 들어간 1260년(원종1, 中統1)까지 송의 여러 역일을 사용하였기에 선명력을 바탕으로 한 일본력과는 윤월에 차이를 보이고 있었다. 그렇다면 『고려사』, 역지 서문의 '고려는 따로 역일을 만들지 아니하고 당의 선명력을 이어받았고 그 이후 역일이 22회나 바뀌었으나 오히려 선명력에 익숙하여 있었다.'라는 말을 그대로 받아들이기에 어려움이 있다.

---

9) 『옥해』 권154, 朝貢獻方物, 建隆高麗來貢 ; 『황조편년강목비요』 권19, 熙寧 4年 8月.

10) 이는 같은 선명력을 사용하고 있었던 일본도 고려와 같이 ①월을 윤월로 편성하고 있었음을 통해 알 수 있다.

11) 『송사』 권340, 열전99, 蘇頌, "使契丹, 遇冬至, 其國曆後宋曆一日, 北人問孰爲是. 頌曰, 曆家算術小異, 遲速不同, 如亥時節氣交, 猶是今夕, 若踰數刻, 爲明日矣. 或先或後, 各從其曆可也, 北人以爲然".

제3절 고려력에서 朔日

『고려사』 세가편(禑王·昌王列傳 包含)에서 매월 초하루를 표시하는 '朔'字가 결락(缺落)된 경우가 140여건이 확인되는데, 이것의 결락이 의도적으로 이루진 것인가, 아니면 단순한 착오에 의한 것인지를 파악하기 어렵다. 또 월의 표기에서 二月을 三月로, 十一月을 十二月로 잘못 표기한 경우도 있고, 편년체의 사서를 기전체로 바꾸는 과정에서 세가편의 연월과 諸志의 연월이 다르게 나타나는 경우도 있다. 그래서 월의 표기는 삭윤표(朔閏表)와 비교하여 검토할 필요성이 있다.

『고려사』 세가편에서 '朔'字가 나타나는 것은 984년(성종3) 5월 경술부터인데, 이 때부터 충렬왕대(1274~1308)까지 324년간 624개의 삭일(朔日)이 찾아진다. 이들은 현종대(1009~1031) 이후는 거의 매년에 걸쳐 1건 이상이 찾아지며,[1] 두 개의 월이 연속으로 찾아지는 경우도 많으므로 역일의 모습을 재현하기에 큰 문제는 없을 것이다. 또 이들 삭일의 절대 대다수가 중원[송·남송·원]의 그것과 동일하고 차이를 보이는 것은 33개뿐이다. 이는 고려의 역일이 독자적으로 편찬되었다고 하더라도 오대·송의 역일과 대동소이하였음을 보여주는 것이다. 또 고려 초 이래 중원의 여러 국가들과 외교관계를 수립하고 있었기에 반력(頒曆)을 통해 그들의 역일을 참조하였을 것이고, 송과의 외교가 단절되었을 때도 상인들의 왕래가 빈번하였기에 그들을 매개로 하여 개편된 역일을 확보하였을 가능성이 있었을 것이다.

---

1) 삭일이 나타나지 않는 해는 1013년(현종4)·1028(현종19)·1044(정종10)·1085(선종2)·1099(숙종4)·1127(인종5)·1130(인종8)·1133(인종11)·1137(인종15)·1177(명종7)·1191(명종21)·1194(명종24)·1205(희종1)·1206(희종2)·1215(고종2)·1220(고종7)·1225(고종12)·1229(고종16)·1233(고종20)·1237(고종24)~1242(고종29)·1247(고종34)~1248(고종35)·1262(원종3)·1266(원종7)·1269(원종10)·1274(원종15)·1284년(충렬왕10) 등의 32個年이다. 이들 중에서 2개년이 연속으로 삭일이 찾아지지 않는 해는 1237년(고종24)인데, 이 시기는 보완될 여타(餘他)의 자료가 많아 큰 문제가 없다. 그 외에 천문지를 위시한 여러 지에서도 세가편에 나타나지 않는 삭일이 다수 찾아진다.

그러면 중원의 삭일과 다른 점을 살펴보기 위해 차이가 나는 것을 정리하고, 비교자료로서 북방 및 일본의 삭일을 병기(竝記)하면 다음 〈표3-2〉와 같다.[2]

〈표3-2〉 10~13世紀 北東아시아 三國의 朔日의 差異[3]

年	月	高麗	宋	北方	日本	年	月	高麗	宋	北方	日本
988(成7)	12	乙丑[卯]	甲寅	甲寅	甲寅	1096(肅1)	4	壬戌	庚申		庚申
1022(顯13)	2	辛丑	庚子	辛丑	辛丑	〃	7	庚寅	戊子		戊子
1024(현15)	1	甲[庚]寅	庚寅	庚寅	庚寅	〃	8	庚申	戊午		戊午
1025(현16)	7	辛巳	庚辰	辛巳	辛巳	〃	9	己丑	丁亥		丁亥
1032(德1)	4	壬寅	辛丑		辛丑	1114(睿9)	3	丁丑	丙子		丙子
1040(靖6)	5	乙卯	甲寅	乙卯	乙卯	1118(예13)	5	癸未	壬午	壬午	壬午
1041(정7)	1	庚戌	辛亥	辛亥	辛亥	1136(仁14)	4	己亥	戊戌		戊戌
〃	11	丙午	丁未		丙午	1147(毅1)	10	乙未	辛卯		辛卯
1049(文3)	1	乙丑	甲午	甲午	甲午	1148(의2)	9	丙寅[戌]	丙戌		丙戌
〃	12	己未	庚申	己未	己未	1149(의3)	6	壬子	辛亥		辛亥
1055(문9)	12	甲寅[申]	甲申		甲申	1169(의23)	8	甲寅[申]	甲申	甲申	甲申
1059(문13)	1	丁酉	丙申		丙申	1244(高31)	8	庚午[己巳]	己巳		己巳
〃	12	辛酉	壬戌	辛酉	辛酉	1252(고39)	6	甲寅	癸丑		癸丑
1067(문21)	2	己酉	庚辰		己酉	1265(元6)	7	丁未[酉]	丁酉		丁酉
1073(문27)	12	庚午	己巳		庚午	1276(烈2)	2	丙申		丁酉	丁酉
1078(문32)	9	癸酉	壬申		壬申	1282(렬8)	8	丙戌[丁亥]		丁亥	戊子
1079(문33)	6	丁酉	戊戌		戊戌	1287(렬13)	3	壬辰		辛卯	辛卯
1081(문35)	2	辛酉	戊午		戊午	1300(렬26)	9	壬寅		癸卯	癸卯

먼저 첨자(添字)로 고쳐진 삭일의 7건[988, 1024, 1055, 1148, 1169, 1244, 1265년]은 『고려사』의 편찬 및 조판과정(組版過程)에서 오자가 발생했던 것으로 추측된다.[4] 또 삭일의 차이는 보통 1일의 편차가 있어 당대인(當代人)들이 지적한 것과 부합되지만,[5] 1081년(문종35)의 3일, 1147년(의종1)은 4일의 차이를 보이고 있으며,[6] 이때

---

2) 이들은 현존의 『고려사』에서 삭일이 표기되어 있는 경우만을 정리한 것이고, 날짜[日辰]를 면밀히 검토하면 月의 大小[大盡·小盡]에 따라 송력과 1일의 차이가 나는 사례도 있다.

3) 같은 선명력을 사용했던 고려와 일본의 차이는 이미 정리된 적이 있지만[大谷光男 1991年], 고려 측의 자료를 잘못 정리한 점도 많이 있다.

4) 그 중에서 1244년(고종31)의 경우는 같은 해 6월이 '庚午朔'이라고 기록되어 있음으로 8월은 '庚午朔'이 될 수 없다. 그 외에 1065년(문종19)의 '三月辛卯朔'은 '二月辛卯朔'의 오자이다(『고려사』 권8, 세가8, 문종 19년 3월).

5) 이러한 1일의 차이로 인해 일식이 삭일(初1日)에 이루어지는데, 고려에서는 ①1048년(문종2) 12월 甲午(晦日, 30일), ②1058년(문종12) 12월 丙申(晦日, 30일), ③1187년(명종17) 7월 己巳

고려와 함께 선명력에 바탕을 두고 있는 일본력의 삭일이 송력의 그것과 동일하다는 것도 이색적이다. 그리고 1067년(문종21)은 30일의 차이를 보이고 있는데, 이는 윤월의 차이에 의한 것이다.

1일의 편차는 큰달[大盡]과 작은달[小盡]의 차이에서 나온 것이기에 다음 달[翌月] 또는 그 다음달에 삭일의 차이는 다시 동일하게 되므로 1년간의 차이는 해소되게 된다. 그렇지만 3~4일의 차이는 역일의 수정이 필요하게 되는 사유가 될 것이다. 이러한 차이를 극복하지 못했을 때는 1096년(숙종1)의 경우와 같이 확인할 수 있는 4건의 삭일이 모두 송력과 2일의 차이를 가지게 되었을 것이다.

이처럼 고려력이 송력과 차이가 있었다고 하더라도 고려력이 일관(日官)의 오류에 의해 이루어진 것은 아니다. 곧 송력과 삭일에서 차이가 있었지만, 이 날에 이루어지는 천문현상인 일식이 삭일과 일치하고 있는 경우도 찾아진다. 이의 사례로서 1059년(문종13) 12월 辛酉朔(일본력과 일치, 송력은 11월 30일), 1079년(문종33) 6월 丁酉朔(송력·일본력 5월 30일), 1118년(예종13) 5월 癸未朔(宋曆·日本曆 5月 2日) 등을 들 수 있는데,[7] 이는 고려의 일관이 연말에 내년의 일식을 예측하여 송력과

(晦日) 등에 일식이 있었다고 한다. ①甲午는 송력·거란력·일본력에서 모두 1049년 1월 朔日(1일)이며, 거란에서도 일식이 있었다. ②丙申은 송력·일본력에서 모두 1059년 1월 삭일(1일)이며, 송에서도 일식이 있었다. ③己巳는 송력에서는 晦日, 일본력에서는 8월 1일인데, 중원에서 일식에 대한 기록이 없다(『요사』 권20, 본기20, 興宗3, 重熙 18년 1월 甲午 ; 『송사』 권52, 지5, 천문5, 日食).

6) 『고려사』에서 1081년(문종35)은 2월(辛酉朔)과 12월(癸丑朔)만 朔日이 나타나 있는데, 12월은 宋曆과 동일하다. 또 1147년(의종1)은 6월(癸巳朔)과 10월(乙未朔)만이 朔日이 나타나 있는데, 6월은 송력과 동일하다. 이를 통해 볼 때 송력과 크게 차이가 나는 두 朔日은 『고려사』의 편찬과정에서 어떤 착오가 있었던 것으로 추측된다. 그중에서 1147년 10월(乙未朔)의 경우, 다음 달인 11월의 朔日이 나타나 있지 않지만 甲戌에 팔관회를 개최하였는데, 이 날은 송력·일본력의 11월 신유삭으로 계산하면 14일에 해당하여 날짜[日辰]가 일치한다. 그러므로 '十月乙未朔'은 '十月辛卯朔'의 오류임이 분명하다.

그리고 1282년(충렬왕8) 8월의 '八月丙戌朔'은 송력에서 7월(戊午朔, 小盡) 29일이다. 고려력에서도 '秋七月戊午朔日食'이므로(세가29), 송력과 같이 7월 29일에 해당한다. 그런데 '八月丙戌朔'이 성립되려면 7월은 28일로 끝이 나게 되는데, 이러한 月次는 구성될 수 없다. 또 9월이 '九月丁巳朔'으로 되어 있는데, 이를 통해 '八月丙戌朔'은 송력의 '八月丁亥朔'의 잘못임을 알 수 있다(일본력은 '八月戊子朔').

7) 『고려사』 권8, 세가8, 문종 13년 12월 辛酉·권9, 세가9, 문종 33년 6월 丁酉·권14, 세가14, 예종 13년 5월 癸未. 그런데 1118년(예종13, 重和1)의 경우 宋에서는 5월 壬午朔에 일식을 하

달리 고려력을 독자적으로 제작하였던 결과로 이해될 수 있을 것이다.

다음으로 주목되는 것은 고려력이 송력과 삭일에서 차이를 보일 때 거란력[遼曆] 또는 일본력과 동일한 점인데, 전자의 경우는 고려가 요의 정삭을 받들었기에, 후자는 같은 선명력을 바탕으로 하고 있었기에 상호간에 유사성이 내재되어 있었을 것이다. 그렇지만 고려력의 일본력과의 관계는 윤월에 있어서 큰 차이를 보이고 있기에 같은 범주에 둘 수 없고, 삭일에 있어 약간의 차이를 보이고 있지만 고려력은 여전히 송력에 의거하여 제작되었을 가능성이 높다. 그리고 13세기 후반에 고려가 대원몽골국의 영향력을 강하게 받았음에도 불구하고 삭일에서 4건의 차이를 보이고 있는데, 이는 어떠한 사유에서 발생한 것인지 짐작하기가 어렵다.

그런데 고려력이 원력[蒙古曆]과 차이를 보이는 마지막 시점이 1300년(충렬왕26) 9월이라는 점이 주목을 끈다. 곧 1299년(충렬왕25) 10월 고려의 내정간섭을 위해 정동행성의 평장정사로 파견되어 온 그레고리우스(闊里吉思, Georgius)는 이후 1년 정도 재직하면서 고려가 제후국으로 격하·정착되게 하는 여러 가지의 조치를 단행하였다[張東翼 1994년 83~87쪽]. 이때 '국왕의식(國王儀式)의 참월(僭越)'이 개혁의 대상이었음을 감안하면 황제국으로서의 징표였던 독자적인 역일의 제작도 규치의 대상이 되었을 것이다. 그래서 그레고리우스(闊里吉思)가 귀국한 다음해인 1301년부터 고려는 원력(元曆)을 그대로 사용하게 되어 이 시기 이후에는 여·원 양국의 역일은 동일하게 되었던 것으로 추측된다.

였다고 하는데(『송사』 권52, 지5, 천문5, 日食), 고려와 송의 날짜가 1일의 차이가 있다. 이는 일식을 관측했던 위치의 차이에 의한 것으로 이해되지만, 양자가 어느 지역에서 관측했는가는 알 수 없다. 그래서 고려와 송의 일식 사례가 일치하지 않는 경우가 많이 있다. 또 일식이 기본적으로 삭일에 행해지지만 전근대의 력에서는 晦日에 이루어지는 경우도 있는데, 이는 역이 정밀하지 못했기 때문이다.

제4절 고려력의 檢定

이상에서 고려전기의 역일이 중원[송·남송]의 역일과 비교할 때 삭월 및 삭일에서 극히 작은 차이가 있더라고 하더라도 수정을 거듭하였기에 큰 차이를 발견할 수 없다고 보았다. 이를 실제적으로 검정하기 위해서 삭일의 표기가 없는 월차(月次)에도 양자의 괴리가 없는가를 연대기를 위시하여 금석문 및 기타 자료에서 간지(干支)로 표기된 날짜[日辰]와 이를 십진법의 수자를 병기한 사례를 찾아보기로 한다. 먼저 연대기에 나타난 대표적인 사례를 정리하여 보면 다음 자료 E1, 2, 3, 4와 같다.

E1. (성종 2년) 3月 戊寅, 宋이 大中大夫·光祿少卿 李巨原과 朝議大夫·將作少監 孔維를 보내와서 왕을 책봉하자 … 왕이 册命을 받고서 문무관료·장교·승려와 도사[僧道]·三軍·萬百姓[萬姓] 등에게 조서를 내리기를 "… 太平興國 8年 3月 22日 새벽 이전에 이미 발각되었거나 아직 발각되지 않았거나, 이미 결정되었거나 아직 결정되지 않은 범죄인으로 鬪殺 이하의 죄는 경중을 가릴 것이 없이 모두 사면하도록 하라" 고 하였다(『고려사』 권3, 세가3).

2. (문종 36년 9월) 丁亥, 峯城縣에 머물러 9월 9일의 연회[重陽宴]을 베풀고 兩府 및 侍臣으로 하여금 「途中遇重陽詩」를 짓게 하였다(『고려사』 권9, 세가9).

3. (숙종 2년 3월) 庚申, 前王(獻宗)을 隱陵에 장사지내고 遼의 東京都部署에 移牒하여 "前王이 別邸에 退居한 이래 병세가 날로 심하여 閏②월 19일에 薨逝하였음으로 이제 장례를 마쳤습니다. …" 라고 하였다(『고려사』 권11, 세가11).

4-①. 명종 27년 9月 계해에 최충헌이 명종을 폐하고 신종[王]을 맞이하니 大觀殿에서 즉

위하였다(『고려사』 권21, 세가21, 神宗總說).

②. (신종 즉위년 10월 丙子) 考功員外郎 趙通을 金에 보내 前王의 表를 올려 "… 이에 9月 23日 弟 晫으로 하여금 權守軍國事務로 삼았습니다. …" 라고 하였다(『고려사』 권21, 세가21).

이상의 자료 중에서 E1은 983년(성종2, 太平興國8, 癸未年) 3월 戊寅의 기사의 일부인데, 이 달의 삭일이 『고려사』에서 확인되지 않아 사면의 시행일이 언제인지 판가름하기가 어렵게 되어 있다. 그런데 송력에 의하면 이 달의 삭일은 丁巳이고, 이를 그대로 적용하면 戊寅은 22일에 해당한다.[1] 중원에서 일반적으로 행해진 사면이 조서가 내린 당일 새벽부터 적용되는 것과 같이 고려에서도 적용되고 있었음을 알 수 있는 동시에 송력의 삭일이 그대로 고려력에 반영되어 있었음을 알 수 있다.[2]

자료 E2는 1082년(문종36, 元豊5, 壬戌年) 9월 丁亥에 문종이 봉성현에 행차하였다가 중양절을 기념하여 연회를 개최한 것이다. 이 달의 삭일이 『고려사』에 기록되어 있지 않지만 송력으로 9월 9일에 해당하여[3] 고려력과 송력이 일치하고 있음을 보여주는 것인데,[4] 이러한 사례는 많이 찾아진다.

자료 E3은 전왕인 헌종의 장사를 지낸 것을 거란에 보고한 것인데, 헌종은 이 해의 閏②月 甲辰에 붕어하였는데, 이 날은 송력에 의하면 19일로서 일치하고 있다. 『고려사』에는 이 해의 10월에만 삭일(辛巳)이 나타나고 여타의 월차(月次)에는 삭일이 전혀 나타나지 않는다. 그럼에도 閏②月의 날짜[日辰]가 일치하고 있는 것은 이 해의 고려력이 송력과 일치하고 있음을 말해주는 것으로, 1년 전인 1096년(숙종1)이 송력과 크게 차이를 보이는 것과 다른 모습을 보여주고 있다.

그리고 자료 E4-①은 1197년(신종27, 慶元3, 丁巳年) 9월 癸亥에 무인집정자인 최

1) 선명력을 바탕으로 한 일본력에서도 3월의 삭일은 丁巳로서 동일하고, 이 달의 戊寅은 율리우스력으로 계산하면 983년 5월 7일이다.
2) 이와 같은 범주에 해당하는 것으로 1138년(인종16, 紹興8, 戊午) 5월 庚子(16일)의 사면령이 있다(『고려사』 권16, 세가16, 인종 16년 5월 경자).
3) 이 해의 9월은 송력과 일본력의 삭일[己卯]이 동일하고, 9월 9일(丁亥)은 율리우스력으로 10월 3일인데, 이와 같은 중양절의 사례는 1190년(명종20)에도 보인다.
4) 이 해의 10월, 11월, 12월의 삭일이 확인되는데, 모두 송력·일본력과 일치한다.

충헌에 의해 신종이 옹립된 사실을 기록한 것인데, 이 달의 삭일을 확인할 수 없으나 자료 E3-②에 의해 癸亥가 23일임을 알 수 있다. 송력에 의하면 이 달의 삭일은 辛丑으로서 癸亥가 23일임이[5] 분명하므로 고려력과 송력이 일치하고 있음을 알 수 있다.[6]

다음으로 금석문을 위시한 각종 자료에 수록되어 있는 出生日[生], 別世日[卒], 葬事日[葬], 册封日[册], 그리고 塔碑의 建立日[立] 등을 선명력과의 차이를 검정하여 정리하면 다음의 〈표3-3〉과 같다.[7]

〈표3-3〉 高麗前期의 各種 資料에 수록되어 있는 날짜[日辰]

連番	時期	資料	差異	典據
1	943(惠卽位)	天福八年歲次癸卯六月丁未朔五日辛亥立	一致	忠州法鏡大師碑
2	944(혜1)	天福九年龍集甲辰五月壬申朔二十九日庚子立	〃	開豊法鏡大師碑
3	〃	維天福九季年歲次甲辰六月一日辛丑立碑記事	〃	忠州法鏡大師碑
4	946(定1)	開運三年歲次丙午五月庚寅朔二十九日戊午立	〃	康津先覺大師碑
5	964(光15)	大宋乾德二年甲子七月二十日甲午也[生]	1日	榮州圓融國師碑
6	968(광19)	卒于戊辰三月初四日己丑	2日	金殷說墓誌
7	996(成15)	·以統和十四年丙申七月初七日[乙巳]殂落于彼 ·秋七月乙巳郁死于泗水縣	一致	·開豊玄化寺碑 ·高麗史世家3
8	1009(顯卽位)	·(統和二十七年)八月十二日[甲午]卒于私第 ·(顯宗卽位年)八月甲午門下侍郎平章事柳邦憲卒	〃	·柳邦憲墓誌銘 ·高麗史世家4
9	1017(현8)	□□□□歲次丁巳六月戊辰朔[立]	〃	忠州弘法國師碑
10	1021(현12)	皇宋天禧五年歲次重光作噩[辛酉]秋七月甲戌朔二十一日甲午樹	〃	開豊玄化寺碑
11	1045(靖11)	重熙十四年乙酉十月九日辛酉奉移靈骨改葬	〃	劉志誠墓誌
12	1051(文5)	以辛卯八月六日甲辰[甲申]改葬[8]	〃	柳邦憲墓誌
13	1077(문31)	(熙寧十年五月)是月二十三日壬申, 命有司監護喪事…以其年孟冬月[十月]二十日丁酉從龜筮之長葬于臨津縣	〃	李頲墓誌

5) 이 해의 9월은 송력과 일본력의 삭일[辛丑]이 동일하고, 9월 23일(癸亥)은 율리우스력으로 11월 4일이다.

6) 이와 같은 사례로 1211년(희종7, 嘉定4, 辛未) 12월 癸卯(25일) 최충헌에 의해 폐위된 희종의 경우를 들 수 있다(『고려사』 권21, 희종 7년 12월 癸卯, 康宗 1년 2월 庚辰). 이 날도 송력과 일본력이 동일하고 유리우스력으로 1212년 1월 30일이다.

7) 이들 자료를 검정함에 있어서 金龍善, 『고려묘지명집성』(第4版)·『역주고려묘지명집성』상·하, 한림대학출판부, 2006에 크게 의지하였다. 김교수의 장기간에 걸친 각고에 대해 경의(敬意)를 표한다.

14	1097(肅3)	明年正月旬有一日丙申遷葬于寺之西北隅	〃	金堤慧德王師碑
15	1101(숙5)	(辛巳)冬十月五日壬辰右脇而化…十六日癸卯茶毘收骨, 以十一月四日辛酉安備於五冠山	〃	開城靈通寺大覺國師碑
16	1104(숙9)	以乾統四年歲次甲申十一月二十五日乙未端坐化于方丈, 越明月三日壬寅弟子等依本法焚之收其骨	〃	等觀僧統昶雲墓誌
17	1105(숙10)	以翌年七月二十五日庚申藏于五冠山麓	〃	〃
18	1109(睿4)	越翌年己丑[三月]二月丙子朔, 六日辛巳,[9] 上降詔敎日[册]	〃	王俦廟誌
19	1118(예13)	·於戊戌三月十五日[丁酉]順受而逝 ·(睿宗十三年)三月丁酉尙書右僕射劉載卒	〃	·劉載墓誌 ·高麗史世家14
20	1120(예15)	改葬庚子年八月十四日壬午	〃	等觀僧統墓誌
21	1122(仁卽位)	歲在壬寅十月十九日甲辰檢校禮賓卿…閔公卒…越十一月十七日壬申葬于松林縣	〃	閔脩墓誌
22	1123(인1)	癸卯九月二十一日故李氏女辛未生」土命同年十月二十七日丙午葬此[10]	〃	李氏女墓誌
23	1134(인12)	維甲寅歲十一月二十七日壬申卜葬于帝京西南□開城府境地山	〃	張文緯墓誌
24	1136(인14)	實紹興六年 十一月 二十七日辛卯也[卒]	〃	鄭沆墓誌
25	1137(인15)	·至丁巳夏舊疾漸劇七月十六日[丙子]薨于西方精舍 ·(仁宗十五年)秋七月丙子門下侍中致仕李公壽卒	〃	·李公壽墓誌 ·高麗史世家16
26	〃	至明年閏十月十二日庚午遷葬于松林山丁向之原	〃	鄭沆墓誌
27	1139(인17)	太歲下元己未二月十三日甲子薨卒, 二十一日壬申茶毗, 以三月初五日乙酉拾舍利, 藏於八德山陽地	〃	寂炤首座玄應墓誌
28	〃	下元甲子五十六年己未夏五月庚辰, 十七日丙申在興王寺感德院, 右脇而化. 二十三日壬寅洪圓寺南道空蘭若南崗, 茶毗收骨, 七月己卯十九日丁酉, 安措於靈秀山弘護寺之西北	〃	廣濟僧統聰諝墓誌
29	〃	·至己未三月六日[丙戌]以疾卒 ·(仁宗十七年)三月甲申四日門下侍郎平章事致仕崔思全卒	2日	·崔思全墓誌 ·高麗史世家17
30	1141(인19)	維歲次辛酉二月朔庚午, 二十八日丁酉前玄化寺住持·僧統闡祥亡	一致	僧統闡祥墓誌
31	1143(인21)	維皇統三年癸亥歲五月朔丁巳, 七日癸亥高麗國興王寺接松川寺住持·妙能三重大師世賢歿故	〃	妙能三重大師世賢墓誌銘
32	1144(인22)	·以是年春二月日乙未薨于家, 三月十日辛酉火葬于汀州界內東麓…至秋八月十八日丁酉藏骨于此 ·(仁宗二十二年二月)乙未[十四日]戶部尙書致仕許載卒	〃	·許載墓誌 ·高麗史世家17
33	1146(인24)	皇統六年丙寅正月二十八日戊戌漢南崔婁伯之妻峯城縣君廉氏卒於里第	〃	崔婁伯妻廉瓊愛墓誌
34	〃(毅卽位)	卒于京城新和寺, 實皇統六年九月十二日己卯也…子晉等以卒年冬十一月二十四日庚寅葬于京畿江陰縣南山之西麓	〃	裵景誠墓誌

35	〃	以皇統六年十月十八日甲寅, 合葬于長湍縣西北山之南麓	〃	崔時允墓誌
36	〃	·丙寅歲十二月二十日[乙卯]卒于家 ·(毅宗卽位年十二月)乙卯國子祭酒·翰林學士權適卒	〃	·權適墓誌 ·高麗史世家17
37	1149(의3)	皇統九年夏五月十日辛卯以疾不起, 享年六十有五, 是月二十一日壬寅葬朝陽山南麓	〃	皇甫讓配金氏墓誌
38	〃	皇統九年六月二十日在西報卒, 歲[越?]癸酉火葬西方坤下, 拾骨移安桐華寺, 越十月十三日辛酉葬于此	〃	樂浪郡君夫人金氏墓誌
39	〃	翌年己巳八月二十一日庚午卒于龍興寺德賢院	〃	元沆墓誌
40	〃	·公九月三日[壬午]欲坐軍營內出門, 體中頗不佳, 卽還入與實語, 話閒[間]遂化去 ·(毅宗三年)九月壬午政堂文學尹彦頤卒	〃	·尹彦頤墓誌 ·高麗史世家17
41	1150(의4)	於大金皇統十年庚午歲四月十七日癸亥卒于家, 以七月十七日[十一日]乙酉葬于五龍山[11]	〃	金景輔墓誌
42	1151(의5)	天德辛未十月十五日以疾卒於私第…是月三十日丙申葬于京城南天德山	〃	崔梓墓誌
43	1152(의6)	天德四年八月癸亥朔二十八日庚寅諸孤奉公之喪葬于湍州濕田谷北麓	〃	僕射朴某墓誌
44	〃	至壬申十一月十二日壬寅, 骨葬于開城府界內海晏寺北麓	〃	閔瑛墓誌
45	1153(의7)	天德五年四月八日丁卯卒于興王寺樂寂齋, 十四日癸酉依本敎茶毗, 越五月十四日壬寅藏遺骨于進奉山東南麓	〃	超悟僧統敎雄墓誌
46	1154(의8)	甲戌五月十四日丙寅葬于大法雲山東北麓	〃	鄭復卿墓誌
47	〃	貞元二年甲戌秋七月十六日丁卯病革翛然而化, 春秋九十二…是年八月三日甲申葬于京東法雲山麓	〃	尹誧墓誌
48	1157(의11)	以公之卒十一年丁丑八月朔甲午終于家	〃	李輔予妻李氏墓誌
49	1158(의12)	越明年二月二十三日甲寅葬骨于開城北毛頓洞甲來庚向山麓	〃	〃
50	〃	時大金正□[豊]三年戊寅二月十一日壬寅葬于桃源驛□澗西向之山麓也	〃	金惟珪墓誌
51	〃	·是年十一月七日癸亥卒, 殯于京城十善寺…是月二十八日甲申, 命以國禮葬于朝陽山麓大雲寺之西補陀堀之東小洞原 ·(毅宗十二年十一月)甲子[八日]門下侍郎平章事致仕梁元俊卒[12]	〃	·梁元俊墓誌 ·高麗史世家18
52	1159(의13)	·公年至八十二因疾卒于正寢, 是正豊四年己卯三月初二日丁巳也 ·(毅宗十三年)三月丁巳門下侍中王沖卒	〃	·王沖墓誌 ·高麗史世家18
53	1160(의14)	·(正豊[正隆]五年)以七月十三日[己丑]薨年六十七 ·(毅宗十四年七月)己丑中書侍郎平章事崔誠卒	〃	·崔諴墓誌 ·高麗史世家18

54	1161(의15)	正豐[正隆]六年四月十日壬子公年六十有九老病而卒	〃	王侼孝墓誌
55	1162(의16)	正豐[正隆]七年壬午五月十日丙午葬于此山	〃	金之瑩墓誌
56	〃	·越壬午八月二十有八日[壬辰]以疾薨于私第 ·(毅宗十六年八月)壬辰門下侍郎平章事崔允儀	〃	·崔允儀墓誌 ·高麗史世家10
57	1163(의17)	以癸未八月十四日壬申, 將葬于若頭山南麓, 請銘於予	〃	崔精墓誌
58	1168(의22)	戊子, 公生於是年十二月十六日癸卯	〃	李奎報年譜
59	1171(明1)	·今歲在辛卯七月二十日遇疾卒 ·(明宗一年七月)壬辰平章事徐恭卒	1日	·徐恭墓誌 ·高麗史世家19
60	1172(명2)	疾革而薨, 實壬辰歲二月八日丁未也…遂以其月二十一日庚申火其柩…至五月十六日甲申遷葬于臨津縣北承旨洞	一致	金永夫墓誌
61	1174(명4)	·今上五年大金大定十四年甲午十□二月十三日丙寅, 公疾, 預知死期…□二十五日戊□寅薨于正寢[13)]	〃	·崔惟淸墓誌
62	1175(명5)	以是年九月六日□[甲]申終於□第, 春秋□[四]十五…今將以是月二十四日壬寅葬五□拾大德山之西麓	〃	庾應圭墓誌
63	1180(명10)	歲在庚子出爲西京齋祭副使, 未返命, 以是年正月二十九日壬子因□[病]卒于西京	〃	張忠義墓誌
64	1183(명13)	大定二十三年癸卯四月初一日乙酉病卒于家, 殯于拯苦寺, 越二十日甲寅葬于朝陽山西南崗茶毗而拾骨, 越十二月[十一月]二十四日乙酉[14)]葬于德水縣界內	〃	處女王氏墓誌
65	1185(명15)	大定二十五秊乙巳正月十三日丁酉病亡…此月三十日甲寅火葬于聖住寺之東麓, 二月初八日壬戌拾遺骨	〃	王一娘墓誌
66	〃	(乙巳)十二月十一日庚申葬于華藏寺之南麓	〃	咸有一墓誌
67	1186(명16)	丙午二月二十五日癸酉[葬]	〃	王一娘墓誌
68	1191(명21)	·年六十一忽寢疾, 辛亥二月二十二日卒 ·(明宗二十一年二月)庚子知門下省事白任至卒	1日	·白任至墓誌 ·高麗史世家20
69	〃	(大金明昌二年)至五月十三日庚□[申][葬]	一致	盧卓儒墓誌
70	1192(명22)	明昌三年壬子十一月十六日乙酉骨葬于黃奉山西北麓	〃	蔡祥正墓誌
71	1196(명26)	·丙辰秋七月十九日[丙申]卒于私第…以其年八月十三日庚申葬于松林郡 ·(明宗二十六年七月)丙申政堂文學柳公權卒	〃	·柳公權墓誌 ·高麗史世家20
72	1200(神3)	(承安五年)今年三月三十□□□[日乙酉]薨, □[越]四月二十一日丙午葬于咸陽□□□	〃	朴康壽墓誌
73	1201(신4)	今年五月稍□□□俔四日癸丑儵然端坐□[物]化	〃	尹東輔墓誌[15)]
74	1205(熙1)	歲在旃蒙赤□□[奮若]□□[十二]月初一日癸丑朝散大夫·國子祭酒□□□□崔公卒于家	〃	崔婁伯墓誌
75	1209(희5)	·大金大安元年己巳六月疾寖劇是月二十九日[辛卯]卒于第 ·(熙宗五年六月)辛卯門下平章事金鳳毛卒	〃	·金鳳毛墓誌 ·高麗史世家21

76	1211(희7)	·今上在位八年辛未九月十八日[丁卯]以疾不起 ·(熙宗七年)九月丁卯門下侍郎平章事崔讜卒	〃	·崔讜墓誌 ·高麗史世家21
77	1219(高6)	·大金貞祐七年歲在己卯九月二十日[壬子]柱石三韓晉康令公薨于安興里私第 ·(高宗六年九月)壬子崔忠獻死	〃	·崔忠獻墓誌 ·高麗史世家22
78	1220(고7)	·至九月初三日[己丑]疾革卒, 殯于楊堤里之第, 實大□□□□[金貞祐八]年庚辰也 ·(高宗七年)九月己丑平章事趙冲卒	〃	·趙冲墓誌 ·高麗史世家22
79	1229(고16)	·翌年己丑正月初二日[辛未]曉, 問其時刻, 面壁偃臥, 如睡而終 ·(高宗)十六年春正月辛未平章事崔甫淳卒	〃	·崔甫淳墓誌 ·高麗史世家22
80	〃	·歲己丑八月七日詣耆老會從容宴飮還于第, 明日[八日]方午忽覽八戒文, 夜盥浴尙安然就寢, 及日[九日]呼家人問時, 然後翛然而化 ·(高宗十六年)八月甲辰[九日]尙書左僕射致仕庾資諒卒	〃	·庾資諒墓誌 ·高麗史世家22
81	〃	己丑秋八月有微疾十日乙巳捐館…二十四日己未葬于鳳凰山之南麓	〃	崔日兄墓誌
82	1230(고17)	·庚寅正月二十六日稍有微恙, 然是日使子姓圍碁觀之, 至夕尙從容談笑, 及夜寂然而化, 雖傍侍者亦不之覺也 ·(高宗十七年正月)庚寅[二十七日]門下侍郎平章事琴儀卒	〃	·琴儀墓誌 ·高麗史世家22
83	1234(고21)	·忽於甲午二月[五月]□四日微恙, 至二十一日[己未]翛然而逝[16] ·(高宗二十一年五月)己未侍中金就礪卒	〃	·金就呂墓誌 ·高麗史世家23
84	1241(고28)	維歲在辛丑秋九月二日守大[太]保·門下侍郎平章事李公病卒, 仍殯于私第, 越十一月六日庚寅葬于鎭江山東麓	1日	李奎報誄書
85	1249(고36)	歲次己酉六月十一日戊午功畢并記	7日	月峯寺金鼓
86	1254(고41)	維歲次甲寅五月朔壬申二十五日丙申高麗國金紫光祿大夫·參知政事…崔珙墓誌	一致	·崔珙墓誌
87	1257(고44)	·至閏四月初二日[丁亥]薨于見子山東麓別第 ·(高宗44年) 閏[四]月丁亥中書令崔沆死	〃	·崔沆墓誌 ·高麗史世家24
88	1265(元6)	乙丑十月二十一日丙戌公之薨也	〃	廉守藏墓誌
89	1278(忠烈4)	·至元十五年九月二十六日[丁未]寢疾卒于松京廣里之私第 ·(忠烈王四年九月)丁未參文學事金坵卒	〃	·金坵墓誌 ·高麗史世家28
90	1287(충렬13)	·歲丁亥初七日[戊辰]樞判李公病卒于僑寓…越閏二月二十三日甲申葬于菜田山之東麓 ·(忠烈王十三年正月)戊辰同判密直司事李尊庇卒	〃	·李尊庇墓誌 ·高麗史世家30
91	〃	·至丁亥二月初九日[庚子]卒于紅桃井里私第…越閏二月二十三日甲申葬于弘化山之東麓 ·(忠烈王十三年)二月庚子僉議中贊元傅卒	〃	·元傅墓誌 ·高麗史世家30

92	1290(충렬16)	·至□庚寅三月二十三日[丙寅]卒 ·(忠烈王十六年三月)丙寅前知僉議府事金周鼎卒	〃	·金周鼎墓誌 ·高麗史世家30
93	1291(충렬17)	·(辛卯年)八月初八日[壬申]寅時卒于私第 ·(忠烈王十七年)八月壬申僉議中贊許珙卒	〃	·許珙墓誌 ·高麗史世家30
94	1300(충렬26)	·大德四年秋八月十有六日[戊午]因疾而薨 ·(忠烈王二十六年)八月戊午上洛公金方慶卒	〃	·金方慶墓誌 ·高麗史世家31
95	1301(충렬27)	·大德五年辛丑…四月初二日[辛未]薨 ·(忠烈王二十七年)夏四月辛未僉議參理金賆卒	〃	·金賆墓誌 ·高麗史世家30
96	1302(충렬28)	·越大德壬寅六月遘疾至八月初一日[壬戌]翛然而逝 ·(忠烈王二十八年)八月壬戌朔[僉議]侍郎贊成事致仕蔡謨卒	〃	·蔡謨墓誌 ·高麗史世家32
97	1303(충렬29)	·大德七年癸卯十月二十八日[壬子]重大匡·都僉議中贊…致仕蔡公卒 ·(忠烈王二十九年十月)壬子都僉議中贊致仕蔡仁揆卒	〃	·蔡仁揆墓誌 ·高麗史世家32
98	1305(충렬31)	大德九年乙巳二月十日丙戌公卒	〃	崔瑞墓誌
99	1305(충렬31)	·至[大德]九年乙巳九月…是年九月有疾十二月十七日[己丑]卒于第 ·(忠烈王三十一年十二月)己丑都僉議中贊致仕鄭仁卿卒	〃	·鄭仁卿墓誌 ·高麗史世家32
100	1308(충렬34)	·明年遘疾于第…四月二十五日[癸丑]疾革沐浴更衣端坐而逝 ·(忠烈王三十四年四月)癸丑平壤君趙仁規卒	〃	·趙仁規祠堂記 ·高麗史世家32

---

8) [連番12] 이 자료에서는 '八月六日甲辰'으로 되어 있으나, 이 달의 甲辰은 26일이므로,'八月二十六日甲辰' 또는 '八月六日甲申'의 잘못일 것이다. 『고려사』 세가편에는 이 해(문종5)의 1월, 4월, 8월, 9월, 12월 등의 삭일이 제시되어 있는데, 모두 송력과 일치하고 있다.

9) [연번18] 각종 금석문자료집에서 3월로 되어 있으나 2월의 잘못이다. 이 날은 己丑年(예종4, 1109) 2월 辛巳(6일)에 王弟인 大原侯 侾를 책봉한 날이다(『고려사』 권13, 세가13, 예종4년 2월 辛巳).

10) [연번22] 이 묘지는 "癸卯九月二十一日故李氏女辛未生」土命同年十月二十七日丙午葬此"로 되어 있으나, 첫 구절은 "故李氏女癸卯九月二十一日辛未生"으로 고쳐야 生日과 葬日이 역일과 상응하게 된다.

11) [연번41] 이 해의 4월 17일은 癸亥로서 송력과 일치하지만, 葬事日인 7월 17일은 辛卯이고, 乙酉는 11일이다. 이 자료가 후대에 재편집된 『경주김씨족보』에 수록되어 있는 것임으로 [金龍善 2006년 119쪽] '七月十一日乙酉'가 전사과정에서 잘못 정리된 것으로 추측된다. 이는 이 해의 1월(己卯朔), 10월(癸卯朔)의 삭일과 12월의 除夜인 壬申(30일) 등이 송력과 일치함을 통해 알 수 있다.

12) [연번51] 梁元俊은 묘지명에는 11월 7일(癸亥)에, 『고려사』 세가편에는 11월 甲子(8일)로 되어 있어 차이가 있으나, 후자는 편찬과정에서 오류가 있었을 것이다. 이러한 사례는 고려

이상의 〈표 3-3〉과 같이 대원몽골국의 역일을 사용하기 이전인 13세기까지의 날짜[日辰]의 일진을 아라비아 숫자와 병행 또는 계산하여 알 수 있는 자료는 100건에 달한다. 이들 사례의 대다수가 선명력 이래의 중원의 역대에 걸친 역일과 일치하고 있다. 단지 광종대의 2건(連番5·6), 인종대 1건(연번28), 명종대 2건(연번58·67), 고종대의 2건(연번80·81) 등에서 차이를 보이고 있는데, 이들에 대해서는 보다 설명이 필요할 것이다.[17)]

먼저 광종대의 경우, 연번5는 圓融國師 決凝(964~1053)이 출생한 날인데, 964년(乾德2, 광종15) 7월 20일은 송력으로 癸巳이고, 甲午는 21일로서 1日의 차이가 있다. 또 연번6은 敬順王의 아들이라고 하는 金殷說의 별세일인데, "新羅敬順王金傅第四子侍中·侍郎, 有高麗平章事殷說卒于戊辰三月初四日己丑"으로 되어 있다. 이에서 나타나는 戊辰年은 968년(광종19)으로 추정되는데, 이해의 3월은 삭일이 甲申으로 4日은 丁亥이고, 己丑은 6일에 해당하여 2일의 차이를 보이고 있다. 이들 두

가 대원몽골국의 역일을 사용했던 14세기 이후에도 나타나는데, 洪奎 1316년(충숙왕3) 6월 23일(癸巳)→壬辰(22일), 崔雲 1325년(충숙12) 7월 庚午(23일)→乙巳(22일), 尹宣佐 1343년 9월 某日[某甲子]→10월 乙巳朔, 柳墩 1349년(충정1) 5월 戊申(18일)→丁未(17일) 등을 들 수 있다(묘지→『고려사』 세가). 이는 『고려사』의 찬자가 저본인 『고려실록』의 내용을 축약하면서 날짜[日辰]를 제대로 점검하지 않은 채 다음날[明日]의 기사를 어제[前日]에 수록하였던 것으로 추측되는데, 이러한 사례는 중원의 정사에서도 찾아진다.

13) 『고려사』에는 崔惟淸이 명종 4년 12월 戊寅(25일)에 별세하였다고 되어 있는데, 편찬과정에서 발생한 오류이다(권19, 세가19).

14) [연번64] 각종 금석문자료집에서 12월로 되어 있으나, 12월 24일은 甲申이므로 11월 24일(乙酉)의 오자일 것이다.

15) [연번73] 이 묘지명은 姓氏가 마멸되어 알 수 없었으나, 그가 洞州人으로 금제국에 파견되었다고 한 점을 보아 1180년(명종10) 1월 賀正使로 금에 도착한 尙書戶部侍郎 尹東輔임을 알 수 있다(『금사』 권61, 表3, 交聘表中 ; 張東翼 2009년 451쪽 1172년·高麗·이해).

16) [연번83] 각종 금석문자료집에서 金就礪의 別世月이 2월로 되어 있으나 2월 21일은 庚寅이므로, 『고려사』 세가와 같이 5월 21일(己未)로 고쳐야 바르게 된다.

17) 그 외에 1162년(의종16) 5월에 만들어진 「田起妻高氏墓誌銘」에 "至庚辰年三月十一日, 婦年六十二己卯在, 任物化葬焚于郡之東北隅法藏寺東山麓, 拾骨還京"이라는 구절이 있다. 이의 앞부분을 "庚辰年(의종14, 1160) 3월 11일(己卯)에 婦人의 나이 62세에 (田起의 任所인 靈巖郡에서) 別世[物化]하였다"라고 해석할 수도 있다. 그렇지만 이 달에는 己卯가 없기에 '在任'의 판독에 의문의 여지가 없지 않다. 이 구절은 "庚辰年(의종14, 1160) 3월 11일에 부인의 나이 62세, 己卯生(1099, 숙종4)으로 (田起의 任所인 靈巖郡에서) 別世[物化]하였다"라고 해석하는 것이 옳을 것이다.

건의 날짜[日辰]가 당시의 고려력의 실상을 그대로 반영하고 있다면, 당시의 고려력이 송력과 차이가 있었음을 보여주는 것이라고 할 수 있을 것이다.[18)]

또 인종대의 경우(연번29), 최사전(崔思全)의 별세일로서 묘지명에는 3월 6일로 되어 있고, 『고려사』 세가편에는 甲申으로 되어 있는데, 송력에 의하면 6일의 일진은 丙戌이고, 甲申은 4일이다. 『고려사』 세가편에 이 해의 삭일은 나타나지 않고, 前年인 1138년(인종16)의 6월(乙卯朔)은 송력과 삭일이 같고, 明年인 1140년(인종18)의 4월(乙巳朔), 6월(丙辰朔), 閏⑥월 등도 송력과 같다. 그렇지만 이 해에서 2日의 차이가 나는 것은 어떠한 사유인지를 알 수 없으나 고려력에서 月의 大小[大盡·小盡]의 편성에 있어 차이가 있었던 것 같다.

또 명종대의 경우, 연번59는 서공(徐恭)의 별세일로서 묘지명에는 7월 20일로 되어 있고, 『고려사』 세가에는 壬辰으로 되어 있는데, 송력에 의하면 20일의 일진은 癸巳이고, 壬辰은 19일이다. 『고려사』 세가편에 의하면 이 해의 6월의 삭일은 甲辰으로 송력과 동일하다. 그럼에도 7월에서 1일의 차이가 나는 것은 송력에서 6월이 大盡인데 비해 고려력에서 6월이 小盡이었을 가능성이 있는데, 소진이 옳다면 20일은 임진에 해당한다.

연번68은 백임지(白任至)의 별세일로서 묘지명에는 2월 22일로 되어 있고, 『고려사』 세가편에는 庚子로 되어 있는데, 송력·일본력에 의하면 22일의 일진은 辛丑이고, 庚子는 21일이다. 이때 1일의 차이가 나는 것은 역시 月의 大小에서 차이가 있었던 것 같다. 곧 『고려사』 세가편에 이해의 삭일은 나타나지 않고, 前年인 1190년(명종20) 9월의 庚申이 중양(重陽, 9월 9일)이고, 12월의 삭일이 辛巳이며, 다음해인 1192년(명종22) 1월의 삭일이 乙巳로서 모두 송력과 동일하다.

그런데 고려에서는 1191년(명종21) 1월 庚辰에 대관전(大觀殿)에서 금의 사신을 향연을 하였다는 기사가 있는데,[19)] 송력에는 庚辰은 2월 1일이다. 송력과 일본력에서 이 해의 1월은 大盡이고, 삭일이 庚戌로서 동일하고, 前年 12월이 小盡이고 삭일은 辛巳로서 역시 동일하다. 그렇다면 고려력에서는 전년인 1120년(명종20) 12월

18) 그렇지만 金殷說의 경우는 978년(경종3) 4월 경순왕이 별세한 후 敬順이라는 諡號가 下賜되었음과 그가 띠고 있는 平章事가 후대의 추증직으로 추정되는 점을 감안할 때, 그의 사후에 곧장 만들어진 묘지명으로 보기에는 어려움이 있다[金龍善 2006년 13쪽·譯注本 3쪽].
19) 『고려사』 권20, 세가20, 명종 1년 庚辰, "庚辰, 宴于大觀殿".

의 삭일은 辛巳로서 송력·일본력과 동일하지만, 月의 크기는 大盡으로 晦日(30日)은 庚戌(宋曆·日本曆의 1月 1日)이고, 1121년(명종21) 1월의 삭일이 辛亥(宋曆·日本曆의 2日)이었던 것 같은데 향후의 검토가 요청된다.

그리고 고종대의 경우, 연번84는 1241년(고종28) 이규보의 별세일과 장사일[葬日]인데, 별세일은 묘지명에 의하면 9월 2일이지만 『고려사』 세가에서 날짜[日辰]가 기록되어 있지 않아 비교할 수 없다. 장사일[葬日]은 뢰서(誄書)에 같은 해 11월 6일(庚寅)로 되어 있으나,[20] 송력에 의하면 6일은 己丑이고 庚寅은 7일이다. 『고려사』에는 이 시기의 전후에 삭일이 전혀 나타나지 않아 고려력과 송력을 비교할 수 없지만, 양자의 사이에 1일의 차이가 있었던 것 같다.

또 연번85는 금고(金鼓)에 새겨진 명문으로 이의 제작시기는 己酉에 의해 1249년(고종36, 己酉)로 추정되고 있다.[21] 송력에 의하면 己酉年(고종36, 1249) 6월 11일은 辛亥에, 戊午는 18일에 해당하며, 이보다 1周甲의 앞뒤인 1189년(명종19)과 1309년(충선왕 복위1)에도 상응되지 않는다. 또 각자(刻字)를 할 때 己酉와 혼동되기 쉬운 乙酉年(1225, 고종12), 1165년(의종19), 1285년(충렬왕11) 등과도 상응되지 않는다. 이 자료는 송력과 비교해 볼 때 7일간의 차이가 있어 역일의 문제가 아니라, 당시의 각자(刻字) 또는 오늘날의 판독에서 어떤 오류가 있었던 것 같아 비교의 대상이 될 수 없을 것이다.

이상에서 검정된 바와 같이 고려시대의 연대기와 금석문에 나타난 간지로 표기된 날짜[日辰]와 십진법으로 표기된 계산날짜[數字]를 송대의 역일과 비교하면 거의 대부분이 일치하고 있음을 알 수 있다. 또 100건에 달하는 금석문의 사례에서도 7건의 차이가 발견되는데, 그 중 7일의 차이를 보이는 경우는 역일에 의한 것이 아니라 각자 또는 판독에서 문제가 있었을 것이다. 여타 6건에서 1~2일의 차이를 보이는데, 이는 당대 북동아시아 3국이 모두 선명력을 바탕으로 하여 자국의 현실에 맞게 월차(月次)의 대소[大盡·小盡]를 극히 약간씩 변개하여 사용하였기 때문일 것이다.

---

20) 그의 연보에는 "十二月初六日庚寅, 葬于鎭江山東麓"으로 되어 있지만(『동국이상국집』所收), 誄書와 諡號가 하사된 이후인 11월에 묘지명이 제작되었음을 감안하면 11월의 오자임을 알 수 있다.

21) 이는 1936년 黃海道 平山郡 新岩面 月峯里에서 梵鐘 3口와 함께 출토되었다고 한다[黃壽永 1978年 401쪽].

이상에서 고려전기의 고려력의 편찬, 윤년·윤월의 편성, 고려력에서의 삭일 등에 대해 살펴본 후 실제의 사례를 들어서 검정하여 보았는데, 이를 간략히 정리하여 결론으로 삼고자 한다.

고려왕조는 오대(五代) 이래 중원과 외교관계를 수립하면서 그들의 반력조치(頒曆措置)에 부응하여 중원의 역일을 바탕으로 하여 독자적인 고려력을 제작하였음을 알 수 있다. 곧 고려는 국초 이래 전대에 사용해오던 선명력을 사용하면서 독자적인 연호를 제정하였기에 현실에 적합한 역일을 만들지 않으면 안되었을 것이다. 여기에다가 중원[송·남송]과 북방민족[遼·金]의 반삭(頒朔)을 받아 이들을 적절히 복합적으로 정리하여 독자적인 역일을 제작하였고, 외교관계를 유지하고 있던 국가의 역일이 변개될 때마다 윤월과 날짜[日辰]의 개정을 그때그때 마다 반영시켰던 것으로 추측된다.

그러므로 중원에서 여러 차례의 역법의 변화가 있었음에도 불구하고 국초 이래 거의 400여 년간 선명력을 그대로 사용하였다는 『고려사』의 기술과는 달리 선명력을 바탕으로 하여 독자적인 역일을 제작하여 사용하였음을 알 수 있다.[22] 또 그것은 구집력(구요력)에 의거한 천체운행의 관측을 통해 시의(時宜)에 적절하게 수정·가감을 덧붙였던 것으로 추측되는데, 이후 송에서 변개된 건흥력·봉원력 등을 수용하여 참고하였던 것 같다. 그 결과 윤월·절기·월의 대소 등에 있어서 송·거란·금·일본의 역일과 약간의 차이를 보이고 있었으나, 대체로 유사한 점이 많았다.

그래서 고려전기의 역일은 윤년과 윤월의 편성에서 일관(日官)의 잘못에 의해 편성된 ⓐ1028년(현종19), 봉원력과의 차이에 의한 ⓑ1067년(문종21)을 제외하고는 송의 역일과 대동소이하였다고 이해하는 것이 좋을 것이다. 또 송과의 외교관계를 재개한 1071년(문종25, 熙寧4)이후부터 몽골제국의 영향권 안에 들어간 1260년(원종1, 中統1)까지 송의 여러 역일을 사용하였기에 선명력을 바탕으로 한 일본력과는 윤월에 차이를 보이고 있었다.

이러한 가설을 검정하기 위해 고려시대의 연대기와 금석문에 나타난 간지로 표

22) 중원에서 선명력이 사용된 이후 수시력이 편찬될 때까지 20여차의 역법의 개정이 있었다고 하지만[朴星來 1978年 ; 김일권 2012年], 그것은 역법의 기본구조가 바뀐 것이 아니고 부분적인 수정 내지는 소프트웨어적인 운용방식의 개변이었다[藪內 淸 1963年 90쪽·1969年 106쪽].

기된 날짜[日辰]와 십진법으로 표기된 계산날짜[數字]를 송대의 역일과 비교하여 보았다. 그 결과 대부분이 일치하고 있었고, 100건에 달하는 금석문의 사례에서도 7건의 차이만이 발견되었다. 그 중 7일의 차이를 보이는 경우는 역일에 의한 것이 아니라 각자(刻字) 또는 판독에서 문제가 있었을 것이다. 여타 6건에서 1~2일의 차이를 보이는데, 이는 당대 북동아시아 3국이 모두 선명력을 바탕으로 하여 자국의 현실에 맞게 월차의 대소를 극히 약간씩 변개하여 사용하였기 때문일 것이다.

이와 같은 고려의 독자적인 역일은 13세기 후반에 고려가 대원몽골국의 영향력을 강하게 받았음에도 불구하고 여전히 사용되고 있었던 것 같다. 이 고려력이 원력[蒙古曆]과 차이를 보이는 마지막 시점이 1300년(충렬왕26) 9월이었는데, 이때 내정간섭을 위해 파견되어 온 그레고리우스(闊里吉思, Georgius)에 의해 '국왕의식(國王儀式)의 참월(僭越)'이 반영되어 있었을 독자적인 역일도 규치의 대상이 되었을 것이다. 그 결과 1301년부터 고려는 원력을 그대로 사용하게 되었고, 이 시기 이후에는 여·원 양국의 역일은 동일하게 되었던 것으로 추측된다. [『한국중세사연구』 33, 2012]

제 4 장
『고려사』에서의 朔日

제1절 朔日의 정리와 검토

10세기 초기에 새로이 개창된 고려왕조는 전대(前代)가 지녔던 적폐(積弊)를 해소하려고 노력하였으나 지배구조는 여전이 태봉(泰封)의 제도를 그대로 유지하고 있었다. 그렇지만 건국초기의 새로운 왕조의 개창에 저항하던 여러 세력을 제압한 후 점차 통치질서를 율령국가였던 당제국(唐帝國)의 그것으로 변화시켜 나가 건국 40여년 만에 광종(光宗)에 의해 당제(唐制)가 일부 수용되기도 하였다. 이후 여러 방면에서 중원(中原)의 선진 문물이 빠른 속도로 한반도에 전파되었는데, 그 중의 하나가 천문(天文)과 사시(四時)의 변화를 계산할 수 있는 역일(曆日, 曆書)이었다. 이때 사용된 역일은 822년(長慶2) 이래 71년간에 걸쳐 사용된 당의 선명력(宣明曆)이었는데, 이것이 당말(唐末)에서 오대(五代)를 걸쳐 약간의 변화가 있었으나 역법(曆法) 그 자체의 변화는 크게 없었다.

그래서 『고려사』역지의 찬자도 "고려왕조는 따로 역을 만들지 아니하고 당의 선명력을 이어받았다. … 이로부터 (중원에서는) 22회나 역이 바뀌었으나 고려에서는 아직 선명력을 그대로 사용하여 왔다"고[1] 하였다. 그렇지만 이는 사실이 아니고 고려왕조는 국초 이래 오대의 제국(諸國)으로부터 형식적이지만 외번(外藩)으로서의 책봉과 정삭을 받아 왔기에 중원에서 개변된 역일을 비교적 단기간 내에 파악하고 있었다. 이들 중원의 역일을 바탕으로 한반도에서의 일식과 월식을 정확하게 예측하기 위해 초하루와 보름[朔望]을 적절히 조정[推步]하여 독자적인 역일을 제작하여 사용하였다. 이러한 고려력은 대원몽골국의 정치적 지배질서 하에 강제적으로 편입된 1300년(충렬왕26)까지 약 310년에 걸쳐 사용되었던 것 같은데, 이의 대체적인 모습은 『고려사』 세가편에 반영되어 있다.

그렇지만 이 고려력의 실상을 현재까지 분명하게 다시 구현하지 못해 1300년(충

1) 『고려사』 권50, 志4, 曆1, 序文, "高麗不別治曆, 承用唐宣明曆, … 自是, 曆凡二十二改, 而高麗猶馴用之".

렬왕26) 이전까지의 『고려사』에 수록된 기사의 간지(干支)로 표기된 날짜[日辰]를 아라비아의 숫자로 계산하지 못하여 사건이 일어난 시점을 정확히 그려내지 못하고 있다. 그 결과 현재까지 발간된 주석본의 『고려사』 3종이 모두 간지를 그대로 사용하고 있는 부끄러운 모습이 없지 않았다.[2] 그렇다고 하여 선학(先學)들이 고려력의 실체를 밝혀 보려고 노력하지 않았던 것은 아니었고, 수차에 걸쳐 선명력을 기반으로 하고 있던 일·중 양국의 역일을 통해 윤월과 삭일을 산정해 보려는 시도가 있었다.

곧 전전(戰前)에 일본인학자들에 의해 전근대 한국사의 전개와 관련된 사실의 요목들이 편년에 따라 정리될 때 월차(月次)의 대소·삭일·일진 등이 일본인에 의해 만들어진 『삼정종람 三正綜覽』에[3] 의거하여 고려시대의 음력의 일진이 아라비아의 숫자로 계산된 적이 있었다[朝鮮史編修會 1932年]. 이를 현시점에서 『이십사삭윤표 二十史朔閏表』·『삼정종람』등과 대조하여 보면 여러 가지의 차이를 보이고 있는데, 정밀하지 못한 대조 또는 조판과정에서의 오자(誤字)로 추측해 볼 수 있다.[4] 이어서 1959년 한국학자에 의해 고려왕조가 창건된 918년을 기점으로 하여 1800년(정조24)까지에 걸쳐 전전(戰前)의 업적과 같이 숫자로 계산하는 삭윤표(削閏表)가 만들어졌다[震檀學會 1959년]. 이는 한반도의 역일[韓國曆]을 중국의 역일[中國曆]과 비교하여 만들었다고 하지만, 구체적으로 전거를 밝히지 않아 비교의 대상이 무엇인지를 알 수 없게 하였다. 이는 독자적인 고려력이 사용되었던 시기에 한정하여 살펴볼 때, 고려력과 송력의 분별이 제대로 되지 않았던 점, 『고려사』의 오자·오류를 지적해 내지 못한 점 등을 통해 알 수 있다.

그러다가 1980년대에 자연과학자에 의해 음력의 계산뿐만 아니라 양력으로의

---

2) 이의 책임소재는 딴 곳에 있는 것이 아니라, 주된 전문분야를 밀쳐두고 자료의 탐구와 정리에만 전념하고 있는 필자에게 있다고 생각하니 더욱 부끄럽다.

3) 『삼정종람』 1책은 1880년 일본 내무성 지리국이 종래 있었던 일본의 여러 역서들을 정리하여 편찬한 책인데, B.C.214년부터 편찬 때까지의(現在本은 1903년) 매월의 대소·삭일의 간지·윤월의 존재·중국력과의 차이 등을 조사하여 율리우스력·그레고리력·回回曆 등과 대조한 것이다. 이후 4차에 걸쳐 오류가 교정되었고, 최종판은 神田 茂의 『年代對照便覽』을 부록으로 추가하였다(藝林舍, 1973).

4) 이 시기에 朝鮮總督府 觀測所 編, 『陰陽曆對照表』, 1937이 『삼정종람』에 의거하여 만들어졌는데, 그 대상시기는 1344년(충목왕 즉위년)부터 1937년까지였다고 한다. 이 시기는 대원몽골국의 역일[元曆]과 동일하였기에 현재 주목될 필요가 없다.

환산[陰陽曆日對照]도 이루어져 큰 성과를 산출하게 되었지만[李殷晟 1983年·韓甫植 1987年], 역사학자들의 주목을 끌지 못하였다. 이는 두 업적이 『삼정종람』에 의거하였거나(前者) 중·일 양국의 업적을 바탕으로 하였다고 하지만(後者), 양자 모두가 한반도의 역일에 대한 연구결과의 소산물이 아니다. 또 그때까지 중·일 양국에서 이루어진 역일에 대한 연구성과를 망라하지 못하고, 특정의 음양대조표를 적절히 변용하였던 것 같다. 이는 『고려사』를 제대로 점검하지 않아 고려시대의 역일이 중·일 양국의 역일과 대체로 유사한 양상을 지니고 있었으나, 간혹 윤월의 차이, 월차의 대소[大盡·小盡]에 따라 1~2日의 차이가 있다는 점을 인식하지 못했음을 통해 알 수 있다. 또 이 시기에 고려력의 실체를 구명하려고 한 일본인 역사학자의 연구업적도 이루어져서 『고려사』에서의 윤월·삭일·일식·월식 등이 중·일의 그것과 비교·검토되어 차이가 있음이 확인되었지만, 고려력의 실상을 분명히 하지는 못했다[大谷光男 1991年].

이상과 같은 한계를 극복하기 위한 작업이 일군의 천문학자들에 의해 1990년대 후반에 이루어졌던 것 같고, 그 결과가 1998년 이래 계속 발표되었으며[梁洪鎭 1999年·安英淑 2004年 등] 그 최종본의 하나인 『고려시대연력표』(1999년, 2009年 改定)가 발간되게 되었다. 이의 핵심은 연대기의 삭일을 주된 자료로 이용하되 삭일이 분명하지 않은 시기는 역사적인 사실·천문현상·월령 등을 자료로 이용하여 일진을 아라비아의 숫자로 계산하고, 이를 율리우스曆으로 환산한 것이다. 이는 기왕의 여러 업적이 지닌 한계성을 극복한 명실상부한 음양대조표로서 향후 고려시대사의 연구에서 중요한 하나의 공구서로서 기능할 수 있는 큰 업적이 될 수 있을 것이다.

그런데 이 책이 1999년에 처음 발간되었다고 하는데, 그때부터 역사학자들에 의해 주목되지 못했던 이유는 역사학적인 안목이 전혀 가미되지 않은 연구 성과일 뿐만 아니라 천문학자와 역사학자 사이의 정보 교환이 이루어지지 못했음에 기인한다. 또 이 책에서 삭일이 분명하지 않은 시기는 역사적인 사실·천문현상·월령 등을 자료로 이용하여 삭일을 판정하였다고 하지만, 그러한 설명에 의해 삭일이 확정된 곳을 찾을 수 없는 점이 또 하나의 이유가 될 수 있을 것이다. 그래서 이 공구서를 가지고서 『고려사』 세가편에 수록되어 있는 모든 일진을 음력의 숫자로 계산을 할 수 없는 아쉬움이 있다.[5]

이러한 한계는 장차 학제간의 협력을 통해 극복되어야 할 것인데, 이를 위한 전단계로서 『고려사』에 수록된 일진에 대해 문헌학자로서의 소견을 제시하려고 한다. 이는 필자가 전년(前年)에 고려력의 복원을 위한 견해를 밝힌 바 있는데[장동익 2012년], 이제 이를 구체적으로 『고려사』에 적용시켜 보기 위한 것이다. 이 이후의 문제는 주된 전공학자의 연구과제로 남겨져야 할 것이다[徐今錫 2016년].

현재까지 문헌자료를 통해 고려시대의 삭일이 면밀히 검토되지 못하였으므로 연대기에 기록되어 있는 삭일에 대한 정리가 우선적으로 이루어져야 할 것이다. 고려왕조가 대원몽골국의 역일을 사용하기 시작한 1301년(충렬왕27) 이전의 고려력의 실체를 해명하기 위한 작업의 기초는 『고려사』 세가편과 『고려사절요』에 수록되어 있는 삭일이다. 또 이들 자료에 기록된 일진 가운데는 『고려사』의 집필 또는 조판과정에서 글자의 결락[脫字]이 많이 이루어지기도 하였기에, 초하루를 가리키는 삭자(朔字)가 결락된 경우도 많이 있다.[6] 이를 『고려사』의 여러 편목을 위시하여,[7] 송력·일본력 등과 비교해 보면 삭일임을 알 수 있는 경우도 있다.

그리고 『고려사』 천문지에 수록된 일식[日蝕·월식[月蝕]의 기사(前者), 금석문에 기록된 삭일 등이 보조자료로 이용될 수 있으나, 전자의 경우 당시에 사용되던 북동아시아 삼국의 역일이 현재에 사용되고 있는 그레고리력과 같이 정밀하지 아니하여 천문현상의 관측에서 초하루의 일식[朔食]만이 있는 것이 아니고 그믐날의 일식[晦食]도 있었다. 또 월식의 경우에도 보름날의 월식[望食]이 대부분이지만, 14일과 16일에 월식이 관측된 사례도 있으므로, 이를 감안하여 초하루와 보름[朔望]의 판정이 이루어져야 할 것이다.

---

5) 그 외에 이 연구에서 이용되었다는 중·일의 두 업적보다 진전된 업적[加唐興三郎 1992年·洪金富 2004年]이 있으며, 이에는 1582년 10월 이전의 일진조차 그레고리력으로 계산한 것도 있다.

6) 이는 다음의 1301년(충렬왕27) 이후의 삭일이 대원몽골국의 역일과 같으면서도 삭자가 결락된 사례가 매우 많은 점을 통해서 알 수 있다. 또 기왕의 업적에서 삭이 결락된 삭일과 잘못된 삭일[誤字]에 대한 조사가 있었으나 『고려사』를 면밀히 검토하지 못해 사례의 수가 극히 일부에 지나지 않고, 삭에서 오자가 아니라 연차·월차에서 오자가 발생하였음을 변별하지 못하였다(安英淑 2009年 178쪽, 事例, 天文志의 "德宗元年九月癸亥朔"은 "德宗元年九月己巳朔"의 오류라고 하였지만, 이는 "德宗二年九月癸亥朔"의 오류이다. 이 업적은 1차 사료를 직접적으로 다루지 않는 자연과학자의 의견이므로 관용되어야 할 것이기에, 이 자료의 오류는 일일이 지적하지는 않겠다).

7) 그 한 사례로서 세가편의 예종 1년 11월의 戊子에는 朔이 결락되었으나, 오행지3, 토행, 霧에는 戊子朔으로 되어 있는 것을 들 수 있다.

이상과 같은 점을 고려하여 『고려사』 세가편을 중심으로 하여 천문·오행 등의 제지(諸志)·『고려사절요』 등에 수록되어 있는 삭일을 연대별로 정리하면 다음의 〈표4-1〉과 같다.[8)]

〈표4-1〉 『高麗史』에서의 朔日 (아라비아數字는 月次, ⑫는 閏月)

年代	朔이 있는 朔日	朔이 결락된 朔日
918(太祖1)		7壬申
923(〃 6)		8壬申
928(〃 11)		6甲戌
929(〃 12)		10丙申
930(〃 13)		2乙未, 12庚寅
932(〃 15)		9庚辰
935(〃 18)		10壬戌, 12**辛酉**
961(光宗12)		4癸巳
983(成宗2)		2戊子
984(〃 3)	5庚戌	
988(〃 7)	12乙丑[癸丑]	
992(〃 11)	7壬辰	
995(〃 14)		4丁丑
996(〃 15)		4辛未
1002(穆宗5)		8甲子
1003(〃 6)		2辛酉
1005(〃 8)		3己酉
1009(〃 12)	4丙戌	10壬午
1010(顯宗1)	7戊寅, 8丁未, 10丙午, 11丙子	
1011(〃 2)	1乙亥, 6癸卯, 10庚子	
1012(〃 3)	8丙申	
1013(〃 4)	12戊午	
1014(〃 5)	6乙卯, 11癸未	
1015(〃 6)	2壬子, 6己酉	
1016(〃 7)	10壬申, 11辛丑	
1018(〃 9)	1乙未, 3甲午, 10庚寅	
1019(〃 10)	2己丑, 3戊午, 6丙戌, 9甲寅, 10甲申, 11癸丑, 12癸未	

8) 이 표의 작성에서 연대의 하한을 1300년(충렬왕26)으로 정한 것은 明年인 1301년(충렬왕27)부터 고려정부가 몽골제국의 정치적 지배질서에 완전히 예속되어 원력[大元蒙古國曆]을 그대로 사용하지 않을 수 없었던 사정에 의한 것이다[장동익 2012년]. 이때부터 명·청제국을 거쳐 최근세까지 한·중 양국의 역일은 동일하게 되었기에 양국의 역일을 비교·검토하는 것은 무의미하며, 연대기에서 삭일의 차이가 보이는 것은 역일의 차이가 아니라 오자에 의한 것으로 추정된다.

1020(〃 11)	5辛亥, 11戊申	
1021(〃 12)	7甲戌, 9癸酉	
1022(〃 13)	2**辛丑**	
1023(〃 14)	7癸亥, 12庚申	
1024(〃 15)	1甲寅[庚寅], 5丁亥, 7丙戌, 11乙酉	5丁亥
1025(〃 16)	7辛巳, 11己卯	
1026(〃 17)	7甲辰, 10癸酉	
1027(〃 18)	5庚子, 7己亥, 8戊辰, 9戊戌	
1029(〃 20)	7戊午, 8丁亥	
1030(〃 21)	9辛亥, 10辛巳	
1031(〃 22)	6丁丑, 9丙午, 10乙亥	
1032(德宗1)	2壬寅, 3壬申, 4**壬寅**	
1033(〃 2)	8甲午, 9癸亥, 11癸亥	10癸巳
1034(〃 3)	2壬辰, 5庚申, 6己丑, 10丁巳, 12丁巳	
1035(靖宗1)	1丙戌, 9辛巳	3乙酉, 4甲寅
1036(〃 2)	1庚辰, 2庚戌	
1037(〃 3)	1甲戌	
1038(〃 4)	1戊戌, 4丁卯, 8乙丑	
1039(〃 5)	2壬戌, 4辛酉, 8庚申, 12丁巳, ⑫丁亥	
1040(〃 6)	1丙辰, 5**乙卯**	
1041(〃 7)	1庚戌, 2庚辰, 3庚戌, 9丁未, 11**丙午**	4己卯
1042(〃 8)	1丙午	
1043(〃 9)	1庚午	4戊戌
1045(〃 11)	1戊午, 2戊子, 4丁亥	12壬子
1046(〃 12)	3辛巳, 7己卯, 12丙午	4辛亥
1047(文宗1)	2丙午, 3乙亥, 7甲戌, 12辛丑	
1048(〃 2)	1庚午, 12乙丑	6戊辰, 11乙未
1049(〃 3)	3癸巳, 12**己未**	
1050(〃 4)	1己丑, 2戊午, 7丙戌	9乙酉, 12甲申
1051(〃 5)	1癸丑, 4辛巳, 8己卯, 9己酉, 12戊寅	
1052(〃 6)	1戊申, 2丁丑, 8癸酉, 9癸卯, 12壬申	
1053(〃 7)	10丙申, 12丙申	
1054(〃 8)	1丙寅	12庚寅
1055(〃 9)	7丁巳, 11乙卯, 12甲寅[甲申]	10乙酉
1056(〃 10)	③癸未, 10己酉, 12戊申	
1057(〃 11)	1戊寅, 12癸卯	
1058(〃 12)	9己巳, 12丁酉	
1059(〃 13)	1**丁酉**, 12**辛酉**	
1060(〃 14)	1辛卯, 12丙辰	4己未
1061(〃 15)	⑧辛巳, 11庚戌, 12庚辰	
1062(〃 16)	6丙子, 12甲戌	
1063(〃 17)	1癸卯, 9己亥, 12戊辰	4壬申

1064(〃 18)	1丁酉, 8甲午, 12壬辰	
1065(〃 19)	1辛酉, 2辛卯, 8戊子, 12丙戌	
1066(〃 20)	1丙辰, 12辛巳	
1067(〃 21)	1庚戌, 2己酉, 10丙午, 12乙巳	
1068(〃 22)	1甲戌, 12己亥	
1069(〃 23)	7乙丑, 12癸亥	
1070(〃 24)	1癸巳, 4辛酉, 12丁巳	
1071(〃 25)	1丁亥, 12辛亥	5乙酉, 7甲申
1072(〃 26)	2辛亥, 11丙午, 12乙亥	9丙午
1073(〃 27)	1乙巳, 2乙亥, 4甲戌, 7壬寅, 12**庚午**	
1074(〃 28)	4戊辰	9丙申
1075(〃 29)	1甲午, 5辛酉, 8庚寅, 12戊子	
1076(〃 30)	2丁亥, 12癸未	
1077(〃 31)	1壬子, 7己酉, 12丁丑	
1078(〃 32)	9癸酉壬申, 12辛丑	
1079(〃 33)	1辛未, 6**丁酉**, 12乙未	5戊辰
1080(〃 34)	11己丑, 12己未	
1081(〃 35)	2辛酉[戊午], 12癸丑	
1082(〃 36)	10戊申, 11戊寅, 12丁未	2癸丑
1083(順宗1)	1丁丑, 2丁未, 10癸酉, 12辛未	5丙子
1084(宣宗1)	1辛丑, 3庚子	
1086(〃 3)	2庚申, 6丁亥, 8丙戌	
1087(〃 4)	1甲寅, 9庚戌, 10己卯, 12己卯	
1088(〃 5)	1己酉	
1089(〃 6)	1壬申, 4辛丑, 11丁卯	
1090(〃 7)	1丁卯, 10壬辰, 11辛酉, 12辛卯	
1091(〃 8)	5己未	4庚寅
1092(〃 9)	1甲申	
1093(〃 10)	1己卯	3戊寅
1094(〃 11)	1癸酉, 6庚午, 8庚午	
1095(獻宗1)	1戊戌, 8甲子	
1096(肅宗1)	4**壬戌**, 5**辛卯**, 7**庚寅**, 8**庚申**, 9**己丑**	
1097(〃 2)	10辛巳	
1098(〃 3)	6戊寅	
1100(〃 5)	4丁酉, 12癸巳	
1101(〃 6)	1壬戌, 2壬辰, 4辛卯	
1102(〃 7)	6乙酉, ⑥甲寅, 8癸丑, 11壬午	
1103(〃 8)	1辛巳, 10丁未	
1104(〃 9)	9辛未	
1105(〃 10)	2庚子	10乙丑, 12甲子
1106(睿宗1)	1甲午, 2甲子, 6辛酉, 7庚寅, 10己未, 11戊子, 12戊午	
1107(〃 2)	1戊子, 3丁亥, 4丁巳, 5丙戌, 11壬子	

1108(〃 3)	9戊申	6庚辰
1109(〃 4)	1丙午, 2丙子, 6甲戌	
1110(〃 5)	1庚子, 6戊辰, 7戊戌, 11乙丑	12乙未
1111(〃 6)	1甲子, 6壬辰, 11庚申	
1112(〃 7)	3戊午, 9乙卯, 11甲寅	
1113(〃 8)	3壬子, 6庚戌, 7己卯, 12戊申	
1114(〃 9)	1戊寅, 3**丁丑**, 4丙午, 6甲辰, 10壬寅, 11壬申, 12壬寅	
1115(〃 10)	1壬申	6己亥, 9丁卯
1116(〃 11)	1丙寅, 3乙未, 4甲子, 12庚申	
1117(〃 12)	5戊子, 6戊午, 11乙酉	1庚寅
1118(〃 13)	1甲申, 5**癸未**, 6壬子, 9庚辰, 10己卯, 11己酉, 12戊寅	7辛巳
1119(〃 14)	1戊申, 3丁未, 5丙午, 6丙子, 8乙亥, 9甲辰	
1120(〃 15)	6庚午, 9己亥, 10戊辰, 12丁卯	
1121(〃 16)	1丁酉, 4乙丑, ⑤甲子, 6癸巳	2丙寅
1122(〃 17)	1辛酉, 2庚寅, 4己丑, 6戊子, 8丁亥, 12丙戌	
1123(仁宗1)	8辛巳	
1124(〃 2)	5丁丑, 9甲戌	
1125(〃 3)	5壬申, 7庚午	
1126(〃 4)	3丁卯, 5丙寅, 6丙申, 11壬戌, ⑪壬辰	
1127(〃 5)	8戊午	
1128(〃 6)	2乙卯, 5甲申, 6甲寅, 10壬子	
1129(〃 7)	3己卯, 5戊寅, 6戊申, 7丁丑, 9丙午, 10丙子	
1130(〃 8)		11庚子
1131(〃 9)	6丙寅, 10甲子	1己亥, 7乙未, 11甲午
1132(〃 10)	6庚寅	
1133(〃 11)	1丁巳	
1134(〃 12)	5庚戌, 6己卯, 9丁未, 11丙午	
1135(〃 13)	1乙巳, 6癸卯	
1136(〃 14)	3戊辰, 4己亥[戊戌], 6丁酉, 10乙未	
1137(〃 15)		6辛卯
1138(〃 16)	6乙卯, 8甲寅	9甲申
1139(〃 17)	3辛巳	
1140(〃 18)	3丙子, 4乙巳, 6甲辰	
1141(〃 19)	2庚午, 6戊辰	
1142(〃 20)	1乙未, 2乙丑, 7壬辰	
1143(〃 21)	1己丑	12癸未
1144(〃 22)	6辛巳, 8庚辰	
1145(〃 23)	6乙亥	⑪壬申
1146(〃 24)	6己亥	
1147(毅宗1)	6癸巳, 10乙未[辛卯]	
1148(〃 2)	1庚申, 3己未, 9丙寅[丙戌], 11乙酉	
1149(〃 3)	1甲申, 3癸未, 6壬子[辛亥?]	8庚戌

1150(〃 4)	1己卯, 10癸卯	
1151(〃 5)	1癸酉, 4壬寅, 6庚午, 8戊辰	
1152(〃 6)	1丁酉, 3丙申, 4乙丑, 6甲子, 7甲午, 9壬辰	
1153(〃 7)	1辛卯, 6己未	
1154(〃 8)	5癸丑, 10庚辰	
1155(〃 9)	5丁未, 6丁丑, 8丙子	
1156(〃 10)	1癸卯, 3壬寅	
1157(〃 11)	1戊辰, 4丙申, 8甲午, 9癸亥, 10癸巳, 11癸亥	
1158(〃 12)	3辛酉, 11丁巳, 12丁亥	
1159(〃 13)	6甲申, 11辛巳	
1160(〃 14)	1庚辰, 2庚戌, 8丙午	
1161(〃 15)	4癸卯, 5癸酉, 7壬申	
1162(〃 16)	1戊辰, 2戊戌, 5丁酉, 8乙丑, 9甲午, 11癸巳, 12癸亥	
1163(〃 17)	6庚申, 10戊午	
1164(〃 18)	6甲寅, 8甲寅, 10癸丑	
1165(〃 19)	1辛亥, 3庚戌	
1167(〃 21)	3己亥, 4戊辰, 5戊戌	9乙丑
1168(〃 22)	1甲子	
1169(〃 23)	1戊午, 6丙戌, 7乙卯, 8甲寅[甲申], 12壬午	
1170(〃 24)	1壬子, 4辛巳, 5辛亥, 6庚戌, 7己卯, 8戊申, 9戊寅	
1171(明宗1)	6甲辰	
1172(〃 2)	1庚午, 3己巳, 6戊戌	
1173(〃 3)	1乙丑, 3癸巳, 5壬辰, 6壬戌, 10庚申	
1174(〃 4)	1己丑, 6丙辰, 11甲申	
1175(〃 5)	2癸丑, 3壬午, 8己酉	5辛巳, 8己酉
1176(〃 6)	3丙午, 8癸酉, 11壬寅	2丁丑, 6甲戌, 9癸卯
1177(〃 7)	3辛丑, 5庚子	
1178(〃 8)	3乙未, 7壬戌, 8壬辰, 11庚申	5甲午, 6甲子, 10辛卯
1179(〃 9)	1庚申, 3己未, 4己丑, 6戊子, 9丙辰	
1180(〃 10)	1甲寅, 10庚戌	3癸丑, 6壬午, 8辛巳
1181(〃 11)	1戊申, 2戊寅, 3丁未, 6丙午, 8乙巳	
1182(〃 12)	3辛未	6庚子, 11戊辰
1183(〃 13)	4乙未, 8癸巳, 11壬戌	
1184(〃 14)	1辛卯, 4己未, 7丁亥, 11丙戌	
1185(〃 15)	3甲申, 10庚戌	
1186(〃 16)	1庚辰, ⑦丙午	11甲辰
1187(〃 17)	1癸卯	
1188(〃 18)	1丁酉, 4丁卯, 6丙寅, 7乙未	
1189(〃 19)	2辛酉, 10丁亥	
1190(〃 20)	8癸未, 12辛巳	
1191(〃 21)	12乙亥	
1192(〃 22)	1乙巳, 9庚午	

1193(〃 23)	1己巳, 6丙申	
1194(〃 24)		2癸巳, 6庚寅
1195(〃 25)	3丙戌	
1196(〃 26)	9丁丑	8戊申
1197(〃 27)	2乙巳, 11庚子	
1198(神宗1)	1己亥, 5戊戌, 6丁卯	3戊戌
1199(〃 2)	1癸巳, 2癸亥, 9庚寅, 10庚申, 11己丑	
1200(〃 3)	1戊子, 8甲申	
1201(〃 4)	1壬子, 3辛亥, 4庚辰, 6己卯, 11戊申, 12丁丑	
1202(〃 5)	1丁未	
1203(〃 6)	1辛未, 6戊戌, 12乙未	
1204(〃 7)	1乙丑, 4甲午, 7壬戌	
1205(熙宗1)	12癸丑	7丙辰
1207(〃 3)	2丁未	
1208(〃 4)	6己巳	
1209(〃 5)	6癸亥	
1210(〃 6)	12乙卯	
1211(〃 7)	6辛巳	
1212(康宗1)	1己酉, 6丙子, 10癸酉	
1213(〃 2)	1癸卯	
1214(高宗1)	9壬戌	
1215(〃 2)	9丁巳	5己未
1216(〃 3)	2甲申, 6癸未	
1217(〃 4)	6丁未, 7丙子, 8丙午, 10乙巳	
1218(〃 5)	2癸卯, 6辛丑, 7庚午, 12己亥	
1219(〃 6)	3丁卯	9癸巳, 10癸亥, 12癸亥
1220(〃 7)	1壬辰, 4庚申	9丁亥
1221(〃 8)	4乙卯, 5甲申, 9壬午, 11辛巳	
1222(〃 9)	4己卯, 6戊寅	
1223(〃 10)	9庚子, 12己巳	3甲辰
1224(〃 11)	1戊戌, 6丁卯, 10甲午, 11癸亥	
1225(〃 12)	4辛卯	9己未
1226(〃 13)	2丙戌, 6甲申, 7甲寅	
1227(〃 14)	4庚辰, ⑤己卯, 6戊申, 9丁丑	
1228(〃 15)	1丙子, 3甲戌, 6壬寅, 10辛丑, 11辛未, 12庚子	
1229(〃 16)	1庚午, 5戊辰	
1230(〃 17)	4壬戌	
1231(〃 18)	5丙戌, 6丙辰, 10癸丑, 12壬子	
1232(〃 19)	2壬子, 6庚戌, 7庚辰, 8己酉	1壬午
1234(〃 21)	9丁酉	8丁卯, 11丙申
1235(〃 22)	10庚寅	
1236(〃 23)	2戊子, 6丙戌	

1243(〃 30)	3丁丑, 6丙午	
1244(〃 31)	6庚午, 8庚午[己巳]	
1245(〃 32)	4乙丑, 6甲子, 7癸巳	
1246(〃 33)	1辛卯, 6戊子	
1249(〃 36)	9己巳	4壬寅, 11壬戌
1251(〃 38)	1壬戌, 6庚寅, 10戊子	
1252(〃 39)	2乙卯, 6[甲寅]	10壬子
1253(〃 40)	1庚辰, 10丙午	
1254(〃 41)	1乙亥, 2甲辰, 4癸卯, 5壬申, 6壬寅, 8辛未, 9庚子, 10庚午	
1255(〃 42)	1己亥, 6丙寅, 9甲午	4丁卯, 12甲子
1256(〃 43)	1癸巳, 6庚申	
1257(〃 44)	1丁亥	
1258(〃 45)	1辛亥, 4庚辰, 12丙子	
1259(〃 46)	1乙巳, 9壬寅, 10辛未	3乙巳
1260(元宗1)	3戊辰, 5戊辰, 6丁酉, 8丙申	
1261(〃 2)	1癸亥, 7辛酉	
1263(〃 4)	8戊申	9戊寅
1264(〃 5)	1丁丑, 7癸酉, 8壬寅	
1265(〃 6)	2辛丑, 3庚午, 4庚子, 5己巳, 7丁未[丁酉]	
1267(〃 8)	8丙辰, 9乙酉	10甲寅
1268(〃 9)	10戊寅	12丁丑
1269(〃 10)		2丁丑, 5丙午, 8甲戌, 10癸酉, 12壬申
1270(〃 11)	1辛丑, 2辛未, 3庚子, 6己巳, 7己亥, 8戊辰, **11**丁酉, 12丙申	10戊辰
1271(〃 12)	2乙未, 5癸亥, 8壬辰	
1272(〃 13)	1庚申, 5戊午, 8丙戌	
1273(〃 14)	1乙卯, 3甲寅, 4癸未, 6壬午, 10己酉, 11己卯	
1275(忠烈1)	1癸酉, 6庚子	
1276(〃 2)	1丁卯, 2**丙申**, 7甲午, 10壬戌, 11辛卯	9壬辰
1277(〃 3)	1辛卯, 2庚申, 10丙辰	
1278(〃 4)	1乙酉, 4甲寅	
1279(〃 5)	6丁丑, 7丙午, 8丙子, 12甲戌	
1280(〃 6)	2癸酉, 3壬寅, 5辛丑	
1281(〃 7)	1戊戌, 4丙寅	11癸亥, 12壬辰
1282(〃 8)	1壬戌, 3辛酉, 7戊午, 8丙戌[丁亥], 9丁巳	5己未, 6己丑
1283(〃 9)	1丙辰, 3乙卯	4乙酉
1284(〃 10)	10乙亥	12甲辰
1285(〃 11)	9庚午, 11己巳	
1286(〃 12)	3**戊辰**, 4丁酉, 5丁卯	
1287(〃 13)	3**壬辰**, 5辛卯, 10戊午	7庚寅

1288(〃 14)	2丙辰, 4乙卯	12壬子
1289(〃 15)	3庚辰, 4己酉, 9丁丑, 11丙午	
1290(〃 16)	5癸卯, 7壬寅, 8辛未	2乙亥
1291(〃 17)	4戊辰, 5丁酉, 6丁卯	9乙未
1292(〃 18)	1甲午	4癸亥, ⑥辛卯, 9己未, 10戊子, 11戊午
1293(〃 19)	3丁巳, 4丁亥	6**丙戌**, 9癸丑
1294(〃 20)	1壬子, 5庚戌, 6庚辰	
1295(〃 21)	3乙巳, 9壬申	
1297(〃 23)	1甲子, 4癸巳, 8辛卯	2甲午
1298(〃 24)	2戊午, 6丙辰, 8乙卯, 11甲申	5丙申
1299(〃 25)	3壬午, 4辛亥, 5辛巳, 8己酉, 9己卯, 12戊申	
1300(〃 26)	7甲戌, 9**壬寅** 10**壬申**	10**壬申**

이상의 〈표4-1〉을 전체적으로 조감(鳥瞰)하면 『고려사』에 삭일이 구체적으로 밝혀져 있는 월차(月次)가 극히 적을 뿐만 아니라, 삭일이 전혀 기재되어 있지 않은 연도도 많이 있는 점이다. 또 초하루를 나타내는 삭자가 결락된 경우도 많이 발견되는데, 이것이 지금까지 고려력을 복원하는데 있어 가장 큰 장애가 되었던 것으로 추측된다. 그렇지만 고려력이 선명력을 바탕으로 인도(印度)에서 전해진 구집력[九曜曆]을 일부 참조하였기에 월차의 대소[大盡·小盡]에 의해서 송력과 1일의 편차가 있었으나, 특별한 경우를 제외하고 다음 달[翌月] 또는 그 다음달에 삭일의 차이는 다시 동일하게 회복되므로 1년간의 차이는 해소되게 된다[張東翼 2012년].

그렇지만 당시에 사용된 역일을 복원하기에는 여전히 어려운 점이 많이 남겨져 있는데, 그것은 『고려사』에 삭일이 분명히 밝혀진 삭일과 삭이 결락된 삭일을 모두 합쳐도 전체의 삭일에 비해 극히 적은 비율에 지나지 않는다는 것이다. 이러한 한계를 극복할 수 있는 것은 고려력의 제작에 큰 영향력을 주었을 송력이 완전한 것은 아니지만 거의 온전하게 복원되었기에 절대적인 참고자료가 될 수 있다는 것이다. 그렇다고 하여서 일부 천문학자에 의한 최신의 업적과 같이 송력에 지나치게 의존하여 마치 고려력을 복원한 것처럼 음양의 대조표를 산출할 단계에는 미치지 못한다. 이는 극히 소수에 지나지 않는 삭일 중에서 고딕의 글자와 같이 송력과 분명히 삭일을 달리하는 일진이 존재하고 있음을 통해 알 수 있다.

이러한 난관에도 불구하고 칠대실록의 회진(灰塵)으로 인한 후유증이 남겨져 있지 않은 현종대 이후에는, 기록이 전혀 남겨져 있지 않은 월차의 삭일을 추정할 수 있는 기준치로 기능할 수 있는 삭일이 있다. 이는 조회(朝會)의 실시여부를 나타내는 정단(正旦)의 삭일, 역대의 제왕이 태조 왕건의 어진(御眞)이 봉안된 봉은사(奉恩寺)에 행차[奉恩幸香]하는 6월의 삭일, 거란(契丹)의 하절일사(賀節日使, 혹은 生日使)가 도착하는 12월의 삭일 등이 있기 때문이다. 또 이를 보완해 줄 수 있는 참고치의 일진으로 일식과 월식, 단오·중양절(重陽節)과 같은 절일(節日), 2월(혹은 1월) 연등회의 소회(小會, 14일)와 대회(大會, 15일), 제왕의 수계일(受戒日, 6월 15일), 11월의 팔관회의 소회(14일)와 대회(15일) 등이 있다.

이들 기준치를 바탕으로 하여 미심한 삭일과 일진을 송력·일본력과 비교해 보면 고려력의 실상에 보다 가까이 접근할 수 있을 것이다. 그 중에서 고려력은 윤월(閏月)과 삭일[閏朔]의 어느 쪽으로 비교하여도 일본력보다는 송력과 유사한 점이 있는데, 이는 고려가 형식적으로나마 송의 외번(外藩)을 칭하면서 그들의 반삭(頒朔)을 받아 왔기 때문이다.[9] 그렇지만 고려력은 송력과는 미세하게나마 차이, 곧 월차의 대소에 의해 1일 또는 고려력의 문제로 인해 2일의 차이가 있었음은 〈표 4-1〉에서 고딕으로 표기된 삭일을 통해 알 수 있는데,[10] 이러한 차이는 향후 고려력의 일진이 더 많이 찾아질 때 더욱 증가될 것으로 예상된다.[11]

이제 한·중 양국의 역일에서 차이가 나는 삭일[고딕字]에 대해서 차례로 검토해 보면 다음과 같다.

•935년(태조18) 12월 辛酉는 삭자가 결락되었다. 후당(後唐)의 역일에서는 이 해의 12월은 대진(大盡)이고 초하루[朔日]는 壬戌이지만, 선명력에 의거한 고려력과 일본력에서는 대진이고, 초하루는 辛酉(後唐曆의 11월 30일)이다.

•988년(성종7) 12월 乙丑朔은 癸丑朔의 오자이다. 이 해의 송력과 일본력에서 11월은 대진이고, 12월은 소진으로 초하루[朔日]는 甲寅이다. 그런데 이 기사에 의하

---

9) 이에 비해 고려와 일본의 兩國은 끝까지 고려 측의 數次에 걸친 修交(요구)에도 불구하고 日本의 朝廷[公家]이 首肯하지 않았기에 공식적인 외교관계를 수립하지 않았다[張東翼 2010년]. 그래서 商人을 통해 高麗曆이 日本 大宰府에 전해져서 兩者의 比較는 있었으나 影響力의 與否는 알 수 없다.

10) 高麗曆이 朔日에서 宋曆과 差異를 보이는 것은 韓半島에서 이루어지는 月의 차고 기울어짐에[盈虧], 곧 實際의 朔에 依據하여 月初를 결정하는 定朔法을 사용하였기 때문이다.

11) 현재까지의 문헌 자료·금석문의 朔日은 모두 비교·검토가 이루어졌지만[大谷光男 1991년·張東翼 2012年], 향후 開城地域의 出土遺物과 各種 建築構造物의 刻字에서 더 많은 事例가 찾아질 수 있을 것이다.

면 고려력은 12월의 초하루가 乙丑으로 되어 있어 차이를 보이고 있다. 그러나 甲寅의 전날은 癸丑이고, 다음날은 乙卯이므로, 이 기사의 乙丑은 癸丑의 오자로서 이 해의 고려력에서는 11月이 소진이고, 12月이 대진으로서 초하루는 癸丑(宋曆의 11월 30일)으로 추측된다.[12)]

·1022년(현종13) 2월은 송력에서는 2월(大盡)은 庚子朔인데 비해, 고려력과 일본력의 2월은 辛丑朔(宋曆의 2일)으로 소진이었다.

·1024년(현종15) 1월 甲寅朔은 庚寅朔의 오자이다. 이 해의 송력과 일본력에서 1월은 庚寅朔이다.

·1025년(현종16) 7월은 송력에서는 庚辰朔으로 대진이지만, 고려력·거란력·일본력에서는 辛巳朔(宋曆의 2일)으로 소진이다.

·1040년(靖宗6) 5월 乙卯朔은 송력과는 1일의 차이가 있고, 일본력과 동일하다. 곧 송력에서는 甲寅朔(高麗曆의 4월 30日)이고, 고려력과 일본력에서는 乙卯朔이다.

·1041년(정종7) 1월 庚戌朔은 辛亥朔의 잘못이다. 이 해의 1월은 송력·거란력·일본력에서 모두 辛亥朔이므로, 고려력에서 庚戌朔이 될 수 없다. 전년도의 12월(壬午朔)이 소진이기에 이해의 1월이 庚戌朔이 되게 되면 前年 12월은 28일로 끝이 나게 되어 역일 자체에 문제가 생기게 된다.[13)]

·1041년(정종7) 11월 丙午朔은 송력에서는 10월 30일이지만, 고려력은 일본력과 같이 11월의 삭일이다.

·1049년(문종3) 1월 乙未朔은 송력의 1월 2일이다. 곧 송력·거란력·일본력에서는 1월이 甲午朔(고려력의 12월 30일)이고 대진이지만, 고려력은 己未朔이고 소진이다. 이는 전년(문종3) 5月 일본의 다자이후[大宰府]가 구한 고려력[新羅曆]은 일본력과 12月의 대소에 차이가 있었고(고려력은 대진, 일본력은 소진), 11월에 구한 송력은 일본력과 부합하였다고 하는 사실을 통해 확인된다.[14)]

---

12) 12월이 송력·일본력과 동일하게 甲寅朔이란 의견이 있지만[安英淑 2009年 35쪽], 그 사유는 분명하지 않다.

13) 前年 12월이 송력·일본력(壬午朔)과 달리 辛巳朔이며, 今年 1월은 庚戌朔이란 意見이 있지만[安英淑 2009年 53쪽], 그 사유는 분명하지 않다.

14) 이는 다음의 자료에서 확인된다.
『扶桑略記』 권29, 後冷泉, 永承 3년 5월, "二日己亥, 自太宰府進新羅曆, 與本朝無相違, 但十二月大小不同"[장동익 2004년 294쪽].

·1049년(문종3) 12월 己未朔은 송력의 11월 30일이다. 곧 송력에서는 12월이 庚申朔이고 소진이지만, 고려력·거란력·일본력 등에서는 己未朔이고 대진이다.

·1055년(문종9) 12월 甲寅朔은 甲申朔의 오자이다. 곧 송력·일본력에서 甲申朔이므로 甲寅朔은 甲申朔의 오자임을 알 수 있고, 고려력에서 12월이 甲申朔이 아니면 북동아시아 3국이 다음해의 閏③월에 모두 癸未朔이 될 수 없다.

·1059년(문종13) 1월 丁酉朔은 송력에서는 1월 2일이다. 송력·일본력에서는 1월은 丙申朔이고 큰 달[大盡]이었지만, 고려력은 1월이 작은 달[小盡]이었던 것 같다. 그래서 송에서는 正月 丙申에 일식이 있었으나[朔食], 고려에서는 전년 12월 晦日인 丙申에 일식이 있게 되어서[晦食], 고려력에 문제가 있었던 것 같다.

·1059년(문종13) 12월 辛酉朔은 송력에서는 11월 30일이다. 송력에서는 12월은 壬戌朔(고려력의 12월 2일)이지만 고려력·일본력에서는 辛酉朔이다. 이 날(辛酉朔) 일식이 이루어졌음으로 송력에 문제가 있었던 것 같지만, 이 날의 일식은 『송사』에서는 관측이 기록되어 있지 않고, 실제로 관측된 것이 아닌 계산상(計算上)의 기록이었다고 한다[渡邊敏夫 1979年 305쪽 ; 李殷晟 1980년].

·1073년(문종27) 12월 庚午朔은 송력에서는 12월(己巳朔)의 2일이지만, 고려력은 일본력과 같이 庚午朔이다.

·1079년(문종33) 6월 丁酉朔은 송력·일본력에서는 戊戌(高麗曆의 2日)이 삭이고, 丁酉는 5월 30일이다.

·1081년(문종35) 2월은 송력·일본력에서는 戊午朔이고, 辛酉는 4일에 해당하므로, 『고려사』의 '二月辛酉朔'은 戊午朔과 3일의 차이가 있다. 고려력·송력·일본력 등에서 월차의 대소[大盡·小盡]에 의해 1~2일의 차이는 인정되지만, 3일의 차이를 보이는 것은 설명하기에 어려움이 있다. '二月辛酉朔'은 『고려사』의 편찬과정에서 어떤 착오가 있었던 것으로 추측된다.

·1096년(숙종1)의 4월 壬戌, 5월 辛卯, 7월 庚寅, 8월 庚申 등은 모두 문제가 있는 것 같다. 곧 송력·일본력에서 4월은 庚申朔으로 壬戌은 3일에 해당하여 2日의 차이가 있다. 『고려사』에서 이 해에는 4월, 5월, 7월, 8월, 9월에 삭일이 나타나는데, 모두 송력·일본력과 차이를 보이고 있다. 다음해(숙종2)의 10월에 삭일(辛巳)이 나타

·『百練抄』 권4, 後冷泉, 永承 3년 5월, "二日, 太宰府進新羅暦, 與本朝無相違, 但十二月大小不同云〃"[장동익 2004년 311쪽].

나는데, 이는 송력·일본력과 일치하므로, 이 해의 고려력에서 어떤 문제가 있었던 것 같다. 곧 2월 乙亥(14일)에 연등회를 개최한 것(小會)으로 보아 2월까지는 송력과 일치하고, 3월은 기사가 없어 알 수 없으나, 4월부터는 송력·일본력과 차이가 있었던 것 같다. 이로 인해 4년 후인 1100년(숙종5) 3월 乙酉(18일) 중서성(中書省)이 현행(現行) 역일(曆日)이 착오가 있음으로 역서찬자(曆書撰者)의 삭직(削職)을 건의하여 허락을 받았다고 한다.[15)]

·1114년(睿宗9) 3월 丁丑朔은 송력·일본력(丙子朔)에서 2일에 해당한다. 송력·일본력에서 2월이 소진이었으나 고려력에서는 대진이었던 것 같다.

·1118년(예종13) 5월 癸未朔은 송력·거란력·일본력(壬午朔)에서 2일에 해당한다. 송에서는 '壬午朔, 日有食之'라 하여 일식이 있었으므로(『송사』 권52, 지5, 천문5, 日食), 고려력과 송력·거란력·일본력의 사이에 1일의 차이가 있었음을 알 수 있다.

·1136년(仁宗14) 4월 己亥朔은 戊戌朔의 잘못이다. 이 해의 4월은 송력과 일본력에서 戊戌朔이어서 己亥는 2일이다. 3月이 戊辰朔이고 대진이므로 己亥가 삭일이 될 수 없으므로 己亥朔은 戊戌朔의 오류일 것이다.

·1147년(毅宗1) 10월 乙未朔은 辛卯朔의 잘못일 것이다. 十月乙未朔은 송력·일본력의 10월 辛卯朔과 4일의 차이가 있다. 고려력·송력·일본력 등에서 월차의 대소[大盡·小盡]에 의해 1~2일의 차이는 인정되지만, 4일의 차이를 보이는 것은 『고려사』의 편찬과정에서 어떤 착오가 있었던 것으로 추측된다. 이는 다음 달인 11월은 삭일이 나타나 있지 않지만, 甲戌에 팔관회를 개최하였는데, 이 날은 송력·일본력의 11월 辛酉朔으로 계산하면 14일에 해당하여, 일반적으로 11월 14일에 개최되는 팔관회(小會)와 날짜[日辰]가 일치한다. 그러므로 十月乙未朔은 十月辛卯朔의 오류임이 분명하다. 또 오행지에 "十月乙未, 雷, 雨雹"이 있으나 乙未에 삭이 붙어 있지 않다.

·1148년(의종2) 9월 丙寅朔은 丙戌朔의 誤字이다. 송력과 일본력에서 丙戌朔이다.

·1149년(의종3) 6월 壬子朔은 辛亥朔의 오류일 가능성이 있다. 이 해의 6월은 송력과 일본력에서 辛亥朔이고, 壬子는 2일에 해당한다. 고려력에서 壬子朔이 옳다

15) 『고려사』 권11, 세가 11, 숙종 5년 3월, "乙酉, 中書省奏, 見行曆, 有乖錯處, 請削撰曆者職. 從之".

면 일반적으로 제왕(帝王)이 6월 15일에 菩薩戒를 받았는데, 이 달에는 14일에 받은 셈이 된다.[16)]

·1169년(의종23) 8월 甲寅朔은 甲申朔의 오자일 것이다. 甲寅朔은 甲申朔의 오자인데, 천문지1과 『고려사절요』 권11에는 바르게 되어 있다.[17)]

·1244년(고종31) 8월 庚午朔은 송력·일본력(己巳朔)에서 2일에 해당되어 1일의 차이가 있다.

·1252년(고종39) 6월은 송력과 일본력에서 癸丑朔으로 대진이었던데 비해, 고려는 5월이 대진이고, 6월은 甲寅朔(宋曆의 2일)이며 소진이었던 것 같다.

·1265년(元宗6) 7월의 丁未朔은 丁酉朔의 오자일 것이다. 송력과 일본력에서 모두 丁酉朔이다.

·1270년(원종11)의 閏月은 송력은 10월, 고려력은 11월, 일본력은 9월이었기에, 고려력의 11월 삭일은 宋曆 閏10월의 삭일인 丁酉와 같다.

·1276년(충렬왕2) 2월은 丙申朔으로 송력과 일본력(丁酉朔)의 2일에 해당되어 1일의 차이가 있다.

·1282년(충렬왕8) '八月丙戌朔'은 원력(元曆)에서 7월(戊午朔, 小盡) 29일이다. 고려력에서도 '秋七月戊午朔日食'이므로(世家29), 원력(元曆)과 같이 7월 29일에 해당한다. 그런데 '八月丙戌朔'이 성립되려면 7월은 28일로 끝이 나게 되는데, 이러한 월차는 구성될 수 없다. 또 9월이 '九月丁巳朔'으로 되어 있는데, 이를 통해 '八月丙戌朔'은 원력의 '八月丁亥朔'의 잘못임을 알 수 있다(일본력은 八月 戊子朔이며, 丙戌은 7월 29일에 해당한다).[18)]

·1286년(충렬왕12) 3월은 戊辰朔으로 일본력과 같으며, 원력(丁卯朔)의 2일에 해당되어 1일의 차이가 있다.

·1287년(충렬왕13) 3월은 원력과 일본력에서 삭일은 辛卯인데 비해 『고려사』에

---

16) 제왕이 6월 1일 태조 왕건의 神御가 봉안된 奉恩寺에 행차하고[奉恩行香], 15일 內殿에서 보살계를 받는 것이 일반적이지만, 간혹 2일의 행차와 14일, 16일의 수계도 있다. 또 6월은 壬子朔이라는 의견도 있지만[安英淑 2009年 89쪽], 그 사유는 분명하지 않다.

17) 이날 송에서도 翼星에 일식이 예고되었으나 구름[雰]으로 인해 보이지 않았다고 하며, 金에서는 비가 내려서 보이지 않았다고 한다(『송사』 권52, 지5, 천문5, 日食 ; 『금사』 권6, 본기6, 世宗上, 大定 9년 8월 甲申朔·권20, 지1, 天文, 日薄食煇珥雲氣).

18) 이러한 사유가 설명되지 않은 채 丁亥朔이 제시되기도 하였다[安英淑 2009年 133쪽].

는 壬辰朔(원력의 2日)으로 되어 있다. 그런데 『고려사』·『원사』에 이 달 丙申(원력의 6일) 달[月, 太陰]이 동정성(東井星)을 犯했다는 기사가 일치하고 있다(권49, 지3. 천문3, 충렬왕 13년, "三月 丙申, 月又犯東井"·권48, 지1, 천문1, 至元 24년, "三月 丙申, 太陰犯東井"). 그렇다면 3월의 삭일은 원력·일본력·고려력의 모두가 辛卯이어야 한다. 그렇지만 3월에 辛酉(元曆의 4월 朔日)가 있어,[19] 『고려사』와 같이 壬辰朔으로 보아야 할 것이다.

·1293년(충렬왕19) 6월의 丙戌에 삭이 결락되었다. 이 해의 6월은 원력에서는 乙酉가 삭일이지만, 일본력은 丙戌(元曆의 2일)이 삭일이었다. 고려력도 일본력과 같아야, 이 달에 乙卯(30일, 원력에서 7월 朔日)가 있을 수 있다.[20]

·1300년(충렬왕26) 9월은 壬寅朔으로 원력에서는 閏八月의 晦日(30일)에 해당하고, 일본력에서는 이 해의 윤월은 7월이기에 8월의 晦日(30일)에 해당한다.

·1300년(충렬왕26) 10월은 원력에서는 癸酉가 삭일이지만 일본력은 壬申이 삭일인데, 고려력도 9월을 감안할 때 일본력과 같이 되어야 한다.

이상과 같은 사례들은 『고려사』에서 삭일이 구체적으로 나타난 극히 소수의 사례를 바탕으로 고려력을 유추하여 송력·거란력·원력 등과 비교한 것이므로, 그 숫자가 그리 많지 않다. 이를 대다수의 삭일을 알 수 없는 월차를 상정(想定)한다면 고려력과 송력 사이에는 수많은 월차에서 대소의 차이[大盡·小盡의 差異]가 있었을 것이다.

---

19) 『고려사』 권53, 지7, 오행1. 火行, "忠烈王 十三年三月辛酉, 有怪鳥, 鳴于大殿南, 俗云山休鳥".

20) '6월 乙酉朔'과 '7월 乙卯朔'을 제시한 견해도 있으나[安英淑 2009年 137쪽], 이는 다음의 "乙卯30日 元遣萬戶尹世柱□來, 推刷耽羅人物"(『고려사』 권30, 세가30, 충렬왕 19년 6월 乙卯)을 고려하지 않은 것이다.

제2절 朔日表의 試案

이상의 사실을 바탕으로 하고, 金石文·古文書·文集 등의 資料에서 확인되는 朔日을 追加하여 고려시대의 朔日表의 試案을 만들어 보면 다음 〈표4-2〉와 같다.

〈표4-2〉 高麗時代의 朔日表(試案)[1)]

時 期	1	2	3	4	5	6	7	8	9	10	11	12	閏月
918 太祖1	乙亥	甲辰	甲戌	癸卯	癸酉	壬寅	壬申	辛丑	辛未	辛丑	庚午	庚子	
919 2	庚午	己亥	己巳	戊戌	丁卯	丙申	丙寅	乙未	乙丑	乙未	乙丑	甲午	
920 3	甲子	甲午	癸亥	癸巳	壬戌	辛卯	庚寅	己未	己丑	己未	戊子	戊午	⑥庚申
921 4	戊子	戊午	丁亥	丁巳	丙戌	乙卯	甲申	甲寅	癸未	癸丑	壬午	壬子	
922 5	壬午	壬子	辛巳	辛亥	庚辰	庚戌	己卯	戊申	戊寅	丁未	丁丑	丙午	
923 6	丙子	丙午	乙亥	乙巳	甲辰	甲戌	癸卯	壬申	壬寅	辛未	辛丑	庚午	④乙亥
924 7	庚子	己巳	己亥	己巳	戊戌	戊辰	戊戌	丁卯	丁酉	丙寅	乙未	乙丑	
925 8	甲午	甲子	癸巳	癸亥	壬辰	壬戌	壬辰	辛酉	辛卯	庚申	庚寅	庚申	⑫己丑
926 9	戊午	戊子	丁巳	丁亥	丙辰	丙戌	乙卯	乙酉	乙卯	甲申	甲寅	甲申	
927 10	癸丑	壬午	壬子	辛巳	辛亥	庚辰	庚戌	己卯	己酉	己卯	戊申	戊寅	
928 11	戊申	丁丑	丁未	丙子	乙巳	甲戌	甲辰	癸酉	癸酉	壬寅	壬申	壬寅	⑧癸卯
929 12	壬申	辛丑	辛未	庚子	己巳	戊戌	戊辰	丁酉	丁卯	丙申	丙寅	丙申	
930 13	丙寅	乙未	乙丑	甲午	甲子	癸巳	壬戌	壬辰	辛酉	辛卯	庚申	庚寅	
931 14	庚申	己丑	己未	己丑	戊午	丁巳	丙戌	丙辰	乙酉	乙卯	甲申	甲寅	⑤戊子
932 15	癸未	癸丑	癸未	癸丑	壬午	壬子	辛巳	庚戌	庚辰	己酉	己卯	戊申	
933 16	戊寅	丁未	丁丑	丁未	丙子	丙午	乙亥	乙巳	甲戌	甲辰	癸酉	癸卯	
934 17	壬申	辛未	辛丑	庚午	庚子	庚午	己亥	己巳	戊戌	戊辰	丁酉	丁卯	①壬寅
935 18	丙申	丙寅	乙未	乙丑	甲午	甲子	癸巳	癸亥	癸巳	壬戌	壬辰	**辛酉**	
936 19	辛卯	庚申	庚寅	己未	己丑	戊午	丁亥	丁巳	丁亥	丙辰	丙戌	乙酉	⑪丙辰
937 20	甲寅	甲申	甲寅	癸未	壬子	壬午	辛亥	辛巳	庚戌	庚辰	庚戌	己卯	
938 21	戊申	戊寅	戊申	戊寅	丁未	丙子	丙午	乙亥	乙巳	甲戌	甲辰	甲戌	
939 22	癸卯	癸酉	癸卯	壬申	壬寅	辛未	庚子	己亥	己巳	戊戌	戊辰	丁酉	⑦庚午

1) 이 삭일표에서 원래 고려전기(高麗前期) 이래의 중원(中原)과 차이를 보이던 고려력이 원력(元曆, 大元蒙古國曆)과 동일하게 되었던 1301년(충렬왕27) 이후의 내용을 생략하였지만, 이 책을 출판할 때 1392년(공양왕4)까지 수록하였다.

940 23	丁卯	丁酉	丁卯	丙申	丙寅	乙未	甲子	甲午	癸亥	癸巳	壬戌	壬辰	
941 24	辛酉	辛卯	辛酉	庚寅	庚申	庚寅	己未	戊子	戊午	丁亥	丁巳	丙戌	
942 25	丙辰	乙酉	乙卯	甲寅	甲申	癸丑	癸未	壬子	壬午	辛亥	辛巳	庚戌	③甲申
943 26	庚辰	己酉	己卯	戊申	戊寅	丁未	丁丑	丁未	丙子	丙午	乙亥	乙巳	
944 惠宗1	甲戌	甲辰	癸酉	癸卯	壬申	辛丑	辛未	辛丑	庚午	庚子	庚午	己亥	⑫己巳
945 2	戊戌	戊辰	丁酉	丙寅	丙申	乙丑	乙未	甲子	甲午	甲子	甲午	癸亥	
946 定宗1	癸巳	壬戌	壬辰	辛酉	庚寅	庚申	己丑	己未	戊子	戊午	戊子	丁巳	
947 2	丁亥	丁巳	丙戌	丙辰	乙酉	甲寅	甲申	壬午	壬子	壬午	辛亥	辛巳	⑦癸丑
948 3	辛亥	辛巳	庚戌	庚辰	己酉	戊寅	戊申	丁丑	丙午	丙子	丙午	乙亥	
949 4	乙巳	乙亥	甲辰	甲戌	甲辰	癸酉	壬寅	壬申	辛丑	庚午	庚子	庚午	
950 光宗1	己亥	己巳	戊戌	戊辰	戊戌	丁酉	丙寅	丙申	乙丑	乙未	甲子	甲午	⑤丁卯
951 2	癸亥	癸巳	壬戌	壬辰	壬戌	辛卯	辛酉	庚寅	庚申	己丑	己未	戊子	
952 3	戊午	丁亥	丁巳	丙戌	丙辰	乙酉	乙卯	甲申	甲寅	甲申	癸丑	癸未	
953 4	壬子	辛亥	庚辰	庚戌	己卯	己酉	戊寅	戊申	戊寅	戊申	丁丑	丁未	①壬午
954 5	丙子	丙午	乙亥	甲辰	甲戌	癸卯	癸酉	壬寅	壬申	壬寅	辛未	辛丑	
955 6	辛未	庚子	庚午	己亥	戊辰	戊戌	丁卯	丁酉	丙寅	乙丑	乙未	乙丑	⑨丙申
956 7	乙未	甲子	甲午	癸亥	壬辰	壬戌	辛卯	庚申	庚寅	庚申	己丑	己未	
957 8	己丑	己未	戊子	戊午	丁亥	丙辰	丙戌	乙卯	甲申	甲寅	癸未	癸丑	
958 9	癸未	癸丑	壬午	壬子	辛巳	辛亥	庚辰	己卯	己酉	戊寅	丁未	丁丑	⑦庚戌
959 10	丁未	丙子	丙午	丙子	乙巳	乙亥	甲辰	甲戌	癸卯	癸酉	壬寅	壬申	
960 11	辛丑	辛未	庚子	庚午	己亥	己巳	己亥	戊辰	戊戌	丁卯	丁酉	丙寅	
961 12	丙申	乙丑	乙未	癸巳	癸亥	癸巳	壬戌	壬辰	壬戌	辛卯	辛酉	庚寅	③甲子
962 13	庚申	己丑	戊午	戊子	丁巳	丁亥	丙辰	丙戌	丙辰	乙酉	乙卯	乙酉	
963 14	甲寅	甲申	癸丑	壬午	壬子	辛巳	辛亥	庚辰	庚戌	己卯	己酉	己卯	⑫己酉
964 15	戊寅	戊申	丁丑	丁未	丙子	乙巳	甲戌	甲辰	甲戌	癸卯	癸酉	癸卯	
965 16	癸酉	壬寅	壬申	辛丑	辛未	庚子	己巳	戊戌	戊辰	丁酉	丁卯	丁酉	
966 17	丁卯	丙申	丙寅	丙申	乙丑	甲午	甲子	癸巳	壬辰	辛酉	辛卯	辛酉	⑧壬戌
967 18	庚寅	庚申	庚寅	己未	己丑	戊午	戊子	丁巳	丙戌	丙辰	乙酉	乙卯	
968 19	乙酉	甲寅	甲申	癸丑	癸未	癸丑	壬午	壬子	辛巳	辛亥	庚辰	己酉	
969 20	己卯	戊申	戊寅	戊申	丁丑	丙子	丙午	丙子	乙巳	乙亥	甲辰	甲戌	⑤丁未
970 21	癸卯	壬申	壬寅	辛未	辛丑	庚午	庚子	庚午	己亥	己巳	己亥	戊辰	
971 22	戊戌	丁卯	丙申	丙寅	乙未	乙丑	甲午	甲子	癸巳	癸亥	癸巳	癸亥	
972 23	壬辰	壬戌	庚申	庚寅	己未	戊子	戊午	戊子	丁巳	丁亥	丁巳	丁亥	②辛卯
973 24	丙辰	丙戌	乙卯	乙酉	甲寅	癸未	壬子	壬午	辛亥	辛巳	辛亥	辛巳	
974 25	庚戌	庚辰	庚戌	己卯	戊申	戊寅	丁未	丙子	丙午	乙亥	乙亥	甲辰	⑩乙巳
975 26	甲戌	甲辰	癸酉	癸卯	壬申	壬寅	辛未	庚子	庚午	己亥	己巳	戊戌	
976 景宗1	戊辰	戊戌	戊辰	丁酉	丁卯	丙申	丙寅	乙未	甲子	甲午	癸亥	癸巳	
977 2	壬戌	壬辰	壬戌	辛卯	辛酉	辛卯	庚申	己未	己丑	戊午	丁亥	丁巳	⑦庚寅

978 3	丙戌	丙辰	乙酉	乙卯	乙酉	甲寅	甲申	癸丑	癸未	癸丑	壬午	壬子	
979 4	辛巳	庚戌	庚辰	己酉	己卯	戊申	戊寅	戊申	丁丑	丁未	丁丑	丙午	
980 5	丙子	乙巳	甲戌	癸酉	癸卯	壬申	壬寅	辛未	辛丑	辛未	庚子	庚午	③甲辰
981 6	庚子	己巳	戊戌	戊辰	丁酉	丙寅	丙申	乙丑	乙未	乙丑	乙未	甲子	
982 成宗1	甲午	甲子	癸巳	壬戌	壬辰	辛酉	庚寅	庚申	己丑	己未	己丑	戊午	⑫戊子
983 2	戊午	戊子	丁巳	丙戌	丙辰	乙酉	甲寅	甲申	癸丑	癸未	壬子	壬午	
984 3	壬子	壬午	辛亥	辛巳	庚戌	庚辰	己酉	戊寅	戊申	丁丑	丁未	丙子	
985 4	丙午	丙子	乙巳	乙亥	乙巳	甲戌	甲辰	癸酉	壬寅	辛丑	辛未	庚子	⑨壬申
986 5	庚午	庚子	己巳	己亥	戊辰	戊戌	戊辰	丁酉	丙寅	丙申	乙丑	乙未	
987 6	甲子	甲午	癸亥	癸巳	壬戌	壬辰	壬戌	辛卯	辛酉	庚寅	庚申	己丑	
988 7	己未	戊子	戊午	丁亥	丁巳	丙辰	乙酉	乙卯	乙酉	甲寅	甲申	癸丑	⑤丙戌
989 8	癸未	壬子	壬午	辛亥	庚辰	庚戌	己卯	己酉	己卯	己酉	戊寅	戊申	
990 9	戊寅	丁未	丙子	丙午	乙亥	甲辰	甲戌	癸卯	癸酉	癸卯	壬申	壬寅	
991 10	壬申	壬寅	庚子	庚午	己亥	戊辰	戊戌	丁卯	丁酉	丙寅	丙申	丙寅	②辛未
992 11	丙申	乙丑	乙未	甲子	甲午	癸亥	壬辰	壬戌	辛卯	辛酉	庚寅	庚申	
993 12	庚寅	己未	己丑	己未	戊子	戊午	丁亥	丙辰	丙戌	乙卯	甲寅	甲申	⑩乙酉
994 13	甲寅	癸未	癸丑	壬午	壬子	壬午	辛亥	庚辰	庚戌	己卯	己酉	戊寅	
995 14	戊申	丁丑	丁未	丁丑	丙午	丙子	乙巳	乙亥	甲辰	甲戌	癸卯	癸酉	
996 15	壬寅	壬申	辛丑	辛未	庚子	庚午	己亥	己亥	戊辰	戊戌	丁卯	丁酉	⑦己巳
997 16	丙寅	丙申	乙丑	乙未	甲子	甲午	癸亥	癸巳	癸亥	壬辰	壬戌	壬辰	
998 穆宗1	辛酉	庚寅	庚申	己丑	戊午	戊子	丁巳	丁亥	丁巳	丙戌	丙辰	丙戌	
9992	乙卯	乙酉	甲寅	癸丑	壬午	壬子	辛巳	辛亥	庚辰	庚戌	庚辰	庚戌	③甲申
1000 3	己卯	己酉	戊寅	戊申	丁丑	丙午	丙子	乙巳	乙亥	甲辰	甲戌	甲辰	
1001 4	甲戌	癸卯	癸酉	壬寅	壬申	辛丑	庚午	庚子	己巳	己亥	戊辰	戊戌	⑫戊辰
1002 5	丁酉	丁卯	丁酉	丙寅	丙申	乙丑	甲午	甲子	癸巳	癸亥	壬辰	壬戌	
1003 6	辛卯	辛酉	辛卯	庚申	庚寅	己未	己丑	戊午	戊子	丁巳	丁亥	丙辰	
1004 7	丙戌	乙卯	乙酉	甲寅	甲申	甲寅	癸未	癸丑	壬午	辛巳	辛亥	庚辰	⑨壬子
1005 8	庚戌	己卯	己酉	戊寅	戊申	丁丑	丁未	丁丑	丙午	丙子	乙巳	乙亥	
1006 9	甲辰	甲戌	癸卯	壬申	壬寅	辛未	辛丑	辛未	庚子	庚午	庚子	己巳	
1007 10	己亥	戊辰	戊戌	丁卯	丙申	乙未	乙丑	甲午	甲子	甲午	甲子	癸巳	⑤丙寅
1008 11	癸亥	壬辰	壬戌	辛卯	庚申	庚寅	己未	己丑	戊午	戊子	戊午	丁亥	
1009 12	丁巳	丁亥	丙辰	丙戌	乙卯	甲申	甲寅	癸未	壬子	壬午	壬子	辛巳	
1010 顯宗1	辛亥	辛巳	庚辰	庚戌	己卯	戊申	戊寅	丁未	丙子	丙午	丙子	乙巳	②辛亥
1011 2	乙亥	乙巳	甲戌	甲辰	甲戌	癸卯	壬申	壬寅	辛未	庚子	庚午	庚子	
1012 3	己巳	己亥	戊辰	戊戌	戊辰	丁酉	丁卯	丙申	丙寅	乙未	甲午	甲子	⑩乙丑
1013 4	癸巳	癸亥	壬辰	壬戌	辛卯	辛酉	辛卯	庚申	庚寅	己未	己丑	戊午	
1014 5	戊子	丁巳	丙戌	丙辰	丙戌	乙卯	乙酉	甲寅	甲申	甲寅	癸未	癸丑	
1015 6	壬午	壬子	辛巳	庚戌	庚辰	己酉	戊申	戊寅	戊申	戊寅	丁未	丁丑	⑥己卯
1016 7	丙午	丙子	乙巳	甲戌	甲辰	癸酉	癸卯	壬申	壬寅	壬申	辛丑	辛未	

1017 8	辛丑	庚午	庚子	己巳	戊戌	戊辰	丁酉	丙寅	丙申	丙寅	乙未	乙丑	
1018 9	乙未	乙丑	甲午	甲子	壬戌	壬辰	辛酉	庚寅	庚申	庚寅	己未	己丑	④癸巳
1019 10	己未	己丑	戊午	戊子	丁巳	丙戌	丙辰	乙酉	甲寅	甲申	癸丑	癸未	
1020 11	癸丑	癸未	壬子	壬午	辛亥	辛巳	庚戌	庚辰	己酉	戊寅	戊申	丁丑	⑫丁未
1021 12	丁丑	丙午	丙子	丙午	乙亥	乙巳	甲戌	甲辰	癸酉	癸卯	壬申	壬寅	
1022 13	辛未	辛丑	庚午	庚子	己巳	己亥	己巳	戊戌	戊辰	丁酉	丁卯	丙申	
1023 14	丙寅	乙未	甲子	甲午	癸亥	癸巳	癸亥	壬辰	壬戌	辛酉	辛卯	庚申	⑨壬辰
1024 15	庚寅	己未	戊子	戊午	丁亥	丁巳	丙戌	丙辰	丙戌	乙卯	乙酉	甲寅	
1025 16	甲申	甲寅	癸未	壬子	壬午	辛亥	**辛巳**	庚戌	庚辰	己酉	己卯	己酉	
1026 17	己卯	戊申	戊寅	丁未	丙子	乙亥	甲辰	甲戌	癸卯	癸酉	癸卯	癸酉	⑤丙午
1027 18	壬寅	壬申	壬寅	辛未	庚子	庚午	己亥	戊辰	戊戌	丁卯	丁酉	丁卯	
1028 19	丁酉	丙寅	丙申	丙寅	乙未	甲子	甲午	癸亥	壬辰	壬戌	辛卯	辛酉	⑥?
1029 20	辛卯	庚申	庚申	己丑	己未	戊子	戊午	丁亥	丙辰	丙戌	乙卯	乙酉	②庚寅
1030 21	甲寅	甲申	甲寅	癸未	癸丑	癸未	壬子	壬午	辛亥	辛巳	庚戌	己卯	
1031 22	己酉	戊寅	戊申	戊寅	丁未	丁丑	丙午	丙子	丙午	乙亥	甲戌	甲辰	⑩乙巳
1032 德宗1	癸酉	壬寅	壬申	**壬寅**	辛未	庚子	庚午	庚子	己巳	己亥	己巳	戊戌	
1033 2	戊辰	丁酉	丙寅	丙申	乙丑	甲午	甲子	甲午	癸亥	癸巳	癸亥	癸巳	
1034 3	壬戌	壬辰	辛酉	庚寅	庚申	己丑	戊子	戊午	丁亥	丁巳	丁亥	丁巳	⑥戊午
1035 靖宗1	丙戌	丙辰	乙酉	甲寅	甲申	癸丑	壬午	壬子	辛巳	辛亥	辛巳	辛亥	
1036 2	庚辰	庚戌	庚辰	己酉	戊寅	戊申	丁丑	丙午	丙子	乙巳	乙亥	乙巳	
1037 3	甲戌	甲辰	甲戌	癸卯	壬寅	壬申	辛丑	庚午	庚子	己巳	己亥	戊辰	④癸酉
1038 4	戊戌	戊辰	戊戌	丁卯	丁酉	丙寅	丙申	乙丑	甲午	甲子	癸巳	癸亥	
1039 5	壬辰	壬戌	壬辰	辛酉	辛卯	庚申	庚寅	庚申	己丑	己未	戊子	丁巳	⑫丁亥
1040 6	丙辰	丙戌	乙卯	乙酉	**乙卯**	甲申	甲寅	癸未	癸丑	癸未	壬子	辛巳	
1041 7	**庚戌**	庚辰	庚戌	己卯	己酉	戊寅	戊申	戊寅	丁未	丁丑	**丙午**	丙子	
1042 8	丙午	乙亥	甲辰	甲戌	癸卯	壬申	壬寅	壬申	辛丑	辛丑	庚午	庚子	⑨辛未
1043 9	庚午	己亥	戊辰	戊戌	丁卯	丙申	丙寅	乙未	乙丑	乙未	乙丑	甲午	
1044 10	甲子	甲午	癸亥	壬辰	壬戌	辛卯	庚申	庚寅	己未	己丑	戊午	戊子	
1045 11	戊午	戊子	丁巳	丁亥	丙辰	乙卯	甲申	甲寅	癸未	癸丑	壬午	壬子	⑤丙戌
1046 12	壬午	壬子	辛巳	辛亥	庚辰	庚戌	己卯	戊申	戊寅	丁未	丁丑	丙午	
1047 文宗1	丙子	丙午	乙亥	乙巳	乙亥	甲辰	甲戌	癸卯	壬申	壬寅	辛未	辛丑	
1048 2	庚午	己巳	己亥	己巳	戊戌	戊辰	丁酉	丁卯	丙申	丙寅	乙未	乙丑	①庚子
1049 3	乙未	甲子	癸巳	癸亥	壬辰	壬戌	壬辰	辛酉	辛卯	庚申	庚寅	己未	
1050 4	己丑	戊午	戊子	丁巳	丁亥	丙辰	丙戌	乙卯	乙酉	乙卯	甲申	甲申	⑪甲寅
1051 5	癸丑	壬午	壬子	辛巳	庚戌	庚辰	己酉	己卯	己酉	己卯	戊申	戊寅	
1052 6	戊申	丁丑	丙午	丙子	乙巳	甲戌	甲辰	癸酉	癸卯	癸酉	壬寅	壬申	
1053 7	壬寅	辛未	辛丑	庚午	庚子	己巳	戊戌	丁酉	丁卯	丙申	丙寅	丙申	⑦戊辰
1054 8	丙寅	乙未	乙丑	甲午	甲子	癸巳	壬戌	壬辰	辛酉	辛卯	庚申	庚寅	
1055 9	庚申	己丑	己未	己丑	戊午	戊子	丁巳	丙戌	丙辰	乙酉	乙卯	甲申	

1056 10	甲寅	癸未	癸丑	壬子	壬午	辛亥	辛巳	庚戌	庚辰	己酉	己卯	戊申	③癸未
1057 11	戊寅	丁未	丁丑	丁未	丙子	丙午	乙亥	乙巳	甲戌	甲辰	癸酉	癸卯	
1058 12	壬申	壬寅	辛未	辛丑	庚午	庚子	己巳	己亥	己巳	戊戌	戊辰	丁酉	⑫丁卯
1059 13	**丁酉**	丙寅	乙未	乙丑	甲午	癸亥	癸巳	癸亥	癸巳	壬戌	壬辰	**辛酉**	
1060 14	辛卯	庚申	庚寅	己未	戊子	戊午	丁亥	丁巳	丁亥	丙辰	丙戌	丙辰	
1061 15	乙酉	乙卯	甲申	甲寅	癸未	壬子	壬午	辛亥	庚戌	庚辰	庚戌	庚辰	⑧辛巳
1062 16	己酉	己卯	戊申	戊寅	丁未	丙子	丙午	乙亥	乙巳	甲戌	甲辰	甲戌	
1063 17	癸卯	癸酉	癸卯	壬申	壬寅	辛未	庚子	庚午	己亥	戊辰	戊戌	戊辰	
1064 18	丁酉	丁卯	丁酉	丁卯	丙申	乙未	甲子	甲午	癸亥	壬辰	壬戌	壬辰	⑤丙寅
1065 19	辛酉	辛卯	辛酉	庚寅	庚申	己丑	己未	戊子	戊午	丁亥	丁巳	丙戌	
1066 20	丙辰	乙酉	乙卯	甲申	甲寅	甲申	癸丑	癸未	壬子	壬午	辛亥	辛巳	
1067 21	庚戌	己酉	己卯	戊申	戊寅	丁未	丁丑	丁未	丙子	丙午	乙亥	乙巳	①庚辰
1068 22	甲戌	甲辰	癸酉	壬寅	壬申	辛丑	辛未	辛丑	庚午	庚子	庚午	己亥	
1069 23	己巳	戊戌	戊辰	丁酉	丙寅	丙申	乙丑	乙未	甲子	甲午	甲子	癸亥	⑪甲午
1070 24	癸巳	壬戌	壬辰	辛酉	庚寅	庚申	己丑	戊午	戊子	戊午	戊子	丁巳	
1071 25	丁亥	丁巳	丙戌	丙辰	乙酉	甲寅	甲申	癸丑	壬午	壬子	壬午	辛亥	
1072 26	辛巳	辛亥	辛巳	庚戌	庚辰	己酉	戊寅	丁丑	丙午	丙子	丙午	乙亥	⑦戊申
1073 27	乙巳	乙亥	甲辰	甲戌	癸卯	癸酉	壬寅	壬申	辛丑	庚午	庚子	**庚午**	
1074 28	己亥	己巳	戊戌	戊辰	戊戌	丁卯	丁酉	丙寅	丙申	乙丑	乙未	甲子	
1075 29	甲午	癸亥	癸巳	壬戌	辛酉	辛卯	辛酉	庚寅	庚申	己丑	己未	戊子	④壬辰
1076 30	戊午	丁亥	丙辰	丙戌	丙辰	乙酉	乙卯	甲申	甲寅	甲申	癸丑	癸未	
1077 31	壬子	壬午	辛亥	庚辰	庚戌	己卯	己酉	戊寅	戊申	戊寅	戊申	丁丑	
1078 32	丁未	丙午	乙亥	甲辰	甲戌	癸卯	癸酉	壬寅	壬申	壬寅	辛未	辛丑	①丙子
1079 33	辛未	庚子	庚午	己亥	戊辰	**丁酉**	丁卯	丙申	丙寅	丙申	乙丑	乙未	
1080 34	乙丑	乙未	甲子	甲午	癸亥	壬辰	壬戌	辛卯	庚申	己未	己丑	己未	⑨庚寅
1081 35	己丑	戊午	戊子	戊午	丁亥	丙辰	丙戌	乙卯	甲申	甲寅	癸未	癸丑	
1082 36	癸未	癸丑	壬午	壬子	辛巳	辛亥	庚辰	庚戌	己卯	戊申	戊寅	丁未	
1083 順宗1	丁丑	丁未	丙子	丙午	丙子	乙巳	甲辰	甲戌	癸卯	癸酉	壬寅	辛未	⑥乙亥
1084 宣宗1	辛丑	庚午	庚子	庚午	己亥	己巳	戊戌	戊辰	戊戌	丁卯	丁酉	丙寅	
1085 2	丙申	乙丑	甲午	甲子	癸巳	癸亥	癸巳	壬戌	壬辰	壬戌	辛卯	辛酉	
1086 3	庚寅	庚申	戊午	戊子	丁巳	丁亥	丙辰	丙戌	丙辰	乙酉	乙卯	乙酉	②己丑
1087 4	甲寅	甲申	癸丑	壬午	壬子	辛巳	庚戌	庚辰	庚戌	己卯	己酉	己卯	
1088 5	己酉	戊寅	戊申	丁丑	丙午	丙子	乙巳	甲戌	甲辰	癸酉	癸卯	癸酉	⑫癸卯
1089 6	壬申	壬寅	壬申	辛丑	庚午	庚子	己巳	戊戌	戊辰	丁酉	丁卯	丁酉	
1090 7	丁卯	丙申	丙寅	丙申	乙丑	甲午	甲子	癸巳	壬戌	壬辰	辛酉	辛卯	
1091 8	辛酉	庚寅	庚申	庚寅	己未	己丑	戊午	戊子	丙戌	丙辰	乙酉	乙卯	⑧丁巳
1092 9	甲申	甲寅	甲申	癸丑	癸未	癸丑	壬午	壬子	辛巳	庚戌	庚辰	己酉	
1093 10	己卯	戊申	戊寅	丁未	丁丑	丁未	丙子	丙午	丙子	乙巳	乙亥	甲辰	
1094 11	癸酉	癸卯	壬申	壬寅	辛丑	庚午	庚子	庚午	己亥	己巳	己亥	戊辰	④辛未

1095 獻宗1	戊戌	丁卯	丙申	丙寅	乙未	乙丑	甲午	甲子	癸巳	癸亥	癸巳	癸亥	
1096 肅宗1	壬辰	壬戌	**壬辰**	**壬戌**	**辛卯**	**庚申**	**庚寅**	**庚申**	**己丑**	**戊午**	丁亥	丁巳	
宋·日曆	壬辰	壬戌	辛卯	庚申	庚寅	己未	戊子	戊午	丁亥	丁巳	丁亥	丁巳	
1097 2	丙戌	丙辰	乙卯	甲申	甲寅	癸未	壬子	壬午	辛亥	辛巳	辛亥	辛巳	②丙戌
1098 3	庚戌	庚辰	庚戌	己卯	戊申	戊寅	丁未	丙子	丙午	乙亥	乙巳	乙亥	
1099 4	甲辰	甲戌	甲辰	癸酉	癸卯	壬申	壬寅	辛未	庚子	己亥	己巳	戊戌	⑨庚午
1100 5	戊辰	戊戌	戊辰	丁酉	丁卯	丙申	丙寅	乙未	甲子	甲午	癸亥	癸巳	
1101 6	壬戌	壬辰	壬戌	辛卯	辛酉	庚寅	庚申	庚寅	己未	戊子	戊午	丁亥	
1102 7	丁巳	丙戌	丙辰	乙酉	乙卯	乙酉	甲申	癸丑	癸未	壬子	壬午	辛亥	⑥甲寅
1103 8	辛巳	庚戌	庚辰	己酉	己卯	戊申	戊寅	丁未	丁丑	丁未	丁丑	丙午	
1104 9	丙子	乙巳	甲戌	甲辰	癸酉	壬寅	壬申	壬寅	辛未	辛丑	辛未	庚子	
1105 10	庚午	庚子	戊戌	戊辰	丁酉	丙寅	丙申	乙丑	乙未	乙丑	乙未	甲子	②己巳
1106 睿宗1	甲午	甲子	癸巳	壬戌	壬辰	辛酉	庚寅	庚申	己丑	己未	戊子	戊午	
1107 2	戊子	戊午	丁亥	丁巳	丙戌	丙辰	乙酉	甲寅	甲申	癸丑	壬子	壬午	⑩癸未
1108 3	壬子	壬午	辛亥	辛巳	庚戌	庚辰	己酉	戊寅	戊申	丁丑	丁未	丙子	
1109 4	丙午	丙子	乙巳	乙亥	乙巳	甲戌	甲辰	癸酉	壬寅	壬申	辛丑	辛未	
1110 5	庚子	庚午	己亥	己巳	己亥	戊辰	戊戌	丁卯	丙寅	丙申	乙丑	乙未	⑧丁酉
1111 6	甲子	甲午	癸亥	癸巳	壬戌	壬辰	壬戌	辛卯	辛酉	庚寅	庚申	己丑	
1112 7	己未	戊子	戊午	丁亥	丁巳	丙戌	丙辰	乙酉	乙卯	乙酉	甲寅	甲申	
1113 8	甲寅	癸未	壬子	壬午	庚辰	庚戌	己卯	己酉	己卯	戊申	戊寅	戊申	④辛亥
1114 9	戊寅	丁未	**丁丑**	丙午	乙亥	甲辰	甲戌	癸卯	癸酉	壬寅	壬申	壬寅	
1115 10	壬申	辛丑	辛未	庚子	庚午	己亥	戊辰	戊戌	丁卯	丁酉	丙寅	丙申	
1116 11	丙寅	乙丑	乙未	甲子	甲午	癸亥	壬辰	壬戌	辛卯	辛酉	庚寅	庚申	①丙申
1117 12	庚寅	己未	己丑	己未	戊子	戊午	丁亥	丙辰	丙戌	乙卯	乙酉	甲寅	
1118 13	甲申	癸丑	癸未	癸丑	壬午	壬子	辛巳	辛亥	庚辰	己卯	己酉	戊寅	⑨庚戌
1119 14	戊申	丁丑	丁未	丙子	丙午	丙子	乙巳	乙亥	甲辰	甲戌	癸卯	癸酉	
1120 15	壬寅	壬申	辛丑	辛未	庚子	庚午	己亥	己巳	己亥	戊辰	戊戌	丁卯	
1121 16	丁酉	丙寅	丙申	乙丑	甲午	癸巳	癸亥	癸巳	壬戌	壬辰	壬戌	辛卯	⑤甲子
1122 17	辛酉	庚寅	庚申	己丑	戊午	戊子	丁巳	丁亥	丁巳	丙戌	丙辰	丙戌	
1123 仁宗1	乙卯	乙酉	甲寅	甲申	癸丑	壬午	壬子	辛巳	辛亥	庚辰	庚戌	庚辰	
1124 2	庚戌	己卯	己酉	戊申	丁丑	丙午	丙子	乙巳	甲戌	甲辰	甲戌	甲辰	③戊寅
1125 3	癸酉	癸卯	癸酉	壬寅	壬申	辛丑	庚午	庚子	己巳	戊戌	戊辰	戊戌	
1126 4	丁卯	丁酉	丁卯	丁酉	丙寅	丙申	乙丑	甲午	甲子	癸巳	壬戌	壬戌	⑪壬辰
1127 5	辛卯	辛酉	辛卯	庚申	庚寅	己未	己丑	戊午	戊子	丁巳	丁亥	丙辰	
1128 6	丙戌	乙卯	乙酉	甲寅	甲申	甲寅	癸未	癸丑	壬午	壬子	辛巳	辛亥	
1129 7	庚辰	庚戌	己卯	**己酉**	戊寅	戊申	丁丑	丁未	丙午	丙子	乙巳	乙亥	⑧丁丑
1130 8	甲辰	甲戌	癸卯	壬申	壬寅	辛未	辛丑	辛未	庚子	庚午	庚子	己巳	

1131 9	己亥	戊辰	戊戌	丁卯	丙申	丙寅	乙未	乙丑	甲午	甲子	甲午	甲子	
1132 10	癸巳	癸亥	壬辰	壬戌	庚申	庚寅	己未	戊子	戊午	戊子	戊午	丁亥	④辛卯
1133 11	丁巳	丁亥	丙辰	丙戌	乙卯	甲申	甲寅	癸未	壬子	壬午	壬子	辛巳	
1134 12	辛亥	辛巳	辛亥	庚辰	庚戌	己卯	戊申	戊寅	丁未	丙子	丙午	乙亥	
1135 13	乙巳	乙亥	甲戌	甲辰	甲戌	癸卯	壬申	壬寅	辛未	庚子	庚午	己亥	②乙巳
1136 14	己巳	己亥	戊辰	**戊戌**	戊辰	丁酉	丁卯	丙申	丙寅	乙未	乙丑	甲午	
1137 15	癸亥	癸巳	癸亥	壬辰	壬戌	辛卯	辛酉	辛卯	庚申	庚寅	己丑	戊午	⑩己未
1138 16	戊子	丁巳	丙戌	丙辰	乙酉	乙卯	乙酉	甲寅	甲申	甲寅	癸未	癸丑	
1139 17	壬午	壬子	辛巳	庚戌	庚辰	己酉	己卯	戊申	戊寅	戊申	戊寅	丁未	
1140 18	丁丑	丙午	丙子	乙巳	甲戌	甲辰	癸卯	壬申	壬寅	壬申	辛丑	辛未	⑥癸酉
1141 19	辛丑	庚午	庚子	己巳	戊戌	戊辰	丁酉	丙寅	丙申	丙寅	乙未	乙丑	
1142 20	乙未	乙丑	甲午	甲子	癸巳	壬戌	壬辰	辛酉	庚寅	庚申	己丑	己未	
1143 21	己丑	己未	戊子	戊午	丁巳	丙戌	丙辰	乙酉	甲寅	甲申	癸丑	癸未	④戊子
1144 22	癸丑	壬午	壬子	壬午	辛亥	辛巳	庚戌	庚辰	己酉	戊寅	戊申	丁丑	
1145 23	丁未	丁丑	丙午	丙子	丙午	乙亥	乙巳	甲戌	甲辰	癸酉	壬寅	辛丑	⑪壬申
1146 24	辛未	庚子	庚午	庚子	己巳	己亥	戊辰	戊戌	戊辰	丁酉	丁卯	丙申	
1147 毅宗1	乙丑	乙未	甲子	甲午	癸亥	癸巳	壬戌	壬辰	壬戌	辛卯	辛酉	辛卯	
1148 2	庚申	庚寅	己未	戊子	戊午	丁亥	丁巳	丙戌	丙戌	乙卯	乙酉	乙卯	⑧丙辰
1149 3	甲申	甲寅	癸未	壬子	壬午	**辛亥**	庚辰	庚戌	庚辰	己酉	己卯	己酉	
1150 4	己卯	戊申	戊寅	丁未	丙子	丙午	乙亥	甲辰	甲戌	癸卯	癸酉	癸卯	
1151 5	癸酉	壬寅	壬申	壬寅	庚子	庚午	己亥	戊辰	戊戌	丁卯	丁酉	丁卯	④辛未
1152 6	丁酉	丙寅	丙申	乙丑	乙未	甲子	甲午	癸亥	壬辰	壬戌	辛卯	辛酉	
1153 7	辛卯	庚申	庚寅	庚申	己丑	己未	戊子	戊午	丁亥	丙辰	丙戌	乙卯	⑫乙酉
1154 8	甲寅	甲申	甲寅	癸未	癸丑	癸未	壬子	壬午	辛亥	庚辰	庚戌	己卯	
1155 9	己酉	戊寅	戊申	丁丑	丁未	丁丑	丙午	丙子	乙巳	乙亥	乙巳	甲戌	
1156 10	癸卯	癸酉	壬寅	壬申	辛丑	辛未	庚子	庚午	庚子	己巳	己巳	戊戌	⑩己亥
1157 11	戊辰	丁酉	丙寅	丙申	乙丑	甲午	甲子	甲午	癸亥	癸巳	癸亥	癸巳	
1158 12	壬戌	壬辰	辛酉	庚寅	庚申	己丑	戊午	戊子	丁巳	丁亥	丁巳	丁亥	
1159 13	丙辰	丙戌	丙辰	乙酉	甲寅	甲申	壬午	壬子	辛巳	辛亥	辛巳	辛亥	⑥癸丑
1160 14	庚辰	庚戌	庚辰	己酉	戊寅	戊申	丁丑	丙午	丙子	乙巳	乙亥	乙巳	
1161 15	甲戌	甲辰	甲戌	癸卯	癸酉	壬寅	壬申	辛丑	庚午	庚子	己巳	己亥	
1162 16	戊辰	戊戌	丁酉	丁卯	丁酉	丙寅	丙申	乙丑	甲午	甲子	癸巳	癸亥	②戊辰
1163 17	壬辰	壬戌	壬辰	辛酉	辛卯	庚申	庚寅	己未	己丑	戊午	戊子	丁巳	
1164 18	丁亥	丙辰	丙戌	乙卯	乙酉	甲寅	甲申	甲寅	癸未	癸丑	壬午	辛巳	⑪壬子
1165 19	辛亥	庚辰	庚戌	己卯	己酉	戊寅	戊申	丁丑	丁未	丁丑	丙午	丙子	
1166 20	丙午	乙亥	甲辰	甲戌	癸卯	壬申	壬寅	辛未	辛丑	辛未	辛丑	庚午	
1167 21	庚子	庚午	己亥	戊辰	戊戌	丁卯	丙申	乙未	乙丑	乙未	乙丑	甲午	⑦丙寅
1168 22	甲子	甲午	癸亥	壬辰	壬戌	辛卯	庚申	庚寅	己未	戊子	戊午	戊子	
1169 23	戊午	戊子	丁巳	丁亥	丙辰	丙戌	乙卯	甲申	甲寅	癸未	癸丑	壬午	
1170 24	壬子	壬午	壬子	辛巳	辛亥	庚戌	己卯	戊申	戊寅	丁未	丁丑	丙午	⑤庚辰

1171 明宗1	丙子	丙午	乙亥	乙巳	乙亥	甲辰	甲戌	癸卯	壬申	壬寅	辛未	辛丑	
1172 2	庚午	庚子	己巳	己亥	己巳	戊戌	戊辰	丁酉	丁卯	丙申	丙寅	乙未	
1173 3	乙丑	甲子	癸巳	癸亥	壬辰	壬戌	壬辰	辛酉	辛卯	庚申	庚寅	己未	①甲午
1174 4	己丑	戊午	戊子	丁巳	丙戌	丙辰	丙戌	乙卯	乙酉	乙卯	甲申	甲寅	
1175 5	甲申	癸丑	壬午	壬子	辛巳	庚戌	庚辰	己酉	己卯	戊寅	戊申	戊寅	⑨己酉
1176 6	丁未	丁丑	丙午	丙子	乙巳	甲戌	甲辰	癸酉	癸卯	壬申	壬寅	壬申	
1177 7	壬寅	辛未	辛丑	庚午	庚子	己巳	戊戌	戊辰	丁酉	丁卯	丙申	丙寅	
1178 8	丙申	丙寅	乙未	乙丑	甲午	甲子	壬戌	壬辰	辛酉	辛卯	庚申	庚寅	⑥癸巳
1179 9	庚申	己丑	己未	己丑	戊午	戊子	丁巳	丙戌	丙辰	乙酉	乙卯	甲申	
1180 10	甲寅	癸未	癸丑	癸未	壬子	壬午	辛亥	辛巳	庚戌	庚辰	己酉	己卯	
1181 11	戊申	戊寅	丁未	丙午	丙子	丙午	乙亥	乙巳	甲戌	甲辰	癸酉	癸卯	③丁丑
1182 12	壬申	壬寅	辛未	辛丑	庚午	庚子	己巳	己亥	己巳	戊戌	戊辰	丁酉	
1183 13	丁卯	丙申	丙寅	乙未	甲子	甲午	癸亥	癸巳	癸亥	壬辰	壬戌	辛酉	⑪壬辰
1184 14	辛卯	庚申	庚寅	己未	戊子	戊午	丁亥	丁巳	丙戌	丙辰	丙戌	丙辰	
1185 15	乙酉	乙卯	甲申	甲寅	癸未	壬子	壬午	辛亥	辛巳	庚戌	庚辰	庚戌	
1186 16	庚辰	己酉	己卯	戊申	戊寅	丁未	丙子	乙亥	甲辰	甲戌	甲辰	甲戌	⑦丙午
1187 17	癸卯	癸酉	癸卯	壬申	壬寅	辛未	庚子	庚午	己亥	戊辰	戊戌	戊辰	
1188 18	丁酉	丁卯	丁酉	丁卯	丙申	丙寅	乙未	甲子	甲午	癸亥	壬辰	壬戌	
1189 19	壬辰	辛酉	辛卯	辛酉	庚寅	己丑	己未	戊子	戊午	丁亥	丁巳	丙戌	⑤庚申
1190 20	丙辰	乙酉	乙卯	甲申	甲寅	甲申	癸丑	癸未	壬子	壬午	辛亥	辛巳	
1191 21	庚戌	庚辰	己酉	戊寅	戊申	戊寅	丁未	丁丑	丁未	丙子	丙午	乙亥	
1192 22	乙巳	甲戌	癸酉	壬寅	壬申	辛丑	辛未	辛丑	庚午	庚子	庚午	己亥	②甲辰
1193 23	己巳	戊戌	戊辰	丁酉	丙寅	丙申	乙丑	乙未	甲子	甲午	甲子	甲午	
1194 24	癸亥	癸巳	壬戌	壬辰	辛酉	庚寅	庚申	己丑	戊午	戊子	戊子	丁巳	⑩戊午
1195 25	丁亥	丁巳	丙戌	丙辰	乙酉	甲寅	甲申	癸丑	壬午	壬子	壬午	辛亥	
1196 26	辛巳	辛亥	辛巳	庚戌	庚辰	己酉	戊寅	戊申	丁丑	丙午	丙子	丙午	
1197 27	乙亥	乙巳	乙亥	甲辰	甲戌	癸卯	壬寅	壬申	辛丑	庚午	庚子	己巳	⑥癸酉
1198 神宗1	己亥	己巳	戊戌	戊辰	戊戌	丁卯	丁酉	丙寅	丙申	乙丑	甲午	甲子	
1199 2	癸巳	癸亥	癸巳	壬戌	壬辰	辛酉	辛卯	辛酉	庚寅	庚申	己丑	己未	
1200 3	戊子	丁巳	丙辰	丙戌	乙卯	乙酉	乙卯	甲申	甲寅	甲申	癸丑	癸未	②丁亥
1201 4	壬子	壬午	辛亥	庚辰	庚戌	己卯	己酉	戊寅	戊申	戊寅	戊申	丁丑	
1202 5	丁未	丙子	丙午	乙亥	甲辰	甲戌	癸卯	壬申	壬寅	壬申	壬寅	辛未	⑫辛丑
1203 6	辛未	庚子	庚午	己亥	戊辰	戊戌	丁卯	丙申	丙寅	丙申	乙丑	乙未	
1204 7	乙丑	乙未	甲子	甲午	癸亥	壬辰	壬戌	辛卯	庚申	庚寅	己未	己丑	
1205 熙宗1	己未	己丑	戊午	戊子	丁巳	丁亥	丙辰	丙戌	甲申	甲寅	癸未	癸丑	⑧乙卯
1206 2	癸未	壬子	壬午	壬子	辛巳	辛亥	庚辰	庚戌	己卯	戊申	戊寅	丁未	
1207 3	丁丑	丁未	丙子	丙午	丙子	乙巳	乙亥	甲辰	甲戌	癸卯	癸酉	壬寅	
1208 4	辛未	辛丑	庚午	庚子	己亥	己巳	戊戌	戊辰	戊戌	丁卯	丁酉	丙寅	④庚午
1209 5	乙未	乙丑	甲午	甲子	癸巳	癸亥	壬辰	壬戌	壬辰	辛酉	辛卯	辛酉	

1210 6	庚寅	庚申	己丑	戊午	戊子	丁巳	丁亥	丙辰	丙戌	丙辰	乙酉	乙卯	
1211 7	乙酉	甲寅	癸丑	壬午	壬子	辛巳	庚戌	庚辰	庚戌	己卯	己酉	己卯	②甲申
1212 康宗1	己酉	戊寅	戊申	丁丑	丙午	丙子	乙巳	甲戌	甲辰	癸酉	癸卯	癸酉	
1213 2	癸卯	壬申	壬寅	壬申	辛丑	庚午	庚子	己巳	戊戌	丁酉	丁卯	丁酉	⑨戊辰
1214 高宗1	丁卯	丙申	丙寅	乙未	乙丑	甲午	甲子	癸巳	壬戌	壬辰	辛酉	辛卯	
1215 2	辛酉	庚寅	庚申	庚寅	己未	己丑	戊午	戊子	丁巳	丙戌	丙辰	乙酉	
1216 3	乙卯	甲申	甲寅	甲申	癸丑	癸未	癸丑	壬子	辛巳	庚戌	庚辰	己酉	⑦壬午
1217 4	己卯	戊申	戊寅	丁未	丁丑	丁未	丙子	丙午	乙亥	乙巳	乙亥	甲辰	
1218 5	癸酉	癸卯	壬申	壬寅	辛未	辛丑	庚午	庚子	庚午	己亥	己巳	己亥	
1219 6	戊辰	戊戌	丁卯	丙寅	乙未	甲子	甲午	甲子	癸巳	癸亥	癸巳	癸亥	③丙申
1220 7	壬辰	壬戌	辛卯	庚申	庚寅	己未	戊子	戊午	丁亥	丁巳	丁亥	丁巳	
1221 8	丙戌	丙辰	丙戌	乙卯	甲申	甲寅	癸未	壬子	壬午	辛亥	辛巳	辛亥	⑫辛巳
1222 9	庚戌	庚辰	庚戌	己卯	戊申	戊寅	丁未	丙子	丙午	乙亥	乙巳	乙亥	
1223 10	甲辰	甲戌	甲辰	癸酉	癸卯	壬申	壬寅	辛未	庚子	庚午	己亥	己巳	
1224 11	戊戌	戊辰	戊戌	丁卯	丁酉	丁卯	丙申	丙寅	甲子	甲午	癸亥	癸巳	⑧乙未
1225 12	壬戌	壬辰	辛酉	辛卯	辛酉	庚寅	庚申	己丑	己未	戊子	戊午	丁亥	
1226 13	丁巳	丙戌	丙辰	乙酉	乙卯	甲申	甲寅	甲申	癸丑	癸未	壬子	壬午	
1227 14	辛亥	辛巳	庚戌	庚辰	己酉	戊申	戊寅	丁未	丁丑	丁未	丙子	丙午	⑤己卯
1228 15	丙子	乙巳	甲戌	甲辰	癸酉	壬寅	壬申	辛丑	辛未	辛丑	辛未	庚子	
1229 16	庚午	庚子	己巳	戊戌	戊辰	丁酉	丙寅	丙申	乙丑	乙未	乙丑	乙未	
1230 17	甲子	甲午	癸巳	壬戌	壬辰	辛酉	庚寅	庚申	己丑	己未	戊子	戊午	②甲子
1231 18	戊子	戊午	丁亥	丁巳	丙戌	丙辰	乙酉	甲寅	甲申	癸丑	癸未	壬子	
1232 19	壬午	壬子	壬午	辛亥	辛巳	庚戌	庚辰	己酉	戊寅	丁丑	丁未	丙子	⑨戊申
1233 20	丙午	丙子	乙巳	乙亥	乙巳	甲戌	癸卯	癸酉	壬寅	壬申	辛丑	辛未	
1234 21	庚子	庚午	己亥	己巳	己亥	戊辰	戊戌	丁卯	丁酉	丙寅	丙申	乙丑	
1235 22	乙未	甲子	甲午	癸亥	癸巳	壬戌	壬辰	辛卯	辛酉	庚寅	庚申	己丑	⑦壬戌
1236 23	己未	戊子	戊午	丁亥	丙辰	丙戌	丙辰	乙酉	乙卯	乙酉	甲寅	甲申	
1237 24	癸丑	癸未	壬子	壬午	辛亥	庚辰	庚戌	己卯	己酉	己卯	戊申	戊寅	
1238 25	戊申	丁丑	丁未	丙子	乙亥	甲辰	甲戌	癸卯	癸酉	壬寅	壬申	壬寅	④丙午
1239 26	壬申	辛丑	辛未	庚子	庚午	己亥	戊辰	戊戌	丁卯	丁酉	丙寅	丙申	
1240 27	丙寅	丙申	乙丑	乙未	甲子	甲午	癸亥	壬辰	壬戌	辛卯	庚申	庚寅	⑫庚申
1241 28	庚寅	己未	己丑	己未	戊子	戊午	丁亥	丙辰	丙戌	乙卯	甲申	甲寅	
1242 29	甲申	癸丑	癸未	癸丑	壬午	壬子	辛巳	辛亥	庚辰	庚戌	己卯	己酉	
1243 30	戊寅	戊申	丁丑	丁未	丙子	丙午	丙子	乙巳	甲辰	甲戌	癸卯	癸酉	⑧乙亥
1244 31	壬寅	壬申	辛丑	辛未	庚子	庚午	己亥	**己巳**	己亥	戊辰	戊戌	丁卯	
1245 32	丁酉	丙寅	丙申	乙丑	甲午	甲子	癸巳	癸亥	癸巳	壬戌	壬辰	壬戌	
1246 33	辛卯	辛酉	庚寅	庚申	戊午	戊子	丁巳	丁亥	丙辰	丙戌	丙辰	丙戌	④己丑
1247 34	乙卯	乙酉	甲寅	甲申	癸丑	壬午	壬子	辛巳	辛亥	庚辰	庚戌	庚辰	
1248 35	庚戌	己卯	己酉	戊寅	戊申	丁丑	丙午	丙子	乙巳	甲戌	甲辰	甲戌	
1249 36	甲辰	癸酉	癸酉	**壬寅**	壬申	辛丑	庚午	庚子	己巳	戊戌	戊辰	戊戌	②癸卯

1250 37	丁卯	丁酉	丁卯	丁酉	丙寅	乙未	乙丑	甲午	甲子	癸巳	壬戌	壬辰	
1251 38	壬戌	辛卯	辛酉	辛卯	庚申	庚寅	庚申	己丑	戊午	戊子	丙戌	丙辰	⑩丁巳
1252 39	丙戌	乙卯	乙酉	甲寅	甲申	**甲寅**	癸未	癸丑	壬午	壬子	辛巳	辛亥	
1253 40	庚辰	己酉	己卯	戊申	戊寅	戊申	丁丑	丁未	**丙子**	丙午	丙子	乙巳	
1254 41	乙亥	甲辰	甲戌	癸卯	壬申	壬寅	辛丑	辛未	庚子	庚午	庚子	己巳	⑥辛未
1255 42	己亥	戊辰	戊戌	丁卯	丙申	丙寅	乙未	乙丑	甲午	甲子	甲午	甲子	
1256 43	癸巳	癸亥	壬辰	壬戌	辛卯	庚申	庚寅	己未	戊子	戊午	戊子	戊午	
1257 44	丁亥	丁巳	丁亥	丙辰	乙卯	甲申	甲寅	癸未	壬子	壬午	壬子	辛巳	④丙戌
1258 45	辛亥	辛巳	辛亥	庚辰	庚戌	己卯	戊申	戊寅	丁未	丙子	丙午	丙子	
1259 46	乙巳	乙亥	乙巳	甲戌	甲辰	癸酉	癸卯	壬申	壬寅	辛未	庚子	己亥	⑪庚午
1260 元宗1	己巳	己亥	戊辰	戊戌	戊辰	丁酉	丁卯	丙申	丙寅	乙未	甲子	甲午	
1261 2	癸亥	癸巳	壬戌	壬辰	壬戌	辛卯	辛酉	辛卯	庚申	庚寅	己未	己丑	
1262 3	戊午	丁亥	丁巳	丙戌	丙辰	乙酉	乙卯	乙酉	甲寅	甲寅	癸未	癸丑	⑨甲申
1263 4	壬午	辛亥	辛巳	庚戌	庚辰	己酉	己卯	戊申	戊寅	丁未	丁丑	丁未	
1264 5	丁丑	丙午	丙子	乙巳	甲戌	甲辰	癸酉	壬寅	壬申	壬寅	壬申	辛丑	
1265 6	辛未	辛丑	庚午	庚子	己巳	戊辰	丁酉	丙寅	丙申	丙寅	乙未	乙丑	⑤戊戌
1266 7	乙未	乙丑	甲午	甲子	癸巳	壬戌	壬辰	辛酉	庚寅	庚申	己丑	己未	
1267 8	己丑	己未	戊子	戊午	丁亥	丁巳	丙戌	丙辰	乙酉	甲寅	甲申	癸丑	
1268 9	癸未	壬午	壬子	壬午	辛亥	辛巳	庚戌	庚辰	己酉	戊寅	戊申	丁丑	①癸丑
1269 10	丁未	丁丑	丙午	丙子	丙午	乙亥	乙巳	甲戌	甲辰	癸酉	壬寅	壬申	
1270 11	辛丑	辛未	庚子	庚午	庚子	己巳	己亥	戊辰	戊戌	戊辰	**丁酉**	丙申	⑪**丁卯**
1271 12	乙丑	乙未	甲子	甲午	癸亥	癸巳	壬戌	壬辰	壬戌	辛卯	辛酉	辛卯	
1272 13	庚申	庚寅	己未	戊子	戊午	丁亥	丁巳	丙戌	丙辰	丙戌	乙卯	乙酉	
1273 14	乙卯	甲申	甲寅	癸未	壬子	壬午	庚辰	庚戌	庚辰	己酉	己卯	己酉	⑥辛亥
1274 15	己卯	戊申	戊寅	丁未	丙子	丙午	乙亥	甲辰	甲戌	癸卯	癸酉	癸卯	
1275 忠烈1	癸酉	壬寅	壬申	壬寅	辛未	庚子	庚午	己亥	戊辰	戊戌	丁卯	丁酉	
1276 2	丁卯	**丙申**	丙寅	乙丑	乙未	甲子	甲午	癸亥	壬辰	壬戌	辛卯	辛酉	③丙申
1277 3	辛卯	庚申	庚寅	庚申	己丑	己未	戊子	戊午	丁亥	丙辰	丙戌	乙卯	
1278 4	乙酉	甲寅	甲申	甲寅	癸未	癸丑	壬午	壬子	壬午	辛亥	庚辰	己卯	⑪庚戌
1279 5	己酉	戊寅	戊申	丁丑	丁未	丁丑	丙午	丙子	乙巳	乙亥	乙巳	甲戌	
1280 6	癸卯	癸酉	壬寅	壬申	辛丑	辛未	庚子	庚午	庚子	己巳	己亥	己巳	
1281 7	戊戌	丁卯	丙申	丙寅	乙未	乙丑	甲午	甲子	癸亥	癸巳	癸亥	壬辰	⑧癸巳
1282 8	壬戌	辛卯	辛酉	庚寅	己未	己丑	戊午	丁亥	丁巳	丁亥	丁巳	丁亥	
1283 9	丙辰	丙戌	乙卯	乙酉	甲寅	癸未	癸丑	壬午	辛亥	辛巳	辛亥	庚辰	
1284 10	庚戌	庚辰	庚戌	己卯	己酉	丁未	丁丑	丙午	乙亥	乙巳	甲戌	甲辰	⑤戊寅
1285 11	甲戌	甲辰	癸酉	癸卯	癸酉	壬寅	辛未	辛丑	庚午	己亥	己巳	戊戌	
1286 12	戊辰	戊戌	**戊辰**	丁酉	丁卯	丙申	丙寅	乙未	乙丑	甲午	癸亥	癸巳	
1287 13	壬戌	壬辰	**壬辰**	**壬戌**	辛卯	庚申	庚寅	己未	己丑	戊午	丁亥	丁巳	②壬戌
1288 14	丙戌	丙辰	乙酉	乙卯	乙酉	甲寅	甲申	癸丑	癸未	癸丑	壬午	壬子	
1289 15	辛巳	辛亥	庚辰	己酉	己卯	戊申	戊寅	丁未	丁丑	丁未	丙午	丙子	⑩丁丑

1290 16	乙巳	乙亥	甲辰	癸酉	癸卯	壬申	壬寅	辛未	辛丑	辛未	庚子	庚午	
1291 17	庚子	己巳	己亥	戊辰	丁酉	丁卯	丙申	乙丑	乙未	乙丑	甲午	甲子	
1292 18	甲午	甲子	癸巳	癸亥	壬辰	辛酉	庚申	己丑	己未	戊子	戊午	戊子	⑥辛卯
1293 19	戊午	戊子	丁巳	丁亥	丙辰	**丙戌**	乙卯	甲申	癸丑	癸未	壬子	壬午	
1294 20	壬子	壬午	辛亥	辛巳	庚戌	庚辰	己酉	己卯	戊申	丁丑	丁未	丙子	
1295 21	丙午	丙子	乙巳	乙亥	甲戌	甲辰	癸酉	癸卯	壬申	辛丑	辛未	庚子	④乙巳
1296 22	庚午	己亥	己巳	己亥	戊辰	戊戌	戊辰	丁酉	丁卯	丙申	丙寅	乙未	
1297 23	甲子	甲午	癸亥	癸巳	壬戌	壬辰	壬戌	辛卯	辛酉	庚寅	庚申	庚寅	⑫己未
1298 24	戊子	戊午	丁亥	丁巳	丙戌	丙辰	乙酉	乙卯	乙酉	甲寅	甲申	甲寅	
1299 25	癸未	癸丑	壬午	辛亥	辛巳	庚戌	己卯	己酉	己卯	戊申	戊寅	戊申	
1300 26	戊寅	丁未	丁丑	丙午	乙亥	乙巳	甲戌	癸卯	**壬寅**	**壬申**	壬寅	壬申	⑧癸酉
1301 27	壬寅	辛未	辛丑	庚午	己亥	己巳	戊戌	丁卯	丁酉	丙寅	丙申	丙寅	
1302 28	丙申	乙丑	乙未	乙丑	甲午	癸亥	癸巳	壬戌	辛卯	辛酉	庚寅	庚申	
1303 29	庚寅	己未	己丑	己未	戊子	丁亥	丁巳	丙戌	乙卯	乙酉	甲寅	甲申	⑤戊午
1304 30	癸丑	癸未	癸丑	壬午	壬子	壬午	辛亥	辛巳	庚戌	己卯	己酉	戊寅	
1305 31	戊申	丁丑	丁未	丙子	丙午	丙子	乙巳	乙亥	甲辰	甲戌	癸卯	癸酉	
1306 32	壬寅	辛丑	辛未	庚子	庚午	己亥	己巳	己亥	戊辰	戊戌	戊辰	丁酉	①壬申
1307 33	丙寅	丙申	乙丑	乙未	甲子	癸巳	癸亥	癸巳	壬戌	壬辰	壬戌	壬辰	
1308 34	辛酉	辛卯	庚申	己丑	己未	戊子	丁巳	丁亥	丙辰	丙戌	丙辰	乙卯	⑪丙戌
1309宣1	乙酉	乙卯	甲申	癸丑	癸未	壬子	辛巳	辛亥	庚辰	庚戌	庚辰	庚戌	
1310 2	己卯	己酉	己卯	戊申	丁丑	丁未	丙子	乙巳	乙亥	甲辰	甲戌	甲辰	
1311 3	癸酉	癸卯	癸酉	壬寅	壬申	辛丑	辛未	己巳	己亥	戊辰	戊戌	丁卯	⑦庚子
1312 4	丁酉	丁卯	丁酉	丙寅	丙申	乙丑	乙未	甲子	癸巳	癸亥	壬辰	壬戌	
1313 5	辛卯	辛酉	辛卯	庚申	庚寅	己未	己丑	戊午	戊子	丁巳	丁亥	丙辰	
1314肅1	丙戌	乙卯	乙酉	甲申	甲寅	癸未	癸丑	壬午	壬子	辛巳	辛亥	庚辰	③甲寅
1315 2	庚戌	己卯	己酉	戊寅	戊申	丁丑	丁未	丁丑	丙午	丙子	乙巳	乙亥	
1316 3	甲辰	甲戌	癸卯	癸酉	壬寅	辛未	辛丑	辛未	庚子	庚午	庚子	己巳	
1317 4	己亥	戊戌	丁卯	丁酉	丙寅	乙未	乙丑	甲午	甲子	甲午	甲子	癸巳	①己巳
1318 5	癸亥	癸巳	壬戌	辛卯	辛酉	庚寅	己未	己丑	戊午	戊子	丁巳	丁亥	
1319 6	丁巳	丁亥	丙辰	丙戌	乙卯	甲申	甲寅	癸未	壬午	壬子	辛巳	辛亥	⑧癸丑
1320 7	辛巳	辛亥	庚辰	庚戌	己卯	己酉	戊寅	丁未	丁丑	丙午	丙子	乙巳	
1321 8	乙亥	乙巳	甲戌	甲辰	甲戌	癸卯	壬申	壬寅	辛未	辛丑	庚午	庚子	
1322 9	己巳	己亥	戊辰	戊戌	戊辰	丁卯	丙申	丙寅	乙未	乙丑	甲午	甲子	⑤丁酉
1323 10	癸巳	癸亥	壬辰	壬戌	辛卯	辛酉	辛卯	庚申	庚寅	己未	己丑	戊午	
1324 11	戊子	丁巳	丁亥	丙辰	乙酉	乙卯	乙酉	甲寅	甲申	甲寅	癸未	癸丑	
1325 12	壬午	辛巳	辛亥	庚辰	己酉	己卯	戊申	戊寅	戊申	戊寅	丁未	丁丑	①壬子
1326 13	丙午	丙子	乙巳	乙亥	甲辰	癸酉	癸卯	壬申	壬寅	辛未	辛丑	辛未	
1327 14	辛丑	庚午	庚子	己巳	己亥	戊辰	丁酉	丁卯	丙申	乙未	乙丑	乙未	⑨丙寅
1328 15	乙丑	甲午	甲子	癸巳	癸亥	壬辰	辛酉	辛卯	庚申	己丑	己未	己丑	
1329 16	己未	戊子	戊午	戊子	丁巳	丁亥	丙辰	乙酉	乙卯	甲申	癸丑	癸未	
1330 17	癸丑	壬午	壬子	壬午	辛亥	辛巳	庚戌	己酉	己卯	戊申	丁丑	丁未	⑦庚辰
1331惠1	丁丑	丙午	丙子	丙午	乙亥	乙巳	甲戌	甲辰	癸酉	癸卯	壬申	壬寅	

1332 肅復位1	辛未	辛丑	庚午	庚子	己巳	己亥	戊辰	戊戌	戊辰	丁酉	丁卯	丙申	
1333 2	丙寅	乙未	乙丑	癸亥	癸巳	壬戌	壬辰	壬戌	壬辰	辛酉	辛卯	庚申	③甲午
1334 3	庚寅	己未	己丑	戊午	丁亥	丁巳	丙戌	丙辰	丙戌	乙卯	乙酉	乙卯	
1335 4	甲申	甲寅	癸未	癸丑	壬午	辛亥	辛巳	辛亥	庚辰	己酉	己卯	己酉	⑫己卯
1336 5	戊申	戊寅	丁未	丁丑	丙午	乙亥	甲辰	甲戌	癸卯	癸酉	癸卯	癸酉	
1337 6	壬寅	壬申	壬寅	辛未	辛丑	庚午	己亥	戊辰	戊戌	丁卯	丁酉	丁卯	
1338 7	丙申	丙寅	丙申	丙寅	乙未	乙丑	甲午	癸亥	壬戌	辛卯	辛酉	辛卯	⑧癸巳
1339 8	庚申	庚寅	庚申	己丑	己未	戊子	戊午	丁亥	丙辰	丙戌	乙卯	乙酉	
1340 惠復位1	甲寅	甲申	甲寅	癸未	癸丑	癸未	壬子	壬午	辛亥	辛巳	庚戌	庚辰	
1341 2	己酉	戊寅	戊申	丁丑	丁未	丙午	丙子	丙午	乙亥	乙巳	甲戌	甲辰	⑤丁丑
1342 3	癸酉	壬寅	壬申	辛丑	辛未	庚子	庚午	庚子	己巳	己亥	己巳	戊戌	
1343 4	戊辰	丁酉	丁卯	丙申	乙丑	乙未	甲子	甲午	癸亥	癸巳	癸亥	癸巳	
1344 5	壬戌	壬辰	辛卯	庚申	己丑	戊午	戊子	丁巳	丁亥	丁巳	丁亥	丙辰	②辛酉
1345穆1	丙戌	丙辰	乙酉	乙卯	甲申	癸丑	壬午	壬子	辛巳	辛亥	辛巳	庚戌	
1346 2	庚辰	庚戌	庚辰	己酉	己卯	戊申	丁丑	丙午	丙子	乙巳	甲辰	甲戌	⑩乙亥
1347 3	甲辰	甲戌	癸卯	癸酉	壬寅	壬申	辛丑	辛未	庚子	己巳	己亥	戊辰	
1348 4	戊戌	戊辰	丁酉	丁卯	丁酉	丙寅	丙申	乙丑	乙未	甲子	癸巳	癸亥	
1349定1	壬辰	壬戌	壬辰	辛酉	辛卯	庚申	庚寅	己丑	己未	戊子	戊午	丁亥	⑦庚申
1350 2	丙辰	丙戌	乙卯	乙酉	甲寅	甲申	甲寅	癸未	癸丑	癸未	壬子	壬午	
1351 3	辛亥	庚辰	庚戌	己卯	己酉	戊寅	戊申	丁丑	丁未	丁丑	丁未	丙子	
1352愍1	丙午	乙亥	乙巳	癸卯	癸酉	壬寅	辛未	辛丑	辛未	辛丑	庚午	庚子	③甲戌
1353 2	庚午	己亥	己巳	戊戌	丁卯	丙申	丙寅	乙未	乙丑	乙未	甲子	甲午	
1354 3	甲子	甲午	癸亥	癸巳	壬戌	辛卯	庚申	庚寅	己未	己丑	戊午	戊子	
1355 4	戊午	戊午	丁亥	丁巳	丙戌	乙卯	甲申	甲寅	癸未	癸丑	壬午	壬子	①戊子
1356 5	壬午	壬子	辛巳	辛亥	庚辰	庚戌	己卯	己酉	戊寅	丁未	丁丑	丙午	
1357 6	丙子	丙午	乙亥	乙巳	乙亥	甲辰	甲戌	癸卯	癸酉	辛未	辛丑	庚午	⑨壬寅
1358 7	庚子	己巳	己亥	己巳	戊戌	戊辰	丁酉	丁卯	丁酉	丙寅	乙未	乙丑	
1359 8	甲午	甲子	癸巳	癸亥	壬辰	壬戌	壬辰	辛酉	辛卯	庚申	庚寅	庚申	
1360 9	己丑	戊午	戊子	丁巳	丁亥	丙戌	乙卯	乙酉	乙卯	甲申	甲寅	甲申	⑤丙辰
1361 10	癸丑	癸未	壬子	辛巳	辛亥	庚辰	己酉	己卯	己酉	戊寅	戊申	戊寅	
1362 11	戊申	丁丑	丁未	丙子	乙巳	甲戌	甲辰	癸酉	癸卯	壬申	壬寅	壬申	
1363 12	壬寅	壬申	辛丑	庚子	己巳	戊戌	戊辰	丁酉	丁卯	丙申	丙寅	丙申	③辛未
1364 13	丙寅	乙未	乙丑	甲午	甲子	癸巳	壬戌	壬辰	辛酉	辛卯	庚申	庚寅	
1365 14	庚申	己丑	己未	己丑	戊午	戊子	丁巳	丁亥	丙辰	乙酉	甲申	甲寅	⑩乙卯
1366 15	癸未	癸丑	癸未	壬子	壬午	壬子	辛巳	庚戌	庚辰	己酉	己卯	戊申	
1367 16	戊寅	丁未	丁丑	丙午	丙子	丙午	乙亥	乙巳	甲戌	甲辰	癸酉	癸卯	
1368 17	壬申	壬寅	辛未	辛丑	庚午	庚子	己巳	己巳	戊戌	戊辰	戊戌	丁卯	⑦己亥
1369 18	丙申	丙寅	乙未	乙丑	甲午	癸亥	癸巳	癸亥	壬辰	壬戌	壬辰	壬戌	
1370 19	辛卯	庚申	庚寅	己未	己丑	戊午	丁亥	丁巳	丙戌	丙辰	丙戌	丙辰	
1371 20	乙酉	乙卯	乙酉	癸未	壬子	壬午	辛亥	辛巳	庚戌	庚辰	庚戌	庚辰	③甲寅

1372 21	己酉	己卯	戊申	戊寅	丁未	丙子	丙午	乙亥	乙巳	甲戌	甲辰	甲戌	
1373 22	癸卯	癸酉	癸卯	壬申	壬寅	辛未	庚子	庚午	己亥	己巳	戊戌	丁酉	⑪戊辰
1374 23	丁卯	丁酉	丁卯	丙申	丙寅	乙未	甲子	甲午	癸亥	癸巳	壬戌	壬辰	
1375禑1	辛酉	辛卯	辛酉	庚寅	庚申	己丑	己未	戊子	戊午	丁亥	丁巳	丙戌	
1376 2	丙辰	乙酉	乙卯	甲申	甲寅	甲申	癸丑	癸未	壬子	辛亥	辛巳	庚戌	⑨壬午
1377 3	庚辰	己酉	己卯	戊申	戊寅	丁未	丁丑	丁未	丙子	丙午	乙亥	乙巳	
1378 4	甲戌	甲辰	癸酉	癸卯	壬申	辛丑	辛未	辛丑	庚午	庚子	庚午	己亥	
1379 5	己巳	戊戌	戊辰	丁酉	丁卯	乙丑	乙未	甲子	甲午	甲子	甲午	癸亥	⑤丙申
1380 6	癸巳	壬戌	壬辰	辛酉	辛卯	庚申	己丑	己未	戊子	戊午	丁亥	丁巳	
1381 7	丁亥	丁巳	丙戌	丙辰	乙酉	乙卯	甲申	癸丑	壬午	壬子	壬午	辛亥	
1382 8	辛巳	辛亥	庚戌	庚辰	己酉	戊寅	戊申	丁丑	丁未	丙子	丙午	乙亥	②辛巳
1383 9	乙巳	乙亥	甲辰	甲戌	甲辰	癸酉	壬寅	壬申	辛丑	辛未	庚子	庚午	
1384 10	己亥	己巳	戊戌	戊辰	戊戌	丁卯	丁酉	丙寅	丙申	乙丑	甲子	甲午	⑩乙未
1385 11	癸亥	癸巳	壬戌	壬辰	辛酉	辛卯	辛酉	庚寅	庚申	己丑	己未	戊子	
1386 12	戊午	丁亥	丁巳	丙戌	乙卯	乙酉	乙卯	甲申	甲寅	甲申	癸丑	癸未	
1387 13	壬子	壬午	辛亥	辛巳	庚戌	己卯	戊寅	戊申	戊寅	戊申	丁丑	丁未	⑥己酉
1388昌1	丙子	丙午	乙亥	乙巳	甲戌	癸卯	癸酉	壬寅	壬申	辛丑	辛未	辛丑	
1389讓1	辛未	庚子	庚午	己亥	己巳	戊戌	丁卯	丙申	丙寅	丙申	乙丑	乙未	
1390 2	乙丑	乙未	甲子	甲午	癸巳	壬戌	辛卯	庚申	庚寅	己未	己丑	己未	④癸亥
1391 3	己丑	戊午	戊子	戊午	丁亥	丙辰	丙戌	乙卯	乙酉	甲寅	癸未	癸丑	
1392 4	癸未	壬子	壬午	壬子	辛巳	辛亥	庚辰	庚戌	己卯	己酉	戊寅	丁未	⑫丁丑

이상의 〈표4-2〉에서 고딕으로 조판(組版)된 글자는 고려력이 송력·원력과 차이를 보이는 일진인데, 이의 사유는 대부분이 Ⅱ절에서 설명되었다. 그렇지만 『고려사』에서 삭일이 기록되어 있지 않은 월차에 소속된 일진 또는 전월(前月)의 그믐날[晦日]을 고려해 볼 때 다음과 같이 송력과 차이를 보이는 월차도 있다.

·1028년(현종19) 閏6월[⑥]의 경우 『고려사』 권5, 세가5, 현종 19년 6월 다음에 윤월이 있고, 『고려사절요』 권3, 현종 19년에 閏6月이 설정되어 있다. 이 해[是年]는 송력·일본력과 달리 고려력에서 閏6月이 있었던 것 같은데, 이 달의 甲寅은 7월 21일에 해당한다. 또 이 해의 12月이 송력은 30日[大盡]인데 비해 고려력은 29日[小盡]이어서 태사국(太史局) 관원(官員)이 추국(推鞫)을 당하게 되었던 점을 통해 보아 고려력에 어떤 문제점이 있었던 것 같다.[2)]

2) 『고려사』 권5, 세가5, 현종 21년 4월, "乙酉[3日] 敎曰, 上年十二月, 宋曆以爲大盡, 而我國太史所進曆, 以爲小盡, 又今正月十五日, 奏大陰食[太陰食], 而卒不食, 此必術家未精也, 御史臺推鞫以聞". 이에 의하면 현종이 전년(현종20, 1029) 12월은 송력에는 대진(30일)인데 비해 고려의 대사(太史)가 바친 억에는 소진(29일)이며, 또 1030년 1월 15일에 월식[太陰食]할 것이라

·1049년(文宗3) 1월의 삭일은 『고려사』에 기록되어 있지 않지만 乙未朔(宋曆의 2일)이다. 송력·거란력·일본력 등에서 전년의 12월은 소진이기에 甲午는 다음해(1049년, 문종3) 1월의 삭일이다. 그런데 고려력에서는 甲午가 12월 30일로서, 이 날 일어난 일식('甲午, 晦, 日食':世家·天文志)은 삭일[朔食] 또는 그믐[晦日, 晦食]에 일어날 수 있으므로 문제가 없다. 이때 고려력은 여타의 역일에 비해 1일의 차이가 있지만, 1월 己酉(15일)에 월식('己酉, 月食':天文志)이 있었으므로 역일에 있어서 문제점이 있었던 것은 아니다.

·1129년(인종7) 4월의 삭일은 『고려사』에는 수록되어 있지 않지만, 송력에서는 戊申朔이지만, 戊申은 『고려사』와 일본력에 의하면 3월 30일로 되어 있다. 그렇다면 4월은 己酉朔(송력의 2일)이 된다.[3)]

·1249년(고종36) 4월, 『고려사』 세가편과 천문지에서 모두 일진이 결락된 '夏四月朔日食'은 '夏四月壬寅朔日食'으로 고쳐야 바르게 된다.

·1253년(고종40) 9월은 송력에서는 삭일이 丁丑이지만, 고려력과 일본력에서는 丙子(宋曆의 8월 30일)가 삭일이다. 『고려사』에서 삭일이 나타나지 않지만 甲申이 重陽節(9월 9일)이므로 일본력과 같이 丙子가 삭이 된다.

이상의 사례들도 Ⅱ절에 얻어진 소결론(小結論)과 마찬가지로 고려력과 송력을 비교한다면 수많은 월차에서 대소의 차이[大盡·小盡의 차이]가 있었을 것임을 보여주는 것이다. 그렇다면 종래의 어느 삭일표에 비해 진일보하였다고 할 수 있는 〈표 2〉를 이용하여 『고려사』의 일진을 아라비아숫자로 계산하거나, 또 이를 율리우스력과 그레고리력으로 환산할 때 1일의 차이가 있을 수도 있다는 결론에 도달하게 된다.

고 예언하였으나 행해지지 않았다는 이유로 어사대로 하여금 추국하게 하였다고 한다(『고려사』 47, 天文1에도 같은 기사가 있음). 그렇지만 송력도 소진으로 고려력과 동일하므로, 현종이 송력에 대한 잘못된 정보를 들었던 것 같다.

3) 4월의 삭일을 송력과 같이 戊申朔으로 보는 견해도 있는데[安英淑 2009年 82쪽], 그 사유를 알 수 없다.

제3절 삭일표의 適用方法

이상에서 고려시대의 삭일에 대한 제가(諸家)의 연구 성과와 역일표에 대해 촌평(寸評)을 덧붙이고, 『고려사』에 수록되어 있는 삭일과 삭자가 결락된 삭일을 정리하여[제1절], 새로운 역일표의 시안(試案)을 제시하여 보았다[제2절]. 이에서 유의(有意)하여야 할 점은 기왕의 성과에서 스스로가 만든 삭일표를 『고려사』의 여러 편목(編目)에 수록된 수많은 일진에 적용시켜 아라비아숫자로 계산을 해보지 않았다는 것이다. 이 한계를 벗어나기 위해 필자는 스스로의 시안을 가지고서 자기검정(自己檢定)을 해보고자 하는데, 이는 선행연구가 지닌 한계를 지적하는 것 보다 여러 면에서 효과적인 점도 있게 될 것이다.

먼저 현재 우리가 사용하고 있는 『고려사』는 1455년(단종3) 을해자(乙亥字)로 인쇄된 판본(版本)과 이를 중종연간(中宗年間)에 복각(覆刻)한 목판본(木版本)에 연원을 두고 있는데, 이 책은 여러 면에서 취약점이 적지 않다고 할 수 있다. 그 중에서 역일과 관련된 문제점을 거론하면, 기사의 정리에서 일진[干支]의 오자, 월차[月數]·삭일 등을 빠트린 경우, 날짜[日辰]의 순서가 바뀐 경우, 날짜의 중출(重出), 그리고 시기의 잘못 편성[繫年誤謬] 등이 찾아진다. 또 『고려사』의 찬자가 저본인 『고려실록』의 내용을 축약하면서 날짜[日辰]를 제대로 점검하지 않은 채, 다음날[明日]의 기사를 전일(前日)에 수록하였던 것으로 추측되는 기사도 있다.

이러한 오류는 중원의 정사(正史)에서도 많이 찾아지는데, 이들 오류를 바로 잡을 수 있는 방도는 당시에 만들어진 묘지명·시문(詩文)을 위시한 준거자료(準據資料)가 있을 수 있고, 또 『고려사절요』와의 비교, 송력·일본력 등을 통한 대조방법 등이 동원될 수도 있다. 이를 실제의 사례를 들어서 설명해 보기 위해, 우리가 모두 잘 알고 있는 황룡사구층탑(黃龍寺九層塔)이 소진(消盡)되었다는 1238년(고종25)의 크게 소략한 기사(3건)를 전재하면 다음과 같다.

戊戌[高宗]二十五年

夏閏四月, 賜池珦等及第. 蒙兵至東京, 燒黃龍寺塔. 冬十二月, 遣將軍金寶鼎·御史宋彦琦, 如蒙古, 上表曰, 自惟僻陋之小邦, … 期以爲永(『고려사』 세가23, 고종 25년).

이상의 기사를 현재 우리가 찾을 수 있는 자료를 통해 당시의 사건 전개를 비교적 상세히 기록하였을 것인 『고종실록』, 25년조를 시론적으로 복원해 본다면 다음과 같이 될 수 있을 것이다.

戊戌[高宗]二十五年 [只用當該年干支], [江華京七年]

[春正月戊申朔 甲寅7日 百官賀人日, 賜人勝祿牌:追加.[1)] [某日, 以崔宗峻爲門下侍中:追加.[2)]
[壬戌15日 大雪, 甲子17日 又雪:追加.[3)] [某日, 以申宣爲慶尙道按察使:慶尙道營主題名記].
[夏四月丙子朔 是月, 旱. 乙巳30日 大雨:追加.[4)]
夏閏四月丙午朔 [某日] 賜池珦等及第.[5)]
[五月乙亥朔 某日, 趙玄習·李元祐等率二千人, 投降於蒙兵. 又李君式等十二人投降:追加.[6)]
[六月甲辰朔 辛亥8日 大雨:追加.[7)]

---

1) 이는 『동국이상국집』 후집 권2, 人日受銀勝·正月七日受祿 등에 의거하여 추가하였는데, 사실의 축약은 명종 3년 1월 7일에 의거하였다.
2) 이는 『동국이상국집』 후집 권2, 賀崔相國宗峻拜侍中(戊戌 正月)에 의거하여 추가하였다.
3) 이는 『동국이상국집』 후집 권2, 戊戌正月十五日大雪·十七日又雪 등에 의거하여 추가하였다.
4) 이는 『동국이상국집』 후집 권3, 渴雨·明日大雨復作四月三十日 등에 의거하여 추가하였다.
5) 이와 관련된 기사로 다음이 있다.
·지27, 선거1, 科目1, 選場, "(高宗)二十五年□閏四月(某日), 簽書樞密院事<u>李方茂</u>△爲知貢擧, 刑部尙書<u>任景肅</u>△爲同知貢擧, 取進士, (某日) 賜乙科<u>池珦</u>等三人·丙科七人·同進士二十人·明經三人及第". 이때 李方茂는 銀靑光祿大夫·簽書樞密院事·國子監大司成·翰林學士承旨였던 것으로 추측된다(『동문선』 권26, 李方茂爲樞密院副使·刑部尙書官誥).
이때 池珦·白文節(『東人之文五七』) 등이 급제하였고[許興植 2005年], 이 날은 윤4월 11일(丙辰) 이후이다(『동국이상국집』 후집 권3, 聞東堂放榜).
6) 이는 다음의 자료에 의거하여 추가하였다.
·『원사』 권208, 열전95, 外夷1, 高麗, "太宗十年五月, 其國人<u>趙玄習</u>·<u>李元祐</u>等率二千人迎降. 命居東京, 受<u>洪福源</u>節制, 且賜御前銀符, 使<u>玄習</u>等佩之, 以招未降民戶. 又<u>李君式</u>等十二人來降, 待之如玄習焉".
7) 이는 『동국이상국집』 후집 권4, 次韻朴學士仁著…에 의거하여 추가하였다.

[秋七月甲戌朔 某日, 慶尙道按察使申宣, 仍番:慶尙道營主題名記].

[八月癸卯朔 丁巳15日 司宰卿·右諫議大夫李世華卒:追加.[8])

[九月癸酉朔 戊寅6日 蒙兵來, 屯江外:追加.[9])

[冬十月壬寅朔 己酉8日 五更, 大雪:追加.[10]) [某日] 蒙兵至東京, [丙辰11日:追加] 燒黃龍寺塔.[11])

[某日, 行尙書工部郎中吳闡猷卒, 年七十一:追加.[12])

冬十二月壬寅朔 [某日] 遣將軍金寶鼎·□□監察御史宋彦琦, 如蒙古, 上表曰,[13]) 自惟僻陋之小邦 … 期以爲永

이와 같은 1238년(고종25)의 경우는 『동국이상국집』이 온전하게 남아 있기에 가능한 것이지만, 여타의 시기에도 보완할 자료가 전혀 없는 것만은 아니다.[14]) 위에서 보완된 기사조차 향후 새로운 자료를 추가하거나 여타 연도와의 비교를 통해 더욱 구체화시킬 수 있을 것이지만, 여기에서는 몽골군의 한강하류(江華島의 對岸)에의 도착시점, 동경에의 진격, 그리고 황룡사구층탑의 소진 등과 같은 사건들의 전개순서를 월별로 분명히 확인할 수 있다는 점을 명시하고자 한 것이다. 이 점을 염두에 두고서 『고려사』 세가편에 수록되어 있는 일진에 「고려시대삭일표」(표2)를 적용시켜서 문제가 될 수 있는 경우를 상정하면 다음과 같은 점이 될 수 있을 것이다.

ⓐ 日辰[干支]의 오자가 있는 기사.

『고려사』의 편찬과정에서 집필(執筆), 전사(轉寫), 각자(刻字) 등의 작업이 순차

8) 이는 「李世華墓誌銘」에 의거하여 추가하였다.

9) 이는 『동국이상국집』후집 권5, 九月六日, 聞虜兵來, 屯江外…에 의거하여 추가하였는데, 이보다 먼저 몽골군은 개경(開京)에 주둔하고 있었다고 한다(권5, 食俗所號天子梨, "時虜兵止舊京).

10) 이는 『동국이상국집』후집 권5, 十月八日五更大雪에 의거하여 추가하였다.

11) 이는 『동도역세제자기』에 의거하여 추가한 것이다. 이때 九層塔과 殿宇가 모두 불타고 丈六像의 큰 佛像과 두 菩薩像은 모두 녹아 없어지고 작은 釋迦像만이 남게 되었다고 한다(『삼국유사』 권3, 塔像4, 黃龍寺丈六·黃龍寺九層塔).

12) 이는 「吳闡猷墓誌銘」에 의거하여 추가하였다.

13) 이 표는 『동국이상국집』 권28, 上蒙古皇帝起居表戊戌十二月日, 以致仕述인데, 앞부분이 생략되어 있고 字句에 출입이 있다.

14) 이는 고려왕조와 일정한 관계를 가지고 있었던 중·일 양국의 전적을 정리한 각종 자료연구서를 통해 보완할 수 있을 것이다.

적으로 이어졌는데, 이 과정에서 수많은 오자가 발생하였을 것이다.[15)] 이는 〈표1〉의 삭이 있는 삭일의 경우에서 첨자(添字)로 수정(修正)한 일진의 여섯 사례 중에서 988년 12월의 경우처럼, 乙丑朔이 癸丑朔의 오자임은 갑자(甲子)의 순서 또는 송력·일본력과의 비교를 통해 쉽사리 발견할 수 있다. 그렇지만 1개월에 3차[大盡] 또는 2차[小盡]에 걸쳐 나오는 60갑자(甲子)의 하나인 특정한 일진, 곧 10干과 12支의 결합에서 한 글자[一字]라도 오자가 발생하였을 때, 아라비아숫자로 계산하기에는 어려움이 있다.[16)] 또 이 경우는 사례의 변수(變數)가 너무나 많아서 여러 유형을 예시하여 설명할 수 없고, 또 『고려사』 세가편에 수록된 날짜를 계산할 수 없어 불명(不明)으로 처리할 수밖에 없는 일진이다.[17)] 하나의 사례만을 들어 보면 다음과 같다.

·丙戌[毅宗]二十年

"二十年 九月[辛丑朔] 癸未[某日] 風雨雷電, 震人及馬. 戊辰[28日] 震(『고려사』 권15, 지3, 五行1, 水行, 雷震·雷電).

이달에는 癸未가 없고, 癸卯(3일), 丁未(7일), 癸丑(13일), 己未(19일), 癸亥(23일) 등이 있는데, 癸未는 이들 중의 어느 하나에 해당하는 오자(誤字)일 것이다.

ⓑ 月次[月數]와 삭자에서 결락[脫字]이 있는 기사.

이 역시 ⓐ의 경우와 같이 『고려사』의 편찬과정에서 발생한 탈자로 인해서 일진을 아라비아숫자로 계산하기 어려운 경우이다. 그 중에서 삭자에서 결락이 있는 경우는 〈표1〉에서 정리되었기에 설명할 필요가 없을 것이다. 전자 곧 월차[月數]가 결락된 경우는 전후사실의 일진을 계산하는 과정에서 쉽게 탈락의 여부를 가릴 수

---

15) 필자가 〈표1〉과 〈표2〉를 작성할 때 몇 개의 일진에서 오자가 발생할 정도로 글자를 읽는 눈과 키보드를 치는 손가락은 수미상응(首尾相應)하지 못하는 것 같다[不整合的].

16) 『조선왕조실록』과 같이 1개월 중에서 많은 날짜의 기사가 수록되어 있는 경우에는 일진의 오자가 있어도 쉽게 변별이 가능하지만, 그 반대의 경우는 오자를 판별하기가 매우 어렵다.

17) 일진을 추측할 수는 있지만, 초순(初旬)에 해당하는 경우는 선택지(選擇枝)가 최대 6개이며, 하순(下旬)의 경우는 그보다 줄어든다.

있는데, 그 대표적인 사례는 다음과 같다.

·庚戌[顯宗]元年

十一月 丙子朔, 遣起居郞姜周載, 如契丹, 賀冬至. ○契丹主遣將軍蕭凝來, 告親征. 庚寅[15日] 復八關會, 王, 御威鳳樓, 觀樂. 辛卯[16日] 契丹主, 自將步騎四十萬, 渡鴨綠江, 圍興化鎭, 楊規·李守和等, 固守不降. 己亥[24日] 康兆與契丹, 戰于通州, 敗績就擒.

[**十二月**[乙巳朔]] 庚戌[6日] 丹兵, 陷郭州. 壬子[6日] 丹兵至淸水江, 安北都護府使·工部侍郞朴暹, 棄城遁, 州民皆潰. 癸丑[9日] 丹兵至西京, 焚中興寺[重興寺]塔(世家篇).[18)]

이 기사에서 庚戌의 앞에 十二月이 결락되었는데, 『고려사절요』 권3에는 바르게 되어 있다.

ⓒ 날짜[日辰]의 順序가 뒤바뀐 記事.

이는 『고려사』의 편찬자가 세가편을 월일(月日) 또는 일진의 순서로 기사를 정리하였지만, 극히 일부의 사실에 대해서는 같은 범주에 해당하는 후속(後續)의 사실을 앞으로 옮겨 수록하였기 때문이다. 이의 대표적 사례는 다음과 같다.

·丁丑[肅宗]二年

十一月 己未[9日] 遣庾惟祐如遼, 謝賀前王生辰. 戊辰[18日] 遣畢公贊, 進方物, 又遣林有文, 賀正. 甲子[14日] 設八關會, 幸法王寺(世家篇).

11월의 記事는 己未(9일), 戊辰(18일), 甲子(14일)로 구성되어 순서가 바뀌었는데, 이는 거란에 사신을 파견한 것을 일괄 정리하기 위해서 개서(改書)하였던 것으로 추측된다. 이를 날짜[日辰]에 따라 재정리하면 다음과 같은데, 이때 如遼가 추기(追記)되어야 한다. **十一月**[辛亥朔] 己未[9日] 遣庾惟祐如遼, 謝賀前王生辰. 甲子[14日] 設八關會, 幸法王寺. 戊辰[18日] 遣畢公贊□□[如遼], 進方物, 又遣林有文, 賀正(世家篇).

---

18) 中興寺는 重興寺의 誤字이고, 重興寺는 開京에도 있었다.

ⓓ 事實이 발생한 時期를 잘못 編成한[繫年誤謬] 記事.

이는『고려사』의 편찬자가 어떤 사실이 발생했던 일진과 사실을 타연도(他年度) 또는 타월차(他月次)에 수록하였기에 삭일표로 대조하여 날짜를 계산하여도 맞지 않는 경우이다. 또 사신의 왕래에서 중국 측의 자료와 시기적으로 상응(相應)하지 않는 경우도 있다. 이는『칠대실록』에 해당하는 목종대 이전의 기사에서 종종 찾아지는 현상이고, 그 이후에는 극히 소수의 사례에 지나지 않지만, 이의 대표적 사례는 다음과 같다.

·丙戌[靖宗]十二年

夏四月 辛亥 祭仲農. 丁卯 王不豫, 移御山呼殿. 丁丑 移御大內法雲寺. 丙戌 百官禱于佛寺. 五月 乙未 吏部奏 …. 丁酉 王疾彌留 …(世家篇).

이 記事를 아라비아 숫자로 날짜를 계산하면 다음과 같다.

夏四月 辛亥[朔][19] 祭仲農. 丁卯17日 王不豫, 移御山呼殿. 丁丑27日 移御大內法雲寺. **<u>五月</u>**庚辰朔 丙戌7日 百官禱于佛寺. 乙未16日 吏部奏 …. 丁酉18日 王疾彌留 …. 곧 丙戌은 5월 7일이므로 '五月乙未'에서 五月을 丙戌의 앞으로 이동(移動)시켜야 바르게 된다.

·庚申[文宗]三十四年

三月甲子朔 壬申9日 … 遣戶部尙書柳洪·禮部侍郞朴寅亮如宋, 謝賜藥材, 仍獻方物(世家篇).

이 기사는 문종 34년 3월 壬申(9일)에 수록되어 있는데, 이날 류홍(柳洪)·박인량(朴寅亮)을 송에 파견하였다면 중국 측의 자료와 부합되지 않는 점이 많다. 이들 사신단은 1080년(元豊3, 문종34) 1월 이래 송에서 활동을 하고 있으며, 송이 고려에 보낸 칙서(勅書)에 의하면 공물(貢物)은 己未年(1079)에 표실(漂失)하였다고 되어 있다(『宋大詔令集』 권237, 政事90, 四裔10, 高麗, 爲己未年漂失貢物令來進奏乞更不回賜勅書). 그러므로 이들은 1079년(元豊2) 후반기에 고려에서 출발했을 것으로 보

19) 辛亥에 朔이 결락되었다.

는 것이 옳을 것이다. 그렇다면 이 기사는 壬申이 있는 전년(문종33) 11월 壬申(8일)로 옮겨 가는 것이 좋을 것이다.

ⓔ 사건이 발생한 이전의 월차 또는 날짜[日辰]에 수록되어 있는 기사.

이는 『고려사』의 찬자가 저본인 『고려실록』의 내용을 축약하면서 날짜를 제대로 점검하지 않은 채, 다음달[明月]의 기사를 전월(前月)에, 다음날[明日]의 기사를 전일(前日)에 수록하였던 것으로 추측되는 기사도 있는데, 대표적인 사례는 다음과 같다.

·甲午[太祖]十七年

春正月閏正月 甲辰3日 幸西京, 歷巡北鎭(世家篇).

이 해의 正月에는 甲辰이 없고, 甲辰은 閏正月의 3일이므로, 이 기사에서 閏字가 결락되어 전월(前月)에 편입되어 있음을 알 수 있다.

·丙辰[仁宗]十四年

十一月乙丑朔 庚寅辛卯27日 樞密院知奏事鄭沆卒

11월의 庚寅은 26일이지만, 鄭沆은 辛卯(27일)에 별세하였으므로(「鄭沆墓誌銘」) 『고려사』의 편찬에서 오류가 있었던 것 같다.

·己丑[忠烈王]十五年

夏四月 己酉朔 帝賜王金甕. 庚戌2日 霜(世家篇).

忠烈王十五年 四月 辛亥3日 隕霜(『고려사』 권15, 지3, 五行1, 水行, 霜).

이에서 상(霜)과 운상(隕霜)은 같은 의미로 사용되었는데, 서리[霜]가 시절(時節)에 맞지 않게 내리는 것을 운상(隕霜)이라고 한다. 같은 현상을 庚戌(2일)과 辛亥(3일)로 날짜를 달리한 것은 『고려사』의 찬자가 저본인 『고려실록』의 내용을 축약하면서 날짜를 제대로 점검하지 않은 채, 다음날[明日]의 기사를 전일에 수록하였기

때문이다.[20)]

이상과 같은 다섯 사례들은 『고려사』에 수록되어 있는 일진을 아라비아숫자로 계산하는데 있어 장애가 되었던 변수였을 것이다. 향후 〈표2〉의 삭일표(안)를 적용함에 있어 주의하지 않으면 안 될 사항이므로, 이를 염두에 두고 일진(干支)을 계산하면 좋은 결과를 얻을 수 있을 것이다.

이상에서 그 실체가 명확하지 않았던 고려시대의 역일을 복원하기 위한 시도로서 『고려사』에 수록되어 있는 삭일을 근간으로 하여 송력·일본력과의 대조를 거쳐 「고려시대삭일표」를 만들어 보았다. 또 종래에 만들어진 삭일표들이 『고려사』의 일진을 계산하지 못했던 한계를 극복하기 위해 자기검정을 시행한 후 얻어진 사례를 제시하였다. 이를 간략히 정리하여 결론으로 삼고자 한다.

고려시대의 역일은 당의 선명력을 바탕으로 하였으나, 여기에 일식·월식을 보다 정확하게 예측할 수 있기 위해 새로이 만들어진 여러 종류의 송력을 빠르게 수용하여 한반도의 현실에 적합하도록 만들어졌던 것 같다. 그렇다고 하여 송력과 큰 차이가 있었던 것은 아니고 월차의 대소에 의해 1~2일의 차이가 있었을 뿐이다. 이러한 고려력의 삭일에 대한 기왕의 연구 성과와 역일표에 대해 촌평을 덧붙이고, 『고려사』에 수록되어 있는 삭일과 삭자가 결락된 삭일을 정리하였다.

또 이를 바탕으로 하여 만들어진 새로운 역일표의 시안을 제시한 후, 이를 『고려사』의 여러 편목에 적용시켜 스스로의 시안을 검정하였다. 그 결과 역일표의 시안이 적용되지 않는 경우는 역일표의 한계가 아니라 『고려사』가 지닌 한계였음을 알 수 있었다. 곧 그것은 ⓐ 일진[干支]에 오자가 있는 기사, ⓑ 월차[月數]와 삭자에서 결락[脫字]이 있는 기사, ⓒ 날짜[日辰]의 순서가 뒤바뀐 기사, ⓓ 사실이 발생한 시기를 잘못 편성한[繫年誤謬] 기사, ⓔ 사건이 발생한 이전의 월차 또는 날짜[日辰]에 수록되어 있는 기사 등에 의한 것이었음을 확인하였다.

이와 같이 『고려사』가 지닌 한계를 감안하여 새로운 삭일표를 적용시키면 날짜의 계산에는 큰 문제가 없을 것이다. 그렇지만 현재의 상태에서 고려시대의 삭일을 분명히 알 수 있는 일진이 전체의 그것에 비해 극히 적은 비율임을 감안하면,

---

20) 이 경우는 『고려사』 세가편의 기사와 제지(諸志)의 기사 중에서 같은 내용의 사실을 비교하면 보다 많은 사례가 찾아진다.

역일표의 삭일은 고려력의 그것에 비해 1일의 차이가 없지 않을 수도 있다는 것을 명심하여야 할 것이다.

添言 : 앞으로 날짜[日辰]가 있는 새로운 자료가 발견될 때, 위의 삭일표(안)가 적중되지 않는 경우도 없지 않을 것으로 예상됩니다. 만일 그러한 경우가 있으면, 필자에게 하문(下問)하여 주시면 좋겠습니다. 즉각 사유(事由)를 해명하여 회신을 올리겠습니다. 또 이를 통해 삭일표(案)가 삭일표로 발전해 나갈 수 있을 것입니다. 선처(善處)바랍니다. [『역사교육논집』 52, 2014]

제5장
고려초기의 官階에 대한 새로운 接近

제1절 官階의 정비과정

고려왕조가 처음으로 율령국가인 당(唐)의 정치질서를 수용한 것은 광종의 재위년간(949~975)으로 추측되지만,[1] 당시의 연대기가 극히 소략하여 이를 증빙하기에 어려움이 없지 않다. 이는 그의 후계자인 경종에 의해 그 이전의 제도로 환원하였던 점에도 기인하겠지만, 그보다는 당시의 자료인 금석문에 나타나는 여러 정치질서가 연대기에 잘 반영되어 있지 못한 결과일 것이다.

그래서 우리는 당의 제도를 준용(遵用)한 3성6부가 정비된 983년(성종2) 5월 이전인 65년간에 걸친 고려초기의 정치제도의 실상을 보다 명확하게 파악하고 있지 못한 점도 없지 않다. 비록 『고려사』에 수록되어 있는 초기기사가 소략하고, 이를 보완해줄 여타의 자료가 영성하더라도 이보다 더 못한 시기가 있음을 감안할 필요성이 있다. 곧 자료적인 한계에 의해 사실의 실제에 완전하게 접근을 하지 못하더라도 비슷한 위치까지 나아가 논쟁을 일으켜서 새로운 합일(合一)에 도달하여야 할 과제가 우리에게 주어지고 있다.

이러한 점을 감안하여 필자는 고려초기 지배층의 위계질서(位階秩序)의 하나라고 받아들여지고 있는 관계(官階)에 주목하여 새로운 소견(所見)을 제시하고자 한다. 당시의 관계(官階)에 대해서는 1960년대에 일인학자(日人學者)에 의한 제도(制度) 그 자체에 대한 개척적인 연구가 진행된 이래[旗田巍 1961年·武田幸男 1964年·1966年], 1980년대부터 당제(唐制)에 의한 문산계(文散階)와의 관련성[朴龍雲 1981년·1993년], 성립기반과 제도화의 과정[金甲童 1988년·1997年·金福姬 1990년·金

---

1) 광종·경종의 재위연간에 參知政事·監修國史·平章事 등의 관직과 光祿大夫·奉議郎·儒林郎 등의 문산계가 사용되었음을 통해, 광종대에 당의 정치제도의 일부가 수용되었음을 유추할 수 있다. 이러한 형편을 최충(984~1068)은 "이 때에 광종은 중원의 제도를 수용하여 토풍(土風)을 변화시켜, 문물제도의 혼란을 바르게 합일(合一)시켰다. 于時, 用夏變夷, 正契車書之混"라고 표현하였다(「原州居頓寺圓空國師勝妙塔碑」).

美葉 1990년], 당시의 향촌지배층의 동향과 관계의 수용대상[具山祐 2000년·2002년·尹京鎭 2001년] 등에 대한 주목되는 연구업적이 축적되었다. 또 이들 연구 성과를 종합하면서 기왕의 업적에서 간과된 사실 또는 문제점을 재검토한 새로운 성과가 제시되기도 하였고[崔鍾奭 2008년], 그 과정에서 다른 연구주제이지만 관계와 관련한 언급을 통해 부분적이지만 주목되는 의견도 제시되었다[金日宇 1998년·河日植 1999년].

그런데 관계의 제도적인 측면에서 볼 때, 『고려사』, 선거지에 수록되어 있는 고려초기의 관계에 대한 내용이 당시의 실상을 그대로 전달하고 있는가? 하는 의문도 없지 않다[金甲童 1997년]. 기왕의 연구에서는 개척적인 연구[武田幸男 1966年]를 그대로 답습하고 있을 뿐인데, 이에 대한 보다 면밀한 자료적 검토가 요청된다. 또 관계의 운영에 대한 연구도 이의 수여대상만을 주로 다루었기에 관인(官人)들의 위계(位階)를 나타낸 관계와 행정의 실무를 담당한 관직과의 구조가 어떻게 설정되고 있었는가?와 관련된 정치질서의 운영에 대해서는 주목되지 못하였다. 이러한 점을 감안하여 고려초기의 관계의 정비과정, 내용 그리고 이의 운용에 대한 짧은 소견을 제시하고자 한다.

9세기 후반에 신라의 북동부 변경지역에서 궁예(弓裔)에 의해 건립된 후고구려국(後高句麗國)은 세력판도의 확장에 수반하여 독자적인 지배체제를 정비하여 나갔다. 이의 모태는 신라적인 모습을 보이기도 하였지만, 몇 차례에 걸쳐 국호와 연호를 바꾸어가면서 국가체제의 면모를 갖추어 가는 과정에서 점차 새로운 형태로 전화시켜 갔던 것으로 추측된다. 이는 관부 및 관계의 명칭이 신라와는 전혀 다른 양상을 보이고 있는 점에서 알 수 있으며, 이 시기의 각종 자료에 대한 접근이 현재의 우리들보다도 근접한 위치에 있었을 것으로 추측되는 『고려사』의 찬자들의 설명을 통해서도 짐작할 수 있다.

쿠데타의 형식으로 궁예정권[泰封國]을 타도하고 고려왕조를 개창한 태조 왕건도 구정권(舊政權)과의 차별성을 보이기 위해 부분적으로 신라의 구제도(舊制度)를 일시 사용하기도 하였지만, 그 근간(根幹)은 어디까지나 궁예정권의 마지막 지배체제인 태봉국의 정치제도를 계승하여 시의(時宜)에 적절하게 변모시켜 나갔다. 이는 최고관부인 광평성(廣評省)이 온전하게 유지되었고, 지배층의 위계를 나타내는 관계가 그대로 수용(受容)되고 있었던 점에서 읽을 수 있다.

마진국(泰封國의 前身)에서 사용된 관계[官號]는 제정된 시기를 알 수 없는 大宰相·重副·台司訓 등 9품과 904년(唐 天祐1) 국호를 마진으로 개칭할 때 제정된 正匡·元輔·大相 등 9품 또는 10품이 있었던 것으로 후대의 사서(史書)에서 전해지고 있는데,[2] 이들 기록이 당시의 실상을 그대로 반영하고 있는가에 대해서는 판단하기에 어려움이 있다. 곧 마진국의 당시에는 正匡·元輔·大相·元尹·佐尹·正朝·甫尹·軍尹·中尹 등의 9품이 있었다고 하지만(『삼국사기』), 고려왕조에서는 大匡·正匡·大丞·大相 등의 官階[官號]를 답습하였다고 서술하여 그 전모를 밝히지 않았다(『고려사』). 그 결과 양자의 계승관계가 알 수 없게 처리되어 있고, 마진에서 보이지 않은 大匡·大丞 등의 관계가 추가되어 있는데, 이들 관계가 고려 초기에 새로이 신설된 것인지, 아닌지는 판가름하기에 어려움이 있다.

어쨌든 마진의 관계를 수용하여 제정된 고려초기의 관계는 태조 왕건이 즉위한 이후 5년간에 걸쳐 일시 신라의 위계[京位]를 사용한 단기간을(918~922년 ; 金甲童 1997년) 제외하고, 기왕의 여러 업적에서 밝혀진 것처럼 고려 초기 관료들의 위계로서 사용되었음이 분명하다.

그렇다면 이들 관계는 995년(성종14) 당제국의 문산계로 개편될 때까지 어떠한 모습으로 존재하고 있었을까? 하는 문제가 제기된다. 지금까지의 연구결과를 종합해 볼 때, 후삼국을 통일한 936년(태조19) 9월 이전까지는 완전한 정비를 갖추지 못하여 大匡·大丞·大相·元甫·元尹·佐尹·正朝·正位·甫尹 등의 9품만이 주로 사용되었다고 한다[武田幸男 1996年·金甲童 1997년]. 이 견해는 『고려사』와 당시에 수찬(修撰)된 금석문 중에서 남겨진 자료를 바탕으로 하여 관료들에게 수여된 관계의 사례를 정리하여 얻어진 귀납적인 결과에 의한 것이다.

이 견해를 따른다면 마진에서 사용된 관계와 922년(태조5) 이후에 고려에서 사용된 관계 사이에는 약간의 차이를 보이고 있다. 이를 정리하면 다음 〈표5-1〉과 같이 될 것이다.

2) 『고려사』 권77, 시31, 백관2, 文散階 ; 『삼국사기』 권40, 지9, 百官下, 弓裔所制官號·50, 열전 10, 弓裔.

〈표5-1〉 摩震·高麗의 官階(진한 글씨는 差異)

區分	1品	2品	3品	4品	5品	6品	7品	8品	9品	典據
摩震	**正匡**	元輔	大相	元尹	佐尹	正朝	甫尹	軍尹	中尹	三國史記
高麗	**大匡**	大丞	大相	元甫	元尹	佐尹	正朝	**正位**	甫尹	金石文事例

〈표1〉에서 설정한 품수(品數)는 마진의 경우는 실제를 반영한 것이며, 고려의 경우는 양자의 설명을 위해 잠정적으로 부여한 것이다. 이 표가 당시의 사정을 그대로 반영한 것이라면 마진의 정광(正匡)이 고려의 대광(大匡)으로 개칭(改稱)된 것으로 추측될 것이고, 고려의 대승(大丞)·정위(正位) 등은 922년(태조5)에서 936년(태조19)까지 14년 사이에 새로이 증설된 관계로 추측될 수 있다.[3] 그렇지만 이에 정리된 고려의 관계는 어디까지나 남겨진 자료에서 얻어진 결과론적인 소산물이기에 당시에 사용된 관계의 전모를 보여주는 것은 아닐 것이다.

그런데 개척적인 연구에 의하면 고려초기의 관계는 후삼국을 통일한 936년(태조19) 9월 이후에 체계를 갖추어 16개의 관계로 정비되었다고 한다[武田幸男 1966年]. 이는 당시에 사용된 관계의 흔적을 보여주는 『고려사』 권75, 志29, 선거3, 鄕職에 수록되어 있는 자료를 바탕으로 한 것이다. 이를 정리하면 다음 〈표5-2〉와 같다[武田幸男 1966年].

〈표5-2〉 鄕職을 통해 類推된 高麗初期의 官階

品	1品	2品	3品	4品	5品
官等名	三重大匡 重大匡	大匡 正匡	大丞 佐丞	大相 元甫	正甫
等級	1, 2	3, 4	5, 6	7, 8	9
品	6品	7品	8品	9品	
官等名	元尹 佐尹	正朝 正位	甫尹	軍尹 中尹	
等級	10, 11	12, 13	14	15, 16	

고려 전기의 향직(鄕職)은 995년(성종14) 고려초기의 관계가 당제국의 문산계로

3) 그 외에 관계의 서열에서 『삼국사기』에 '元輔·大相'의 순서로 되어 있으나 『고려사』에서는 '大相·元輔'로 되어 있다. 고려 초기에 元甫(元輔)에서 大相으로 승진하고 있음을 보아, 전자는 필사 또는 조판 과정에서 전도(顚倒)되었던 것 같다.

개편될 때 관료를 위시한 여러 신분층을 대상으로 주어지는 일종의 훈직(勳職)으로 사용되었던 것 같다[武田幸男 1964年·金甲童 1997년]. 그러므로 이는 고려초기 관계의 실상을 그대로 반영하고 있는 주목되는 자료로서 받아들여지고 있고, 후속의 여러 연구에서도 거의 그대로 답습되고 있다.

그런데 이처럼 향직을 통해 유추한 관계의 구조는 크게 두 가지의 면에서 미심한 점이 없지 않다. 첫째, 고려전기의 향직에서 주목되는 현상은 9품 16등급에서 대부분의 품(品)이 상하의 두 계층을 나뉘어져 있으나, 5품 정보(正甫)와 8품 보윤(甫尹)은 하나의 계층으로 이루어져 있다는 점이다. 둘째, 향직 곧 그 이전의 관계의 명칭이 1품인 3중대광(三重大匡)과 중대광(重大匡)을 제외하고 모두 2字로 되어 있으며, 각품(各品)에 따라 첫째 글자와 둘째 글자에서 같은 글자를 사용하여 서로 간에 대응(對應)을 이루고 있다. 그런데 4품의 대상(大相)과 원보(元輔)는 서로 대응을 이루지 못하고, 원보(元輔, 4품)와 정보(正甫, 5품)는 같은 글자를 지니고 있지만 품이 다른 계층으로 구별되어 편제되어 있는 점이다.

이러한 현상이 어떠한 사유에 의해 이루어진 것인지를 분명히 알 수 없으나, 당시의 실상을 그대로 반영한 것으로 받아들이기에는 어려움이 있다. 어찌하여 고려가 건국한 이후 18년 정도가 경과한 시점인 936년(태조19) 9월 이후, 그것도 후삼국을 통일한 이후에 제정된 관계가 정연한 체계를 갖추고 있지 못하였는가? 하는 점이다.

고려가 건국한 이후 중앙지배체제에 편입된 관료들 중에는 마진국에서 사환했던 문필적 능력을 지닌 인물로서 태조 당대에만 송함홍(宋含弘, 王昌瑾鏡文 解讀者)·박유(朴儒, 摩震國의 東宮記室)·박암(朴巖, 吳越國의 文士)·최언위(崔彦撝, 賓貢科 及第)·김악(金岳)·최승로(崔承老) 등이 있었고, 이들 중에는 중원에 파견되어 관작(官爵)을 하사받은 인물도 있었다. 이러한 이유로 고려의 지배층들은 당을 계승한 여러 왕조의 문산계, 곧 9품제에서 상하가 구분되고 있었음을 충분히 인지하고 있었을 것이다. 그럼에도 불구하고 그들 자신이 부여받게 될 관계를 미완성의 상태로 방치하여 두지는 않았을 것으로 생각한다.

그렇다면 어떠한 사유로 5품 정보(正甫)와 8품 보윤(甫尹)은 하나의 계층으로 남겨져 있는 것인가? 또 4품의 대상(大相)과 원보(元輔)는 서로 대응을 이루지 못하고, 원보(元輔, 4품)와 정보(正甫, 5품)는 같은 글자를 지니고 있지만 품이 다른 계층으로 구별되어 편제되어 있는가? 하는 의문점이 남겨져 있다. 이는 당시에 그렇게 남아 있었던 것이 아니라, 조선왕조 초기에 『고려사』가 편찬될 때, 또는 그 이전인 고려시대의 사서 편찬 때에 관계의 실상을 잘 반영하지 못했던 결과로 추측된다. 곧 1011년(현종2) 1월 거란군에 의해 『칠대실록』이 소진(燒盡)되었을 때, 고려초기의 사실들이 많이 인멸(湮滅)된 결과로 받아들여진다. 이는 995년(성종14) 고려초기의 관계가 당의 문산계로 개편될 때, 변개된 무산계는 온전히 남겨졌지만 문산계는 극히 일부만이 불완전한 서술로서 남겨져 있는 사실을 통해 알 수 있다.[4)]

4) 이 점은 고려 초에 수·당대에 각품의 상·하를 구별하기 위해 上은 郎을, 下는 尉를 사용했던 제도를 수용하여 '虎騎尉'(王式廉)·'第五虎騎尉'(庾黔弼) 등과 같은 훈계(勳階)가 사용되고 있었는데도 불구하고(『고려사』 권92, 열전5, 王式廉 ; 「庾自偶墓誌銘」), 『고려사』의 훈·작(勳·爵) 또는 문·무산계(文·武散階)의 항목에서 아무런 언급을 하지 못하였던 사실을 통해서 알 수 있다.

제2절 관계의 내용

앞에서 『고려사』 권75, 志29, 선거3, 향직에 수록되어 있는 자료를 바탕으로 재구성된 고려초기의 관계의 문제점을 적시하였다. 이제 이를 보완할 수 있는 자료를 제시하여 보기로 하자. 그 하나의 실마리로서 927년(태조10) 9월 공산(公山)의 동수전투(桐藪戰鬪, 現 大邱市 東區 智妙洞 地域)에서 전사(戰死)했던 김락(金樂)이 띠고 있던 좌상(左相)이 주목된다. 김락(?~927)은 중화현(中和縣, 現 平安南道 中和郡) 출신으로 김철(金鐵)의 형(兄)이다. 918년(태조1) 8월 고려왕조의 개창에 공을 세운 사람들을 공신으로 책봉할 때 개국이등공신이 되었다. 927년(태조10) 7월 원보(元甫) 재충(在忠)과 함께 대량성(大良城, 現 慶尙南道 陜川郡 大陽面)을 공격하여 후백제의 장군 추허조(鄒許祖) 등 30여인을 사로잡는 등 전공을 세우고 귀환하였는데,[1] 이때 그의 관등은 재충과 같이 원보(元甫)로 추정된다.

이어서 같은 해 9월 원보(元甫)로서 동수전투에 참여하여 위기에 몰린 태조 왕건을 구하려고 하다가 대장(大將) 신숭겸(申崇謙)·김철(金哲) 등과 함께 미리사(美利寺, 혹은 美理寺)의 앞에서 전사하였다.[2] 그런데 같은 해 12월에 견훤이 왕건에게 보낸 서장(書狀)에 "月內에 左相 金樂이 美利寺 앞에서 骸骨을 거두지 못하였다. 月乃 左相金樂, 曝骸於美利寺前"고 한 점이[3] 주목된다.

신숭겸·김락·김철 등이 전사할 때, 신숭겸의 관함(官銜)은 大將으로 지휘관의 직책(職責)을 나타내지만 그가 띠고 있던 관계는 알 수 없다. 이에 비해 김락은 左相을 띠고 있는데, 이때 그의 관계는 신숭겸의 열전에 의하면 元甫로 되어 있다.

---

1) 『고려사절요』 권1, 태조 10년 7월 ; 『고려사』 권1, 세가1, 태조 10년 7월.

2) 『고려사』 권58, 지12, 지리3, 西京留守官 平壤府, 中和縣·권75, 지29, 선거3, 凡敍功臣子孫·권92, 열전5, 申崇謙·권120, 열전33, 尹紹宗 ; 『신증동국여지승람』 권26, 경상도, 대구도호부, 고적 및 사원 ; 李樹健 1984年 125·162~163쪽.

3) 『고려사』 권1, 세가1, 태조 10년 12월 ; 『동문선』 권57, 代甄萱寄高麗王書.

이처럼 신숭겸의 열전(元甫)과 태조세가(左相)에서 달리 표기된 이유를 알 수 없으나, 주목되는 점은 좌상(左相)이 무엇을 의미하는가 하는 것이다. 그런데 당시의 연대기에는 어떤 인물을 표기할 때 관계, 관직, 그리고 직책 등의 어느 하나, 또는 두 개를 함께 기록하는 것이 일반적인 현상이었다. 그러므로 좌상(左相)은 관직 또는 직책으로 볼 수 없기에 관계를 나타내는 용어임이 분명하다.

그런데 신숭겸과 김락이 동수전투에서 전사한 후, 간신히 탈출한 태조 왕건은 이들의 죽음을 심히 슬퍼하며 김락의 동생 철과 신숭겸의 동생 능길(能吉)·아들 보(甫) 등을 원윤(元尹)에 임명하였다고 한다.[4] 이때 신숭겸과 김락이 모두 포상을 받아 관작을 추증(追贈)받게 되었던 것 같고, 신숭겸의 경우에는 추증된 관작이 무엇인지는 알 수 없지만,[5] 김락은 좌상(左相)에 추증되었던 것으로 이해된다.[6]

그렇다면 좌상(左相)은 관계의 하나로 추측되는 佐相의 다른 표기임이 분명한데, 이는 당시에 大匡이 太匡으로, 佐丞이 左丞·佐承·左承 등으로, 大相이 太相으로, 元甫가 元輔로, 正甫가 正輔로, 正位가 正衛로 달리 표기되었음[武田幸男 1966年]과 같은 범주에 해당한다. 또 佐相[左相]이 元甫의 上位官階로서 비정되게 된다면, 3품의 大丞·佐丞과 상응하여 4품도 大相·佐相으로 조화를 이룰 수 있게 될 것이다. 아울러 『고려사』의 鄕職條에 단층(單層)으로 구성되어 있던 5품의 正甫도 4品下에 위치해 있던 元甫가 5品上으로 이동(移動)해오게 되어 상하의 대응을 이루게 될 수 있을 것이다. 이로써 고려 초기 관계의 정비에서 미숙성을 띠고 있었다고 받아들여지고 있는 문제점이 해결될 수 있을 것이다.

그리고 『고려사』, 향직조에서 단층을 이루고 있었던 것으로 서술되어 있는 또 하나의 관계인 8품 보윤(甫尹)의 경우에도 상하의 두 관계 중에서 하나가 결락되었을 가능성이 있다. 941년(태조24) 10월에 건립된 「榮州境淸禪院慈寂禪師凌雲塔碑」의 碑陰에 등재된 在家弟子의 명단에 佐承[佐丞](3品下) 2人·太相[大相](4品上) 1人·元甫

4) 『고려사절요』 권1, 태조 10년 9월 ; 『고려사』 권92, 열전5, 申崇謙.

5) 『고려사』, 신숭겸의 열전에 의하면, 이때 壯節이라는 謚號가 내려졌다고 되어 있지만, 『고려사절요』에는 형제에게 포상이 내려졌고, 시호의 하사는 후일에 이루어졌다고 되어 있다. 당시 위기에 처해 있던 고려의 형편으로 보아 후자가 옳을 것이다.

6) 그런데 『삼국사기』 권50, 열전10, 甄萱에는 "左將 金樂이 美理寺 앞에서 죽었다. 左將金樂, 曝骸於美理寺前"으로 되어 있다. 이에 의거하여 左相이 左將의 오자라고 받아들인다면 위의 논리는 취약성을 가지게 될 것이다.

(5品上) 1人·正甫(5品下) 1人·元尹(6品上) 2人·正位(7品하) 2人 등의 다음에 太卿 5人의 이름이 기재되어 있다.[7] 이에 나타난 태경은 여타의 자료에서 확인이 되지 않지만, 이 기재의 순서를 통해 볼 때 관계를 나타내는 용어일 가능성이 높다. 이것이 향후 새로운 자료의 발굴을 통해 관계로서 검정될 수 있다면 8품 보윤(甫尹)의 상위관계가 될 수 있을 것이다.[8] 이러한 유추가 가능하다면 고려초기의 관계는 다음 〈표5-3〉과 같이 정리될 수 있을 것이다.

〈표5-3〉 高麗初期의 官階

官等	1品	2品	3品	4品	5品
官等名	三重大匡 重大匡	大匡 正匡	大丞 佐丞	大相 佐相(左相)	元甫(元輔) 正甫(正輔)
等級	1, 2	3, 4	5, 6	7, 8	9, 10
官等	6品	7品	8品	9品	
官等名	元尹 佐尹(左尹)	正朝 正位(正衛)	□□ 甫尹	軍尹 中尹	
等級	11, 12	13, 14	15, 16	17, 18	

이러한 고려 초기의 관계는 광종대에 한화정책(漢化政策)이 시행되어 중원(中原)의 정치제도가 수용될 때 문산계도 도입되었지만, 이때의 형편이 『고려사』에 반영되지 못해 그 구체적인 실상을 알 수 없다. 단지 금석문을 통해 극히 일부분의 모습이 고려 초기의 관계와 병용(竝用)되고 있었는데, 이를 적시(摘示)하면 다음의 자료 A와 같다.

A1. 958년(광종9) : 通直郎·正衛·翰林學士·賜丹金魚袋 臣金廷彦奉制撰(「光陽玉龍寺洞眞大師寶雲塔碑」).

2. 965년(광종16) : 奉議郎·正衛·翰林學士·前守兵部卿·賜丹金魚袋 臣李夢游奉勅撰. ○文林郎·翰林院書博士 臣張端說奉勅書并篆額(「聞慶鳳巖寺靜眞大師圓悟塔碑」).

3. 975년(광종26) : 光祿大夫·太丞·翰林學士·內奉令·前禮部使·參知政事·監修國史 臣金

---

7) 허흥식 편, 1984년 『한국금석전문』 중세상, 317~318쪽.

8) 최근 수년 이래 개성특급시의 개발을 위한 환경정비작업에서 많은 묘지(墓誌)와 비편(碑片)을 위시한 각종 명문(銘文)들이 발견되고 있는데, 이들을 정리하게 되면 주목될 수 있는 새로운 자료들을 얻을 수 있을 것이다.

廷彦奉制撰. ○奉議郎·佐尹·前軍部卿兼內議承旨舍人 臣張端說奉制書并篆額(「驪州高達院元宗大師慧眞塔碑).

4. 978년(경종3) :光祿大夫·太丞·翰林學士·前內奉令 臣金廷彦奉制撰. ○儒林郎·司天臺博士 臣韓允奉制書并篆額(「瑞山普願寺法印國師寶乘之塔碑」).

이들은 당의 문산계의 서열로 나열하면 光祿大夫·大丞, 奉議郎·佐尹, 奉議郎·正衛, 通直郎·正衛, 儒林郎, 文林郎 등이다. 또 이들을 국초의 관계와 당의 문산계에서 등급 또는 품수를 정리해보면 光祿大夫[唐從2品]·大丞(3品上), 奉議郎[唐從6品上]·佐尹(6品下), 奉議郎·正衛(7品下), 通直郎[唐從6品下]·正衛, 儒林郎[唐正9品上], 文林郎[唐從9品上] 등과 같다. 이들 중에서 文林郎 張端說(A2)과 儒林郎 韓允(A4)의 경우 고려의 관계가 기재되어 있지 않지만, 張端說이 奉議郎·佐尹을 띠고 있음을(A3) 보아 그가 文林郎로 재직하고 있을 때에도 고려의 관계를 부여받았을 것이다.

그리고 고려후기의 자료로서 이 시기의 사실을 전해주는 것으로 문산계와 관직이 병용되어 있는 사례도 찾아지는데, 이를 적시하면 다음의 자료 B와 같다.

B1. 元傅, 原州人, 九世祖克猷, 佐太祖有功, 號三韓功臣, 官至兵部令(『고려사』 권107, 열전20, 元傅).

2. 先世盖新羅北原人, 十一代祖克猷, 始仕本國爲正議大夫(『拙藁千百』 권2, 元忠墓誌銘).

3. 元氏籍出北原, 有諱克猷, 佐神聖王定三韓, 號功臣, 官至正議大夫·兵部令(「元善之墓誌銘」).

4. □曾祖玄, 於景宗朝, 擧進士, 中甲科, 尋拜儒林郎·攻文博士(「許載墓誌銘」).

이들 자료는 충렬왕대에 首相(僉議中贊)을 역임했던 원부(元傅, 1220~1287)의 열전과 그의 손자인 원충(元忠, 1290~1337)과 원선지(元善之, 1281~1330)의 묘지명에 수록되어 있는 내용이다(B1~3). 이에 의하면 원부의 9대조인 북원인(北原人, 現 江原道 原州市) 극유(克猷)가 태조 왕건을 보좌하여 공을 세워 三韓功臣에 책봉되고 正議大夫·兵部令에 이르렀다고 한다.[9] 극유(克猷)가 삼한공신에 책봉되었다는 것은

9) 그의 아들인 元徵衍(혹은 元徵演·元證衍, 生沒年不詳)은 979년(경종4) 3월에 知貢擧 王融의 문하에서 갑과(甲科) 1인으로 급제하였다(『고려사』 권2, 세가2, 경종 4년 3월 ; 『고려열

918년(태조1) 8월 11일(辛亥)에 책봉된 3등공신 2,000여 인에 해당될 것으로 추측된다. 당시에 공신으로 책봉된 인물들이 광종대까지 많이 생존해 있었던 점을 감안하면, 그 역시 광종대에 正議大夫[唐從4品上]·兵部令에 임명되었던 것 같다. 또 허재(許載, 1062~1144)의 증조(曾祖) 허현(許玄)이 경종대에 갑과에 급제하여 儒林郎[唐正9品上]·攻文博士에 임명되었다고 한다(B4). 그렇다면 이 자료들도 당시에 임명된 문산계의 용례(用例)가 될 수 있을 것이다.

이러한 당의 문산계가 광종의 몇 년대부터 사용되었는지는 알 수 없으나, 이 자료를 통해 볼 때 958년(광종9)에는 사용되고 있었음을 알 수 있다. 이 해의 5월에 쌍기(雙冀)의 건의에 의해 과거제가 실시되었음을 감안하면, 이와 거의 같은 시기에 문산계도 사용되었던 것으로 추측되지만, 960년(광종11) 3월에 정해진 백관의 공복제(公服制)의 규정에서 국초의 관계와 관직에 따라 복색(服色)이 정해지고 있었음을 보아 문산계가 아직 완전한 정착을 보지는 못하였던 것 같다.

그렇지만 위의 사례와 같이 大丞(3品上)에서 正衛[正位](7品下)까지, 光祿大夫[唐從2品]에서 正議大夫[唐從4品上], 儒林郎[唐正9品上], 文林郎[唐從9品上]까지의 고위관직자부터 하위관직자에 이르기까지 중앙의 관료들이 문산계를 지니고 있다. 이 점을 통해 볼 때 958년 이래 중앙의 관서에 재직하고 있던 모든 관료들은 문산계를 부여받고 있었으며, 그것은 당의 문산계에 의거하고 있었던 것으로 추측된다.

이처럼 광종대에 채택된 문산계는 당의 제도를 그대로 수용하여 초기의 관계와 대응을 시켜 사용하고 있었는데, 이것이 그의 후계자인 경종·성종대에도 그대로 사용되다가,[10] 995년(성종14) 5월의 관제개혁 때에 다시 재정비되었다. 이때에 정비된 문산계의 모습도 전모를 알 수는 없고 일부분이 전하고 있는데, 이를 전재하면 다음의 자료 C와 같다.

C1. 國初官階, 不分文武 … 太祖, 以泰封主, 任情改制, 民不習知, 悉從新羅, 唯名義易知者, 從泰封之制, 尋用大匡·正匡·大丞·[1]□□[佐丞]·大相之號. 成宗十四年, 始分文·武官階, 賜

조등과록』).

10) 이는 990년(성종9) 9월에 折衝府別將 趙英이 죽은 부모(父母)에게 정성을 극진히 하였음을 사유로 銀靑光祿大夫·檢校侍御司憲·左武侯·衛翊府郎將에 임명된 사실을 통해 알 수 있다(『고려사』 권3, 세가3, 9월 丙子).

紫衫以上正階. 改文官, 大匡爲開府儀同三司, 正匡爲特進, 大丞爲興祿大夫, 大相爲金紫興祿大夫, [2]銀青光祿大夫爲銀青興祿大夫. 文宗, 改官制, 文散階, 凡二十九, 從一品曰開府儀同三司, 正二品曰特進, 從二品曰金紫光祿大夫, 正三品曰銀青光祿大夫, 從三品曰光祿大夫, 正四品上曰正議大夫, 下曰通議大夫, 從四品上曰大中大夫, 下曰中大夫, 正五品上曰中散大夫, 下曰朝議大夫, 從五品上曰朝請大夫, 下曰朝散大夫, 正六品上曰朝議郎, 下曰承議郎, 從六品上曰奉議郎, 下曰通直郎, 正七品上曰朝請郎, 下曰宣德郎, 從七品上曰宣議郎, 下曰朝散郎, 正八品上曰給事郎, 下曰徵事郎, 從八品上曰承奉郎, 下曰承務郎, 正九品上曰儒林郎, 下曰登仕郎, 從九品上曰文林郎, 下曰將仕郎(『고려사』 권77, 지31, 百官2, 文散階).

위의 자료는 『고려사』의 편찬과정에서 약간의 탈락이 있었던 것으로 추측되는데, 『고려사』의 무산계 기사와 자료 A를 통해 알 수 있다. 곧 1)의 고려초기의 관계를 나열함에 있어 大丞과 大相사이에 佐丞이 결락되었고, 2)의 995년(성종14)에 이루어진 관계를 문산계로 개편함을 설명하면서 官階→文散階와 文散階→文散階[銀青光祿大夫→銀青興祿大夫]의 두 가지의 유형으로 되어 있다. 또 광종대의 문산계의 수용과 이의 내용이 전혀 언급되지 못했고, 995년(성종14)에 문산계와 함께 정비된 무산계에서는[11] 당의 제도를 대체적으로 반영하고 있음을 보아 문산계도 당제를 대체적으로 채택하였을 것인데, 너무나 간략히 처리하고 있어 약간 불완전한 모습을 보이고 있다.

이러한 점들을 감안해 볼 때 995년(성종14) 5월에 정비된 문산계는 958년(광종9)

---

11) 『고려사』 권77, 지31, 百官2, 武散階, "國初, 武官, 亦以大匡·正匡·[3]□□[大丞]·佐丞·大相, 爲階. 成宗十四年, 定武散階, 凡二十有九, 從一品曰驃騎大將軍, 正二品曰輔國大將軍, 從二品曰鎮國大將軍, 正三品曰冠軍大將軍, 從三品曰雲麾大將軍, 正四品上曰中忠武將軍, 下曰將武將軍, 從四品上曰宣威將軍, 下曰明威將軍, 正五品上曰定遠將軍, 下曰寧遠將軍, 從五品上曰遊騎將軍, 下曰遊擊將軍, 正六品上曰耀[昭]武將軍[校尉], 下曰耀[昭]武副尉, 從六品上曰振威校尉, 下曰振武[威]副尉, 正七品上曰致果校尉, 下曰致果副尉, 從七品上曰翊威[麾]校尉, 下曰翊麾副尉, 正八品上曰宣折[節]校尉, 下曰宣折[節]副尉, 從八品上曰禦侮校尉, 下曰禦侮副尉, 正九品上曰仁勇校尉, 下曰仁勇副尉, 從九品上曰陪戎校尉, 下曰陪戎副尉. 今以見於史册者, 考之, 則武官, 皆無散階, 其沿革廢置, 未可考"(이 기사에서 添字는 당의 무산계에 의한 것인데, 그 중 이들에게 지급된 1076년(문종30)의 무산계 전시과의 지급규정의 22結에도 각각 耀武校尉, 翊麾校尉로 되어 있다(『고려사』 권78, 지32, 食貨1, 田柴科 ; 旗田 巍 1972年 381~382쪽).

이래 국초의 관계와 중국식의 문산계의 이원적 체계를 하나로 정리하면서 명칭의 몇 글자를 바꾼 것으로 이해된다. 이를 감안하여 초기의 관계, 광종대의 문산계, 그리고 995년(성종14)의 문산계의 대응관계를 유추하여 정리해보면 다음 〈표5-4〉와 같이 될 것이다.

〈표5-4〉 高麗初期의 官階와 文散階의 對比

唐의 文散階		光宗以前	光宗9年~成宗14年	成宗14年改定	文宗30年改定
從1品	開府儀同三司	大匡	大匡·開府儀同三司	開府儀同三司	開府儀同三司
正2品	特進	正匡	正匡·特進	特進	特進
從2品	光祿大夫	大丞	大丞·光祿大夫	興祿大夫	金紫光祿大夫
正3品	金紫光祿大夫	佐丞	佐丞·金紫光祿大夫	金紫興祿大夫	銀青光祿大夫
從3品	銀青光祿大夫	大相	大相·銀青光祿大夫	銀青興祿大夫	光祿大夫
正4品上	正議大夫	□□[佐相]	(□□)·正議大夫	正議大夫	正議大夫
下	通議大夫	元甫[元輔]	(元甫·通議大夫)	(通議大夫)	通議大夫
從4品上	大中大夫	正甫	(正甫·大中大夫)	大中大夫[金魚袋]	大中大夫
下	中大夫		(正甫)·中大夫	中大夫[金魚袋]	中大夫
正5品上	中散大夫	元尹	(元尹·中散大夫)	中散大夫	中散大夫
下	朝議大夫		(元尹·朝議大夫)	朝議大夫	朝議大夫
從5品上	朝請大夫	佐尹	(佐尹·朝請大夫)	朝請大夫	朝請大夫
下	朝散大夫		(佐尹·朝散大夫)	朝散大夫[金紫]	朝散大夫
正6品上	朝議郞	正朝	(正朝·朝議郞)	(朝議郞)	朝議郞
下	承議郞		(正朝·承議郞)	(承議郞)	承議郞
從6品上	奉議郞	正位[正衛]	正衛·奉議郞	奉議郞	奉議郞
下	通直郞		正衛·通直郞	通直郞	通直郞
正7品上	朝請郞	□□	(□□·朝請郞)	朝請郞[緋魚袋]	朝請郞
下	宣德郞		(□□·宣德郞)	宣德郞[緋銀魚袋]	宣德郞
從7品上	宣議郞	甫尹	(甫尹·宣德郞)	宣議郞[金魚袋]	宣議郞
下	朝散郞		(甫尹·朝散郞)	(朝散郞)	朝散郞
正8品上	給事郞	軍尹	(軍尹·給事郞)	(給事郞)	給事郞
下	徵事郞		(軍尹·徵事郞)	(徵事郞)	徵事郞
從8品上	承奉郞	中尹	(中尹·承奉郞)	(承奉郞)	承奉郞
下	承務郞		(中尹·承務郞)	(承務郞)	承務郞
正9品上	儒林郞		儒林郞	儒林郞[緋銀魚袋]	儒林郞
下	登仕郞		(登仕郞)	登仕郞	登仕郞
從9品上	文林郞		文林郞	文林郞	文林郞
下	將仕郞		(將仕郞)	將仕郞[緋魚袋]	將仕郞

* ( )는 資料上으로 찾아지지 않은 것을 推測한 것이다.

이처럼 고려전기 관료들의 등급을 나누던 위계였던 초기의 독자적인 관계는 광종 9년까지 40년간(918~958), 광종 9년 이래 고려의 관계와 중국식 문산계의 병용은 성종 14년까지 37년간(958~995), 그리고 성종 14년에 개칭된 문산계는 문종 30년까지 81년간(995~1076)에 걸쳐 각각 사용되었다. 이러한 변화에서 주목되는 것은 광종에 의한 당의 문산계의 수용에 의한 관계와 문산계의 병용이고, 성종대의 개편은 문산계의 전면적인 채택이다. 그 중 후자의 경우는 從1品의 光祿大夫를 興祿大夫로, 從2品의 金紫光祿大夫를 金紫興祿大夫로, 정2품의 銀青光祿大夫를 銀青興祿大夫로 개칭한 것에 지나지 않는다.[12]

이때 왜 光祿을 興祿으로 바꾸었는지를 알 수 없으나 성종이 982년(성종1, 太平興國7) 12월 및 985년(성종4) 2월에 송으로부터 고려국왕으로 책봉될 때에 부여받은 문산계가 광록대부였기에,[13] 이를 피하여 興祿大夫로 개칭하였던 것으로 추측된다. 또 같은 해에 실시된 무산계에서 당의 昭武校尉[正6品上]와 昭武副尉[正6品下]가 각각 耀虎校尉, 耀虎副尉로 개칭되었다. 이는 武字가 혜종의 이름이고, 昭字가 광종의 이름이기에, 이를 避諱(敬諱)하기 위해 개칭한 것이다.

---

12) 이 점은 1076년(문종30)의 개편도 양자를 당제국의 그것으로 환원한 것에 지나지 않아 같은 의미를 지닌다.

13) 『송대조령집』 권237, 政事90, 四裔10, 高麗, 王治拜官封高麗國王詔 ; 『고려사』 권3, 세가3, 성종 2년 3월 戊寅·성종 4년 5월.

제3절 관계의 運用

지금까지의 연구 성과들은 주로 『고려사』·『고려사절요』 등의 연대기와 해당시기에 만들어진 금석문을 주로 이용하여 고려초기의 관계의 운영에 대해 살펴보았다. 그래서 관계의 수여대상이 주로 귀부한 성주(城主), 중앙의 관료 등을 포함한 일부 지배층에 한정되어 있었다고 보았다. 그렇지만 통일국가를 형성한 고려왕조가 지배층을 국가질서 체계 내에 모두 편재하지 못했을까하는 의문이 남겨지고 있다. 이를 보완하기 위해 중국의 자료를 새로이 정리하여 해당시기에 중원(中原)에 파견된 고려의 사신단에 참여했던 인물들이 띠고 있었던 관계와 관직을 검토해 볼 필요성이 제기된다.

먼저 고려초기의 관계가 시행되고 있었던 923년(태조6)부터 995년(성종14)까지 약72년 사이에 중원에 파견된 고려의 사신 중에서 관계와 관직을 함께 띠고 있는 경우를 적시(摘示)하면 다음의 자료 D와 같다.[1]

D1. 938년(太祖21) : 昇元二年 六月, 是月, 高麗使正朝·廣評侍郎柳勳律來朝貢(『陸氏南唐書』 권1, 本紀1, 烈祖).[2]

2. 944년(惠宗1) : 開運元年 正月, 以入朝使·王子大相·守倉部令·上柱國·賜紫金魚袋王申一爲檢校尙書右僕射, 正朝·守廣評侍郎·柱國·△[賜]丹金魚袋柳迴酬△[爲]檢校禮部尙書, 守廣評郎中韓李康△[爲]試衛尉卿, 守廣評郎中朴玄信△[爲]試大府少卿, 守兵部主事韋安△爲

---

1) 그 외에 994년(성종13) 고려가 契丹에 파견했던 入朝使 正位 高良이 있으나, 그가 띠고 있던 관직을 알 수는 없다. 『고려사』 권10, 세가10, 선종 5년 9월, "統和十二甲午年, 入朝正位高良, 賫到天輔皇帝詔書, 勑高麗國王王治, 省東京留守遜寧奏, 卿欲取九月初, 發丁夫修築城砦, 至十月上旬已畢 …". 이 기사는 고려가 太僕少卿 金先錫을 契丹에 보내 榷場을 罷하여 주기를 요청한 表에 수록되어 있는 것이다.

2) 柳勳律은 946년(정종1) 5월에 건립된 「康津無爲寺先覺大師遍光塔碑」의 書者인데, 이때 그의 官銜은 '正朝·□□[前廣]評侍郎·柱國·賜丹金魚袋'이다.

試將作監主簿. 以進奉賀登極使正朝·前守廣評侍郎·柱國·[賜]丹金魚袋金仁逢可檢校工部尙書, 副使禮賓卿·柱國·△[賜]丹金魚袋金裕可試大府卿, 判官兵部郎中張規可試衛尉少卿(『五代會要』 권30, 高麗).

3. 972년(광종23) : 開寶五年, 遣使以方物來獻, 制加食邑, 賜推誠·順化·守節·保義功臣. 進奉使內議侍郎徐熙加檢校兵部尙書, 副使內奉卿崔鄴加檢校司農卿, 並兼御史大夫, 判官廣評侍郎康禮△加試少府少監, 錄事廣評員外郎劉隱加檢校尙書金部郎中, 皆厚禮遣之(『宋史』 권487, 열전246, 外國3, 高麗).

(이에서 * △[爲]·△[加]는 생략된 글자를 追加한 것이다.)

이상에서 나타난 인물들의 관계와 관직을 살펴보면, 류훈률(柳勳律)은 正朝(7品上)로서 廣評侍郎을(자료 D1), 王申一은 大相(4品上)으로서 守倉部令을, 柳迴酬는 正朝(7品上)로서 守廣評侍郎을, 金仁逢은 正朝(7品上)로서 前守廣評侍郎을 띠고 있었다(D2). 그리고 內議侍郎 徐熙는 당시의 관계를 알 수 없으나 이보다 11년 후인 983년(성종2) 5월 3일(戊午)에 佐丞(3品下)으로 병관어사(兵官御事)에 임명되었기에(D3), 이때의 관계는 그 보다 훨씬 낮았을 것이다.

또 고려 측의 자료에서 찾아지는 관계와 중앙관직의 대응을 보여 주는 사례를 적시하면 다음의 자료 E와 같다.[3)]

E1. 937년(태조20) : 前侍中·<u>太相</u>[大相] 李陟良(「海州廣照寺眞澈大師寶月乘空塔碑」).

2. 940년(태조23) : <u>太相</u>[大相]·知元鳳省事 崔彦撝(「溟州地藏禪院朗圓大師悟眞塔碑」·「康津無爲寺先覺大師遍光塔碑」, 946年 建立).

3. 950년(광종1) : <u>太相</u>[大相]·前守禮賓令·元鳳令兼知制誥 孫紹(「谷城大安寺廣慈大師碑」).

4. 951년 무렵(광종2) : 內議令·<u>太相</u>[大相] 皇甫□□[光謙], 翰林學士·<u>太相</u>[大相]·守兵部令 金岳(聞慶鳳巖寺靜眞大師圓悟塔碑」).

5. 956년(광종7) : 至顯德三年, 秋八月十九日, 忽告衆日 … 言訖而洎然坐滅, 享齡七十九, 歷夏六十 … 上聞之震悼, 哭諸寢焉. 乃遣使左僧維大德淡猷·元尹守殿中監韓潤弼等, 弔以書, 賻以穀及茗葃. 又遣諡號·塔名, 使<u>元輔</u>[元甫]金俊巖·使副佐尹前廣評侍郎金廷範等,

---

3) 그 외에 태조대에 外官으로 관계를 띠고 있는 사례로 如羆縣制置使·元輔(5品上) 某가 있다(「開豊瑞雲寺了悟和尙眞原塔碑」, 937年 建立).

贈淨謚曰, 靜眞大師·圓悟之塔, 仍命有司, 寫眞影一舖, 錦緣·金軸, 不日而成, 并題讃述. 因令右僧維大德宗乂·正輔正甫金瑛·正衛兵部卿金靈祐等, 充送眞影使, 兼營齋設(「聞慶鳳巖寺靜眞大師圓悟塔碑」).

6. 965년(광종16) : (是歲) 遣大承大丞·內奉令王輅如宋, 獻方物, 帝授輅尙書左僕射·食實封三百戶, 并賜官誥(『고려사』 권2, 세가2, 광종 16년).

7. 975년(경종 즉위년) : 大匡·內議令兼摠翰林 王翩王融(『삼국유사』 권2, 紀異2, 金傅大王, 册尙父誥).

8. 980년(경종5) : 是歲, 以崔知夢爲大匡·內議令·東萊郡侯·食邑一千戶柱國. 一日知夢奏曰, 客星犯帝座, 願王申戒宿衛, 以備不虞. 未幾, 王承等謀逆, 事覺伏誅, 賜知夢御衣金帶(『고려사절요』 권2, 경종 5년).

9. 981년(경종6) : 大匡·內議令判摠翰林兼兵部令 王融, 正匡·翰林學士 崔承老(「山淸智谷寺眞觀禪師悟空塔碑」).

10. 983년(성종2) : 夏五月 戊午, 以佐丞徐熙爲兵官御事, 大相鄭謙儒爲工官御事(『고려사』 권3, 세가3, 성종 2년 5월).

11. 983년(성종2) : 九月 戊午, 以佐丞李知白爲諫議大夫(『고려사』 권3, 세가3, 성종 2년 9월 戊午).

이들 자료에서 먼저 전체 관계 9품 중에서 중하층(中下層)으로 받아들일 수 있는 2/3 곧 大相(4品上)級 이하의 경우, 李陟良·皇甫匡謙·金岳 등은 大相(4品上)으로 각각 前廣評侍中, 內議令, 守兵部令을(자료 E1·4), 崔彦撝·孫紹 등은 大相으로 각각 知元鳳省事, 元鳳省令兼知制誥를(E2·3), 韓潤弼은 元尹(6品上)으로 守殿中監을, 金廷範은 佐尹(6品下)로서 前廣評侍郞을, 金靈祐는 正衛(7品下)로서 兵部卿을(E5) 각각 띠고 있다. 이에 비해 상층부로 이해되는 1/3 곧 佐丞(3품상) 이상의 경우, 王輅는 大丞(3品上)으로 內奉令을(E6). 王融·崔知夢 등은 大匡(2品上)으로 內議令에(E7~9), 徐熙는 佐丞(3品下)로서 兵官御事에, 鄭謙儒는 大相(4品上)으로 工官御事에(E10), 李知白은 佐丞으로 諫議大夫에 각각 임명되었다(E11).

이상과 같은 D·E의 자료를 앞에서 제시된 자료 A와 함께 다시 시대 진전의 순서로 정리해보면 다음의 〈표5-5〉와 같다.

〈표5-5〉 高麗初期의 官階와 官職의 對應

時期	人名	官階	官職	文散階	中原의 官爵
937(태조20)	李陟良	大相(4品上)	前廣評侍中		
938(태조21)	柳勳律	正朝(7品上)	廣評侍郎		
940(태조23)	崔彦撝	大相(4品上)	知元鳳省事		
944(혜종1)	王申一	〃	守倉部卿		檢校尙書右僕射
	柳迴酬	正朝(7品上)	守廣評侍郎		檢校禮部尙書
	金仁逢	〃	前守廣評侍郎		檢校工部尙書
950(광종1)	孫紹	大相(4品上)	元鳳省令		
951(광종2)	皇甫□□匡謙	大相(4品上)	內議令		
	金岳	大相(4品上)	守兵部令		
956(광종7)	韓潤弼	元尹(6品上)	守殿中監		
	金廷範	佐尹(6品下)	前廣評侍郎		
	金靈祐	正衛(7品下)	兵部卿		
958(광종9)	金廷彦	〃	翰林學士	通直郎(從6品下)	
965(광종16)	李夢游	正衛(7品下)	翰林學士	奉議郎(從6品上)	
	張端說	□□未詳	翰林院書博士	文林郎(從9品上)	
	王輅	大丞(3品上)	內奉令		(檢校)尙書左僕射
972(광종23)	徐熙	□□未詳	內議侍郎		檢校兵部尙書
975(광종26)	金廷彦	大丞(3品上)	內奉令	光祿大夫(從2品)	
	張端說	佐尹(6品下)	前軍部卿	奉議郎(從6品上)	
975(경종즉)	王融	大匡(2品上)	內議令		
978(경종3)	金廷彦	大丞(3品上)	前內奉令	光祿大夫(從2品)	
	韓允	□□未詳	司天臺博士	儒林郎(正9品上)	
980(경종5)	崔知夢	大匡(2品上)	內議令		
981(경종6)	王融	大匡(2品上)	內議令 兼兵部令		
	崔承老	正匡(2品下)	翰林學士		
983(성종2)	徐熙	佐丞(3品下)	兵官御事		
	鄭謙儒	大相(4品上)	工官御事		
	李知白	佐丞(3品下)	諫議大夫		

* 文散階의 官品으로의 換算은 唐制에 依據하였다.

이상의 〈표5-5〉는 현재까지 그 실체를 분명히 할 수 없었던 고려초기의 관인들의 위계를 나타낸 관계와 행정의 실무를 담당한 관직과의 대응이 어떻게 설정되어 있었는가에 대한 일단면을 제시해 줄 수 있는 자료가 될 수 있을 것이다. 곧 태조 왕건이 궁예의 태봉국을 쿠데타로 전복시킨 후 고려왕조를 개창하였으나, 문물제도는 대체로 마진의 그것을 답습하여 관부·관직·관계 등을 사용하였다. 그래서 최고관부였던 광평성을 위시한 內奉省·軍部·兵部 등의 4관부를[4] 주축으로 하여 12

개의 관부를 운용하고 있었음은 왕조가 개창된 5일 후인 6월 20일(辛酉)의 인사이동을 통해 파악할 수 있다. 그 중에서 핵심의 관부는 930년(태조13) 이후 내의성의 등장으로 인해 어느 정도 위치의 변동이 있었던 것 같지만[李泰鎭 1972년], 그 서열이 975년(경종 즉위년) 10월에 이루어진 김부(金傅, 敬順王)의 책상부고(册尙父誥)에 그대로 반영되어 있음을 통해 볼 때 그 근간은 흔들리지 않았던 것 같다[張東翼 1982년].

그런데 〈표5-5〉를 통해 볼 때, 965년(광종16) 大丞(3品上)으로 內奉令을 역임하였던 王輅 이전에는 핵심관부의 차관급의 관료들이 띠고 있는 관계가 극히 하위에 머물고 있는 점이 주목된다. 곧 최고의 관부인 광평성의 장관인 前侍中 李陟良이 大相(4品上)에, 차관격인 前·現職의 廣評侍郎이 正朝(7品上)·佐尹(6品上)에 지나지 않고(柳勳律·柳迥酬·金仁逢·金廷範),[5] 네 번째 서열의 관부인 兵部의 장관 守兵部令이 大相(金岳)에, 차관 兵部卿이 正衛(7品下, 金靈祐)에, 그 외의 관서의 장·차관인 知元鳳省事·元鳳省令·守倉部卿 등이 大相(4品上, 崔彦撝·孫紹·王信一)에, 守殿中監이 元尹(6品上, 6品上, 韓潤弼)에 각각 머물고 있다.[6] 또 제왕(帝王)의 측근에서 문한(文翰)을 담당하던 근시직(近侍職)인 한림학사(翰林學士)도 正衛(正位, 7品下, 金廷彦·李夢游)에 머물고 있어 후대의 아경(亞卿, 正3品)으로 우대를 받고 있었던 것과 큰 차이를 보이고 있다.[7]

이러한 사실을 『고려사』에 수록되어 있는 여러 관계를 띠고 있는 인물들의 사례와 비교해보면 크게 3개의 계층으로 구분되고 있었던 것으로 추측된다.[8] 첫째 계층인 2품(大匡·正匡)과 3품(大丞·佐丞)의 소지자는 국초 이래 태조 왕건의 종제(從弟)를[9] 위시한 그들의 자제와 왕건의 처족(妻族), 개국공신 1·2등, 지방의 대호

---

4) 이들 관부의 長·次官은 975년(경종 즉위년) 10월에 發給된 金傅의 册尙父誥에 의하면 각각 2인으로 구성되어 있었다(『삼국유사』 권2, 紀異2, 金傅大王).

5) 그 중에서 正朝(7品上)는 962년(광종13) 지방의 中小豪族으로 추정되는 '淸州堂大等 金介一'이 띠고 있을 정도의 위상을 지니고 있었다(「淸州龍頭寺鐵幢竿記」).

6) 이들의 일부가 중원(中原)에 파견되었을 때도 그들이 지니고 있는 고려의 관계에 따라 관직의 제수(除授)에도 차이가 있었던 것 같다.

7) 그 외에 관료로서의 경력을 볼 때, 광평시중을 역임한 후 大相(4品上)·佐丞(3品下)에 임명된 인물로서 太祖代 康公萱(侍中→大相)·劉權說(侍中→佐丞) 등이 찾아진다.

8) 1品의 三重大匡·中大匡은 생전(生前)에 이를 띤 인물은 찾아지지 않고, 사후의 추증직으로 나타나므로 계층의 구별에서 제외하였다.

족, 그리고 주요 거점지역에 파견된 장수들로서 당시의 최고 지배층이었다.[10] 둘째 계층인 4~6품(大相~佐尹)은 군사·행정 등의 국가운영의 실질적인 집행자들이며, 그중 大相(4品上)의 소지자는 광평성을 위시한 4관부의 장관, 정벌·축성(築城) 등 군사동원에서의 지휘관, 국내외에 파견된 사신단의 정사(正使), 지방에서 귀부(歸附)해온 유력한 호족 및 전공(戰功)을 세운 호족 등이었다. 그리고 셋째 계층인 正朝 以下의 7~8품은 행정과 문한의 능력을 통해 성장한 중하급의 관료·지휘관, 지방의 중소호족, 군인·전문기술자 등이었는데, 그중에서 正朝(7品上)·正位(7品下)는 중앙 핵심관부의 차관급을 역임하였다.

이처럼 고려 초기 최고관부의 장·차관들이 둘째 계층이하의 중하위의 관계를 부여받고 있었던 점은 어떻게 설명할 수 있을까? 하는 문제가 우선적으로 제기된다. 관련된 자료가 전혀 찾아지지 않아 당시의 정황을 통해 유추할 수밖에 없을 것이다. 그 하나로서 913년(乾化3, 水德萬歲3) 왕건이 궁예에 의해 '波珍粲兼侍中'에 임명되었다고 하는데, 파진찬(波珍粲)은 신라의 경위 17관등 중에서 4관등이며, 이를 계승한 태봉국에서도 거의 같은 위치에 있었을 것이다. 또 파진찬은 918년(태조 1) 6월의 관료임명에서도 蘇判[迊飡, 3官等]·韓粲[大阿飡, 5官等] 등과 함께 나타나는데,[11] 최상층은 아니었을 것이다. 이 점을 통해 볼 때 태봉국에서도 광평성의 장

---

9) 왕건의 종제는 연대기에서 大匡 萬歲·王式廉 등이 찾아지고, 944년(혜종1)에 건립된 「寧越興寧寺澄曉大師寶印塔碑」의 陰記에 기록된 '□□大王·弼榮大王'도 帝王의 弟를 大王으로 칭하기 때문에 왕건의 종제로 추정된다.

10) 그 대표적인 인물들을 호족세력에 대한 견제가 시작되는 956년(광종7) 이전의 사례를 적시하여 보면 다음과 같은데, 관등과 시점이 달라서 중복된 경우도 있다.

·大匡 : 從弟 王萬歲·開國功臣 裴玄慶·武將 庾黔弼·能丈·英周·烈弓·恩希·康公萱·皇甫悌恭·思道貴·王規·朴述熙·朴守卿·溟州將軍(溟州諸軍事) 順式·古昌郡城主 金宣平·女眞人 蘇無蓋.

·正匡 : 太祖 23妃 月花院夫人의 父 英章.

·大丞 : 天安都督府使 皇甫悌弓[悌恭]·太祖 8妃 貞穆夫人의 父 王景·19·20妃인 大·小西院夫人의 父 金行濤·武將 朴質榮·武將 金行波·定宗의 從叔 王式廉·溟州豪族(順式의 副官) 官景.

·佐丞 : 太祖의 從弟 王式廉·王族 欽魯·武將 朴守文·武將 王忠·武將 康公萱·官僚 劉權說·官僚 王儒(朴儒)·基州諸軍事 康公萱·溟州都令 王乂·順式의 子 王廉·昧谷城主 龔直·高鬱府將軍 能長(能文)·後百濟 將軍(甄萱의 壻) 朴英規·出身不詳 王詢·出身不詳 堅書.

11) 『고려사』 권1, 세가1, 태조 1년 6월 辛酉,

관인 시중이 최고위층이 임명된 관직은 아니었던 것으로 추측된다.

다음으로 태조 왕건을 옹립했던 세력 곧 배현경(裴玄慶)·홍유(洪儒)·신숭겸(申崇謙) 등은 주로 최상급의 지휘관이 아니라 차상급의 장군직을 띠고 있던 궁예정권의 무장들이었던 것 같다. 이들보다 상위직인 대장군, 곧 왕건과 비슷한 지위에 있었던 궁예의 총신인 마군대장군(馬軍大將軍) 이흔암(伊昕巖)의 사례와[12] 같이 일급 지휘관들은 군사를 거느리고 주된 거점지역에 파견되어 있다가 왕조교체를 계기로 제거되었던 것 같다. 이로 인해 신왕조의 개창에 참여했던 재경세력(在京勢力)은 주로 궁예정권의 중견장수 내지 관료층으로 구성되어 있었던 같고, 이들은 소수의 군사력으로 쿠데타에 성공할 수 있었을 것이다. 이 점은 6월 20일(辛酉)의 여러 관부에 임명된 관료들이 개국공신이 아니고 관계가 높은 고관도 아니며,[13] 당시 활동이 두드러진 현실적인 실력자도 아닌 실무위주의 행정적 관인이었기 때문에 고려 초기 중앙관부의 위치는 그리 크지 않았으나 점차 시간이 흐름에 따라 그 비중이 커져갔다는 견해에서도[邊太燮 1981년] 확인될 수 있다.

이러한 점들을 감안해 볼 때 호족세력이 강성했던 고려 초기의 광평성은 국가의 정령을 각지의 호족세력에게 집행할 수 위치에 있지 못하였으며, 그 관료들의 위상도 호족세력의 그것에 비견(比肩)될 수 없었던 것 같다.[14] 곧 국초 이래 2품(大匡·正匡)과 3품(大丞·佐丞)의 관계를 부여받은 최고의 지배층들은 중앙의 핵심 통치기구인 광평성을 위시한 핵심 4개 관부의 지배체제 내에 들어간 관료층으로 존재한 것이 아니었던 것 같다. 이들은 고위의 관등을 소지한 채, 통치기구의 외연(外延)에 위치해 있으면서 자신들의 근거지인 지방을 반독립적으로 통치하는 동시에 중앙에서는 스스로의 무력기반인 사병(私兵)을 거느리고 있는 존재였을 것이다.

그래서 최고관부로 이해되고 있는 광평성은 이들 유력한 호족·개국공신들의 의사를 받들어 의논하는 평의(評議)의 장소, 곧 글자 그대로 '널리 평의하는 기관'으로 존재하고 있었지만[李基白 1975년], 이 관부를 위시한 4개 관부의 장·차관들도

---

12) 『고려사』 권127, 열전40, 叛逆1, 伊昕巖.

13) 이 점은 2등공신인 廉相이 태조 말년에 이르러서야 재신(宰臣)의 위치에 올랐던 점을 통해 알 수 있다.

14) 이 점은 태조가 지방의 호족세력을 회유하기 위해 간단한 행차의 사신[單使]을 파견하여 후한 예물을 하사하고 스스로의 언사(言辭)를 낮추었다는 사실[重幣卑辭]과 같은 범주에 해당하는 것이다(『고려사』 세가1, 태조 1년 8월 己酉).

유력한 호족세력이 '재신(宰臣)'·'재보(宰輔)' 등의 명목으로 띠고 있던 여러 재상[諸宰], 곧 2~3品(大匡~佐丞)의 예하에 위치지어져 있었을 것으로 추측된다.[15] 이 점은 고려 초기의 정치적 질서가 호족연합적인 성격을 띠고 있었다는 점을 재확인시켜 주는 동시에 당시의 중앙통치구조가 관료적 집권체제를 갖추지 못하였음을 말해 주는 것일 것이다.

이상과 같은 고려 초 이래의 중앙관부의 장·차관들이 지니고 있던 관계는 965년(광종16) 大丞(3品上)으로 內奉令을 역임하였던 王輅 이후에는 上向調整되고 있다. 곧 975년(광종26) 內奉令 金廷彦이 大丞(3品上)·光祿大夫[唐從2品]을 띠고 있고, 같은 해(경종 즉위년) 10월 및 980년(경종5)에 王融·崔知夢이 각각 大匡(2品上)으로 內議令에, 981년(경종6) 王融이 大匡으로 內議令兼兵部令에 임명되었다. 또 983년(성종2) 佐丞(3品下) 徐熙와 李知白이 각각 兵官御事, 諫議大夫로, 大相(4品上) 鄭謙儒가 工官御事로 각각 임명되었는데, 이들 관직은 982년(성종1) 이후의 唐制의 3省6部에 해당하는 중앙관부의 상위직으로 거의 후일의 관품과 거의 일치하고 있다.

이처럼 재상 및 御事 6部(後日의 尙書 6部) 장관의 관계가 상향 조정될 수 있었던 것은 결과론적 이해일 수도 있지만, 956년(광종7) 노비안검법이 실시된 이래 지속적으로 이루어진 호족세력의 숙청을 계기로 한 것으로 추측된다. 이 시기 이래 숙청된 인물들은 주로 두 번째 계층인 佐丞(3品下) 이상의 관계를 띠고 지배체제 외에 존재하면서 사병과 같은 군사력을 보유하고 있었던 중앙의 호족세력으로 추측된다. 이로써 왕권의 위상이 높아짐에 짝하여 중앙지배체제가 공고해지고, 관료

15) 당시 최고 지배층이 통치조직에 참여했을 때 936년(태조19) 大匡 皇甫悌恭과 같이 당시의 직제에 없는 左丞相(「海州廣照寺眞澈大師寶月乘空之塔碑」) 또는 943년(太祖26) 5월 태조의 顧命을 받았던 廉相·[大匡]王規·朴守文 등의 직함인 宰臣(『고려사』 권2, 세가2, 태조 26년 5월 丁酉) 등을 띠고 있었을 것이다. 또 宰輔는 ①939년(태조22)에 건립된 「豊基毗盧庵眞空大師普法塔碑」 ②941년(태조24)에 건립된 「榮州境淸禪院慈寂禪師凌雲塔碑」·③944년(혜종1)에 건립된 「開豊五龍寺法鏡大師普照慧光塔碑」 등에 나온다. 그 중에서 ②에는 '그 친족인 佐丞 欽魯는 官位가 宰輔였고, 職官[職綰]이 궁궐을 담당하였으며[宮闈], 왕족의 형제였다. 其親□□佐丞欽魯, 官居宰輔, 職綰宮闈, □王氏之連枝'라고 되어 있어 佐丞이 宰輔로 불려졌음을 보여준다. 그리고 여러 宰臣[諸宰]은 935년(태조18) 11월 12일 경순왕이 개경에 도착하자 태조가 황태자[東宮]와 여러 宰臣[諸宰·諸宰臣]으로 하여금 호위하게 하였다는 기사에서 찾아진다(『고려사』 권2, 태조 18년 11월 癸卯 ; 『고려사절요』 권1에는 '諸宰臣'으로 되어 있다).

들의 위상이 높아지게 됨에 따라 관료들의 관계도 그들의 위계에 부응할 수 있게 되었기 때문일 것이다. 이후 광종의 계승자인 경종을 거쳐 성종대에 명실상부한 관료적인 지배체제를 구비할 수 있게 되었을 것이다. 또 이후 관계의 부여는 호족들이 지방에서의 지니고 있었던 세력의 대소에 의해 결정되는 것이 아니라 관료로서의 위상에 의해 하층에서 중·상층으로 점진적으로 승진해 가는 것으로 전환되었을 것이다.

이상에서 고려초기의 관계의 정비과정, 내용, 그리고 이의 운용에 대한 여러 양상을 시론적으로 살펴보았다. 본 논문은 이들 주제에 대한 종래의 연구에서 미진했던 점을 보완하면서 새로운 가설을 제시하여 향후의 논쟁을 불러일으키려는 의도에서 작성된 것이다. 여러 면에서 문제점이 많을 것으로 예상되지만, 이를 간단히 정리하여 결론으로 삼고자 한다.

고려 초기 지배층의 위계를 나타내는 독자적인 관계제도는 구체적 모습이 연대기에 반영되어 있지 않아 그 실상을 분명히 하기 어렵다. 단지 이전의 왕조인 태봉국의 그것을 계승하여 시의적절하게 변모시켜 사용하다가 40년이 경과한 958년(광종9) 무렵 당제(唐制)의 의한 문산계와 37년간에 걸쳐 병용되게 되었음을 알 수 있을 뿐이다. 또 이는 경종·성종대에도 그대로 사용되다가 995년(성종14) 5월의 관제개혁 때에 극히 일부의 명칭만을 수정한 문산계의 전면적인 실시에 의해 여러 신분층에게 주어지는 훈직(勳職)인 향직(鄕職)으로 개편되었던 것 같다.

『고려사』의 향직조에 수록되어 있는 국초 관계의 내용은 당시의 형편을 그대로 반영하고 있는 것이 아니라 대체적인 모습을 보여주는 것으로 추측되는데, 이를 다른 자료를 통해 복원하면 9품 16등급으로 이루어져 있었던 것 같다. 곧 당시에 만들어진 금석문자료를 통해서 향직조에 수록되어 있지 않은 관계인 佐相(左相, 4品下)과 □□(太卿?, 8品上)이 추가될 개연성이 있다. 또 이들 관계는 958년(광종9) 무렵 중국식의 문산계와 이원적 체계로 병용될 때, 大匡(2品上, 開府儀同三司)에서 元甫(5品上, 正議大夫)까지의 상층은 하나의 문산계로 정비되었고, 그 이하의 正甫(5品下, 大中大夫·中大夫)부터 中尹(9品下, 承奉郎·承務郎)까지는 두 개의 계층으로 분화 개편되었던 것으로 추측된다(표4).

그리고 9품 16등급으로 구성된 관계는 최고지배층의 사후(死後)에 추증직(追贈職)으로 사용되었던 것으로 추측되는 1품(三重大匡·重大匡)을 제외하고 크게 세

개의 계층으로 나누어져 지배층의 위계로서 부여되었던 것으로 추측된다. 첫째 계층인 2품(大匡·正匡)과 3품(大丞·佐丞)은 국초 이래의 왕족과 인척·개국공신·지방의 대호족·주요 거점지역에 파견된 장수 등에게, 둘째 계층인 4~6품(大相~佐尹)은 최고관부인 광평성을 위시한 4관부의 장관·정벌(征伐)·축성(築城) 등 군사동원에서의 지휘관·국내외에 파견된 사신단의 정사·지방에서 귀부해온 유력한 호족 및 전공을 세운 호족 등에게, 셋째 계층인 正朝 以下의 7~8품은 중·하급의 관료 및 지휘관·중소호족·군인·전문기술자 등에게 각각 부여되었다.

이에서 주목되는 하나의 현상은 최고관부의 장·차관들이 둘째 계층의 관계를 부여받고 있는 점인데, 이는 아직 중앙집권적인 통일왕조를 완성하지 못한 신왕조의 형편에 의해 지배층을 왕권의 예하에 신료로서 일률적으로 편제시킬 수 없었기 때문일 것이다. 이를 해소하기 위한 왕권강화책이 왕조가 개창된 후 38년이 경과한 956년(광종7) 이래 전개되어, 통치기구의 외연에서 특권적 지위를 지니고 있던 최고지배층들이 숙청되게 됨에 따라 관계도 지배층의 신분적 특권을 표시하는 위계에서 관료로서의 신분적 질서를 나타내는 직급으로 변모될 수 있게 되었던 것 같다. [『역사교육논집』 48, 2012]

제6장
『고려사』에 引用된 原典의 句節

제1절 인용된 句節의 정리

15세기 중엽에 편찬이 마무리되었던 『고려사』와 『고려사절요』는 고려왕조의 역사를 전반적으로 정리한 대표적인 사서(史書)이다. 이들 연대기는 춘추관의 관원들을 중심으로 하여 기고(起稿)에서 완성까지 거의 60년의 세월이 경과되었기에 큰 흠집이 없는 사서로 받아들여지고 있다. 이는 4차에 걸친 편찬의 실패 끝에 이루어진 결과물이기에 인내심을 갖고 번거러움을 피하지 않은 채 세심하게 사실의 기록이 이루어졌을 것으로 판단되기도 하였다. 그래서 『고려사』가 지니고 있는 내용에 대한 한계는 지적되지 않은 채, 편찬과정·원칙·사론(史論) 등의 분석을 통해 비교적 객관적으로 서술된 사서라는 결론이 얻어지기도 하였다.

그렇지만 연대기의 편찬에는 일정한 체제가 있고, 사실의 서술에는 일정한 방식이 있으나 기왕의 연구에서는 이에 대한 어떠한 주목도 없었다. 또 여러 주석본에서 일부의 오자(誤字)·탈자(脫字) 등이 지적되기도 하였으나 내용의 교정단계까지는 이르지 못하였다. 최근의 어떤 지적에 의하면 편찬과정에서 여러 형태의 오류(誤謬)가 있었다고 한다.[1] 이는 조선 초기의 잦은 변란(變亂)의 와중에서 나타난 편수관(編修官)의 빈번한 교체, 관수(官修)에 의한 중인(衆人)의 분찬(分纂), 온전하지 못한 수사전통(修史傳統)의 계승, 공정하지 못한 편수관에 대한 책벌(責罰) 등과 같은 당시의 정치적 상황에 기인한 것으로 추측된다.

그럼에도 불구하고 『고려사』는 고려왕조와 관계를 가졌던 어떤 왕조의 정사(正史)보다도 내용적으로 풍부하며, 그 중에서도 중원(中原)의 제국(諸國)과 관련된 기사는 당시의 사정을 매우 상세하게 반영하고 있는 특징이 있다. 이와 함께 사실의 서술에서 구사된 용어와 전고(典故), 그리고 문장의 구성 등은 중원의 사서에 비견(比肩)될 정도로 높은 수준을 지니고 있는 것 같다. 이는 중원의 역대왕조에서 편

---

1) 장동익, 「고려사의 편찬과정에서 개서」 『퇴계학과 한국문화』 46, 2010 ; 「고려사의 편찬과정에서 발생한 오류의 諸樣相」 『역사교육논집』 56, 2015.

찬, 기록된 수많은 전적(典籍)의 구절(句節)이 인용(引用)되어 있음을 통해 일단을 엿볼 수 있다. 또 이들 내용은 고려의 문인(文人)들의 지적(知的)인 기반이 어디에 있었는가를 살펴보는 데에 중요한 자료의 하나가 될 수도 있을 것이다. 그렇지만 이들 내용에도『고려사』의 편찬자가 기사의 편찬을 위한 저본(底本)인 역대 제왕(帝王)의 실록을 축약하면서 인용된 원전명의 착오, 구절의 탈락, 문장의 전도(顚倒) 등과 같은 오류도 찾아진다. 이 점에 주목하여『고려사』에 인용된 원전(原典)의 구절에 대한 여러 가지의 양상(樣相)을 검토하고자 한다.

『고려사』의 세가편(世家篇)과 열전편(列傳篇)에 수록되어 있는 내용은 기본적으로 역대제왕의 실록을 축약한 것 같은데, 그 중에서 부실하게 편찬되었던 실록의 내용은 고려시대에 편찬된 편년체의 여러 사서를 통해 보완하였던 것 같다. 또 법령·전장(典章)이 온전하게 남아 있지 못한 결과로 인해 지편(志篇)의 일부 내용은 범례(凡例)에서 밝힌 바와 같이『고금상정례 古今詳定禮』,『식목편수록 式目編修錄』, 그리고 여러 사람의 잡록[諸家雜錄]을 통해 보완되었던 것 같다. 그렇지만 수록된 내용의 전거가 분명히 밝혀지지 않아 특정의 기사가 어느 시기에 작성되었는지를 알 수 없는 한계가 있다. 이에 비해 중원에서 출판된 수많은 전적들에 수록되어 있는 구절의 일부가 인용될 때는 그 원전이 대체적으로 제시되어 있는데, 이들을 기록된 시기의 순서에 따라 정리하면 다음의 〈표6-1〉과 같다.[2)]

〈표6-1〉 原典의 出處가 記載된 句節[I類型][3)]

連番	時 期	編 目	內 容	原 典	備 考
1	太祖15.5	世家1	祥瑞志云,行役不平,貢賦煩重,下民怨上,有此之應	天地瑞祥志	
2	惠宗2.某	節要1	傳日,男女同姓,其生不繁	春秋左氏傳	
3	成宗卽.12	禮6	書儀,一日兩宵給暇	(書儀)	내용없음
4	성종1.6	節要2	易日,聖人感人心,而天下和平	周易	
5	〃	〃	語日,無爲而治者,其舜也.夫何爲哉,恭己,…	論語	
6	〃	〃	禮云,天子堂九尺,諸侯堂七尺	禮記	
7	〃	〃	語日,非其鬼而祭之,諂也	論語	

2) 이의 정리에서 출전에 대한 언급이 없는 인물과 故事成語, 唐律의 轉載(『唐律疏議』·『唐律拾遺』) 등에 대해서는 생략하기로 한다.

8	〃	〃	傳曰,鬼神,非其族類不享	春秋左氏傳	
9	성종7.2	세가3	按周禮內宰職曰,上春,詔王后率六宮之人,…	周禮	
10	성종9.7	절요2	按說苑六正·六邪文,曰夫人臣之行,有六正·六邪.行六正則榮,犯六邪則辱. …	貞觀政要	故
11	성종10.②	세가3	禮曰,王爲群姓立社,曰大社,自爲立社,曰王社.…	禮記	
12	성종12.2	食貨3	漢食貨志,千乘之國,必有千金之價,以年豐歉,行糶糴, …	漢書	
13	성종13.3	세가3	晉書所云,兄弟旁及,禮之變也	通典	
14	穆宗5.5	〃	古史云,芳餌之下,必有懸魚,善賞之朝,必有勇士	後漢書	
15	顯宗2.4	세가4	語云,危而不持,顚而不扶,將焉用彼相	論語	
16	〃	〃	書曰,惟木從繩則正,后從諫則聖	尙書	
17	〃	〃	九五曰,飛龍在天,利見大人	周易	
18	〃	〃	蠱之爲卦,尊者在上,卑者在下	(周易)	내용없음
19	현종3.2	〃	語曰,百姓不足,君孰與足	論語	
20	현종4.3	〃	禮云,伐一樹,不以□[其]時,非孝也	大戴禮記注	
21	〃	〃	史云,松栢,百木長也	史記	
22	현종9.2	〃	禮記,季春之月,省囹圄,去桎梏	禮記	仲春
23	현종16.4	세가5	按禮記,君子行禮,不求變俗	周禮	
24	〃	〃	又云,修其教,不易其俗,齊其政,不易其宜	〃	
25	현종22.5	〃	傳稱,天將興之,誰能廢之(崔沖史論)	左傳正義	
26	德宗2.12	刑法1	政要曰,三品以上六尙書·九卿,遇親王,不合下馬.親王班,皆次三公下	貞觀政要	內容變造
27	靖宗5.6	兵1	傳曰,以不教人戰,是謂弃之	後漢書	
28	정종6.11	禮6	瑞祥志云,季冬之月,命有司大儺,旁磔,土牛以送寒氣	天地瑞祥志	周禮引用
29	文宗卽.10	병1	兵書云,萬人之軍,取三千爲奇,千人之軍,取三百爲奇	不詳	
30	문종4.10	절요4	傳曰,安不忘危	公羊傳注疏	
31	〃	〃	又曰,無恃敵之不來,恃吾有備	孫子	
32	문종7.7	세가7	謹按唐書,玄宗天寶八載閏六月庚寅,…	舊唐書	丙寅
33	문종7.11	〃	書云,一人元良,萬邦以貞	尙書	

34	문종9.9	절요4	禮□云,世子不爲天子服,又童子不緦	禮記	
35	문종10.1	〃	曲禮日,祭服弊,則焚之,祭器弊,則埋之	〃	敝
36	문종11.5	절요5	禮,庶母有子者,緦麻三月	通典	
37	문종12.1	세가8	唐史稱,列刹盈衢,無救危亡之禍,緇衣滿路,…	舊唐書	蔽
38	문종12.4	〃	今按律曆志,黃者,中之色,君之服也	漢書	
39	〃	〃	唐史云,天子服用赤黃,遂禁士庶,不得以三黃爲服	舊唐書	
40	〃	〃	又唐史云,絳紗衣,朔日受朝則服之	〃	
41	〃	〃	開元禮云,皇帝祈穀圓丘,服絳紗袍	大唐開元禮	
42	〃	〃	古史云,一染謂之絳	爾雅疏	
43	문종12.6	예3	按唐書,宣宗,饗穆宗室文,稱皇兄,太常博士閔慶之奏日,夫禮有尊卑,而不叙親親,謂未當,…	舊唐書	尊尊 弟
44	문종20.4	절요5	書日,食哉惟時,一夫不耕,必有受其飢者	書經·漢書	句節合成
45	문종35.12	세가9	况古史日,夏日嘉平,殷日清祀,周日大蜡,漢日臘	风俗通义	
46	宣宗5.8	절요6	洪範日,狂恒雨若	書經	
47	선종7.8	〃	瑞祥志日,雷電殺人,傷六畜,破丘陵樹木者,…	天地瑞祥志	
48	肅宗1.4	세가11	洪範五行傳日,雹,陰,脅陽之象也	隋書	
49	〃	〃	京房易傳日,誅罰絕理,厥灾隕霜	漢書	
50	〃	〃	又云,上偏聽,下情隔塞,不能謀慮利害, …	〃	
51	〃	〃	又云,興兵妄誅,玆謂亡法,厥灾降霜,夏殺五穀	〃	
52	숙종6.15	〃	京房易飛候云,食祿不益聖化,天示之虫	隋書	視
53	숙종7.29	〃	謹按尙書疏,王者所爲巡守者,以諸侯自專一國,威福在己,恐其壅遏上命,…	尙書	
54	숙종7.10	〃	王制日,五年一巡狩,問百年者就見	禮記	
55	숙종8.某	열전8	禮,大夫七十而致仕,若不得謝,則必賜之几杖	禮書	
56	숙종10.10	史論	傳日,知子莫如父	新書	
57	睿宗1.7	刑法2	書云,左不攻于左,右不攻于右,汝不恭命. …	尙書	

58	예종3.3	열전9	孟子日,弱固不可以敵强,小固不可以敵大	孟子	句節變用
59	〃	〃	詩所謂,于蕃于宣,以蕃王室者也	詩經·書經	句節合成
60	예종7.8	절요	唐書日,生則從子,入廟從夫		내용없음
61	예종11.12	세가14	朕嘗覽貞觀政要,太宗日,但使天下太平,家給人足,雖無祥瑞,□[亦]可比德於堯舜.若百姓不足,夷狄內侵,縱有芝草□[遍]□□[街衢],□□□□□[鳳凰巢苑囿],□[亦]何異於桀紂	貞觀政要	添字缺落
62	예종12.6	열전9	其詩日,魯侯戾止,在泮飮酒,旣飮旨酒,永錫難老	詩經	
63	〃	〃	其詩日,魯侯燕喜,□□□□[令妻壽母],宜大夫庶士,邦國是有, 旣多受祉.□□□□[黃髮兒齒]	〃	添字缺落
64	仁宗즉.7	절요8	傳日,天子有所不臣者	後漢書	
65	仁宗7.6	세가16	禮云,邾婁定公時,有弑父者,殺其人,壞其室, …	禮記	
66	인종8.8	五行2	開元占云,白虹露,奸臣謀君	開元占經	霧
67	인종9.9	세가16	傳日,國之將興也,視民如子,將亡也,視民如草芥	春秋左氏傳	
68	인종10.④	〃	按禮記云,天道不閉而能久	禮記附記	
69	인종10.11	〃	書日,令出惟行,不惟反	書經	
70	〃	〃	京房日,食祿而不益聖化,天視以虫. …	隋書	
71	인종12.5	〃	傳日,應天以實,不以文	漢書	
72	〃	〃	書日,天無私親,惟德是輔	書經	
73	〃	〃	又□[書]日,黍稷非馨	書經	
74	〃	〃	詩日,父母先祖,胡寧忍予	詩經	
75	인종14.5	〃	古典云,無赦之國,刑必平	中說	
76	毅宗1.7	五行2	握鏡日,虎狼入國,府中將空荒	握鏡?	確認不可
77	의종18.11	절요11	五行志□[日],霧者,衆邪之氣,連日不解,其國昏亂.又日,霧起,十步外不見人,是謂晝昏.占日,破國.	晉書·舊唐書	兩者合成
78	明宗5.4	세가19	書日,民惟邦本,本固邦寧	尙書	
79	〃	〃	書日,刑期無刑	〃	
80	명종12.9	천문2	占日,女主有害,有使來	開元占經	
81	명종13.3	세가20	占日,臣不臣	〃	
82	명종13.6	〃	占日,羽蟲之孽,生非其類	洪範政鑒	

83	명종16.⑦	〃	經曰,其身正,不令而行,其身不正,雖令不從	論語	
84	명종26.2	〃	占曰,號令,從臣□[下]出	開元占經	教令
85	神宗2.5	절요14	占曰,賤人將貴	〃	
86	熙宗4.10	〃	漢書云,父昭子穆,孫復爲昭	國語韋氏解	
87	〃	〃	公羊傳曰,父爲昭,子爲穆,孫從王父	公羊傳注疏	
88	高宗11.9	五行1	占云,所向兵至	開元占經	
89	고종15.8	세가22	書曰,謀及卿士	尙書	
90	忠烈32.1	세가32	傳曰,養老乞言	禮記	
91	忠肅後4	세가32	書曰,匹夫匹婦,不獲自盡,民主罔與成厥功	尙書	
92	恭愍王1.3	세가38	書曰,無求備于一人	尙書注疏	
93	공민왕6.8	〃	故春秋左氏傳,有太王之昭,王季之穆,文之昭,武之穆之文	晦庵文集	
94	〃	〃	而尙書,謂文王曰穆考,謂武王曰昭考	四書說約	
95	〃	〃	春秋公羊傳,以爲昭穆同班	左傳正義	
96	〃	〃	大宋祫享位次圖,太祖與太宗,哲宗與徽宗,欽宗與高宗,各位一世	圖書編	
97	공민왕8.5	세가39	兵志曰,螻蟻戰,兵大興	不詳	
98	공민10.8	세가39	洪範曰,惟辟作福,惟辟作威,惟辟玉食	尙書	
99	공민17.12	절요28	書曰,官不必備,惟其人	〃	
100	공민19.5	〃	春秋,書雨不雨,以著閔雨不閔雨	春秋穀梁傳	
101	공민20.7	세가43	傳曰,遵先王之法,而過者,未之有也	孟子	
102	禑王1.12	열전46	詩云,穆穆文王,於緝熙敬止	詩經	
103	禑王3.10	열전46	講貞觀政要,至魏徵對太宗曰,喜怒之情,賢愚皆同. 賢者能節之,不使過度,愚者縱之,多至失所,陛下□□□□[聖德玄遠],□□□□[居安思危],□□□□[伏願陛下],常能自制,以克厥終[以保克終之美],則萬代永賴	貞觀政要	文章缺落
104	우왕5.1	選擧3	易曰,長子帥師,弟子輿尸,凶	周易上經	
105	우왕5.⑤	병1	古語曰,天下雖安,忘戰必危	司馬法	
106	〃	〃	又[古語]云, 足食足兵	論語	
107	우왕6.6	食貨1	故傳曰,賞一人,而千萬人勸	六韜·建炎	句節合成
108	우왕9.2	절요32	傳曰,民者,邦之本也,財者,民之心也	資治通鑑	

109	〃	〃	書曰,學于古訓,時惟立事	書經	
110	昌王卽.7	食貨1	傳曰,更化,則可善理	漢書	
111	〃	〃	又曰,仁政,必自經界始	孟子	
112	昌王卽.9	형법1	然書曰,敬哉敬哉,惟刑之恤哉	尙書	欽哉欽哉
113	〃	〃	又書曰, 明德愼罰	〃	
114	창왕1.7	절요34	易曰,蒙以養正,聖功也	周易上經	
115	〃	〃	洪範曰,曰聖時風若,曰蒙恒風若	書經	
116	恭讓1.12	형법2	傳曰,忠信重祿,所以勸士也	禮記(中庸)	
117	〃	〃	書曰,罰不及嗣	穀梁傳注疏	
118	〃	〃	傳曰,罪人不孥	孟子	
119	공양왕2.1	세가45	故傳論小人之難去,曰穴墉之狐,不可灌也	讀易詳說·大學衍義	句節合成
120	공양왕2.7	〃	書曰,匹夫匹婦,不獲自盡,人主罔與成厥功	書經	
121	공양왕3.3	세가46	書云,愼乃儉德,惟懷永圖	書經·尙書	
122	〃	절요35	書云,不貴異物,賤用物,民乃足	〃	
123	〃	〃	書云,令出惟行	尙書	
124	공양왕3.5	세가46	傳曰,爲之後者,爲之子	書經集傳	
125	〃	〃	傳曰,子雖齊聖,不先父食	左傳正義	
126	〃	〃	傳曰,同罪異罰,非刑也	春秋左氏傳	
127	공양왕3.7	〃	書曰,監于先王成憲,其永無愆	書經	
128	공양3.11	〃	易曰,果行育德	周易下經	
129	〃	〃	又易曰,節飮食,愼言語	周易上經	語順變更
130	〃	〃	書曰,惟幾惟康	書經	
131	〃	〃	又書曰,勑天之命,惟時惟幾	尙書	
132	〃	〃	易曰,作事謀始	周易上經	
133	〃	〃	又易曰,惟幾也,故能成天下之務	周易傳義	
134	〃	〃	易益卦,象曰,君子以見善則遷,有過則改	周易下經	
135	〃	〃	詩曰,殷鑑不遠,在夏后之世	毛詩	
136	공양왕4.2	〃	禮曰,動則左史書之,言則右史書之	禮記	
137	〃	〃	傳曰,君擧必書	左傳正義	

3) 이의 편목에서 시기를 분명히 하기 위해 『고려사』의 여러 편목에 분류되어 있는 기사 중에서 『고려사절요』에 수록되어 있는 것은 節要로 표기하였고, 그렇지 못한 것은 편목을 제시하였다.

*左傳正義→春秋左傳正義(연번25, 95, 137), 公羊傳注疏→春秋公羊傳注疏(30, 87), 穀梁傳注疏→春秋穀梁傳注疏(117), 建炎→建炎以來繫年要錄(107) 등의 略稱이다.

이상의 〈표6-1〉과 같이 원전의 출처가 제시된 구절이 137건이 찾아지는데,[4] 현존하는 원전과 비교하면 『고려사』가 지니고 있는 여러 가지의 양상이 드러나게 될 것이다.

다음으로 원전의 출처가 구체적으로 제시되어 있지 않지만, 제시된 인명(人名)과 내용을 통해서 원전을 유추할 수 있는 구절을 정리하면 다음의 〈표6-2〉와 같다.

〈표 6-2〉 原典의 出處가 없는 句節[II類型]

連番	時 期	編 目	內 容	原 典	備 考
①	景宗5.7	세가2	孟子曰,□夫仁政,必自經界始.經界不正,〃	孟子	
②	宣宗7.3	節要6	禮部奏,魏明帝,靑龍二年四月,有火災,帝問高堂隆,此何咎也,於禮,亦有祈禳之義乎.對曰,夫災變之發,所以垂敎誡也,惟率禮修德,可以勝之.又按舊占,火災,皆以臺榭爲誡	三國志	原文縮約
③	선종9.9	〃	古典天子·諸侯,三年之喪,旣葬釋服,心喪終制, 不與士大夫同禮	없음	
④	선종10.8	〃	兵書云,急行軍者,著縛絡,今縫衣是也	不詳	金海兵書
⑤	肅宗7.3	세가11	孔子謂仲弓曰,犁牛之子,騂且角,雖欲勿用,…	論語	
⑥	睿宗1.7	刑法2	李靖兵法曰,善爲將者,必能十卒而殺其三, …	通典	
⑦	예종2.4	절요7	春秋之義,國君卽位,未逾年者,不合列序昭穆	舊唐書	
⑧	仁宗11.5	절요10	古人云,臣安祿位茲謂貪,厥災虫食根.德無常茲謂煩,虫食葉.不黜絀無德,虫食本.與東作爭□□□□茲謂不時, …	晉書	添字缺落
⑨	인종12.5	〃	故曰,忠臣之事君也,言切直則不用而身危, …	漢書	
⑩	〃	〃	賈誼猶有痛哭·流涕·長太息之言	〃	

4) 필자가 아직 열전편을 모두 확인하지 못하였기에 몇몇의 사례가 더 찾아질 수도 있을 것인데, 이는 후일 보완하겠다.

⑪	인종12.10	세가16	舜日,咨,爾二十有二人,欽哉.惟時亮天工	書經	
⑫	인종14.5	절요10	昔鄭莊公,置姜氏于城穎,誓之日,不及黃泉, …	春秋左氏傳	
⑬	〃	〃	孔子日,傷人乎,不問馬	論語	
⑭	인종14.10	〃	彦博日,須先自治,不可略近勤遠.安石日,彦博言,固當.若能自治,七十里可以王天下, …	<u>續資治通鑑</u>	
⑮	인종16.2	세가16	故老子日,王公自稱孤·寡·不穀	道德經	
⑯	〃	〃	漢光武詔,上書不得言聖	後漢書	
⑰	인종17.10	選擧1	范仲淹云,先策·論,以觀其大要,次詩·賦,以觀其全才, …	范文正公集	
⑱	毅宗24.9	세가19	昔唐後唐明宗時,大理少卿康澄上疏,言時事日,爲國家者,有不足懼者五,深可畏者六, …	舊五代史	
⑲	明宗15.6	절요13	商鞅因景監見,趙良寒心,趙談驂乘,袁絲變色	漢書	
⑳	명종18.3	〃	同言而信,信在言前,同令而行,誠在令外	後漢書	
㉑	恭愍王1.3	선거3	孔子日,擧爾所知	論語	
㉒	공민10.8	절요27	夫子之言日,攻乎異端,斯害也已□[矣]	〃	
㉓	공민15.4	절요28	宋司馬光日,紀綱不立,奸雄生心	<u>續資治通鑑</u>	
㉔	공민17.11	세가42	夫子日,樂云樂云,鍾鼓云乎哉,禮云禮云, …	論語	字句顚倒
㉕	昌王卽.7	열전50	古人有言日,國無三年之蓄,國非其國	春秋穀梁傳	
㉖	창왕1.7	〃	程子爲講官,而上書日,人主一日之內,親寺人·宮妾之時少,…	<u>四書章句</u>	
㉗	恭讓1.12	절요34	孔子欲先正名,日名不正,則民無所措手足矣	論語	原典縮約
㉘	〃	〃	孟子日,不孝有三,無後爲大	孟子	
㉙	공양왕3.3	절요35	司馬遷日,用貧求富,農不如工,工不如商,刺繡文不如依市門	史記	丈, 倚
㉚	공양왕3.5	〃	孔子日,非其鬼而祭之,諂也	論語	
㉛	〃	형법2	昔廏焚,孔子日,傷人乎,不問馬	〃	
㉜	〃	세가46	孟子日,一正君而國定	孟子	
㉝	〃	〃	董子日,人君正心,以正朝廷,遠近四方,無不一於正	漢書	
㉞	〃	〃	董子日,天心仁愛人君,先出災異,以譴告之	書傳大全	

㉟	공양3.11	節要35	孔子日,過則勿憚改	論語	
㊱	〃	〃	有子日, 君子務本, 本立而道生	〃	孔子日

*續資治通鑑→續資治通鑑長編(⑭, ㉓), 四書章句→四書章句集注(㉖) 등의 略稱이다.

이상의 〈표6-2〉는 원전의 출처가 제시되지 않은 구절을 정리한 것으로 모두 36건에 달하는데, 이를 〈표6-1〉의 137건과 합하여 현존의 원전과 대조하면 『고려사』가 지니고 있는 여러 가지의 면모들이 찾아지게 될 것이다.

제2절 인용된 原典의 諸樣相

1. 인용된 句節의 原典

『고려사』에서 인용된 원전의 실제의 명칭을 『사고전서』의 분류목록에 의거하여 보다 구체적으로 정리하여 보면 다음과 같다.

經部

·易類 : 周易(4, 17, 18), 周易上經(104, 114, 129, 132), 周易下經(128, 134), 周易傳義(133).

·書類 : 尙書(15, 33, 53, 57, 78, 79, 89, 91, 98, 99, 112, 113, 121, 122, 123, 130), 尙書注疏(92), 書經(46, 69, 72, 73, 109, 115, 120, 121, 122, 127, 130, ⑪), 書經集傳(124), 書傳大全(㉞).

·詩類 : 毛詩(135), 詩經(62, 63, 74, 102).

·禮類 : 禮記(6, 11, 22, 34, 35, 54, 65, 90, 136), 周禮(9, 23, 24), 大戴禮記注(20), 禮記附記(68), 禮書(55), 書儀(3).

·春秋類 : 春秋左氏傳(2, 8, 67, 126, ⑫), 春秋公羊傳注(30, 87), 春秋穀梁傳(100), 春秋穀梁傳注疏(117, ㉕), 春秋左傳正義(25, 95, 125, 137).

·四書類 : 論語(5, 7, 15, 19, 83, 106, ⑤, ⑬, ㉑, ㉒, ㉔, ㉗, ㉚, ㉛, ㉟, ㊱), 孟子(58, 101, 111, 118, ①, ㉘, ㉜), 四書說約(94), 中庸(禮記, 116), 四書章句集注(㉖).

·小學類 : 爾雅疏(42).

史部

·正史類 : 史記(21, ㉙), 漢書(12, 38, 49, 50, 51, 71, 110, ⑨, ⑩, ⑲, ㉝), 後漢書(14, 27, 64, ⑯, ⑳), 三國志(②), 晉書(⑧), 隋書(48, 52, 70), 舊唐書(32, 37, 39, 40, 43, ⑦),

舊五代史(⑱).
·編年類 : 資治通鑑(108), 續資治通鑑長編(⑭, ㉓).
·政書類 : 大唐開元禮(41).

子部
·儒家類 : 貞觀政要(26, 61, 103), 新書(56), 中說(75).
·兵家類 : 孫子(31), 司馬法(105), 不詳(29, 97, ④).
·術數類 : 開元占經(66, 80, 81, 84, 85, 88), 洪範政鑒(82).
·雜家類 : 風俗通義(45).
·類書類 : 天地祥瑞志(1, 28, 47), 圖書編(97).
·道家類 : 道德經(⑮).

集部
·別集類 : 范文正公集(⑰), 晦庵集(93).

이상을 통해 볼 때 인용된 원전의 대다수가 경부(經部)의 여러 전적(典籍)을 중심으로 하여 사부(史部)의 정사(正史)가 많이 인용되었음을 알 수 있다. 또 자부(子部)에서 여러 전적이 이용되기도 하였으나 천문(天文)과 술수(術數)에 관한 서적이 주로 인용되었고, 집부(集部)의 별집(別集)은 단지 2건이 이용되었을 뿐이다.

또 이들 원전은 실제의 명칭(名稱)이 축약(縮約)되어서 易曰·書曰·詩曰·禮曰·傳曰·語曰·占曰 등으로 표기되었지만, 원전을 포함한 후대에 만들어진 각종 注疏, 章句, 注釋, 그리고 관련된 서적 등을 포괄하고 있었다. 그 대표적인 예로서 연번 93과 같이 『춘추좌씨전』이 인용되었다고 하지만, 실제는 주희(朱熹)의 『회암선생주문공문집 晦庵先生朱文公文集』 권69, 체협의(禘祫議)의 내용이다. 이러한 인용에서 고려전기에 해당하는 12세기 중엽 이전의 세가편(世家編)에서는 원전의 내용이 그대로 인용되는 사례가 많았지만, 그 이후의 시기는 중원과의 접촉 통로가 다양했던 결과인지는 알 수 없으나 가까운 시기에 만들어진 경전의 각종 주소(注疏)의 내용이 인용되는 추세이다. 그러다가 고려가 중원과 긴밀히 연결되어 있던 13세기 중엽 이후에는 거의 같은 시기에 만들어진 원전들이 인용된 경우도 있었던 것 같다.

2. 인용된 원전의 表記

먼저 〈표6-1〉[Ⅰ類型]과 〈표6-2〉[Ⅱ類型]에서 제시된 원전의 명칭은 『고려사』에서 실제의 명칭을 그대로 사용한 경우도 있으나 그보다는 다른 명칭 또는 약칭(略稱)으로 사용된 경우가 많은데, 이를 사례별로 정리하면 다음의 〈표6-3〉과 같다.

〈표6-3〉 引用된 原典의 表記

		提示된 名稱	實際의 名稱	備考(誤字)
經部	易類	易曰, 九五曰, 易益卦, 蠱之爲卦	周易, 周易上經, 周易下經, 周易傳義	
	書類	書曰, 書云, 洪範曰, 按尙書疏, 董子曰	尙書, 尙書注疏, 書經, 書經集傳, 書傳大全.	
	詩類	詩曰, 詩云, 詩所謂,	毛詩, 詩經	
	禮類	禮曰, 禮云, 禮記, 周禮內宰職曰, 曲禮曰, 王制曰, 禮, 書儀	禮記, 周禮, 大戴禮記注, 禮記附記, 禮書, 書儀	
	春秋類	傳曰, 傳稱, 公羊傳曰, 春秋公羊傳, 春秋, 書曰, 昔鄭莊公, 古人有言曰,	春秋左氏傳, 春秋公羊傳注, 春秋穀梁傳, 春秋穀梁傳注疏, 春秋左傳正義	
	四書類	語曰, 語云, 經曰, 古語云, 孔子曰, 孔子謂, 夫子曰, 夫子之言曰, 孔子欲, 有子曰,	論語	有子→孔子
	四書類	傳曰	禮記(中庸)	
	四書類	孟子曰, 傳曰,	孟子	
	小學類	古史云	爾雅疏	
史部	正史類	司馬遷曰, 史云	史記	
		漢食貨志, 謹按律曆志, 京房易傳曰, 傳曰, 故曰, 漢書云	漢書	漢書→國語韋氏解
		古史云, 傳曰	後漢書	
		又按舊占	三國志	
		五行志曰, 古人云, 晉書所云	晉書	晉書→通典
		洪範五行傳曰, 京房飛候云, 京房曰	隋書	
		謹按唐書, 按唐書, 唐史云, 唐史稱, 五行志曰	舊唐書	
		康澄上疏	舊五代史	
	編年類	傳曰	資治通鑑	
		宋司馬光曰	續資治通鑑長編	
	政書類	開元禮云	大唐開元禮	

子部	儒家類	貞觀政要, 政要日	貞觀政要	
		傳日	新書	
		古典云	中說	
		按說苑六正·六邪文	司馬法	說苑→貞觀政要
	兵家類	又日(傳日)	孫子	
		古語日	司馬法	
		李靖兵法日	通典	李靖兵法→通典
		兵書云, 兵志日	不詳	
	術數類	開元占云, 占日, 占云	開元占經	
		占日	洪範政鑒	
	雜家類	古史日	風俗通義	
	類書類	瑞祥志云, 祥瑞志云	天地祥瑞志	祥瑞志→瑞祥志
	道家類	老子日	道德經	
集部	別集類	范仲淹云	范文正公集	
		故春秋左氏傳	晦庵集	

이상을 통해 볼 때 원래의 명칭을 그대로 제시된 경우는 거의 없고 대부분의 경우가 약칭을 많이 사용하였음을 알 수 있다. 특히 경서류는 대체적으로 전근대사회에서 일반적으로 많이 사용되어 왔던 약칭으로 사용되었음을 알 수 있다. 또 인용된 원전의 명칭에서 오류가 발생한 것으로 『설원』은 『정관정요』의(10), 『예』는 『통전』의(36), 『한서』는 『국어위씨해』의(86), 『이정병법』은 『통전』의(⑥), 『상서지』는 『서상지』의 잘못이었던 것 같다.

또 제시된 원전이 하나의 책자가 아니라 두 개의 책자의 내용이 합성(合成)된 구절도 있는데, 『서경』과 『한서』(44), 『시경』과 『서경』(59), 『진서』와 『구당서』(76), 『육도』와 『건염이래계년요록』(107), 『독역상설』과 『대학연의』(119) 등이 대표적이다. 그리고 제시된 원전의 내용이 현존하는 해당된 서적에 실재(實在)하지 않을 뿐만 아니라 여타의 서적에서도 찾아지지 않는 경우도 있는데, 서의(3), 주역(18), 당서(60), 악경(76) 등이 그러한 사례이다.

3. 인용된 구절의 問題點

역사의 서술에서 원문을 인용하고 그 근거를 찾아서 주석(注釋)을 추가할 때 다음과 같은 고염무(顧炎武, 1613~1682)의 제언(提言)을 명심하지 않을 수 없다.

> 대개 고인(古人)의 말을 서술할 때 반드시 말을 한 그 사람의 말을 인용해야 한다. 또한 고인이 그 이전 사람의 말을 인용하였을 때는 두 사람의 말을 모두 인용하여서 자신의 말로 여기지 않게 해야 한다.[1)]

이 점과 관련하여『고려사』에 인용된 원전의 구절들이 어떻게 서술되어 있는지를 살펴보기로 하자. 먼저 Ⅰ유형과 Ⅱ유형에서 원전의 내용을 그대로 충실하게 인용하였는가? 그러하지 못하였는가?, 그리고 후자(後者) 중에서 원전과의 차이가 무엇인가? 등을 정리하면 다음 〈표6-4〉와 같다.[2)]

〈표6-4〉 引用된 句節의 充實指數(數字는 件數)

Ⅰ 類型	內容 同一	典據 不一致	典據 未備	原文 縮約	缺字 有	誤字 有	內容 無	組合
137	87	10	6	5	12	6	3	3
Ⅱ 類型	指標 有	指標 無	典據 未備	原文 縮約	添字 有	缺字 有	誤字 有	內容 無
36	23	13	1	5	1	1	1	2

이를 통해 볼 때 Ⅰ유형과 Ⅱ유형의 구절이 각각 63% 이상으로 원전의 내용이 충실히 인용되어 있음을 보여주고 있지만(63.5%, 63.8%), 1/3정도의 구절이 전거와 내용의 불일치, 전거의 미비, 원문의 적절하지 못한 축약, 결자와 오자의 발생, 해당 원전을 위시한 여러 자료에 내용이 없는 것, 그리고 두 종류 이상의 구절을 모은 것(組合) 등과 같은 문제점이 있다. 또 Ⅱ유형의 경우 원전의 표기가 없기에 해

1) 『日知錄』 권20, 述古, "凡述古人之言, 必當引其立言之人, 古人又述古人之言, 則兩引之, 不可襲以爲己說也".

2) 이의 구분에서 항목별 기준이 분명히 나누어지는 것은 아니고, 그 성격도 다르기에 대체적인 형편을 보여주는 것이다.

당 구절을 검색하기 위한 주된 지표(指標, 檢索語)가 있어야 하지만 그 마저 없어 원전의 확인에 어려움이 있는 기사도 있다.

이러한 문제점들은 당시에 만들어진 고려본(高麗本)이 기지고 있었던 한계에 의해 이루어졌을 가능성도 없지 않다. 그 한 예로서 1132년(인종10) 윤4월에 실시된 제술업(製述業)의 시험에서 다음과 사실이 있었다.

> 17일(丁未) 崔光遠 등에게 급제를 하사하였다. 처음 중서시랑평장사 최자성이 지공거가 되고, 이부시랑 임존이 동지공거가 되어, 임존이 부의 문제를 내어 말하기를 '聖人 정도는 되어야 천하를 일가로 삼는다' 라고 하자, 중서·문하성의 관원이 '생각하건데 耐字는 옛날의 能字로서 奴登切인데, 이제 奴로써 대신하여 韻字로 삼는 것은 잘못입니다. 청컨대 다른 사람으로 하여금 새로 시험을 치게 하십시오' 라고 하니 허락하지 않았다. 이어서 최자성 등에게 명하여 다시 시험을 치르게 하니 다시 출제하기를 '天道는 한가롭지 아니하지만 능히 오래간다' 라고 하니, 臺諫이 또 말하기를 '禮記를 살펴보건데, 천도는 막혀있지 않기에 능히 오래간다' 고 하였지만, 高麗本[鄕本]의 孔子家語에는 不閉를 不閑으로 한 것은 대개 謬誤입니다. 이제 貢院이 正本[正經]을 살피지 아니하고 잘못된 책[錯本]에 의거하였으니 최자성 등을 파직하고 금년의 選擧를 정지하십시오' 라고 하니, 왕이 단지 經義와 論策의 성적을 살펴 25인을 선발하였다.
>
> 丁未[17日] 賜崔光遠等及第. [初, [中書侍郎]平章事崔滋盛△[爲]知貢擧, 吏部侍郎林存△[爲]同知貢擧, 存出賦題云, 聖人耐以天下爲一家.[3] 省官奏, 按耐古能字, □□□[奴登切], 今以□[奴], 耐代爲韻, 非是, 請命他人改試. 不允. 因命滋盛等更試□之. 又命題云, 天道, 不閑而能久. 省臺又奏, 按禮記云, 天道不閉而能久,[4] 鄕本□□[孔子]家語, 以不閉爲不閑者, 蓋謬誤耳. 今貢

---

3) 이는『禮記』 권7, 禮运第9, "故聖人耐以天下爲一家, 以中國爲一人者, 非意之也"에서 따온 것이다. 또 中書門下省의 官員[省官]이 말한 것은『禮記注疏』, 附釋音禮記注疏권22, 禮运第9, "耐古能字, 傳書世異, 古字, 時有存者, 則亦有今誤矣, 意心所無慮也, 辟開也. 耐音能, 辟婢亦反, 徐芳益反, 傳丈專反"에 의거한 것으로 추측된다.

4) 이는 다음의 자료에 의거한 것 같다.
- 『禮記』, 哀公問第27, "公曰, 敢問君何貴乎天道也. 孔子對曰, 貴其不已. 如日月東西相从而不已也, 是天道也. 不閉其久, 是天道也. 無爲而物成, 是天道也. 已成而明, 是天道也".
- 『孔子家語』 권1, 大昏解第4, "孔子曰, 貴其不已也. 如日月東西相从而不已也, 是天道也. 不閉而能久, 是天道也. 無爲而物成, 是天道也. 已成而明之, 是天道也".
- 『禮記附記』 권6, 雜記, 哀公問,"家語作, 不閉而能久, 鄭注, 不閉其久, 通其敎不可以倦, 亦

院, 不考正經, 而據錯本, 請罷滋盛等, 停今年選擧. 王命只取經義論, 可取者二十五人:節要·選擧2科目轉載][5]

이 기사를 통해 볼 때 당시 고려에 소장되었던 원전들이 필사(筆寫) 또는 조판(組版)의 과정에서 원전의 내용과 다른 오자, 탈자 등과 같은 문제점들이 없지 않았던 것 같다.[6] 이러한 문제점들이 현존의 『고려사』가 지니고 있는 각종 오류의 원인을 제공하였던 것으로 추측된다.

精語也. …".

5) 이는 『고려사절요』를 인용한 것이며 添字는 『고려사』 권74, 지28, 選擧2, 試官에서 달리 표기된 글자인데, 전자(前者)가 실제를 더 잘 반영하고 있는 것 같다.

6) 이와 같은 범주에 해당하는 것으로 연번㉒ 공민왕 10년 8월 15일(癸巳), "夫子之言曰, 攻乎異端, 斯害也已□[矣]"가 있다.
이 구절은 『論語』 권1, 爲政第2, "子曰, 攻乎異端, 斯害也已矣"를 引用한 것이다. 이에서 矣는 高麗本에 더 들어 있는 글자인데, 也已는 의미를 강하게 하는 어미이므로 也已矣로 하면 더욱 의미가 강해진다고 한다[吉田賢抗 1995年 53쪽].

제3절 구절의 修正과 補完

사료의 해석에서 하나의 구절과 하나의 글자라도 전체의 뜻과 크게 관련이 없다고 하여서 지나쳐 버릴 수도 없고, 세주(細注)가 본문(本文)과 차이가 있다고 하여서 무시할 수도 없을 것이다. 그렇다면 원전의 일자일구(一字一句)도 소홀히 다룰 수가 없을 것이기에 『고려사』에 인용된 원전의 자구(字句)에도 관심을 가져야 할 것이다. 앞의 Ⅲ장에서 여러 형태의 인용구절에서 문제점이 있다고 예시된 대표적인 구절에 대한 수정과 보완을 실시하며 보면 다음과 같다.

[典據와 內容의 不一致]

a. 연번13. 성종 13년 3월 7일(乙未), "晉書所云, 兄弟旁及, 禮之變也".

이 기사에서 兄弟旁及은 『晉書』에 나온다고 되어 있으나 『通典』 권48, 禮典2, 兄弟相继藏主室, "晋太常華恒被符, 宗廟宜時有定处. 恒按前議以爲, 七代制之正也, 若兄弟旁及, 禮之變也. 則宜爲神主立室, 不宜以室限神主. 今有七室, 而神主有十, 宜當別立. 臣爲經朝已從漢制. 今經上繼武帝, 廟之昭穆, 四代而已"를 인용한 것이다.

또 『진서』 권44, 열전14, 華表, 恒과 권19, 지9, 禮上에는 華恒이 禮制의 개정에 참여한 것은 기록되어 있으나 兄弟旁及에 대해 언급한 내용은 찾아지지 않는다.

b. 연번36. 문종 11년 5월 12일(丁亥), "禮, 庶母有子者, 緦麻三月".

이 구절은 『周禮』·『禮記』·『儀禮』 등에 의한 것이 아니라 이들의 내용을 정리한 『通典』 권89, 예49, 兇 11, 父卒母嫁復還及庶子爲嫡母繼改嫁服議, "又儀禮庶子爲其母, 緦麻三月"을 인용한 것 같다.[1)]

c. 연번48, 숙종 1년 4월 12일(癸酉), "洪範五行傳曰, 雹, 陰, 脅陽之象也".

이에서 洪範五行傳은 『書經』의 注釋書 중의 '洪範, 五行'項을 指稱하는 것 같지

1) 전거와 내용이 불일치한 것은 『삼국사기』의 細注(分註)에 인용된 전적에서도 찾아진다고 한다[李康來 1996년 58쪽].

만, 어떠한 책인지는 알 수 없으나 『隋書』 권22, 지17, 五行上, 지18, 五行下에 洪範五行傳의 내용이 많이 引用되어 있다. 또 '雹, 陰, 脅陽之象也'는 다음의 자료를 인용한 것 같다.

·『隋書』 권22, 지17, 五行上, "梁大通元年四月, 大雨雹, 洪範五行傳曰, 雹, 陰, 脅陽之象也".

·『文獻通考』 권305, 物異考11, 恒寒, "春秋桓公八年十月雨雪 … 凡雨陰也, 雪又雨之陰也. 出非其時, 迫近象也. 董仲舒以爲象夫人專恣, 陰氣盛也. … 僖公二年十月, 隕霜不殺草, 爲嗣君微, 失秉事之象也. … ; 雹, … 唐太宗貞觀四年秋, 丹延·北永等州雹, … 先儒以爲雹者, 陰脅陰也 …".

[典據의 未備]

a. 연번14. 목종 5년 5월 모일, "古史云, 芳餌之下, 必有懸魚, 善賞之朝, 必有勇士".

이에서 古史는 『後漢書』를 가리키는 것 같다. 곧 『後漢書』 권21, 耿純列傳第11에 "重賞甘餌, 可以聚人者也. 徒以恩德懷之, 是故士衆樂附", "李賢注, 黃石公記曰, 芳餌之下, 必有懸魚, 重賞之下, 必有死夫"가 있다.

b. 연번38. 문종 12년 4월 모일, "今按律曆志, 黃者, 中之色, 君之服也".

이는 『漢書』 권21上, 律曆志1上에서 따온 것이다.

c. 연번④ 선종 10년 8월 모일, "兵書云, 急行軍者, 著縛絡, 今縫衣是也".

이 병서를 인용한 구절은 중원의 어떤 전적에도 찾아지지 않는 것이므로 신라시대 이래의 전해 내려오던 『金海兵書』의 내용을 인용한 것일 수도 있을 것이다.

[전거의 省略]

a. 연번93. 공민왕 6년 8월 모일, "故春秋左氏傳, 有太王之昭, 王季之穆, 文之昭, 武之穆之文".

이 句節은 『春秋左氏傳』, 僖公 5년 秋, "公曰, 晉吾宗也. 豈害我哉. 對曰, 太伯·虞仲, 太王之昭也, 太伯不從, 是以不嗣. 虢仲·虢叔, 王季之穆也, 爲文王卿士, 勳在王室, 藏於盟府, 將虢是滅, 何愛於虞, 且虞能親於桓·莊乎, …"와 관련이 있는 것 같다.

그렇지만 李齊賢이 『춘추좌씨전』의 句節을 引用한 것이 아니라 朱熹의 글(b)을 인용하였을 것이지만, 『고려사』의 편찬자는 實相을 파악하지 못하였던 것 같다.

·『晦庵先生朱文公文集』 권69, 禘祫議,

a. "而左氏傳曰, 太伯·虞仲, 太王之昭也, 虢仲·號叔虢叔, 王季之穆也, 又曰管蔡魯衛, 文之昭也, 邘晉應韓, 武之穆也". 이에서 號叔은 虢叔의 誤字이다.

b. "… 傳所謂太王之昭, 王季之穆, 文之昭, 武之穆, 是也".

·『黃氏日鈔』 권35, 讀本朝諸儒理學書, 晦庵先生文集2, "… 傳所謂太王之昭, 王季之穆, 文之昭, 武之穆, 是也".

b. 연번94. 공민왕 6년 8월 모일, "而尙書,謂文王曰穆考,謂武王曰昭考".

이 구절은 『尙書』에 있는 것이 아니라 『四書說約』 권2, 中庸1, 19章, "… 以周言之書, 於文王曰穆考文王, 詩於武王曰率見昭考, 父穆則子昭, 父昭則子穆也, 子孫亦以爲序祭統, 所謂昭與昭齒, 穆與穆齒是也"을 인용한 것으로 추측된다.

c. 연번㉖ 창왕 1년 7월 모일, "程子爲講官, 而上書曰, 人主一日之內, 親寺人·宮妾之時少, 接賢士大夫之時多, 則自然氣質變化, 德器成就".

이 句節은 『四書章句集注』(『孟子集疏』 권11), 告子章句上, "程子爲講官, 言於上曰, 人主一日之間, 接賢士大夫之時多, 親宦官·宮妾之時少, 則可以涵養氣質, 而薰陶德性. 時, 不能用, 識者恨之"를 인용한 것이다. 또 이는 『宋史』 권427, 열전186, 程頤에는 "大率一日之中, 接賢士大夫之時多, 親寺人·宮女之時少, 則氣質變化, 自然而成"으로 되어 있다.

[原文의 적절하지 못한 縮約]

a. 연번8. 성종 1년 6월 모일, "傳曰, 鬼神, 非其族類不享".

이 구절은 『春秋左氏傳』, 僖公 31년, 冬, "公命祀相. 甯武子不可曰, 鬼神, 非其族類, 不歆其祀"를 인용하여 축약한 것이다.

b. 연번12. 성종 12년 2월 모일, "漢食貨志, 千乘之國, 必有千金之價, 以年豐歉, 行糶糴, 民有餘, 則斂之以輕, 民不足, 則散之以重".

이 기사는 『漢書』 권24下, 食貨志第4下의 내용을 요약한 것인데, 그 전문은 "太公退, 又行之于齊, 至管仲相桓公, … 故萬乘之國, 必有萬金之賈, 千乘之國, 必有千金之價者, 利有所并也. 計本量委則足矣, 然而民有飢餓者, 穀有所臧也. 民有餘則輕之, 故人君斂之以輕, 民不足則重之, 故人君散之以重"이다.

c. 연번26. 德宗 2년 12월 모일, "政要曰, 三品以上六尙書·九卿, 遇親王, 不合下馬. 親王班, 皆次三公下".

이는 『정관정요』 권7, 禮樂第29, "貞觀十三年, 禮部尙書王珪奏言, 準令三品已上, 遇親王於路, 不合下馬. 今皆違法申敬, 有乖朝典. 太宗曰, 卿輩欲自崇貴, 卑我兒子耶. 魏徵對曰, 漢魏已來, 親王班皆次三公已下, 今三品並天子六尙書·九卿, 爲王下馬, 王所不宜當也. 求諸故事, 則無可憑, 行之於今, 又乖國憲, 理誠不可. … 太宗遂可珪之奏"를 인용한 것이지만, 적절한 축약이라고 하기 어려울 것이다.

[缺字의 發生]

a. 연번5. 성종 1년 6월 모일, "語曰, 無爲而治者, 其舜也□[與]. 夫何爲哉, 恭己, 正南面而已□[矣]".

이 구절은 『논어』, 衛靈公第15에서 引用한 것인데, 添字는 이에서 달리 표기된 것이다.

b. 연번28. 정종 6년 11월 27일(戊寅), "瑞祥志云, 季冬之月, 命有司大儺, 旁磔, □[出]土牛以送寒氣".

이 구절은 『천지서상지 天地瑞祥志』 권20, 儺를 인용한 것인데[김일권 2002年], 이 역시 『周禮』 권6, 春官宗伯下, 占夢의 注疏인 "季冬之月, 命有司大儺, 旁磔, 出土牛以送寒氣"를 전재한 것이다. 이를 통해 위의 기사에서 出이 결락된 것임을 알 수 있다.

c. 연번⑧ 인종 11년 5월 11일(乙丑), "古人云, 臣安祿位玆謂貪, 厥災虫食根. 德無常玆謂煩, 虫食葉. 不黜[絀]無德, 虫食本. 與東作爭□□□□[玆謂不時], 虫食莖. 蔽惡生孼, 虫食心".

이는 『晉書』 권29, 지19, 五行下, 贏蟲之孼, "臣安祿位玆謂貪, 厥災蟲食根. 德無常玆謂煩, 蟲食葉. 不絀無德, 蟲食本. 與東作爭玆謂不時, 蟲食莖. 蔽惡生孼, 蟲食心"에서 따온 것인데, 첨자가 결락되었다.

[誤字의 發生]

a. 연번1. 태조 15년 5월 3일(甲申), "且祥瑞志[天地瑞祥]志云, 行役不平, 貢賦煩重, 下民怨上, 有此之應".

이에서 『상서지 祥瑞志』는 『서상지 瑞祥志』의 오자로 추측되는데,[2] 이 책은 신라의 문장가인 설수진(薛守眞, 薩守眞, 『삼국사기』 권46, 열전6, 薛聰의 末尾에서 守眞으로 확인됨)이 편찬한 것으로 추측되는 『天地瑞祥志』 20권을 가리키는 것으로 추측된다.[3]

b. 연번32. 문종 7년 7월 21일(戊午), "謹按唐書, 玄宗天寶八載閏六月庚寅[丙寅], 上親謁大淸宮, 册聖祖·玄元皇帝等五尊號, 御含元殿, 受群臣上册, 大赦天下".

이는 『구당서』 권9, 본기9, 玄宗下, 天寶 8년 윤6월, 丙寅을 인용한 것인데, 庚寅은 丙寅의 오자이다.

c. 연번㉙ 공양왕 3년 3월 17일(甲辰), "司馬遷曰, □[凡]用貧求富, 農不如工, 工不如商, 刺繡文[丈]不如依[倚]市門".

이 구절은 『사기』 권129, 貨殖列傳第69, 凡編戶之民에 나오는 것인데, 첨자와 같이 고쳐야 바르게 된다.

[해당된 內容의 缺如]

a. 연번3. 성종 즉위년 12월 모일, "書儀, 一日兩宵給暇".

이 구절은 현존의 『서의 書儀』에서는 찾을 수 없다. 이 책은 전근대사회에서 사대부들의 서찰(書札)에 대한 모델[典範] 또는 각종 전례(典禮)에 대한 의주적(儀注的)인 서책을 가리킨다. 이들은 10여종이 있었다고 하지만 대부분 현존하지 아니하고, 사마광(司馬光)의 『서의 書儀』 10권을 통해 『서의』라는 책의 성격을 유추할 수 있는데, 이에서는 급가(給暇)에 대한 내용이 없다(『四總目提要』; 蔡雄錫 2009年 111쪽 ; 張東翼 2014年 166쪽).

b. 연번18. 현종 2년 4월 22일(을축), "蠱之爲卦, 尊者在上, 卑者在下".

이 구절은 『周易』, 蠱에는 없다.[4]

---

2) 『고려사』 권64, 지18, 禮6, 季冬大儺儀, 靖宗 6년 11월 27일(戊寅) ; 『고려사절요』 권6, 宣宗 7년 8월 19일(辛亥)에는 瑞祥志로 되어 있다.

3) 이 책은 현재 일본의 尊經閣文庫(戰前의 前田利爲所藏本)에 일부가 所藏되어 있고(殘卷), 그 내용은 天文·地象·人事 등의 祥瑞를 항목별로 나누어 정리한 類書이다[權悳永 1999년 ; 김일권 2002年 ; 趙益 2012년].

4) 이와 유사한 기록으로 다음이 있다.
·『周易象辭』 권18, 繫辭上, "卑者在下, 高者在上, 陳列于日前, 聖人因之爲序, 貴賤地位矣".

c. 연번60. 예종 7년 8월 12일(丙申), "新唐書, 生則從子, 入廟從夫"

이 구절은 『구당서 舊唐書』와 『신당서 新唐書』를 위시한 여러 전적(典籍)에서 찾아지지 않는다.

[두 종류 이상의 구절을 組合]

a. 연번44. 문종 20년 4월 20일(癸卯), "書曰, 食哉惟時, 一夫不耕, 必有受其飢者".

이는 『서경 書經』, 堯典, "食哉, 惟時柔遠能邇, 惇德允元, 而難任人, 蠻夷率服"과 『漢書』 권24上, 食貨志第4上, "筦子曰 … 古之人言, 一夫不耕, 或受其飢, 一婦不織, 或受之寒"을 組合한 것이다. 그러므로 이 文章은 "書曰, 食哉, 惟時柔遠能邇, 惇德允元, 而難任人, 蠻夷率服. 漢書曰, 一夫不耕, 必有受其飢者" 또는 이의 축약으로 고쳐야 바르게 될 것이다.

b. 연번59. 예종 3년 3월 某日, "詩所謂, 于蕃于宣, 以蕃王室者也".

이 구절은 『시경 詩經』, 大雅, 蕩之什, 崧高, "四國于蕃, 四方于宣"(이는 蕃于四國, 宣于四方의 意味이다)과 『書經』, 周書, 微子之命(僞古文), "欽哉, 往敷乃訓, 愼乃服命, 率由典常, 以蕃王室"을 조합한 문장이므로 "詩·書所謂, 于蕃于宣, 以蕃王室者也"로 고쳐야 바르게 될 것이다.

c. 연번119. 공양왕 2년 1월 7일(辛未), "故傳論小人之難去, 曰穴墉之狐, 不可灌也".

이 구절에서 "小人之難去"는 『독역상설 讀易詳說』 권3, 上經, 上九傾否先否後善, "象曰, … 甚哉, 治道之難成, 小人之難去也"와 같은 주역(周易)에 대한 여러 주석서를 인용하였을 것이다. 또 "穴墉之狐, 不可灌也"는 『대학연의 大學衍義』 권18, 格物致知之要2, 辨人材, 憸邪罔上之情에 나오는 구절이다.

이상과 같은 여러 현상들은 『고려사』를 편찬할 때 발생한 오류일 수도 있고, 아니면 이 구절들을 처음 인용하였던 역대 제왕의 조서(詔書)를 위시한 각종 왕언(王言), 외교문서, 그리고 상소문 등을 작성하였던 고려시대의 관료들에 의한 오류일 수도 있을 것이다. 이는 전근대 사회에서 지식인들이 경전들을 축약해서 지칭(指

·『周易尙義』 권14, 繫辭傳上, "卑者在下, 爲賤, 高者宰相, 爲貴也".

稱)할 때 易曰(易云)·書曰(書云)·詩曰(詩云)·禮曰(禮云)·傳曰(傳云)·語曰(語云) 등이 각기 易類·書類·詩類·禮類·春秋類·論語를 위시한 四書類로 표기되었다. 그렇지만 이러한 약칭들이 반드시 준용된 것은 아니어서 위의 사례에서도 보이듯이 경전의 명칭이 아니라 洪範曰, 王制曰, 有子曰, 五行志曰, 按律曆志 등과 같이 경전의 제목[篇名]이 제시되기도 하였고, 京房易傳曰, 京房飛候云 등과 같이 『수서 隋書』에 실린 내용을 인용하면서 실제의 서적을 본 것과 같이 하고 있던 사례도 찾아진다.

이러한 점은 어떠한 저술의 찬자(撰者)들이 원문(原文)과 세주(細注)의 출처를 구체적으로 기록하여 두어야 했지만, 그러하지 아니하고 다만 기억한 것만을 기록하여 두었기에 증손(增損)과 윤색(潤色)이 가미되어 출전이 불분명하게 되었을 것이다. 이러한 것은 찬자의 기억(記憶)의 착오에 의해 일어날 수도 있었던 현상일 수도 있는데, 이를 오늘날의 우리들이 자료로 이용하기에는 어려움이 있을 것이다.

이상에서 『고려사』에 수록되어 있는 중원(中原)에서 편찬된 전적(典籍)의 구절(句節)에 대한 여러 가지의 양상(樣相)을 검토하였는데, 이를 정리하여 결론으로 삼고자 한다.

『고려사』에 인용되어 있는 원전의 구절은 그 출처(出處)가 분명히 제시된 것(Ⅰ類型)이 137건, 출처가 없는 구절(Ⅱ類型)이 36건 정도 찾아진다. 또 Ⅰ유형과 Ⅱ유형의 구절이 각각 63% 이상으로 원전의 내용을 충실히 인용되어 있음을 보여주고 있지만(63.5%, 63.8%), 1/3정도의 구절이 전거(典據)와 내용의 불일치, 전거의 미비, 전거의 생략, 원문의 적절하지 못한 축약, 결자와 오자의 발생, 해당 원전을 위시한 여러 자료에 내용이 없는 것, 그리고 내용이 다른 두 종류 이상의 구절을 모은 것(組合) 등과 같은 문제점이 있다. 또 Ⅱ유형의 경우 원전의 표기가 없기에 해당 구절을 검색하기 위한 주된 지표[檢索語]가 있어야 하지만 그 마저 없어 원전의 확인에 어려움이 있는 기사도 있다.

이러한 현상들은 『고려사』를 편찬할 때 발생한 오류일 수도 있고, 아니면 이 구절들을 처음 인용하였던 역대 제왕의 조서(詔書)를 위시한 각종 왕언(王言), 외교문서, 그리고 상소문 등을 작성하였던 고려시대의 관료들에 의한 오류일 수도 있을 것이다. 이는 전근대 사회에서 지식인들이 경전들을 축약해서 지칭(指稱)할 때

易曰(易云)·書曰(書云)·詩曰(詩云) 등이 각기 易類·書類·詩類를 위시한 사서류(四書類)로 표기될 때 편찬자의 기억(記憶)의 착오에 의해 일어날 수도 있었던 현상일 것이다. 그러므로 『고려사』에 인용되어 있는 구절들도 실제의 원전과의 대조, 교정을 거친 후에 사료로서 이용되어야 할 것이고, 이의 연장선에서 『고려사』의 여러 기사들도 사실(事實)의 출처가 다른 각종 문집·금석문·고문서자료·외국자료 등과 비교하여 자구의 하나하나가 검정(檢正)되어야 할 것이다. [『역사교육논집』 58, 2016]

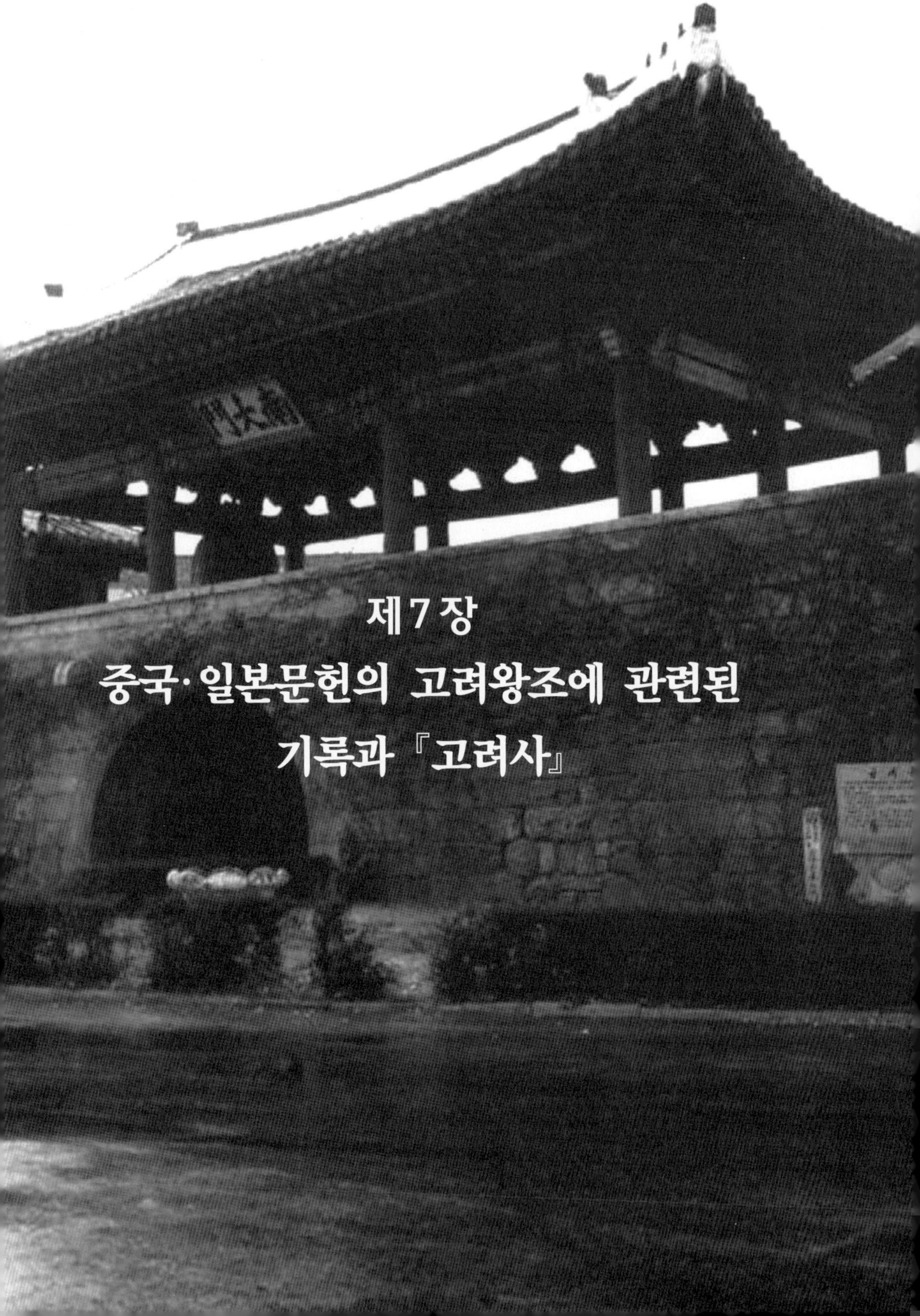

제7장
중국·일본문헌의 고려왕조에 관련된 기록과 『고려사』

제1절 중국문헌의 관련된 기록

고려시대사를 연구하는데 있어 가장 기본적인 사료는 연대기인 『고려사』·『고려사절요』인데, 이들은 역대 실록을 바탕으로 편찬되었기에 두 책의 내용이 대동소이하고 국왕을 정점으로 한 핵심 지배층의 활동상을 주로 다루고 있다. 실록 이외의 저본은 극히 몇 예를 제외하고는 구체적으로 기재되어 있지 않아 알 수 없지만, 이들의 내용을 자세히 검토해 보면 주로 문집, 그것도 고려후기의 이제현을 위시한 이곡·이색 등과 같은 극히 소수 인물들의 문집을 중점적으로 이용하여 편찬되었던 것으로 보인다.

이러한 연대기의 한계점을 보완하기 위한 작업은 조선후기의 여러 학자들에 의해 이루어졌고, 그 중 한치윤의 업적은 큰 성과를 거두었으나 자료구득의 한계가 있었다.[1] 또 일제강점기에 『조선사 朝鮮史』의 편찬에서 부분적으로 이루어지기도 했으나, 그 성과는 일본 측의 자료에서 몇 예를 적출하는데 그치고 말았다. 그 후 고려시대사 연구자들에 의해 중국사서 및 극히 부분적인 문집이 이용되기도 하였으나 큰 진전을 보지 못하다가 1980년대 이후 소수의 학자들에 의해 국내에 흩어져 있는 문집·금석문·고문서 등의 수습과 정리가 활발히 이루어지게 되었다.[2] 이에 뒤이어 국내외에서 중국·일본 등의 사서 및 각종 자료에 수록되어 있는 고려왕조에 관계된 기사의 발췌·정리가 이루어져 자료집으로 발간되게 되었으나,[3] 아직 보완되어야 할 것이 많이 있을 것이다.

---

1) 한치윤은 중국 역대의 관찬·사찬의 방대한 전적들을 섭렵하여 『해동역사』를 편찬하였다(「海東繹史引用書目」).
2) 금석문 및 고문서의 분야에서 여러 자료집이 출간되었는데, 그 중 묘지명에 대한 김용선의 작업이 돋보인다(『고려묘지명집성』 4版, 한림대출판부, 2006).
3) 장동익, 『원대여사자료집록』(1997), 『송대여사자료집록』(2000), 『일본고중세고려자료연구』(2004, 이상 서울대출판부) ; 楊渭生 等, 『十至十四世紀中韓關係史料滙編』, 學苑出版社, 1999 ; 김기섭 등, 『일본 고중세 문헌 속의 한일관계사료집성』, 혜안, 2005.

필자는 중국과 일본의 자료에 수록되어 있는 고려왕조와 관련된 기사들을 모아 자료집 3책을 발간한 적이 있다. 또 이들 자료집에 수록되어 있는 내용들이 적극적으로 이용될 수 있는 방안의 하나로서 지금까지 정리하지 않았던 중국의 각종 正史에 수록되어 있는 대외관계의 기사와 함께 편년(編年)으로 정리하여 『고려시대 대외관계사종합연표 高麗時代對外關係史綜合年表』를 간행하려고 한다. 그 과정에서 동아대학교가 1970년대에 발간한 『역주고려사』에 힘입은 바가 매우 많았는데, 이제 동아대학교가 다시 새로운 『국역고려사』를 편찬하는 과정에서 『고려사』에 대한 문헌적인 검토를 행하기 위해 주제를 지정하여 필자에게 논문 발표를 요청하였다. 그렇지만 필자는 현재 학문과는 관련이 없는 다른 사무에 종사하고 있어 원고를 집필할 시간적인 여유가 없는 형편이기에 지금까지 발표하였던 여러 논문을[4] 재구성하여 발표에 응할 수밖에 없었다.

1. 宋代의 資料

320년간 지속된 송제국의 문화는 중국 역사상 매우 활발히 발전하여 각종 문물에 대한 정리인 문헌 기록도 수많이 남아 있다. 연대기 이외의 문헌에는 한반도 관계 기사가 극히 부분적으로 수록되어 있으나, 남겨진 전적의 양이 많아서 이들을 정리하면 전체적으로 많은 숫자를 차지하고 있다. 먼저 송대의 자료 중 『태평어람 太平御覽』·『책부원귀 册府元龜』 등과 같은 관찬의 저술에는 한반도 관계 기사가 집중적으로 또는 단편적으로 많이 수록되어 있으나, 이들의 대부분이 이전 시기의 각종 저술을 바탕으로 재편집된 것이다. 그러므로 이의 내용은 대부분이 고구려·백제·신라의 사정을 전하는 것으로 역대 사서(史書)에 수록된 내용과 유사한 점이 많고 간혹 그들 사서에 빠진 내용이 있는데, 이들 자료만이 우리의 주목을 끌 수 있다.

그리고 북송대 이래 개인에 의해 편찬된 각종 사서에도 고려 관계 기사가 더러

---

4) 장동익, 앞의 책 ; 「송대의 明州 地方志에 수록된 고려관계기사 연구」 『역사교육논집』 22, 1997 ; 「원사 고려관계기사의 어휘집성」 『역사교육논집』 26, 2001 ; 「송회요집고에 수록된 고려관계기사의 연구」 『한국중세사회의 제문제』, 2001 ; 「요사 고려관계기사의 어휘집성」 『역사교육논집』 28, 2002 ; 「금사 고려관계기사의 어휘집성」 『역사교육논집』 33, 2004 ; 「현존 영락대전에 수록되어 있는 한반도관계의 기사」 『안동사학』 9·10, 2005.

수록되어 있으나, 『속자치통감장편 續資治通鑑長編』을 제외한 대부분이 여·송 양국의 외교 관계에 대한 기사를 간단히 정리하고 있다. 그 중 일부 기사는 고려측의 자료에 수록되어 있지 않은 기사도 있지만, 대부분이 확인되고 있는 자료이기에 자료적 가치가 떨어진다. 그 중 주목되는 한 가지는 남송대 이래 양국의 외교 관계가 공식적으로 단절된 이후에는 고려 관계 기사가 거의 보이지 않는 점이다. 이는 정보의 전달 체계가 차단된 결과로도 이해할 수 있으나, 양국간에는 상인들을 통해 일정한 관계가 유지되고 있었음에도 불구하고 애써 외면된 것은 金의 압박을 받게 된 그들을 고려가 도와주지 않았다는 반감 때문에 고려의 사실을 누락시킨 것으로도 이해할 수 있다.

또 송대에는 독서인층의 증가와 목판인쇄술의 보급으로 인해 일기·필기·소설 등과 같은 사찬(私撰)의 저술이 많이 이루어졌다. 이는 宋 왕조가 장기간에 걸쳐 지속된 데다가 남송으로의 변환과정에서 수많은 전적이 불타 북송이래의 전장(典章)·문물(文物)의 재정비가 필요하여 전대(前代)의 자료를 섭렵하고 이를 정리하는 풍조가 많이 있었기 때문이다. 이들 자료들은 역사적 사실을 보충할 수 있는 유명 인사의 숨은 이야기, 항간(巷間)의 설화에 미치기까지 극히 잡다한 내용들로서, 이를 취신(取信)하는 데는 문제점이 없지 않지만 관찬 기록에 나타나지 않는 정치의 내막상이나 경제의 실태를 기록한 것도 있다. 그렇지만 송나라 자체의 기사도 여러 책에 중복되어 있는 경우가 많은데, 이 점은 한반도 관계의 사실에서도 같은 현상을 보이고 있다.

그리고 수많은 개인의 문집에도 고려 관계 기사가 수록되어 있으나, 현존하는 송대의 문집 중 하급 관료층으로서 명주(明州)를 위시한 강남 지역의 지방관을 역임하지 않았던 인물과 고려와의 통교가 끊어진 시기인 북송의 일부 시기 및 남송대 인물들에 의해 저술된 대부분의 문집에서 고려 관계 기사는 찾아볼 수 없다. 이들 문집에 수록된 여러 문체의 글 중, 시문에는 송의 폐쇄적인 대외 관계로 인해 사행(使行)과 관련된 양국 문인들의 시문창화(詩文唱和)는 거의 보이지 않고, 주로 고려의 생산물에 대해 읊은 것들이 많다. 또 문필적인 능력을 지닌 문한관(文翰官) 출신의 관료들의 문집에는 내·외제(內外制)의 정치·외교 관계 글 중 고려에 보낸 국서(國書)·조서(詔書)·칙서(勅書)들이 일부 수록되어 있고, 일반 관인(官人)들의 각종 상소문에 고려 및 고려 사신단에 대한 건의가 나타나고 있다. 그리고 개인의 행장·신도비·묘지명 등에는 고려에 파견된 관인들의 고려에서의 행적이 기록되어 있고, 일부 관료들의 고려에 대한 각종 건의가 간략하게 언급되어 있다.

이상과 같은 송대에 만들어진 사부(史部)의 각종 사서(史書)·지리지, 자부(子部)의 잡가(雜家)·소설류, 집부(集部)의 문집·총집류(總集類), 그리고 금석문 등의 각종 자료에[5] 나타난 고려 관계 자료는 내용이 중복되는 것을 제외하면 대략 500건에 달한다.[6] 이들 자료들을 문체별로 분류하면 시(詩)가 22건, 문(文)이 478건이다. 그 중 시는 오언시가 6건, 칠언시가 11건, 기타 5건이며, 문은 잡기류(雜記類)가 386건, 조령류(詔令類)가 42건, 주의류(奏議類)가 21건, 비지류(碑誌類)가 15건, 증서류(贈序類)가 9건, 서발류(序跋類)가 2건, 전장류(傳狀類)가 3건 등으로 나타난다.

여기서 잡기류가 절대적으로 많은 비중을 차지하고 있는 것은 『속자치통감장편』을 비롯한 각종 사서에 고려 관계 기사가 많이 수록되어 있을 뿐만 아니라 송대에는 필기 및 소설류의 자료들이 많이 저술되었기 때문이다. 이들 잡기류는 여·송 양국의 제반 상황을 이해하는데 큰 도움을 주는 자료가 될 수 있다. 다음으로 조령류·비지류가 많은 것은 여·송 양국 간의 공적인 외교 관계의 수립으로 인해 사신단의 왕래가 장시간에 걸쳐 있었기 때문이고, 그 과정에서 외교상의 여러 문제로 인해 주의류가 많이 만들어졌기 때문이다. 그 외 시문류가 많이 찾아지지 않는데, 이는 여·송 양국 문인들의 교유가 활발하지 못했던 것을 반영해 주는 것으로, 송이 폐쇄적인 정책을 구사하여 문인들로 하여금 고려의 사신단과 시문을 창화하지 못하게 하였던 결과이다.

이들 고려 관계 기사는 주제별로 볼 때 고려·오대 왕조에 관한 기사가 43건, 고려·송의 정치·외교에 관한 기사가 319건, 고려·송의 교역에 관한 기사가 30건, 고려·송의 문물 교류에 관한 기사가 97건, 그리고 고려·북방민족에 관한 기사가 10건에 달하고 있다.

고려·오대 왕조에 관한 기사 중 정치·외교에 관한 24건은 사신단의 왕래와 관련된 기사 및 중국 사신단의 한반도에 대한 견문기의 일부이다. 교역에 관한 기사는 신라인들의 중국 진출과 관련된 기사가 주이고, 문물교류에 관한 기사는 중국에

5) 송대 이후에 편찬된 『송사』와 같은 연대기는 제외되었다.
6) 이 숫자는 현재까지 조사된 내용으로 주목할 만한 의미는 없고 전체적인 형편만을 말하는 것이다.

전해진 한반도의 문물에 대한 것이다. 그리고 기타 13건에는 한·중 양국 승려들의 내왕에 따른 각종 일화가 주로 수록되어 있다.

고려·송의 정치·외교에 관한 기사 319건은 송대의 자료에 수록된 고려 관련 기사의 60%이상을 차지하고 있는데, 이는 각종 사서가 고려에 관한 전반적인 기사를 많이 수록하고 있기 때문이다. 그 중 고려가 송에 대해 취한 정책에 관한 자료는 1건만이 보여 아쉬운 점이 있지만, 송의 고려에 대한 정책과 관련된 자료가 13건이나 되어 여·송 양국의 외교 관계 전개에 대한 새로운 이해를 얻을 수 있을 것이다. 또 양국 사신단의 왕래에 따른 각종 제고(制誥)·제조(制詔), 제반 시설, 해도(海道), 안전한 항해를 위한 염원(念願) 등에 관한 기사도 상당수 찾아지고 있다. 이와 함께 양국 사신단의 접촉에 대한 구체적 사례 및 이와 관련된 기타의 자료 역시 많은 수가 찾아지는데, 이들 자료 역시 양국의 외교 관계를 이해하는데 중요한 자료가 될 수 있다.

고려·송의 교역에 관한 기사는 교역에 따른 일반적 기사 및 양국의 교역 양상 등에 대한 자료도 있지만, 그보다는 고려의 생산물로서 송에 건너간 것들에 대한 설명이 많은 비중을 차지하고 있다. 고려·송의 문물 교류에 관한 기사는 정치·외교에 관한 기사 다음으로 많은 비율을 차지하고 있다. 이들 자료는 송에 들어간 고려인 및 고려 문물, 고려에 파견된 송의 사신단 및 이들에 의한 견문기, 그리고 여·송 양국 사신단의 왕래에 따른 각종 척독(尺牘)·시화(詩話) 등에 관한 기사이다. 끝으로 고려·북방민족에 관한 기사는 송인들이 북방 민족을 통해 얻어들은 고려에 대한 지식 또는 그들과의 접촉 과정에서 견문한 고려에 대한 기사이다.

이상과 같은 고려 관계 기사는 몇 예를 제외하고는 대부분이 여·송 양국의 외교 관계에 수반된 단편적인 내용들이지만, 고려측의 연대기 및 관련 자료들에서 나타난 역사적 사실의 이면(裏面)을 살펴 볼 수 있는 것들이다. 또 고려측 자료의 소략한 점들을 보완할 수 있는 귀중한 자료들도 많이 포함되어 있는데, 이들 중에서 『고려사』의 내용을 보완할 수 있는 자료와 이들이 지니고 있는 한계성에 대해 살펴보기로 하자.

먼저 송대에 만들어진 고려에 관한 기사는 해당 시기의 사실을 기록한 것으로 일차자료로서 중요한 기능을 하고 있지만, 많은 양이 유사일문적(遺事逸文的) 성격을 띠고 있어 자료로서 사용하기에는 신중한 검토가 요청된다. 이들 자료 가운데는 송인들이 고구려와 고려의 시간적·공간적인 차이, 신라와 고려의 왕조 변천 등을 잘 이해하지 못해 양자의 차이를 고려하지 않고 서술한 경우도 많다. 곧 고려를 고구려와 혼동하여 고려의 영역을 고구려의 그것으로 잘못 인식하거나 왕실의 계보를 고구려와 연결시킨 것, 그리고 멸망한 신라를 고려와 병존한 것 등으로 인식한 예를 많이 찾아볼 수 있다.

이와 같이 송인들로 하여금 한반도의 사정에 대해 부정확한 인식을 갖게 한 것은 여·송 양국의 접촉이 사신단을 파견하고 접견하는 조정을 중심으로 이루어졌기 때문이다. 그래서 지배층의 극히 일부만이 고려의 사정을 어느 정도 알 수 있었고, 여타의 지배층들은 사신단의 견문기나 이들 내용의 일부가 수록된 자료를 통해 간접적으로 고려의 사정을 이해할 수밖에 없었다. 이로 인해 한반도의 사정을 구체적으로 파악할 수 없어 부정확한 인식을 가지게 되었을 가능성이 많다.[7] 이처럼 송대의 자료에 수록된 고려 관계 기사가 유사일문식으로 정리된 것이 많기 때문에, 그 중에는 사실과 동떨어지거나 허황한 것, 과장된 것도 있을 수 있다. 그러므로 이들을 자료로 취신(取信)할 때는 다른 자료와의 비교 검토나 고증이 가해져야 하는 등 신중성이 요청된다.

다음으로 여·송 양국의 외교 관계의 전개를 살펴볼 수 있는 자료들인데, 이는 주로 양국의 외교 관계 유지에 대한 송 관료들의 의사 개진에 관한 것이다. 이의 내용은 우호적 외교 관계의 유지를 주장하는 견해도 있지만 그보다는 고려와의 외교 관계의 유지가 송에 불리하다는 점을 역설한 경우가 많다. 이와 관련하여 고려 사신단에 대해 각종 규제를 가하자는 견해도 많이 제시되어 있는데, 이들 자료는 양국 외교 관계의 전개, 송대 관료들의 고려에 대한 인식, 그리고 송 정부의 고려에 대한 정책적인 입장 등을 이해하는데 중요한 자료가 될 수 있다.

그리고 여·송의 교역에 관한 주목되는 기사로서 고려 산물에 대한 시박세(市舶稅), 고려 상인의 송으로의 진출, 고려의 생산물에 관한 기사 등은 고려측의 자료에서는 이들 생산물의 명칭만을 찾을 수 있었던 점에 비해 송대의 자료에는 그 구체적인 내용까지 서술되어 있어, 이 분야의 이해에 큰 도움을 줄 수 있을 것이다.

그 외 청대(淸代) 말기인 1809년(嘉慶14)이래 서송(徐松)에 의해 『송회요 宋會要』

7) 이 점은 원압제기에 한반도의 사정이 중원에 상세히 전해질 수 있어 그것이 원인들에 의해 작성된 각종 자료에 잘 반영되었던 것과는 크게 대비된다.

의 복원 작업이 시작된 이래 여러 사람의 노력이 추가되어 1936년에 『송회요집고宋會要輯稿』 200책이 정리되게 되었다. 이 책의 번이부(蕃夷部)에는 고려왕조에 대한 항목이 독립되어 있었지만, 아쉽게도 편집·전사(傳寫)의 과정에서 탈락되고 말았다. 현존의 『송회요집고』에는 고려왕조에 관한 기사가 68건 정도 수록되어 있는데, 이에는 다른 사서에 수록되어 있지 않은 고려 관계 기사가 많이 포함되어 있어 여·송 양국 관계의 이해에 일정하게나마 도움이 될 수 있을 것이다.

2. 元代의 자료

고려왕조는 13세기 중엽 이후 약 100여년에 걸쳐 대원몽골국의 세력권내에 위치해 있었기에 원대의 각종 자료에 수록된 고려왕조 관계 기사는 내용면에서 주목되는 면이 많이 있다. 또 여·원 관계사는 단순한 관계사의 영역을 넘어서서 정치사 그 자체였기에 이들 자료의 중요성은 더욱 부각될 수 있다. 원대에 만들어진 관찬서, 문집, 불경, 금석문 등의 각종 자료에 나타난 고려왕조 관계 기사는 전체 191건으로 시(詩)가 73건, 문(文)이 128건이고, 그중 시는 오언시가 22건, 칠언시가 47건, 기타 4건이며, 문은 조령류가 20건, 증서류가 9건, 비지류가 41건, 잡기류가 36건 등이다.[8)]

이에서 시와 증서가 많은 비중을 차지하고 있는데, 이들의 대부분은 여·원 양국 문인들의 활발했던 교유 속에서 이루어진 것으로 문물교유에서 중요한 의미를 지니고 있으나, 당시 사회의 이해에는 중요성을 지니고 있지 못하고 있다. 이에 비해 역시 많은 비중을 차지하고 있는 조령·비지·잡기 등은 여·원 양국의 여러 면을 이해하는데 큰 도움을 주는 자료이다. 또 이들 자료는 주제별로 고려왕조 전반에 관련된 기사가 52건, 고려인에 관련된 기사가 83건, 원에 귀화한 고려인에 관련된 기사가 22건 그리고 원인(元人)의 고려에 대한 정책과 관련된 기사가 35건에 달하고 있다.

고려왕조 전반에 관련된 기사 중 고려왕조 일반에 관한 기사가 19건에 달하는데, 이는 원인들의 고려왕조에 대한 견문기 및 원의 법제 속에서 고려인에 관련된

---

8) 이 통계치는 대체적인 형편을 보여주는 것으로 큰 의미는 없다.

기사가 많이 수록되어 있기 때문이다. 또 외교관계 기사 6건은 원제국내에 위치한 고려왕실이 원으로부터 받은 책봉관계의 문서가 대부분이고, 공녀관계 기사 11건은 당시 원의 야만적인 공녀요구의 결과이다. 그리고 불교관계 기사 6건은 여·원 양국의 긴밀한 관계 속에서 양국 모두 불교가 국교적인 위치에 있었던 결과이고, 생산물 관계 기사 10건은 원의 지속적인 경제적 징구(徵求) 및 양국 사이에 활발했던 무역관계를 반영하고 있는 자료이다.

고려인에 관련된 기사 83건은 원대 자료에 수록된 전체 기사 190건의 거의 과반수를 차지하는 것으로 고려인 20여명이 원의 문인들과 활발히 교유했던 결과이다. 당시 여·원 양국 문인의 교유는 사신단, 정동행성, 만권당, 숙위(宿衛)와 제과(制科) 등이 주된 매개 요인으로 작용하였다. 여기서 주목되는 것은 충선왕에 관련된 기사가 25건, 식무외(式無外)에 관련된 기사가 12건으로 많은 분량을 차지하고 있는 점인데, 고려 측의 자료에서는 찾을 수 없는 이들의 행적에 대한 중요한 자료가 될 수 있다.

그리고 고려측의 자료에 의하면 원에 귀화한 인물들은 극히 한정되어 있는데 비해, 원대의 자료에는 10여명의 인물들에 대한 기사가 22건이나 찾아진다. 이들은 대원몽골국의 정권에 참여하여 크게 활동하였음이 확인되고 있는데, 이들이 단순히 원에 귀화한 인물이 아니라 고려왕조와 긴밀히 연결되어 있었던 점을 감안하면, 이 시기의 연구에 중요한 시사를 줄 수 있을 것으로 예상된다. 또 원의 고려에 대한 정책과 관련되어 20여명의 원 관료들의 고려에 대한 기사 35건이 찾아지는데, 이들 기사는 한국 측의 자료에서 극히 소략하게 반영되어 있는 이 시기 양국의 정치외교사 이해에 큰 도움을 줄 수 있을 것이다.

그리고 몽고제국에 의해 1343년(至正3) 4월 이래 『요사』·『금사』·『송사』 등이 함께 편찬되게 되었는데, 이들 자료에도 고려왕조에 관련된 기사가 많이 수록되어 있다. 그 중 『요사』는 1년 만인 1344년(충목왕 즉위년, 至正4) 3월에 116권으로 완성되었으나, 요제국이 흥성했을 당시의 기본 자료가 충분하게 정리·조사되지 못한 상태에서 짧은 기간에 편찬되었기에 여타의 두 사서에 비해 내용적으로 소략하다.[9] 그렇지만 이때의 편찬에 있어서 새로운 자료의 보완이 없이 요 및 금대에 이

9) 이를 보완한 작업으로 淸代 厲鶚, 『遼史拾遺』 24권 ; 楊復吉, 『遼史拾遺補』 등이 있다.

루어진 성과를 재정리하는 수준에서 이루어졌기에 요대(遼代) 당시의 자료가 그대로 반영될 수 있었다는 장점도 있다.

이에는 10세기 이래 12세기 초기까지 약 200여년에 걸쳐 고려왕조가 거란제국(契丹帝國, 907~1125)과 정치적으로 긴밀히 연결되어 있었기에 고려왕조 전기의 여러 가지의 사정들이 반영되어 있다. 『요사』에 수록되어 있는 고려 관계의 기사는 외국열전에 수록되어 있는 고려열전의 내용을 제외하고는 대략 257건 정도의 기사가 찾아지고 있다. 이 중 표에 수록되어 있는 기사는 여타의 편목에 수록되어 있는 기사를 중심으로 재편성된 것이므로 이를 제외하면 221건 정도의 기사가 수록되어 있는 셈이다.

각 편목에 수록되어 있는 고려관계 기사 중에서 본기편에는 143건이 수록되어 있는데, 거란 제국의 초기인 태조 및 태종 때에는 제한적이나마 거란과 고려 사이에 일정한 교섭이 이루어지고 있었음을 보여주고, 927년(天顯2) 이후 약 60여 년간의 외교적인 단절로 인해 기사가 찾아지지 않는다. 그러다가 성종대(聖宗代) 이후에는 많은 기사가 찾아지고 있는데, 이는 양국사이에 전쟁이 발발하게 되었기 때문이고, 이후 전쟁과 대치 상태를 지속하다가 궁극적으로 고려가 거란에 신속(臣屬)하게 됨에 따라 종주국와 종속국 사이의 책봉과 조공을 매개로 이루어진 외교에 따른 기사가 주로 수록되어 있다.

지(志)의 경우 전체 43건이 수록되어 있는데, 병위지(兵衛志)·지리지·역상지(曆象志)·백관지·예지·의위지(儀衛志)·식화지 등에 고려관계의 기사가 찾아진다. 또 각종 표에 수록된 기사는 모두 36건에 달하는데, 그 중 거란제국의 세력 하에 있었던 여러 나라들이 거란에 조공했던 일을 중심으로 하여 각국과의 관계를 기록하였던 속국표(屬國表)에는 34건이 수록되어 있다. 이들 기록은 대부분이 본기편에 수록되어 있는 기사들로서 『요사』가 지닌 약점의 하나인 중복(重複) 수록의 결과이지만, 이조차 본기의 내용을 충실하게 반영하고 있지 못해 빠진 부분이 많이 찾아진다.

그리고 열전에[10] 수록되어 있는 고려 관계의 기사는 전체 35건 정도에 달하는데, 이들의 대다수가 거란군의 고려정벌에 참여했던 장수들의 간단한 전공(戰功) 및 패퇴(敗退)에 관한 내용이다. 또한 고려에 파견되었던 사신단에 관한 기사가 몇

10) 『요사』 고려열전에 대한 검토로 魏志江, 「遼史高麗傳考證」 『文獻』 68期, 1996이 있다.

예 찾아지지만, 고려 측의 자료에서 확인되고 있는 그것에 비하면 비교할 수 없을 정도로 극소수에 지나지 않는다. 끝으로 서하국(西夏國)과 함께 외국열전격인 이국외기(二國外記)에 수록되어 있는 고려열전의 내용은 역대 중국 정사의 다른 열전의 경우와는 다른 모습을 보이고 있다. 한반도의 역대 왕조에 대한 언급이 없이 거란과 고려의 관계만을 기록한 점이 특징이지만, 이의 내용이 극히 빈약하여 당시 한반도에서 이루어지고 있었던 역사적인 형편의 이해에 도움을 줄 수 있는 자료는 거의 전무한 셈이다.

이처럼 『요사』에 수록되어 있는 고려 관계 기사는 대부분이 단편적이고 내용적으로 소략한 자료이기에 고려 측의 연대기를 충분히 보완해 줄 수 있는 형편은 아니지만 일정하게나마 도움은 줄 수 있을 것이다.

다음으로 1344년(至正4) 11월에 편찬된 『금사』 135권에는 12세기 초이래 13세기 전반까지 약 120여년에 걸쳐 고려왕조와 금제국(金帝國, 1115~1234)과의 관계에 대한 기사가 수록되어 있다. 이는 짧은 기간에 편찬되어 소략했던 『요사』와는 달리 비교적 충실하다는 평을 받고 있지만, 사실(史實)의 서술에 있어서 『요사』·『송사』 등과 차이를 보이는 면도 더러 있는데, 편찬에 참여했던 인물들이 참조했던 사료의 차이에 의한 것으로 추측되고 있다.[11)]

『금사』에 수록되어 있는 고려 관계의 기사는 고려열전의 내용을 제외하고는 대략 584건의 기사가 찾아지고 있다. 이 중 표에 수록되어 있는 기사는 여타의 편목에 수록되어 있는 기사를 중심으로 재편성된 것이므로 이를 제외하면 334건 정도의 기사가 수록되어 있는 셈이다. 먼저 본기의 경우 전체 280건이 수록되어 있는데, 이는 태조 이후 역대 제왕의 집권기에 일어난 양국 관계의 자료로서 고려가 금에 신속(臣屬)하게 됨에 따라 책봉과 조공을 매개로 이루어진 외교에 따른 기사이다. 그렇지만 이들 기사가 고려 단독으로 기록되어 있는 것이 아니라 송·하(夏) 등과 함께 기록되어 있어 이들 기사를 통해 양국의 관계를 구체적으로 검정하기에는 어려움이 있다.

---

11) 이러한 차이점과 결락에 대해서는 淸代 施國祈의 『金史詳校』에 의해 보완되기도 하였고, 이를 이어 陳述은 당시의 비문·시문 등을 통해 「金史氏族表」·「女眞漢姓考」·「金賜姓表」·「金史同姓名表」·「金史異名表」 등을 작성하여 당시 사회의 이해에 도움이 될 수 있게 하였다(이상 陳述, 『金史拾補五種』, 科學出版社, 1960에 수록되어 있음).

지(志)의 경우 전체 22건이 수록되어 있으나 내용적으로 크게 주목되는 바는 없고, 금제국의 세력 하에 있었던 각국과의 관계를 기록하였던 교빙표에는 250건의 고려 관계의 기사가 찾아진다. 이는 고려와의 관계를 매우 간략하게 언급하고 있는 본기편의 내용을 보완해주는 동시에 양국의 외교 관계를 구체적으로 정리하고 있어 고려열전과 함께 『금사』에서 가장 주목될 수 있는 항목이라고 할 수 있겠다. 이들 기록은 대부분이 본기에 수록되어 있는 기사들을 재정리한 것이지만, 사실을 보다 구체적으로 언급하고 있어 사료적인 가치가 매우 높다. 이 역시 본기의 내용을 충실하게 반영하고 있지 못한 부분도 없지 않지만, 『고려사』에 나타나지 않는 내용도 있어 주목되는 점이 있다. 그렇지만 『고려사』와 비교해 볼 때 내용적으로 크게 부실하다.

그리고 서하국(西夏國)과 함께 외국열전에 수록되어 있는 고려열전의 내용은 역대 중국 정사의 다른 열전의 경우와는 차이를 보이고 있다. 한반도의 역대 왕조에 대한 언급이 없이 금제국의 건국 이전에 이루어졌던 고려와 여진족과의 접촉에 대한 기사가 많은 비중을 차지하고 있다. 이에 수록되어 있는 고려 관계의 기사는 전체 32건 정도에 달하는데, 이들의 대다수가 고려에 의한 여진 정벌 및 구성(九城) 축조와 관련하여 전쟁에 참여하였던 여진 장수들의 간단한 전공(戰功)에 관한 내용이다. 또 예종 이래 양국의 외교 관계가 소략히 언급되어 있는 가운데 무신들에 의해 폐위된 의종 및 조위총의 거사에 대한 기사가 중점적으로 다루어지고 있다.

끝으로 편찬을 시작한지 2년 6개월 후인 1345년(至正5) 10월에 완성을 본 『송사』 496권은 중국의 정사 중에서 권수가 가장 많은 것으로 분량을 감안하면 단시간에 편찬된 셈으로 번잡하다는 평을 듣고 있다. 이에 수록되어 있는 고려관계의 기사는 필자가 아직 구체적으로 검토하지 못하였기에 자료의 건수와 내용을 설명할 수 있는 형편이 아니다. 단지 일견(一見)한 소감은 자료들의 내용이 구체적이지 못하고 간략하게 요목만을 제시하고 있으며, 열전에 수록되어 있는 내용도 소략하다. 곧 편찬 당시에 존재하고 있었던 송인들의 고려에 대한 견문기도 충실하게 반영되어 있지 못하며 고려와 고구려의 계승 관계, 고려왕실의 세계 변천 등을 위시한 각종 사실의 설명에서 많은 오류를 범하고 있다. 그러므로 여·송 양국의 구체적인 관계에 대해서는 『속자치통감장편』 520권을 위시한 남송 초기에 이루어진 각종 사찬 사서를 참조하는 것이 좋을 것 같다.

3. 明代의 자료

필자는 명대에 만들어진 자료들을 모두 읽지 못하였고, 원말명초에 만들어진 문집을 위시한 관찬 자료의 일부만을 읽은 정도였기에 전반적인 흐름을 파악할 수는 없다. 명초의 자료에 대해서는 원대의 자료에서 언급하였기에 생략하기로 하고, 고려의 자료가 수록되어 있는 『원사』와 현존의 『영락대전 永樂大典』의 내용에 대해서 정리하기로 한다.

1370년(공민왕19, 洪武3) 편찬이 완성된 『원사』 210권은 단기간에 걸쳐 여러 사람에 의한 분찬(分纂)으로 이루어졌기에 여러 가지의 미비한 점이 많이 있는 것으로 평가되고 있다. 곧 사실의 전후가 중복되거나 연대 편성[繫年] 및 고증의 잘못, 같은 사실·인물의 이중(二重) 수록, 인명·지명의 통일성 결여 등의 문제점들이 허다하게 나타나고 있다. 또 『원사』는 중국 왕조의 하나로서 한지(漢地) 및 한민족지배(漢民族支配)를 중심으로 기술이 이루어져 있어 몽골 고원(高原) 내에서 일어났던 일들은 소략하게 다루어져 있는 한계점을 지니고 있다. 본기편에 수록되어 있는 고려 관계의 기사는 대략 135건 정도이지만, 이들 기사는 모두 단편적인 것이기에 이것들을 통해 여·원 양국 간에 일어난 여러 가지의 형편을 살펴 볼 수는 없다. 따라서 고려 측의 연대기나 각종 자료와의 연관을 통해 당시의 상황을 검정할 수 있다.

志에 수록되어 있는 고려 관계의 기사는 건수면에서 많은 숫자를 차지하고 있지만, 내용면에서는 극히 간략한 언급이 대부분이어서 그 구체적인 실상을 파악하기에 어려움이 있다. 표의 경우 후비표·제왕표·제공주표 등에 고려 관계의 기사가 수록되어 있지만, 이들 표가 크게 부실하여 실제상을 잘 반영하고 있지 않다. 그리고 가장 많은 분량을 차지하고 있는 열전의 경우 고려출신으로 입전(立傳)되어 있는 인물로는 기황후(奇皇后)·홍복원(洪福源)과 그의 후예·고려 왕족 출신의 왕준(王綧)과 그의 후예·환관(宦官) 출신의 박불화(朴不花)·출신 불명의 무장(武將)인 박새인부카[朴賽因不花] 등이 있다. 이들 중 끝의 두 사람의 활약상에는 고려에 관한 내용이 거의 없지만 여타의 내용은 당시 여·원 양국 사이에 일어났던 여러 면들이 언급되어 있어 자료적으로 매우 주목된다. 또 원인들 곧 원제국의 관료로서 활약하였던 인물들의 행적 중에 찾아지는 고려 관계의 기사는 몽골군의 고려 침입·

삼별초의 항쟁·나안[乃顔]의 반란·일본 정벌·사신 파견·정동행성 등과 관련하여 고려에 파견되었을 때의 행적이 간단하게 언급되어 있는 정도이다.

끝으로 고려열전은 고려에 대한 전반적인 상황이 편년순으로 가장 상세히 정리되어 있다. 이는 『영락대전』에서 발췌한 『경세대전 經世大典』정전(政典)의 정벌(征伐) 기사 중 고려에 관한 내용, 곧 현존하는 『원고려기사』의 내용을 비교적 간략하게 정리하되 문장은 개수(改修)한 것으로 추측된다.[12] 이의 내용은 한국고대국가에서 고려왕조로의 계승관계, 고려국의 위치 등으로부터 시작하여 몽고와 고려의 접촉과 이를 뒤이은 장기간에 걸친 몽골군의 고려 침입, 몽골의 침입에 대처한 고려의 외교, 원제국의 세력권에 편입된 고려의 정치·외교의 대체적인 모습 등이 수록되어 있다. 이들 내용은 대체로 1216년(고종 3) 여·몽이 접촉하게 되는 계기를 제공했던 大遼收國[契丹遺種]의 침입에서부터 시작하여 1313년(충숙왕 즉위년, 皇慶2) 충숙왕의 즉위까지의 시기를 대상으로 하고 있다.

그러나 1356년(공민왕5) 공민왕에 의한 반원정책이 추진되어 양국의 관계가 단절될 때까지의 40여년간의 기록 및 그 이후에 전개된 양국의 외교에 대해서는 전혀 언급되어 있지 않다. 이는 열전의 편찬자가 본기편에 수록되어 있는 고려 관계의 기사조차도 정리하지 않았을 정도로 용의주도하지 못했던 결과이다. 그러므로 고려열전에 수록되어 있지 않은 1313년 이후의 양국의 관계는 고려 측의 자료를 중심으로 살펴보아야 할 필요성이 있다.

그 외에 탐라(耽羅)와 일본의 열전에도 고려 관계의 기사가 다수 수록되어 있는데, 탐라전에는 삼별초의 몽골에의 항쟁과 관련된 상황이 주로 다루어져 있고, 일본전에는 여·원 연합군의 일본정벌과 관련된 사항이 많이 수록되어 있다.

다음으로 영락연간(永樂年間, 1403~1424)에 편찬된 『영락대전』 본문 22,877권, 범례 및 목록 60권은 대부분이 없어졌으나, 그 중 한반도 관계의 기사가 일부나마 온전하게 남아 있는 것으로 『원고려기사』와 『송회요집고』가 있다. 또 현재 세계 각처에 남아 있는 『영락대전』은 800여권으로서 편찬되었을 때의 전체 가운데 3.5%정도에 지나지 않지만, 이를 통해 『영락대전』의 모습 일부분을 살펴볼 수 있다. 이에서

12) 王愼榮, 『元史探源』, 吉林文史出版社, 1991, 274쪽. 또 『원고려기사』는 원이 『경세대전』을 편찬할때 고려 측이 제공하였던 자료를 바탕으로 편찬된 것이기에 월차(月次), 날짜[日辰] 등에 대한 내용에서 면밀한 사료 검정이 이루어져야 할 것이다.

찾을 수 있는 한반도 관계의 기사는 33건 정도인데, 이 중에서 고려왕조와 관련이 있는 기사는 20여건이지만 거의 대다수가 『고려도경』의 내용을 전재한 것이다. 그 외 원대의 승려인 반곡(盤谷)의 『유산시집 遊山詩集』에 수록되어 있는 '高麗世子墨梅詩索和次韻'을 인용한 것은 주목되는 자료이다.

제2절 일본문헌의 관련된 기록

필자가 주로 조사했던 일본자료는 한반도에서 신라왕조의 지배질서가 한반도 전역에서 관철되지 못했던 892년(진성여왕6), 곧 견훤이 후백제를 개창한 해와 비슷한 시기인 887년(진성여왕1) 왕위에 오른 宇多(887~897 재위)의 집권 이후인 9세기 후반부터 고려왕조가 멸망한 14세기까지이다. 이는 일본의 고대 및 중세에 걸친 시기로서 이때에 만들어진 각종 자료에 나타난 고려 관계 기사는 450여건이 찾아지고 있다. 이들을 자료의 유형에 따라 헤아려보면 23종류의 일기류(日記類)에 245건, 23종류의 편찬기록류(編纂記錄類)에 163건, 고문서 22건, 고문서자료 9건, 서발(序跋)·제기류(題記類) 15건 등이다.

일본의 일기류에는 궁정(宮廷)·관서(官署)의 일기인 전상일기(殿上日記)·내기일기(內記日記)·외기일기(外記日記) 등과 같은 공적인 일기[公日記]와 일본국왕 이하 귀족들의 개인기록인 사적인 일기[私日記]가 있고, 사원과 신사(神社)를 중심으로 한 사사일기류(寺社日記類)가 있다. 이들 각종 일기 중 고려 전기에 해당하는 시기인 13세기 이전에 만들어진 사적(私的)인 일기에는 한국 측의 연대기에 전혀 반영되어 있지 않은 한·일 두 나라 사이의 접촉 및 표류민의 송환에 대한 사실이 다수 기록되어 있다. 그렇지만 이들 일기의 내용 자체가 극히 간단할 뿐만 아니라 고려 관계 기사는 더욱 피상적인 언급으로 되어 있어 이들을 통해 고려와 일본의 외교 관계 추이를 살펴볼 수는 없지만, 두 나라 사이의 외교 관계 일면을 엿볼 수 있어 주목된다.

또 고려 후기에 해당하는 13세기 이후에 기록된 일기에서는 왜구들의 한반도 침입 및 이에 대응한 고려 측의 사신 파견, 몽골국의 일본 초유를 위한 사신 파견 및 여·원 연합군의 일본 정벌에 대한 기사가 많이 수록되어 있다. 이들에 관한 기사는 고려 측의 자료에도 수록되어 있지만 한반도에서의 상황만이 반영되어 있을 뿐인데 비해, 각종 일기를 통해 일본에서의 형편을 어느 정도 파악할 수 있어 당시의 역사상을 이해하는데 중요한 자료가 될 수 있다.

그리고 고문서 및 고문서 자료에는 고려가 일본에 보낸 각종 고문서들이 어느 정도 수습·정리되어 있다. 현재 우리나라에서 고려시대의 고문서 및 고문서 자료는 남아 있는 예가 거의 없어 이들 자료는 고문서학적으로도 중요할 뿐만 아니라, 고려와 일본과의 외교 관계를 살펴보는데 매우 중요한 자료의 하나가 될 수 있다. 또 편찬기록류 및 이들 자료에 수록되어 있는 서발(序跋)·제기류(題記類)에도 고려 관계 기사가 더러 수록되어 있는데, 이들 자료는 정부간의 공식적 외교 관계가 수립되지 않았던 양국 사이의 인적 교류 및 문물 교류의 단면을 보여 준다.

그 외 일본의 중세에는 사실의 기록보다는 윤색되고 과장된 흥미위주의 각종 물어류(物語類)의 서적들이 많이 저술되었는데, 이들 중에도 고려 관계 기사가 다수 수록되어 있다. 이들의 내용은 당시의 사실을 정확히 반영한다기보다는 대체적인 형편을 기술하였는데 과장된 표현도 없지 않다.

이러한 일본 측의 자료에서 주목되는 것은 당시 일본의 지배층의 한반도에 대한 인식인데, 그들은 설화적인 것으로 신빙하기 어려운 내용인 신공황후(神功皇后)의 삼한정벌(三韓征伐) 이래 한반도는 일본의 영향 아래에 있었던 국가로 보는 잘못된 인식을 가지고 있었다. 이로 인해 고려시기에 해당하는 헤이안[平安]시대 말기에서 가마쿠라[鎌倉]시기까지의 일본 지배층들의 일부는 국제정세에 어두워 한반도가 자신들의 정치적 영향력 안에 있는 것[蕃國]처럼 잘못 이해하기도 하였다. 그래서 고려가 황제국(皇帝國)으로서의 격식을 갖추어 일본에 보내었던 것으로 추측되는 국서(國書)에 수록된 용어(用語)의 구사에 대해서 불쾌한 감정을 끝내 버리지 못하였다. 그 결과 수차에 걸친 고려의 통교 사절의 파견 및 상인을 통한 외교 교섭의 요청에 대해 거부 의사를 분명히 하였다. 그 한 예로 문종대에 고려의 예빈성이 의사(醫師)의 파견을 요청하기 위해 다자이후[大宰府]에 첩을 보냈을 때, 일본의 지배층들은 첩의 격식이 그 이전의 의례(儀禮)에 어긋나며 첩의 내용에 성지(聖旨)라는 용어가 있었던 점에 대해 트집을 잡으려고 하였던 것을 들 수 있다. 이는 고려가 일본의 서쪽에 있는 번국(蕃國, 西蕃)이었다는 잘못된 인식을 지니고 있었던 결과의 하나인데,[1] 이러한 인식을 바탕으로 다자이후(大宰府) 또는 그 예하의

---

1) 『吉續記』, 文永 8년 9월 21일. 이러한 인식은 일부 지배층에 의해 받아들여지기도 하였지만, 고려를 皇帝國으로 받아들이고 있었던 인물들도 있었다(『水左記』, 承曆 4년 2월 16일 ;

대마도(對馬島)가 고려에 대해 사대(事大)의 예를 나타내는 진봉선(進奉船)을 파견했던 사실에 대해 이해할 수 없는 처사라고 비난하기도 하였다.

그 결과 양국 사이의 대등하고 평화적인 외교관계가 수립될 수 없었을 뿐만 아니라, 12세기 중반 태정대신(太政大臣) 후지와라오코레미치(藤原伊通)과 같은 인물은 고려가 근래에 반항적으로 되어 가고 있는 점을 역설하면서, 일본은 신국(神國)이므로 침략이 불가능하다는 경계의 글을 일본국왕에게 바치기도 하였다.[2] 그러다가 1267년(원종8, 文永4) 이래 고려가 몽골의 압력에 의해 사신단을 파견하여 일본의 신속(臣屬)을 권유하게 됨에 따라 일본의 지배층들은 고려를 적국(敵國)인 몽골제국과 동일시하는 인식을 가지게 되었다. 그 대표적인 예가 소우덴지(正傳寺)의 승려인 도간에안(東巖慧安)인데, 그는 여러 원문(願文)에서 고려를 자신들이 적국으로 간주하고 있던 몽골과 동등하게 비정하였다. 이러한 점들이 누적되어 일본인들로 하여금 고려에 대한 나쁜 감정을 더욱 많이 가지게 하였고, 후일 일본에 사신으로 파견된 고려의 사신단이 처형되거나 구류되기도 하였고, 일본원정에 참여하였다가 피로된 고려 병사들이 몽골군과 함께 피살되게끔 하였다.

이와 같은 일본 고·중세의 각종 전적들에 수록된 한반도 관계의 기사들은 그 이후의 시대에도 재수록 내지 재편찬되기도 하였다. 그러한 과정에서 사실이 다르게 표현되거나 왜곡·윤색·과장되는 경우도 많았고, 이는 시대의 진전에 따라 더욱 심하게 이루어져 일부 불교관계 기록에서는 어떤 사실이 신비화되기도 하였다. 이러한 형편 하에서 근세(近世)에 이르면 일본과 한반도의 관계에 대한 여러 사실들이 더욱 왜곡되거나 삭제되는 경우가 많았다. 이는 이 시기의 편찬자들이 전근대사회의 일본 문화의 발전에 있어 한반도로부터의 영향력을 축소시켜 나가는 한편 중국으로부터의 영향력을 보다 강조했던 입장에서 나온 것으로 보인다. 그 결과 전전(戰前)에 만들어졌던 활자본에는 그들에게 불리하게 작용할 수 있는 한반도 관계의 기사가 빠진 것이 더러 있는데, 이는 의도적인 면이 없지 않았다고 판단된다. 그 대표적인 예로서 『수좌기 水左記』의 경우를 들 수 있는데 당시 일본인들이 고

「征東行中書省咨文 : 醍醐寺文書」). 이 점은 조선왕조 시기에도 이어져 조선과 통교하고 있던 지배층 및 선승(禪僧)들은 계속 황제국으로 받들고 있었다(「宗像大宮司氏正書案」; 『碧山日錄』, 寬正 3年 1月 29日).

2) 『大槐秘抄』(『群書類從』 17, 雜部44, 권489 소수).

려왕조를 그들과 대등한 위치의 皇帝國이라고 표기하였지만 제국주의자들의 하수인과 그들의 후예에 의해 이들 기사가 완전히 무시되었던 것들을 들 수 있다.[3)]

3) 이러한 예는 다른 자료에서도 찾을 수 있고, 장차 일본의 여러 필사본을 면밀히 살펴볼 때 더 많이 찾아질 수 있을 것이다. 또 이러한 작업을 통해 상고(上古)이래 역사의 진전과정에서 일본인들이 사실을 왜곡해 간 과정을 추적해 볼 수도 있을 것이다.

제3절『고려사』의 보완을 위한 방안

조선왕조 초기에 만들어진『고려사』가 지니고 있는 한계성을 극복하기 위해서는 여러 가지의 방법이 강구되어야 할 것이지만, 이 논문에서는 문헌자료의 보충에 대한 면에 한정하여 언급하기로 한다.

1. 자료의 선택

먼저 현재의 우리 학자들이 중국의 정사를 살펴볼 때 원전(原典)에 대한 서지학적인 면을 감안하지 아니하고 손쉽게 구할 수 있는 중화서국(中華書局)에서 활자본으로 간행한 책자에 의지하는 경우가 많이 있다. 그렇지만 이는 내용적으로 차이를 보이고 있는 여러 판본(版本)을 충분히 비교·검토한 것이 아니기에 문제점이 없지 않다. 이 점을 감안하여 향후에는 자료의 인용에서 비교적 판본에 있어 충실한 면이 있다고 평해지고 있는 1529년(嘉靖8)에 남경(南京)의 국자감(國子監)에서 간행된 남간본(南監本), 上海 涵芬樓景印 洪武刻本(百衲本) 등과 같은 여러 간본을 참조해야 할 필요성이 있다.

또 우리들은 중국에서 만들어진 수많은 문헌자료들은 섭렵할 때 영인본『사고전서 四庫全書』를 많이 이용하고 있으나, 이에 수록되어 있는 자료들이 원전을 그대로 전재(轉載)한 것은 아니다. 그 내용은 청대에『사고전서』의 편찬에 참여했던 학자들의 의지에 따라 재편집된 것이기에 원전과 비교해 볼 때 내용적인 차이를 많이 보이고 있다. 그 한 예로 북방민족에 관련된 지명·인명 등의 표기도 개서(改書)되어 있고, 한반도 관계의 기사도 많이 생략되어 있다. 그러므로 우리가 한반도와 관련된 자료를 발췌·정리하기 위해서는 당대에 간행되었던 송원판(宋元版)을 우선적으로 찾아서 검토하여야 하겠는데, 이들 판본은 청말민국 초기에 이루어진『사부총간 四部叢刊』을 위시한 수많은 판본을 이용하여야 할 것이다. 아울러 최근에 희귀본(稀貴本)·진본(珍本)의 이름으로 중국에서 영인(影印)되고 있는 자료들에도 주의를 기울여야 할 것이며, 이와 함께 중국에는 없는 송원판이 일본의 여러 대학도서관 및 각종 문고(文庫)에 소장되어 있음을 염두에 두어야 할 것이다.

그런데 최근 중국의 정사(正史)를 위시한 각종 자료들이 CD-ROM으로 만들어져 보급되고 있어 고려 관계의 기사도 쉽게 검색할 수 있다. 그렇지만 이들 자료가 현재의 활자체로 바뀌어 수록된 것이 아니라 원래의 판본(版本)을 그대로 영인한 것이기에 글자의 자체(字體)가 약간만 변형되어 있어도 검색이 이루어지지 아니한다. 또 검색어인 고려(高麗)를 위시한 한반도와 관련된 지명·인명 등에 오자·탈자(脫字)가 있는 경우도 있고, 고려왕조를 해동·고구려·신라 등과 같은 용어로 달리 표기한 사례도 있음으로 정확한 검색이 이루어질 수 없다. 역(逆)으로 고려가 고려왕조를 지칭하지 않는 경우도 있고, 원전에서 고려의 표기가 없거나 생략된 경우도 많아 CD-ROM에 의지하여 손쉽게 고려에 관련된 자료를 발췌할 수 있다는 안이한 생각은 버려야 할 것이다.

이와 함께 일본의 자료에 대한 접근에서 주의해야 할 점은 앞에서 언급한 바 있지만 부언(附言)할 점도 있다. 현재 우리 한국학자들은 일본의 자료의 검토에서 필사체로 된 원전의 영인본보다는 근세이래에 이루어진 활자본에 의지하는 경우가 일반적이다. 종래에 이루어진 활자본의 출간에서는 여러 종류의 필사본을 충분히 비교·검토한 것이 아니라 일부의 자료만을 가지고서 만든 것이고, 판독이 어려운 부분 또는 자료의 이면(裏面)에 추기(追記)되어 있는 부분을 활자화하지 않았기에 내용적으로 큰 차이를 보이고 있다. 그러므로 저자의 자필본(自筆本) 또는 자필본에 가까운 필사본(筆寫本)을 수습하여 저자가 자료를 작성했을 당시의 내용 또는 형편을 탐구하여야 할 필요성이 있다.

2. 자료의 이해

다음으로 외국 자료에 수록되어 있는 고려왕조에 관련된 자료를 어떻게 이해하여 『고려사』를 보완하여야 할 것인가에 대해 살펴보기로 하자. 먼저 기전체의 중국의 정사에 수록되어 있는 정치·외교에 관련된 자료들은 본기편의 편년에 의해 사건이 발생한 시간을 비교적 쉽사리 파악할 수 있다. 이 점은 여·송 양국의 관계에 대해 구체적으로 기술한 『속자치통감장편』을 위시한 각종 사찬사서 뿐만 아니라, 일기·고문서·고문서자료가 주축을 이루고 있는 일본의 자료들도 편년으로 되어 있기에 이에 의거하여 사실의 경과를 그대로 정리하여 『고려사』의 내용에 접목을 시킬 수 있다.

그렇지만 송·원대에 만들어진 문집·필기소설류에 수록되어 있는 자료들은 시간관이 결여되어 있거나 전문(傳聞)에 의해 기록된 것들이 많아 사실의 이해에서 사실의 경과 및 내용의 신빙성 여부에 엄밀한 고증이 요구되고 있다. 이들 자료에 수록되어 있는 기사들은 고려의 사회·경제·문화 등에 대해 기술한 것이 많아 정치사 중심으로 기술되어 있는 『고려사』의 한계를 극복하는 데에 있어 매우 중요한 자료임은 분명하다. 그러나 이들 기사가 타자(他者)인 외국인의 눈에 비친 고려의 모습 또는 그것을 통한 전문(傳聞)일 수도 있어 이를 통해 고려사회의 모습을 재현하기에는 일정한 한계가 있을 것이다. 그러므로 엄격한 자료 비판을 통해 고려 측의 연대기와 비교·검토하여 사실의 전후를 정리하여 『고려사』의 보완에 이용하여야 할 것이다.

3. 자료의 考證

고려왕조는 건국이후 중국의 오대와 외교관계를 수립하여 대륙의 선진 문물을 수용하려고 하였고, 광종대의 왕권강화정책의 추진과정에서 중국의 정치제도를 부분적으로 수용하였다. 이어서 성종대 이후에는 중앙집권화정책을 보다 효과적으로 추진하기 위해 한화정책(漢化政策)을 보다 확대하여 당·송 제국의 정치체제를 전면적으로 수용하였다. 이로 인해 고려사회의 제도와 문물[典章]이 이전의 왕조에 비해 현저하게 중국적으로 변모되었고, 이를 반영한 『고려사』의 내용도 중국 정사의 그것과 비슷하게 바뀌었다. 이러한 형편을 감안해 볼 때 『고려사』에서 간략히 언급되어 있는 제도와 문물을 이해하기 위해서는 고려의 자료에 비해 월등히 많이 남아 있는 당·송의 자료 및 고려에 정치적인 영향을 강하게 행사했던 거란·금·원의 자료를 참고하지 않을 수 없을 것이다.

중국 및 일본의 자료를 통해 『고려사』에서 간략히 언급하고 있거나 전혀 언급하지 않았던 내용에 대한 주석(注釋)을 가할 때 도움을 받을 수 있는 것은 매우 많겠지만, 여기서는 한두 예만을 들어 보기로 하자. 먼저 아주 미세한 사실 -당시로서는 큰 사실로도 받아들여질 수 있는 사실-이지만 『고려사』를 통해 고려의 文宗이 그의 이름인 緖을 徽로, 肅宗이 熙를 顒으로 개명하였다는 사실을 알 수 있으나, 어떠한 사유로 인해 개명을 하였던가를 설명해주는 자료는 없다. 이를 중국 측의 자료를 통해 설명해본다면 당시 요의 황제 聖宗의 이름이 融緖, 天祚帝의 이름이 延禧인 점을 감안하면 이들에 대한 피휘(避諱)로 인해 고려지배층들이 개명을 하지 않을 수 없었던 사정을 이해할 수 있을 것이다.[1)]

이와 같은 범주로서 1275년(충렬왕1) 대원몽골국의 압제로 인해 고려전기 이래의 당·송제를 바탕으로 한 3성 6부 및 추밀원을 중심으로 했던 황제국으로서의 정치체제는 제후국의 그것으로 격하되어 3성은 첨의부로, 추밀원은 밀직사로, 어사대는 감찰사로 개편되게 되었다. 그 후 1298년(충선왕 즉위년) 충선왕의 개혁 정치가 실시되면서 일시 밀직사는 광정원(光政院)으로, 감찰사는 사헌부(司憲府)로 재편되었는데, 이를 충선왕에 의한 자주정책의 일면으로 이해한 업적도 있다.[2)] 그렇지만 이는 중국의 정치제도를 잘 이해하지 못한 것으로서, 광정원과 사헌부는 송의 압박에 의해 남당(南唐)이 스스로 제후국으로서의 정치체제를 개편하였던[3)] 전고(典故)를 알지 못했던 결과이다. 이러한 점을 감안할 때 『고려사』의 올바른 이해를 위해서는 중국의 전장(典章)에 대한 해박한 이해를 바탕으로 문물제도의 개폐(改廢)를 고증하여야 할 것이다.

또 고려시대는 한반도에 존재했던 어느 왕조보다도 중원 및 북방민족의 국가와 긴밀히 연결되어 있었기에 『고려사』 세가의 내용에는 한·중간의 외교관계의 자료가 차지하는 비중이 매우 높다. 그 중 조공과 책봉관계에 따른 수많은 문서들이 전체 또는 부분적으로 수록되어 있는데, 중국의 정사에는 책봉의 핵심 내용만이 극히 부분적으로 언급되어 있어 『고려사』의 자료적인 가치는 높이 평가될 수 있다. 그렇지만 『고려사』의 내용도 전반적인 모습을 다 보여주는 것은 아니기에 『송대조

1) 陳述, 「遼史避諱表」 『遼金史論集』 4, 1989.
2) 이기남, 「충선왕의 개혁과 사림원의 설치」 『역사학보』 52, 1971.
3) 972년 남당(937~975)은 宋의 압박으로 인해 황제국으로서의 정치제제를 제후국의 그것으로 개편하였다(淸, 吳任臣, 『十國春秋』 권17, 南唐3 後主本紀 開寶5年, "開寶五年春二月 下令貶損儀制 改詔爲敎 中書門下省爲左右內史府 尙書省爲司會府 御史臺爲司憲府 翰林院爲文館一作藝文院 樞密院爲光政院 …").

령집 宋大詔令集』을 위시한 각종 문집에 수록되어 있는 제고(制誥)·장계(狀啓) 등은 『고려사』에 수록되어 있는 그것들의 이해에 큰 도움을 줄 수 있다. 아울러 중국 측의 원래의 자료와 『고려사』에 수록되어 있는 자료의 비교를 통해 양자 내용의 이동(異同)을 가려서 『고려사』의 편찬에 참여했던 조선초기의 사관(史官)들의 역사 인식을 엿볼 수 있을 것이다.[4)]

이와 반대로 외국의 자료에 나타나고 있는 내용도 고려 측의 자료를 통해 고증을 행하여만 올바르게 이해할 수 있는 내용도 있다. 그 한 예로 송 및 일본 측의 자료에 의하면 국제무역에 종사하였을 고려상인(高麗商人)으로 받아들여질 수 있는 高麗舶主, 高麗賈胡, 高麗船人, 高麗商人의 존재가 찾아지고 있다. 그 중 '高麗舶主'는 五代十國 시기에 吳越國에서 高麗舶主 王大世라는 인물이 있었고,[5)] '高麗賈胡'는 1170년(의종24, 乾道6) 남송에서 金의 30만 군대가 남하한다는 첩보(諜報)로 인해 중외(中外)의 인심이 흉흉할 때 高麗賈胡들의 선박(海舶) 수백척[數百艘]이 송의 해안에 도착한 적이 있었다고 한다.[6)] 또 高麗船人은 1072년(문종26, 延久4) 4월 23일 송에 들어간 일본의 求法僧 成尋이 杭州 부근의 바다에서 高麗船人을 만났다는 것이고,[7)] 高麗商人은 1159년(의종13, 平治1) 8월 2일 일본 조정이 고려상인에 대해서 의논하였다는 기사이다.[8)] 이들 사례는 고려 상인들이 중원 및 일본에 진출하여 국제 무역에 종사하고 있었던 것으로도 이해될 수 있을 것이다.

그렇지만 고려 측의 자료에서 이를 뒷받침해줄 어떠한 자료도 찾아지지 않은 점을 감안하면 고려와 무역을 하고 있었던 송의 상인일 가능성이 높다.[9)] 이 점은

---

4) 이는 『고려사』에 편찬자의 사론이 거의 실려 있지 않은 점을 감안한 것이다. 또 이 점은 『고려사』 열전과 이의 저본이 되었을 묘지명·『東賢史略』 등의 비교를 통해서도 추출해 낼 수 있을 것이다.

5) 『淸異錄』 권下, 薰燎, 旖旎山, "高麗舶主王大世 選沉水近千斤 疊爲旖旎山 象衡岳七十二峰 錢俶許黃金五百兩 竟不售".

6) 『誠齋集』 권120, 宋故左丞相節度使雍國公 … 虞公(允文)神道碑. "公諱允文 字彬父 隆州人也 … 未幾 有右輔辨章兼宜樞廷國用之命 時乾道五年八月戊子 … 一日 有報國門外 海舶數百艘將及岸者 中外恍駭上召問公 公對當是外夷賈舟風飄至此 果高麗賈胡也上志克復 …".

7) 『參天台五臺山記』 1, (延久 4년 4월) 23일. "二十三日壬卯 天晴 陳詠來 與上紙三帖了 高麗船人來 告知日本言語 惟觀·心賢·善久 笠·直五十文錢與之".

8) 『百練抄』, 平治 1년 8월 2일.

9) 1079년(문종 33) 9월 일본이 표류된 고려상인인 安光 등 44인을 송환하였는데(『고려사』 세가9, 문종 33년 9월), 이들은 국제무역에 종사한 상인이 아니라 국내의 상인일 가능성이

당시에 송·일본 사이의 무역에 종사하였다고 이해되고 있는 일본상인이 일본인이 아니라 송인 또는 하카다[博多]에 거주하고 있던 송인이었다는 견해를[10] 감안하여야 할 것이고, 또 송측의 자료에는 고려에 왕래하던 宋商을 高麗商人[高麗海商·高麗綱首]으로 표기한 예도 있었음을[11] 고려하여야 할 것이다.[12] 이러한 점을 감안할 때 외국의 자료도 고려 측의 자료에서 증빙할 수 있는 경우에만 받아 들일 수 있다는 결론에 도달하게 될 것이다.

4. 연대기의 보완

이상과 같은 점들을 감안하여 우리 중세사연구자들은 지금부터 250년전 실학자 안정복(安鼎福)이 실행하였던 것처럼 국내의 문집·묘지명·족보 등을 이용하여『고려사』에서 누락된 기록들을 보완하여야[13] 할 것이다. 또 조선왕조 전기에 만들어진 각종 관찬사서·문집·묘지명·고문서를 위시하여 조선왕조적인 질서체제가 완성된 성종 이전의 실록에 수록되어 있는 고려왕조에 관련된 자료를 정리하여야 할 필요성이 있다. 그리고 현재 우리학계에 축적되어 있는 고고학·미술사·금석학·목간학(木簡學) 등의 연구 성과를『고려사』와 접목시켜야 할 것이다.

이어서 한치윤이 행했던 것처럼 한반도와 긴밀히 연결되어 있었던 중국·일본에서 만들어졌던 자료들에 수록되어 있는 자료들을 보다 면밀하게 검토하여 지금까지 간행되었던 자료집에서 빠트린 기사들을 발췌·정리하여 보완하여야 할 것이다. 또 이의 연장선에서 아라비아·유럽 지역에서 간행되었던 견문기에 보이고 있는 2차적인 자료들도 수습하여야 할 것이다.

이를 바탕으로 하여 시범적인 작업의 하나로서『칠대실록』의 소실로 인해『고

높다.

10) 榎本 涉,「宋代の日本商人の再檢討」『史學雜誌』110-2, 2001.

11)『속자치통감장편』권289, 元豊 1년 5월 11일(갑신) ;『송사』권487, 열전246, 외국3, 고려, 紹興 2년 윤4월.

12) 그렇다고 해서 송에 진출했던 고려의 상인이 없었다고 하는 것은 아니고, 使行에 따른 公的인 무역에 수반하여 고려 상인이 송에 파견되었던 사례는 확인되고 있다. 이에서는 송의 자료에 나타난 고려 상인이 곧 고려인 출신의 상인만을 지칭하는 것이 아니라는 것을 강조해두고자 하는 것이다.

13) 박종기,『안정복, 고려사를 공부하다』, 고즈윈, 2006.

려사』 세가편에서 가장 소략한 부분인 초기 기사를 보완해 보거나, 1334년(충숙왕 후3)의 경우와 같이 기사가 전혀 없이 공백의 상태로 남겨져 있는 부분을 복원하여 보는 작업도 시도해 볼 필요성이 있다. 이 경험을 바탕으로 이웃 나라에서 20세기 전반부터 현재까지 국가적인 사업으로 진행되고 있는 사료의 정리 작업을 본받아 『高麗史料』(假稱)의 편찬에 동학들이 모두 나서야 할 것이다. 장차 이러한 작업이 진행된다면 『고려사』·『고려사절요』와 같은 연대기를 보완할 수 있을 뿐만 아니라 종래에 발간된 금석문·고문서 등의 자료집이 지닌 한계를 극복해 나갈 수 있을 것이다.

이상에서 중국·일본 문헌에 수록되어 있는 고려왕조에 관련된 기록에 대해서 살펴보고, 『고려사』를 보완할 수 있는 방안에 대한 소견을 제시하였다. 이제 동아대학교에서 추진하고 있는 『국역고려사』가 보다 나은 성과를 거두기 위해서 현재까지 『고려사』에 대해 진행된 역주작업에 대한 고언을 제시하여 결론으로 대신하고자 한다.

1945년 이후 한국사학계는 일제 식민사관의 잔재를 청산해나가면서 발전을 거듭하였으나, 특정 연구 분야 및 왕조는 아직 부진을 면치 못하고 있다. 연구 분야에 있어서는 역사학 연구의 기본 도구라고 할 수 있는 연표·용어사전 등과 같은 공구서(工具書)가 거의 만들어지지 않아 학문후속세대들이 연구의 출발에 있어서 큰 어려움을 겪고 있다. 이로 인해 자료의 난이 극심한 고려시대의 경우, 이 분야를 전공하려는 대학원생이 거의 없는 형편이다. 이는 우리나라 대학 대부분의 사학과에 고려시대사를 전공하는 교수가 충원되어 있지 않아 이 분야의 연구가 타 시기에 비해 저조한 결과이기도 하다. 또 남북의 분단으로 인해 당시의 수도였던 개성지역에의 접근이 불가능한 점에 기인하는 바도 있지만, 해방이후 남·북한이 모두 자신의 정통성을 강조한 나머지 고구려 및 신라의 연구에 중점적인 지원을 해왔던 것도 하나의 이유로 작용하였다.

이러한 형편으로 인해 한국고대사 연구의 기본사료인 『삼국사기』·『삼국유사』와 같은 자료는 국·내외의 수많은 연구자 및 연구기관에 의해 다양한 주석본이 만들어지기도[14] 하여 이 분야의 연구에 튼튼한 기초가 되고 있다. 그렇지만 고려시

14) 이러한 형편을 감안하지 않은 중복 투자로 인해 새로 발간된 주석본이 기존의 성과를 뛰어넘지 못한 경우도 있었다.

대의 연구에서는 기본적인 사료정리조차 제대로 이루어지지 못하였다. 그래서 여러 곳에 소장되어 있는 『고려사』·『고려사절요』의 판본에 대한 조사조차 이루어지지 못해 대부분의 학자들이 어떠한 판본이 현존하고 있는지를 인지하고 있지 못한 형편이다. 그 결과 문헌자료의 구사에서는 시중에 판매되고 있는 1~2종의 『고려사』 영인본을 가지고서 『고려사절요』의 해당 기사와 비교하거나, 극히 제한된 문집·금석문을 이용하여 보충 설명해 나가는 수준에 머물고 말아, 그 연구 결과도 아직 실증의 단계를 크게 넘지 못하고 있는 경우도 없지 않다.

1960년대 전후에 일부 고려사 연구자들에 의해 『고려사』 지의 일부 내용에 대한 윤독회가 개최되었고, 이와 관련한 극히 일부의 주석서가 발간되기도 하였으나 그 성과는 자구의 해석이나 당시까지의 연구 성과를 정리한 수준을 넘지를 못하였다. 그러다가 1970년대에 이르러 동아대학교가 『역주고려사』를 간행함에 따라 모든 『고려사』의 내용에 대한 주석 작업이 이루어져 상당한 성과를 올렸다. 그러나 이 작업에 참여했던 학자들이 한문의 해독에는 능하였으나 역사적인 사실 파악에 주력할 시간적인 여유가 없었기에 해석에는 성공을 하였으나 주석에는 보다 생각할 여지를 많이 남겨 놓았다.

이를 보완하기 위해 어떤 연구기관에서 『고려사』 지에 대한 역주작업을 진행하였는데, 그 결과의 일부는 공간되기도 하였고 일부는 중간평가를 받고 있는 단계이다. 현재 그 성과에 대한 평가는 완성된 단계가 아니라 어려움이 있으나, 어떤 실적물의 경우 적절한 연구자에 의해 이루어지지 않았던 결과인지는 몰라도 학계의 연구수준조차 파악하지 못한 보고서도 있었다.

이러한 한계점을 뛰어 넘기 위해서는 비록 연구자가 많지 않더라도 관심분야가 비슷한 연구자들이 팀을 형성하여 자신의 분야에 합당한 『고려사』의 내용을 선정하여 윤독회를 개최하여야 할 것이다. 현재 여러 정부기관에 의해 기초학문에 대한 지원이 이루어지고 있음으로 연부역강(年富力强)한 소장학자들은 이 기회를 이용하여 보다 나은 고려시대사 연구의 기초를 닦아 나가야 한다. 그 과정에서 수주대토(守株待兎)가 헛된 꿈이 아닌 것을 안정복과 한치윤의 사례를 통해 체득할 수 있을 것이다. [『한국중세사연구』 23, 2007]

제8장
佛典의 流通을 통해 본 고려시대의 韓·日關係

제1절 10~14세기 북동아시아의 書籍流通

고려시대의 한·일 관계는 여타의 어느 시기에 비교할 수 없을 정도로 소원한 관계에 있었다. 고려는 국초이래 몇 차례에 걸쳐 직·간접적으로 통교의 의사를 전달하였지만, 9세기 이래 신라인의 잦은 침입으로 인해 잔뜩 겁을 먹고 있던 일본 측에 의해 받아들여지지 않아 이루어지지 못했다. 이러한 한·일 양국의 관계는 11세기 중반 이래 상인들의 왕래에 수반하여 고려 측에 의한 재차 접촉의사의 타진이 있었지만, 이 역시 일본 측의 소극적인 외교방침에 의해 이루어지지 못했던 것 같다.

이처럼 중앙정부차원의 공식적인 교빙관계가 전혀 없었던 한·일관계는 한반도의 역사상 이민족과의 접촉이 가장 많았던 고려시대에 있어서 매우 이례적인 양상의 하나일 것이다. 그러한 가운데서도 양국은 지리적으로 근접하고 있었기에 표류민과 노략된 인민의 쇄환·왜구·상인의 왕래·승려들의 구법 등과 관련하여 지방행정기관 사이에 일정한 접촉이 있었다. 이와 같이 이루어진 접촉을 계기로 12세기말부터 약 1세기에 걸쳐 경상도의 금주(現 慶尙南道 金海市) 또는 경상도가 주체가 되어 쿠슈우(九州)의 거점지역인 다자이후(大宰府, 혹은 太宰府)와 정치적인 신속(臣屬)을 전제로 한 진봉무역(進奉貿易)을 허락하였다.

이러한 한·일간의 비공식적인 접촉사실은 대외관계의 기사가 그 어떤 부문보다 상세한 고려 측의 연대기에 거의 반영되어 있지 않아 대체적인 사정만을 유추할 수 있을 뿐이다. 또 일본 측은 연대기가 아예 없었기에 양국의 접촉에 대한 기록을 어떠한 편찬물에서도 찾을 수 없고, 단지 조정[公家]에 사환했던 인물들의 일기와 불교계의 단편적인 기록들을 통해 소수의 사례를 찾을 수 있을 뿐이다. 이들 자료를 바탕으로 자료적인 면에서 영성(零星)한 고려시대의 한·일 관계에 대해 접근해 볼 약간의 여지가 없지 않다.

그러한 자료 중의 하나가 현재 일본의 여러 사사(寺社) 또는 각종 도서관에 소장되어 있는 불교관계의 전적에 기재되어 있는 제기(題記)이다. 이들 제기는 목판 인쇄술이 수용되지 못해 필사(筆寫)의 단계에 머물러 있던 상태 하에서는 보다 쉽게 이루어질 수 있는 것이다. 그 외에 한반도에서 전수된 불전(經典)의 권수(卷首) 또는 권말(卷末)에 일본인에 의해 추기(追記)된 기록도 있다. 이와 같은 미세한 기록조차 문헌기록에서 크게 소략한 한·일 관계의 해명에 도움이 될 수 있을 것으로 기대하면서, 10~14세기 북동아시아의 서적유통, 일본에 전수된 고려불전의 사례, 한·일간 불전유통의 통로 등의 순서로 목차를 편성하여 소견을 정리하여 보고자 한다.

고려왕조(918~1392)가 존속했던 시기인 10세기에서 14세기까지의 북동아시아 삼국에서 이루어졌던 각종 서적의 대표적인 유통사례와 이와 관련이 있을 것으로 추측되는 사례를 연대별로 정리하면 다음의 〈표8-1〉과 같다.[1)]

〈표8-1〉 10~14世紀 北東아시아의 書籍流通事例

NO.	年 代	典 據	內 容
1	907	日本史料1~3, 900쪽	是年 唐商 某가 熾盛光經을 일본조정에 바침
2	913	日本史料1~3, 900쪽	是年 일본승 智鏡이 908년 泉州 開元寺에서 필사된 熾盛光經을 가져와 조정에 바침
3	928 太祖11	高麗史1·三國遺事3	8월 신라승 洪慶(默和尙?)이 후당의 閩府에서 대장경 1부를 가지고 개경에 이르자, 제석원에 두게 함
4	931	仁和寺御室御物實錄	7월 日本法皇 宇多가 각종물품[御物]을 仁和寺에 보관하였는데, 당·신라·발해의 생산물[舶載品]도 포함되어 있었음
5	933	高麗史2·三國史記12	3월 후당이 고려에 曆書를 보내옴
6	935	寶慶四明志11·延祐四明志16·佛祖統紀22	是年 吳越僧 子麟이 고려·백제·일본에 나아가 天台敎法을 전수하자, 고려가 李仁旭을 파견하여 子麟을 明州에 송환함
7	937	日本紀略後篇2	10月 일본조정이 大宰府에 명하여 今年·明年의 唐曆을 필사하여 바치게 함
8	952 光宗3	祖堂集序文 長谷寺靈驗記上12·今昔物	·是年 남당의 泉州 招庆寺의 승려 □靜·□筠이 祖堂集을 편찬함 ·是年 고려[新羅國] 照明王의 황후인 大樋皇后가 長谷

1) 이 표는 [宋史提要編纂協力委員會 1967年·1974年 ; 對外關係史綜合年表編輯委員會 編 1998年 ; 張東翼 2004년·2009년 ; 榎本 涉 2007年] 등을 바탕으로 하여 작성되었다. 전거가 여러 件이면 대표적인 것만을 제시하였는데, 이의 구체적인 내역은 [張東翼 2009年]에서 확인할 수 있다.

		語集16	寺에 33개의 보물을 기증함
9	957	平安遺文第4623號	是年 일본승 日延이 오월에서 귀국하면서 新修符天曆經을 위시하여 內外典 천여권을 가져옴
10	959	高麗史2·舊五代史120周書11 直齋書錄解題8·程氏演繁露1	·8월이전 고려가 후주에 別序孝經1卷·越王孝經新義8卷·皇靈孝經1卷·孝經雌雄圖3권을 보냄 ·7월이후 고려에 사신으로 파견된 남당의 章僚가 견문기인 海外使程廣記3권을 저술함
11	960	宋高僧傳7·佛祖統紀8	是年 오월왕 錢弘俶(錢俶)이 고려·일본에 사신을 보내 일실된 天台敎 장소를 구하려고 함
12	961	佛祖統紀10	是年 고려가 승려 諦觀을 오월에 파견하여 각종 經典[敎乘]을 전수하게 함
13	974	日本紀略後篇6·親信卿記	閏10월 일본조정의 高麗國交易使(高麗貨物使) 藏人所出納 國雅가 對馬島에 파견되어 고려의 산물을 구입해 감
14	983 成宗2	高麗史3	5월 고려의 博士 任老成이 송에서 太廟堂圖·太廟堂記·社稷堂圖·社稷堂記·文宣王廟圖·祭器圖·七十二賢贊記 등을 가져옴
15	984	星命總括序文·星學大成耶律學士星命秘訣序	是年 契丹의 翰林學士 耶律純이 고려의 國師 某로부터 星命之學을 전수받아 귀국 후 星命總括3권을 저술함
16	989	宋史487高麗·佛祖統紀43	是年 고려가 승려 如可를 보내와 대장경·御製佛乘文集을 요청하자 이를 하사함
17	990 成宗9	應頂山勝尾寺緣起記下·勝尾寺流記2	是年 고려[百濟國]의 황후가 宋商 周文德·楊仁紹를 통해 勝尾寺에 觀世音菩薩像·金鼓·金鐘 등을 기증함
18	991	高麗史3·宋史487高麗 日本紀略後篇9	·4월 韓彦恭이 송에서 대장경481函2500권·御製秘藏詮·逍遙詠·蓮華心輪 등을 가져옴 ·9월 일본 延曆寺僧 源信이 송 婺州 雲黃山의 승려 行辿으로부터 경전[經卷]을 기증받음
19	992	日本史料2~1, 826·827쪽	3월 일본 延曆寺僧 源信이 宋商 楊仁紹를 매개로 雲黃山의 僧 行辿에게 因明論疏四相違略註釋을 보내며, 이의 자구해석을 부탁함
20	993	宋史487高麗·玉海154	11월 송의 사신 劉式이 복명하여 고려가 九經의 판본을 하사하기를 요청한다고 하자 허락함
21	995	日本史料2~2, 365·367쪽	4월 杭州의 奉先寺僧 源淸이 일본 延曆寺의 高僧들에게 自書인 法華示珠指 2권을 보내며 일서인 仁王般若經疏를 보내줄 것을 청함
22	1002	遼史14·70屬國表	7월 고려가 본국의 지리도를 契丹에 보냄
23	1004	宋史491日本國 皇朝類苑43	是年 일본승 寂照가 眞宗을 알현하고 금자법화경을 바침
24	1006	御堂關白記寬弘3.10.20	10월 宋商 曾令文이 일본에 五臣注文選을 가져옴
25	1012	小右記長和1.7.25	7월 일본의 藤原實資가 藤原齊信으로부터 唐曆7권을 기증받음

26	1015	續資治通鑑長編85	11月 고려의 進奉使 郭元이 曆日을 요청함
27	1016 顯宗7	續資治通鑑長編85	1월 송이 고려의 진봉사 郭元에게 九經·史記·兩漢書·三國志·晉書·諸子·[太平]聖惠方·曆日·國朝登科記·賜御詩 等을 하사함
28	1018	續資治通鑑長編91	2월 著作佐郎 陳寬이 高麗·女眞風土朝貢事儀2권을 바침
29	1019	續資治通鑑長編94	11월 고려사신 崔元信이 中布 2千을 특별히 바치고[別貢] 佛經 1藏을 요청하자 하사하게 함
30	1020	東文選33上大宋皇帝謝賜曆日表	4월 入宋使 崔元信이 眞宗이 하사한 天禧四年具注曆1권을 가져옴
31	1021	玄化寺碑 續資治通鑑長編94	·7월 송으로부터 하사받은 大藏經 1藏을 조조하게함 ·9월 고려의 告奏使 韓祚 등이 송에 陰陽地理書·聖惠方을 요청하자 하사함
32	1022	高麗史4	5월 告奏使 韓祚가 송에서 聖惠方·陰陽二宅書·乾興曆·釋典1藏 등을 가져옴
33	1024?	山槐記治承3年	是年頃 일본 太政大臣 藤原道長이 敦良親王에게 文選·白氏文集을 기증함
34	1030	高麗史5	4월 鐵利國主 那沙가 고려에 貂鼠皮를 바치고 曆日을 요청하니 허락함
35	1042	高麗史6	2월 고려의 東京副留守 崔顥이 制令을 받들어 전한서·후한서·당서를 신간함
36	1045	高麗史6	4월 고려의 비서성이 禮記正義70本·毛詩正義40本을 진상함
37	1048 文宗2	佛祖統紀45 百練抄4·扶桑略記29	·是年 고려가 송에 사신을 보내 魏武帝注孫子[魏武注孫子]에서 注가 없는 3處의 要義를 묻자 조정의 신료가 답을 하지 못하여, 歐陽修에게 물었으나 역시 알지 못했다고 함 ·5월 日本 大宰府가 구한 高麗曆[新羅曆]은 日本曆과 12월의 대소에 차이가 있었고, 11월에 구한 宋曆은 日本曆과 부합하였음
38	1052	高麗史7	3월 고려가 十精曆·七曜曆·見行曆 등을 편찬하게 하여 명년의 災祥을 막도록 함
39	1057	高麗史8	7월 고려가 송의 投化人 張琬의 所業인 遁甲三奇法·六壬占法을 시험함
40	1058 文宗12	高麗史8	9월 고려의 忠州가 黃帝八十一難經·川玉集·傷寒雜病論[傷寒論]·本草括要·小兒巢氏病源·小兒藥證病源十八論·張仲卿[張仲景]五臟論 등 99板을 진상함
41	1059	高麗史8	·2월 고려 安西都護府가 肘後方73板·疑獄集11板·川玉集10板을, 知京山府事 李成美가 隋書680板을 진상함 ·4월 고려 南原府가 三禮圖54板·孫卿子書91板을 진상함
42	1063	高麗史8	3월 契丹이 고려에 大藏經을 보내옴

43	1072	遼史23·115高麗	12월 契丹이 고려에 佛經 1藏을 下賜함
44	1073	高麗史9 百鍊抄 권5·參天台五台山記	·7월 일본인 王則貞 등이 고려에 와서 螺鈿·硯箱·書案·畵屛·香爐 등을 進上함 ·10월 入宋한 일본승 成尋의 弟子 賴緣이 귀국하여 神宗이 하사한 金泥法華經과 成尋이 구입한 一切經을 가져옴
45	1074	續資治通鑑長編250 圖畵見聞誌6	·2월 송이 국자감에게 명하여 九經·子·史를 구매하여 고려사신에게 주게 함 ·是年 고려사신 金良鑑이 중국의 도화를 구매함
46	1076 文宗30	高麗史9	10월 일본국의 僧俗 25人이 고려에 와서 불상을 바치기 위해 上京하기를 요청하자, 허락함
47	1078	續資治通鑑長編296·遼史44志14	12월 송이 提擧司天監에 명하여 奉元曆과 遼·고려·일본국의 曆의 차이를 조사하게 함.
48	1080	高麗史9·95朴寅亮	是年 송의 관료들이 고려사신 朴寅亮·金覲이 지은 尺牘·表狀·題詠 등을 小中華集[小華集]으로 간행함
49	1083	高麗史9 遼史24	·3월 고려가 송이 보내온 大藏經을 開國寺에 봉안함 ·11월 契丹이 고려가 보낸 불경을 讎校하여 반포하게 함
50	1085 宣宗2	高麗史10·大覺國師碑 芝園集下 續資治通鑑長編362	·4월 王弟 義天이 구법을 위해 壽介·良辯 등과 함께 송에 들어감 ·12월 의천이 가져간 樂道集의 서문을 元照가 찬함 ·12월 고려사신이 송에서 대장경 1藏·華嚴經 1부를 구매할 것을 청하자 허락하였으나,刑法文書의 구매는 불허함
51	1085?	蘇魏公文集57	是年 송의 사신 楊景略이 고려의 土風·人物·禮儀 등을 기록하여 奉使句驪叢抄12권을 저술함
52	1086	續資治通鑑長編365	2월 고려사신이 開寶正禮·文苑英華·太平御覽 등을 요청하자 文苑英華만을 하사하게 함
53	1087 宣宗4	高麗史10 咸淳臨安志78·寶慶四明志6	·2·4월 고려 宣宗이 開國寺·歸法寺에서 大藏經의 완성을 경찬함 ·3월 송의 상인 徐戩 등 20인이 고려에 와서 新註華嚴經板을 바침 ·是年 의천이 海舶을 통해 杭州 惠仁院에 晉譯의 金書華嚴經50권, 唐則天時譯80권, 德宗朝譯40권 등을 기증함
54	1088 宣宗5	叡山文庫慈眼堂舊藏書阿彌陀經通贊疏下刊記	10월 의천이 송에서 구해온 阿彌陀經通贊疏를 그의 제자 韶顯이 金山寺 廣敎院에서 重刻하기 시작하여 12월 20일에 畢함
55	1089	叡山文庫慈眼堂舊藏書阿彌陀經通贊疏下刊記 蘇東坡全集奏議集8	·2월 玄化寺 住持 僧統 韶顯이 阿彌陀經通贊疏의 간기를 작성함 ·11월 泉州人 徐戩이 經板 2,900餘片을 雕造하여 고려에 보낸 것이 知杭州 蘇軾에게 보고됨

56	1090 宣宗7	大覺國師文集1 高麗史10	·8월 의천이 新編諸宗敎藏總錄의 서문을 지음 ·9월 契丹의 사신이 御製天慶寺碑文을 가져옴 ·是年 송이 고려에 文苑英華를 보내옴
57	1091	高麗史10	6월 李資義 등이 송으로부터 돌아와 哲宗의 명에 따른 求書目錄을 가져옴
58	1092	文獻通考325	11월 고려사신이 黃帝鍼經을 바치고 많은 서적을 구매할 것을 요청함
59	1093	續資治通鑑長編480 續資治通鑑長編481	·1월 工部侍郎 王欽臣이 고려가 바친 黃帝鍼經을 摹印하여 반포할 것을 청하여 허락받음 ·1월 哲宗이 고려의 누차에 걸친 太平御覽의 요청에 대해 허락하지 않는 방향으로 議論하도록 명함 ·2월 禮部尙書 蘇軾이 高麗使臣의 歷代史·冊府元龜·太學勅式·鄭·衛曲譜등의 書籍과 金箔 一百貫을 구매하려는 것을 허락하지 못하게 함. 중서성의 신료가 허락하니 蘇軾이 5害를 들어 불가하다고 극론하니, 哲宗이 과거에도 서적을 판매한 적이 있다고 하며 받아들이지 않음
60	1095 獻宗1	叡山文庫所藏阿彌陀經通贊疏下題記	10월 일본 藥師寺의 僧侶 大房이 大宰府에서 宋商 柳裕에게 고려에서 간행된 極樂要書·彌陀行願相應經典章疏 등을 구해 줄 것을 부탁함
61	1096	後二條師通記 永長1.7.11	7월 日本關白 藤原師通이 日本人에 의해 筆寫된 毛詩를 획득하고, 後漢書의 帝紀에 口訣[假名]을 添記함
62	1097 肅宗2	叡山文庫所藏阿彌陀經通贊疏下刊記	3월 宋商 柳裕에 의해 고려에서 간행된 極樂要書·彌陀行願相應經典章疏 등 13部 20卷이 일본에 전해지고, 이것이 5월 興福寺 淨名院에 도착함
63	1098	海印寺所藏大方廣佛華嚴經板本刊記 高麗史11	·3월 고려 海印寺의 僧侶 成軒이 大方廣佛華嚴經을 開板함 ·12월 禮部에 開寶正禮 1부를 하사함
64	1099	續資治通鑑長編505 續資治通鑑長編506	·1월 고려사신 尹瓘이 太平御覽 등을 하사해주기를 청하자, 太平御覽·神醫普救方을 校定한 後 다음에 도착한 사신단을 통해 보내주도록 함 ·2월 송의 禮部가 高麗使人이 冊府元龜·資治通鑑을 구매하려고 하는데, 冊府元龜는 元祐年間에 이미 판매하였고, 資治通鑑은 수매하기가 곤란하다고 하니 이에 따름
65	1101 肅宗6	高麗史11 朝鮮世祖實錄30	·5월·6월 任懿·王嘏 등이 송에서 神醫補救方·太平御覽 1000권을 하사받아옴 ·是年 肅宗이 경적을 저장하면서 「高麗國十四葉辛巳歲,藏書大宋建中靖國,元年大遼乾統元年」, 「高麗國御藏書」의 2個의 印章을 찍음

66	1102	叡山文庫所藏阿彌陀經通贊疏下題記	4월 1197년 宋商 柳裕에 의해 수입되어 온 고려의 阿彌陀經通贊疏가 藥師寺의 大房이라는 승려에 의해 필사됨
67	1103	東大寺尊勝院所藏華嚴經隨疏演義鈔識語	2월 고려에서 간행된 華嚴經隨疏演義鈔가 播磨國의 性海寺에서 筆寫됨
68	1103?	宋史357王雲·說郛7鷄林類事	5월이후 송의 王雲이 雞林志30권을, 孫穆이 鷄林類事30권을 편찬하였는데, 모두 고려에 대한 견문기임
69	1104	高麗史節要10	是年 고려사신 鄭文이 송에서 황제가 下賜한 金帛으로 서적을 구매하여 칭찬을 받음
70	1105 肅宗10	高野山金剛峰寺寶龜院所藏釋摩訶衍通玄鈔·釋摩訶衍論贊玄疏刊記	5월중순 이보다 먼저 大宰權帥 藤原季仲이 仁和寺의 二品親王 覺行의 명을 받아 사신을 고려에 파견하여 釋摩訶衍論通玄鈔4권, 釋摩訶衍論贊玄疏5권을 요청한 일이 있었는데, 이때 이들 책이 일본에 도착함
71	1113	高麗史13	2月 고려가 契丹의 사신 耶律固의 요청에 따라 春秋釋例·金華瀛洲集을 하사함
72	1114	高麗史13	6월 송에 파견된 사신이 大晟樂·樂器·曲譜·指訣圖 등을 가져옴
73	1115 睿宗10	東大寺圖書館所藏弘贊法華傳下刊記	3월 고려의 僧統 德緣·司宰丞同正 李唐翼에 의해 弘贊法華傳이 간행됨
74	1116	高麗史14	6월 고려사신이 송에서 大晟樂·樂譜·佛牙·頭骨을 가져옴
75	1118	中右記元永1.2.1	2월 藤原宗忠이 白河法皇에게 最近 宋[唐]에서 流入된 醫書 30帖을 빌려봄
76	1120 睿宗15	東大寺圖書館所藏弘贊法華傳下·卷10題記	7월 이보다 먼저 大宰府에서 僧侶 覺樹가 宋商 莊承·蘇景에게 고려의 聖教 數百餘卷을 요청한 바가 있었고, 이때 이들의 일부가 도착하자 覺樹가 僧 俊源으로 하여금 弘贊法華傳을 필사하게 하였음
77	1123 仁宗1	尹誧墓誌銘 金澤文庫所藏大方廣佛華嚴經談玄決擇1跋尾	·是年 고려가 예부시랑 尹誧에게 貞觀政要를 注釋하게 함 ·是年 송의 崇吳古寺 僧侶 安仁이 1096년 高麗 興王寺에서 간행된 大方廣佛華嚴經談玄決擇을 필사함
78	1124	高麗圖經序文	是年以後 徐兢이 高麗圖經40권의 序文을 지음
79	1126 仁宗4	乾道四明圖經11	是年 고려사신이 四明의 延慶寺에 住錫하고 있던 圓照梵光을 訪問하여 法衣 1點·元曉의 論疏 200卷을 전하여 중국에서 유통될 수 있도록 하였다고 함
80	1129	高麗史16	8월 고려 仁宗이 宋朝忠義集을 강독하게 함
81	1133	尹誧墓誌銘	8월 고려의 前尚書左僕射 尹誧가 王命을 받들어 古詞 300首를 모아 唐宋樂章1部를 찬함
82	1134 仁宗12	大東急記念文庫所藏大毗盧遮那成佛神變加持經義釋題記	4월 고려에서 간행된 大毗盧遮那成佛神變加持經義釋이 일본승 玄信에 의해 필사됨

83	1139? 仁宗17	嘉泰普登錄17南嶽16世介諶禪師法嗣高麗國坦然國師	是年以後 고려승 坦然이 송의 阿育王山 廣利寺에 있던 介諶에게 자신이 지은 四威儀頌·上堂法語를 보내 認可를 요청하자, 介諶이 認可書를 보내옴. 또 坦然은 雲居道膺·膺壽·行密·戒環·慈仰 등의 僧侶들과도 書信을 통해 교류함
84	1142 仁宗20	高山寺所藏華嚴經旨歸題記	6월 臨安府 慧因講院의 僧侶 義和가 高麗에서 간행된 華嚴經旨歸를 重刊함
85	1146 仁宗24	尹誧墓誌銘 高山寺所藏華嚴經內章門等雜孔目1題記	·是年 고려 尹誧가 太平廣記撮要詩100首를 撰하였고, 玄奘法師의 西域記에 依據하여 五天竺國圖를 찬함 ·5월 臨安府 慧因講院의 僧侶 義和가 고려에서 간행된 華嚴經內章門等雜孔目를 重刊함
86	1148	高麗史17·蠹齋鉛刀編30	10월 고려인 李深·智之用 등이 宋人 張喆과 共謀하여 太師 秦檜에게 書狀·高麗地圖를 宋商 彭寅을 통해 보내 투항하려다가 발각됨
87	1149 毅宗3	高山寺所藏華嚴宗主賢首國師傳題記·金澤文庫所藏貞元新譯華嚴經疏8·10跋尾	是年 平江府 華嚴寶塔教院의 승려 義和가 1090년 고려에서 간행된 華嚴宗主賢首國師傳을 중간함. 또 1095년 고려 興王寺에서 간행된 貞元新譯華嚴經疏의 前半部 12권을 중간함
88	1150	宇槐記抄仁平1.9.24	是年 宋商 劉文冲이 左大臣 藤原賴長에게 東坡先生指掌圖·五代史記·唐書를 증정함
89	1151	高麗史17	6월 보문각·한림원의 관원이 册府元龜를 교정함
90	1155 毅宗9	金澤文庫所藏貞元新譯華嚴經疏8·10跋尾	10월 平江府의 知府·郎中 章□, 章溥濬 父子가 1095년 고려 興王寺에서 간행된 貞元新譯華嚴經疏의 後半部 8권을 중간함
91	1166	蓬左文庫所藏齊民要術권1題記	9월 日本人이 京都에서 齊民要術을 필사함
92	1167	高麗圖經跋	6월 權發遣江陰軍主管學事 徐蕆(徐兢의 姪)이 雲南省徵江縣에서 高麗圖經을 板刻하여 郡齋에 보관함
93	1169 毅宗23	高山寺·金澤文庫所藏金剛般若經略疏題記	9월 平江府 吳江縣 寶幢教院의 僧侶 如寶가 1095년 고려 興王寺에서 간행된 金剛般若經略疏를 중간함
94	1174 明宗4	宋會要輯稿56孝宗會要	5월 明州進士 沈忞이 고려 金富軾의 三國史記50권을 바치자 銀幣 100兩을 하사함
95	1176	高山寺·大谷大學所藏新編諸宗敎藏總錄跋尾	5월·6월 僧侶 明空이 人和寺의 僧侶 景雅(慶雅)가 소장하고 있던 新編諸宗教藏總錄을 필사함
96	1179	山槐記	2월 太政大臣 平淸盛이 太平御覽 260帖을 宮闕에 바침
97	1181	玉葉36	1월 奈良 興福寺가 東金堂의 釋迦三尊像의 破損狀況을 조정에 보고했는데, 이 불상은 신라에서 건너온 것이라고 함
98	1185 明宗15	吾妻鏡4	6월 平氏의 亂을 피해 고려에 건너간 對馬守 藤原親光이 귀국할 때 高麗國王이 아쉬워하며 重寶를 주어 3艘의 貢船에 실어 보냈다는 설화가 있음

99	1189	金澤文庫大方廣佛華嚴經談玄決擇·高山寺大方廣佛華嚴經談玄決擇跋尾	1096년 고려 興王寺에서 간행되고, 1123년 崇吳古寺의 승려 安仁에 의해 筆寫된 大方廣佛華嚴經談玄決擇이 崇吳古寺에서 일본승 祖燈에 의해 다시 정리됨
100	1190	東國李相國後集4贈歐陽二十九伯虎并序 遼東行部志	·是年 고려 李奎報가 지은 詩文이 後日 송에 전해져 전파됨 ·3월 金 王寂이 宜民縣 返照菴에 所藏된 946년 고려 定宗이 發願한 銀字大藏經과 952년 고려 光宗이 발원한 大般若波羅密多經을 살펴봄
101	1192 明宗22	高麗史20	·4월 고려가 1183년에 완성된 增續資治通鑑(續資治通鑑長編)을 讎校하여 雕印하도록 함 ·8월 宋商이 와서 太平御覽을 바치자 白金 60斤을 하사하고 訛謬를 讎校하게 함
102	1195	鎌倉遺文古文書補遺編1	5월 博多에서 交易된 '高麗錦, 一丈六尺, 准十六疋'이 京都에 바쳐짐
103	1200	東國李相國集21	是年 高麗 全州牧이 十二國史를 重刻함
104	1203	寶雲振祖集序文	2월 四明 僧侶 宗曉가 고려인출신의 天台16祖 義通의 事跡인 寶雲振祖集의 서문을 지음
105	1205 熙宗1	平戶記仁治1.4.17條	8월 日本人 恒平 등이 고려에 牒과 進奉物을 가지고 왔으나, 간악한 말[讒謏之事]이 있고 禮賓省에 직접 제출하였다는 이유로 귀국시킴
106	1206	平戶記仁治1.4.17·延應2.4.17條	對馬島의 사신 明賴 등 40人이 金州 南浦에 도착하여 圓鮑 2,000帖·黑鮑 2,000果·鹿皮 30枚를 進奉하자, 金州 防禦使가 對馬島에 牒을 보내 明賴 등이 바친 牒이 進奉의 禮를 갖추지 못했음을 꾸짖고, 이를 돌려보냄
107	1207	金澤文庫華嚴論節要	是年 고려 知訥의 華嚴論節要3권이 간행됨
108	1211 熙宗7	喫茶養生記下 興聖寺色定法師一切經題記 元亨釋書13俊芿	·1월 일본승 明庵榮西가 喫茶養生記를 저술하였는데, 이에 고려의 高良薑에 대한 설명이 있음 ·閏1월 일본승 榮祐가 宋商 張成의 大唐衆經音義序를 필사함 ·3月 일본승 俊芿이 송에서 律宗大小部327권·天台教觀717권·華嚴章疏175권·儒道書256권·雜書463권을 가지고 귀환함
109	1216	高麗史22	2월 日本國의 僧侶가 와서 佛法을 구함
110	1218 高宗5	閔泳珪所藏 梵書摠持集刊記	7월 고려 金山寺의 僧侶 惠謹이 梵文으로 쓴 다라니[摠持]를 모은 梵書摠持集 1부를 간행함
111	1222	奈良圖書館所藏 釋論贊玄疏題記	是年 고려에서 간행된 釋論贊玄疏가 日本 高野山 金剛三昧院에서 필사됨
112	1224	正法眼藏12袈裟功德	是年 宋 慶元府에 있던 고려승 智玄·景雲이 일본승 道元을 만남
113	1225	明月記	3월 일본의 藤原定家가 北史·齊書·周書·隋書 등의 宗室傳을 抄錄함

114	1227	道元禪師行錄	冬 송에서 구법하던 道元이 明州에서 商船을 따라와서 博多에 귀환함
115	1232 高宗19	高麗史24·東國李相國集25 大藏刻板君臣祈告文	是年 고려 符仁寺에 보관되어 있던 初彫大藏經板이 불탐
116	1234	聖一國師年譜文暦1年	是年 고려 국왕이 貢船을 통해 圓爾弁円에게 法語를 요청하자, 불교의 教學을 條列[顯密法門]하여 대답하였다고 함
117	1236	東國李相國集21	11월 이보다 먼저 尙州에 보관되어 있던 東坡文集의 摹本이 몽고병에 의해 소실되자, 이해에 全州牧에서 중각됨
118	1237	東國李相國集25大藏刻板君臣祈告文	是年 고려, 蒙古兵의 격퇴를 위해 부처의 힘을 얻기 위해 대장경판의 조조를 시작함
119	1241	聖一國師年譜仁治2年	7월 일본 圓爾弁円이 송에서 고려를 거쳐 博多에 도착함
120	1245	祖堂集題記 聖一國師年譜寬元3年	·是年 고려 分司大藏都監에서 祖堂集을 雕造함 ·是年 圓爾弁円가 일본국왕에게 宗鏡錄을 바침
121	1247 高宗34	日本洞上聯燈錄1洞山下15 了然法明	是年 南宋에 있던 고려승 了然法明이 商船을 따라 도착하여 京都·鎌倉 等地를 遊歷함
122	1248	醍醐寺文書記錄聖教目錄489函	3월 일본승 公鏡이 醍醐寺에서 過去에 渤海使臣이 가지고 왔던 加句靈驗尊勝陀羅尼經을 필사함
123	1251 高宗38	日本洞上聯燈錄1洞山下15 了然法明	3월 고려승 了然法明이 出羽國 善見村에 玉泉寺를 開創하고 이어서 北越에 머물고 있던 道元을 방문하여 그의 불법을 계승하였음
124	1254	明極和尙語錄	6월 송에서 귀국하던 일본승 無本覺心의 船舶이 漂流하여 高麗境內에 들어옴
125	1259 高宗46	法華靈驗傳下深敬辯山人之精書	是年 일본승 某가 巨濟島의 승려 洪辯을 찾아와 法華經을 얻어가서 大宰府 崇福寺에 비치함
126	1260	妙槐記 法華靈驗傳下深敬辯山人之精書	·4월 花山院師繼가 宋商으로부터 태평어람 1000권을 30寬文을 주고 구입함 ·是年 고려의 사신단을 따라 大宰府 崇福寺에 가서 法華經을 보았던 僧侶[道人] 法行이 돌아옴
127	1261 元宗2	中堂事記下	6월 蒙古 燕京에서 右丞相 史天澤 등이 고려의 世子·參知政事 李藏用 등에게 科擧設行·古文尙書와 海外異書의 存否 등을 질문함
128	1262	湖山錄3中統三年壬戌五月初六日…·更和法華隨品讚并序	5월 僧侶 卓然이 宋 燕慶寺의 여러 승려들이 지은 法華隨品讚 1軸을 眞靜國師 天頙에게 보여 줌. 이후 天頙이 隨品讚의 讚詠을 지어 商船을 통해 燕慶寺의 여러 승려들에게 보냄
129	1262?	南都白毫寺一切經緣起	是年 宋船, 一切經을 싣고 일본에 出港
130	1264 元宗5	金澤文庫所藏貞元新譯華嚴經疏8·10跋尾	10월 1149년과 1155년 平江府 吳江縣에서 重刊된 1095년 고려 興王寺에서 간행된貞元新譯華嚴經疏가 일본 丹州 神尾山에서 僧侶 順高에 의해 다시 필사됨

131	1266	湖山錄3丙寅仲秋一日…	8월 左正言 林桂一이 門下侍郎 李藏用과 歡談하다가 宋 王禹偁의 西湖蓮社詩에 대해 언급함
132	1268	金澤文庫所藏華嚴經隨疏演義鈔16跋尾	4월 1096년 고려 興王寺에서 간행된 華嚴經隨疏演義鈔가 日本 西山左目洞에서 필사됨
133	1271 元宗12	高麗史27·130洪福源	7월 倭船이 金州에 이르니 慶尙道按撫使 曹子一이 일본과의 통교가 元에 알려지는 것을 두려워하여 本國에 환송함. 洪茶丘가 이를 듣고 曹子一을 鞫問하고, 世祖에게 馳報한 후 10월 曹子一을 죽임
134	1272	圓通大應國師語錄下	是年 蒙古使臣 趙良弼이 太宰府 부근의 萬年崇福寺 住持 南浦紹明과 시문을 唱和함
135	1276	大明高僧傳1元杭州上天竺沙門釋性澄傳	是年 杭州 上天竺寺 僧侶 性澄이 高麗에 가서 天台遺書를 구하려고 하다가 고려에 일이 있음을 듣고서 중지함
136	1278	高麗史28	7월 元 中書省이 國史院의 要請에 의해 高麗의 累朝事跡·臣服月日·使臣의 名單·親朝年月 등을 기록하여 바치게 함
137	1279	人天寶鑑後識	是年 宋商 馬某가 人天寶鑑 1부를 고려에 가져와 天台講元禪師에게 전함
138	1282 忠烈8	新增東國輿地勝覽12江華都護府佛宇 和泉久米田寺文書和泉隆池院鐘緣起	·是年 王妃(齊國大長公主)와 貞和宮主(後宮)가 僧侶 印奇를 江南[宋]에 보내 大藏經을 印出해 와서 江華島 傳燈寺에 시납함 ·10월 고려로부터 운반되던 중에 肥前國 鍾崎에서 바다에 沈沒되었다고 말해지는 鐘이 和泉國 隆池院의 鐘樓에 懸架됨
139	1285 忠烈11	金澤文庫大方廣佛華嚴經談玄決擇1·2跋尾·高山寺大方廣佛華嚴經談玄決擇2·3·4·5跋尾	是年 1096년 高麗 興王寺에서 간행되고, 1123년 宋 崇吳古寺의 승려 安仁에 의해 筆寫되고, 後日 이곳에 日本僧 祖燈에 의해 다시 정리된 大方廣佛華嚴經談玄決擇이 日本 高山寺에서 재차 필사됨
140	1286	圓悟國師靜照塔碑 高麗史30	·2월 圓悟國師 天英이 入寂함. 그의 在世 중에 宋 建慶寺의 僧侶 法言이 高麗僧 卓然을 통해 佛居記를 보내오자 이에 대한 贊을 지었는데, 卓然이 이를 상선을 통해 法言에게 전함 ·11월 將次 元에 보내기 위해 直史館 吳良遇 등에게 명하여 國史를 수찬하게 함
141	1290	高麗史30 海印寺人天寶鑑刊記	·3월 世祖 쿠빌라이가 金字寫經僧을 고려에 요청하자 이후 35人, 65人을 각각 파견함. 또 9월 원이 사신을 보내와 寫經을 修補함 ·7월 高麗僧 禪鄰이 包山에서 人天寶鑑을 開板함
142	1292 忠烈18	高麗史30, 忠烈王18.10.2 元史17	·5월 일본상선이 耽羅에 표착하자 耽羅人이 이를 쫓고 2人을 체포하여 開京에 보내자, 이를 원에 보고함 ·10월 일본선박이 四明에 도착하여 互市를 요청함. 舟中에 甲仗이 備置되어 있어 노략질[異圖]을 할 우려가

			있어 都元帥府를 설치하고 哈剌帶로 하여금 防備하게 함
143	1295	高麗史31 金澤文庫·大東急記念文庫所藏大方廣佛華嚴經隨疏演義鈔跋尾 金澤文庫所藏華嚴論節要跋尾	·3월 고려, 任翊·金賆에게 世祖의 事跡을 撰修하게 하여 10月 元에 바침 ·11월 宋僧 智惠가 日本 和泉國 久米多寺(久米田寺)에서 1096년 興王寺에서 義天에 의해 간행된 大方廣佛華嚴經隨疏演義鈔를 筆寫함. 이 작업은 이 시기 이후에도 계속 진행됨 ·12월 僧侶 圓種이 1207년 고려에서 간행된 華嚴論節要의 訓點을 완성함
144	1297	動安居士集雜著	8월 李承休가 江蘇省 鎭江縣 休休庵의 僧侶 蒙山德異로부터 法語를 받음
145	1298	一山國師語錄下	是年 元의 成宗이 佛敎界의 影響力이 큰 日本을 招諭하기 위해 寶陀山의 僧侶 一山一寧을 파견하려고 함
146	1299	元史20·金澤文庫文書	3월 원이 補陀落寺僧 一山을 國信使로서 商舶을 통해 日本에 보내어 臣屬을 요구함. 이후 一山은 日本에 도착하여 幽閉되었다가 鎌倉에 머물음
147	1301	玉川先生詩集跋尾	3월 東京副留守 金祐가 唐代 盧仝의 玉川先生詩集을 開板함.
148	1305	雪樓集18大慶壽寺大藏經碑	是年 忠宣王이 大慶壽寺에 世祖妃 裕聖皇太后를 위해 대장경 1부를 施納함
149	1306	天下同文前甲集7高麗國大藏移安記 受菩薩戒法序文 法網經盧舍那佛說菩薩心地戒品後序	·9월 元僧 鐵山紹瓊이 고려에서 大藏經 1部를 江西行省 袁州路 宜春縣의 大仰山으로 移安하려 하자, 閔漬가 이의 記文을 찬함. ·秋 安珦·許評이 發願한 受菩薩戒法의 序文을 鐵山紹瓊이 지음 ·是年 鐵山紹瓊이 法網經盧舍那佛說菩薩心地戒品의 後序를 지음
150	1307	高麗史32	11월 前王(忠宣王)의 명에 의해 直史館 尹頎가 高麗實錄 185책을 가지고 원에 감
151	1308 忠烈34	佛祖統紀48	是年 瀋王(忠宣王)이 大明殿에서 승려 鳳山子儀를 접견하고 皇太子(仁宗)의 令旨를 받들어 瞻巴金剛上師行業傳을 撰하게 하고, 高僧傳과 함께 入藏하게 함
152	1312 忠宣4	高麗史34 南禪寺所藏解節經序文·佛本行集經31刊記	·5월 忠宣王이 원에서 鄭晟을 보내와 歷代 實錄을 반환함 ·9월 충선왕이 大都 瀋王府에서 南山 普寧寺板 大藏經 50부를 인출하여 元의 여러 寺刹에 寄進하면서 願文을 지음
153	1313	宋學士文集58佛心慈濟妙辯大師別峯同公塔銘	是年 忠宣王이 洪瀹을 시켜 江浙地方에 大藏經을 寄進하고, 別峯大同을 燕都로 초빙함
154	1314	埼玉縣川越市喜多院所藏	·3월 耽羅軍民萬戶府達魯花赤 朴景亮이 元에서 刊行

	忠肅1	元版大藏經31帖 高麗史34 滋賀縣大津市園城寺町園城寺所藏正法念處經51帖	된 大藏經을 開京 神孝寺에 奉安함 ·6월이전 太子府參軍 洪淪이 원의 南京에서 寶鈔 150錠으로 經籍 1萬8百卷을 求得하여 고려에 보냄 ·10월 고려 星山郡夫人車氏가 平江府 積砂延聖寺에서 正法念處經을 간행함
155	1323	新安船引揚遺物	·6월이후 江浙行省 寧波에서 출발하여 日本 博多로 향하던 貿易船이 新安에서 沈沒함
156	1324 忠肅11	延寶傳燈錄7大智禪師	是年 일본승 大智가 원에서 귀국하다가 고려에 漂着하자 고려왕이 선박을 수리하여 귀환시킴
157	1326	對馬市西福寺所藏大般若波羅蜜多經 大鑑禪師塔銘 乾峰和尙語錄2悼高麗鬪死僧軸序	·1월 高麗王府斷事官 趙璉이 杭州 南山大普寧寺에서 大般若波羅蜜多經559권 559帖을 인행함 ·6월경 元僧 淸拙正澄이 高麗의 領域을 通過하여 일본으로 감 ·是年 相州 龜峯壽福寺의 僧侶 遠上人 등 70餘人이 원에서 일본으로 귀환하다가 濟州島에서 難破하여 일부는 피살되고 生存者 50餘人은 귀환함
158	1327	眞福寺所藏大日經義釋演密秒5跋尾	9월 고려에서 간행된 大日經義釋演密秒가 일본에서 필사됨
159	1328 忠肅15	對馬市桂輪寺所藏 眞福寺所藏大日經義釋演密秒5跋尾	·2월 고려 故全州戶長 朴環의 妻 李氏가 杭州 南山大普寧寺에서 大般若波羅蜜多經을 인행함 ·4월 고려에서 간행된 大日經義釋演密秒가 일본에서 필사됨
160	1349	高麗史36	3월 元이 宦者 普賢을 보내어 불경을 구함
161	1341 忠惠1	朝鮮寺刹史料上白巖山淨土寺事蹟 金澤文庫所藏金剛般若經略疏題記	·4월 이보다 먼저 全羅道 白巖山 淨土寺가 巡軍萬戶 洪綏의 後援을 받아 승려 心白·智孚 등을 바다를 통해 江南[宋]에 보내 大藏經을 購入하게 하였고, 이때 봉안함 ·10월 1095년 고려 흥왕사에서 간행되고, 1169년 平江府 吳江縣 寶幢敎院의 住持 如寶에 의해 중간된 金剛般若經略疏가 高山寺에서 필사됨
162	1344 忠惠5	懶翁集懶翁惠勤行狀 古林淸茂禪師語錄6刊古林和尙拾遺偈頌緖	·是年 懶翁惠勤이 檜巖寺에서 日本僧侶 石翁和尙에게 偈頌을 지어 보여줌 ·秋 日本僧 如聞이 元에 들어가려다가 耽羅에 漂着하여 고려인으로부터 古林淸茂의 語錄을 얻어 보고 베껴감
163	1345?	扶桑禪林僧寶傳7東福寺南海主線師傳	이 시기인 貞和(1345~1350) 初期에 日本僧 南海寶洲가 元에 들어가려다가 高麗에 漂着했고 곧 일본으로 돌아감
164	1348 忠穆4	高麗史37 牧隱文藁6報法寺記	·11월 원의 吳王이 完者帖木兒를 보내와 佛經·鷹·犬을 바침 ·是年 贊成事 尹桓·僧侶 法蘊이 江浙地域에서 大藏經을 購入하여 開京남쪽 白馬山 報法寺에 비치함(1次)

165	1355 恭愍4	閔泳珪所藏藏乘法數序文·跋文	2월 이보다 먼저 資政院使 姜金剛(高麗人)이 원에서 승려 西菴可遂가 大藏經에 反影된 주요한 概念들을 뽑아 數字로 圖式化한 책인 藏乘法數를 구하여 順帝에 바쳤고, 이때 順帝의 명을 받아 간행함
166	1357	昌福寺飯子追銘 佐賀縣立博物館所藏妙法蓮華經題記	·10월 大藏經種이 1245年 高麗 晉陽府가 鑄成한 □昌福寺의 飯子를 對馬島 남쪽 豆酘觀音堂에 헌납함 ·12월 前大宰少貳兼築後守 少貳賴尙이 1340年 고려에서 필사된 金字妙法蓮華經을 太宰府天滿宮에 바침
167	1359 恭愍8	牧隱詩藁1雪梅軒小賦	是年 일본승 中菴守允이 원에 들어가려다가 풍랑에 의해 고려에 도착하여 開京에 머물면서 李穡·李行 등을 위시한 관료들과 교유함
168	1362	高麗史40	7월 江浙行省丞相 張士誠이 使者를 보내와 沈香佛·玉香爐·綵段·書軸 등을 바침
169	1363 恭愍11	陽村集15贈金仲顯方礪詩序	是年 고려의 사신 田祿生·金汝用(金方礪)가 浙東에 도착하여 方國珍을 聘問하자, 金元素·張翥·劉仁本 등이 詩文을 贈與함. 以後 日本을 통해 고려에 전해진 劉仁本의 羽庭藁에 수록되어 있는 贈東韓金築隱은 이때 주어진 시문임
170	1364	高麗史40	6월 明州司徒 方國珍이 照磨 胡若海를 田祿生과 함께 보내와 沉香·弓矢·玉海·通志 등을 바침
171	1367 恭愍16	牧隱文藁6報法寺記	是年 前門下侍中 尹桓·僧侶 法蘊이 開京남쪽 白馬山 報法寺에 所藏된 大藏經이 紅巾賊의 침입으로 인해 불타버린 것을 복원하기 위해 江浙地域에서 재차 구입하여 비치함(2次)
172	1370	蘇平仲文集10書清宴閣識記後	是年 명에 파견된 刑部侍郎 金柱가 그의 8世祖 金緣이 지은 清宴閣識記를 蘇伯衡에게 보여주자, 蘇伯衡이 이에 대한 跋文을 지음
173	1381	歐蘇手簡刊記	9월 安東府使 鄭南晉이 歐陽脩·蘇軾의 書簡文을 모은 歐蘇手簡을 간행함
174	1388 昌王1	高麗史137 高麗史84刑法1職制	·7월 日本國師 妙葩·關西省探題 今川了俊이 使者를 보내와 方物을 바치며 피로된 250인을 刷還하고 대장경을 요청함 ·9월 典法司가 大元蒙古國의 여러 法典을 함께 운용하는 데는 어려움이 있으므로 1374년 반포된 大明律을 수용할 것을 건의함
175	1391	伊能忠敬測量日記권4, 文化 9년 9월 9일	12월 일본승 良賢이 1310년 淑妃[忠宣王妃]가 조성한 楊柳觀音圖를 鏡神社에 기증함
176	1392 恭讓4	高麗史46	6월 일본이 사신을 보내와 대장경을 요청하면서 方物을 바침

이상의 〈표8-1〉은 10세기초 오대(五代)의 시작에서 14세기말 명초(明初)까지 4세기에 걸친 북동아시아 3국에서 이루어진 서적과 그 판본의 수수와 유통에 관련된 대표적인 사례를 정리한 것이다. 이의 내용은 방대하여 향후 여러 면에서 다각적으로 분석되어야 할 것이고, 이번에는 불전의 유통을 이해하기 위한 면에 한정하여 검토하려고 한다.

전근대사회에서 동아시아의 문화의 중심은 중원이었고, 이들 문화가 주변의 여러 지역으로 전파되고 수용될 때 한반도의 제국(諸國)이 가장 적극적이었다. 그러한 결과로 인해 11세기 중반 이후 한·중 양국의 지식층들은 고려가 소중화(小中華)라는 의식을 지니고 있었던 것 같다[順番48].[2] 이 점은 한반도가 중원과 만주에 육지로 연결되어 있던 반도라는 지형적 요인에 의해 대륙의 문화를 쉽사리 접근할 수 있었을 뿐만 아니라, 선진문화를 적극적으로 수용하려는 노력의 결과에 의한 것이었다. 또 이는 〈표8-1〉에 나타난 것처럼 문화전파의 주된 매개체인 서적의 유통양상을 통해 알 수 있는데, 한반도와 인접해 있던 일본의 경우 이 논문에서 대상으로 하는 10~14세기에는 중원의 어떤 국가와도 외교관계를 수립하지 않아 선진문화의 수용에는 일정한 한계가 없지 않았다.

한반도와 중원의 사이에 각종 서적이 유통될 수 있는 통로 중에서 가장 비중이 높은 것은 국가의 공식적인 접촉 창구인 외교사절을 통한 것이었으며, 이를 통해 관찬사업으로 이루어진 대규모의 전적들조차 단기간 내에 구득될 수 있었다[順番5·10·14·27·57等]. 다음으로 지속적으로 이루어지고 있었던 해상(海商)들의 왕래[順番53·55·86等], 구법승(求法僧)의 진출[順番3·6·12·50等] 등을 통해 중국 역대의 경서와 사서, 그리고 당·송대 문인들의 시문집이 한반도에, 또 고려인의 시문·찬영 등이 중원에서 유통될 수 있었을 것이다[順番50·100·128].[3] 이와 함께 고려의 불전들이 중원에 전해져 유포·필사·간행되기도 하였고[順番77·79·84等], 사신단의 왕래에 의한 기증 또는 전쟁으로 인한 노략 등에 의해 고려의 사경(寫經)이 라오뚱(遼東) 지역에서 전래되고 있었던 사례도 찾아진다[順番100].

---

2) 『동국이상국집』 권17, 題華夷圖長短句.

3) 북방민족의 압박에 의해 중원과의 관계가 밀착되지도 소원하지도 않았던 13세기 전반의 인물이었던 이규보(1168~1241)는 1127년(建炎1) 이전인 북송시기의 대표적인 문인들의 시문을 알고 있었다.

그러다가 13세기 후반 이래 대원몽골국의 정치적 영향력이 강하게 미칠 때에 이루어진 고려 지배층의 대대적인 중원 진출, 회시(會試)·정시(廷試)에의 향공파견(鄕貢派遣) 등이[4] 매개가 되어 중원에서 간행되었던 거의 모든 서적들이 한반도에 유입되었던 것으로 추측된다. 이러한 형편 하에서 고려의 지배층에 의한 양절지역(兩浙地域)에서의 서적 수입, 대장경의 인출과 그곳 여러 사원에의 기증이 이루어졌고[順番152],[5] 또 최고지배층 또는 중간지배층의 발원으로 국내사원에의 비치용으로 인경(印經)이 이루어져 국내에 도입되었다[順番138·154·157·159等]. 또 고려에서 간행된 대장경이 원의 승려에 의해 강남(江南)으로 옮겨져 봉안[移安]되기도 하였다[順番149].

당시 고려 국내에는 강화도대장경(江華島大藏經, 現 海印寺大藏經)이 존재하고 있었음에도 불구하고 강남지역에서 간경이 이루어져 국내에 수입된 이유는 알 수 없다. 이의 요인은 먼저 국내에 없는 불전 또는 경전내용의 차이에 의한 것으로 추측될 수 있을 것이고, 다른 하나는 몽골·홍건적·왜구 등과의 장기간에 걸친 전쟁에 따른 국내산업의 피폐 또는 인경에서 필요한 종이·먹의 수요에 의한 가격의 차이도 상정해 볼 수 있을 것이다.

한편 이들 각종 서적의 유통에서 제작연도가 분명한 서적이 어느 국가에서 처음 제작된 이후 몇 년이 경과한 후 여타의 두 국가에 전달·수용되고 있는 지를 정리해 보면 다음 〈표8-2〉와 같다.[6]

〈표8-2〉 10~14世紀 北東아시아 三國間의 書籍流通

順番	書 籍	上梓年·國家	流通年·國家	流通年·國家
8·120	祖堂集	952·南唐編纂	1245·高麗刊行	
18·31·49	開寶大藏經	983·宋刊行	991·高麗流入 1021·高麗刊行 1083·高麗奉安	

4) 대원몽골국에 진출한 고려인에 대한 검토로 [張東翼 1994년 149~185쪽]이 있다.
5) 첨의중찬 안향과 첨의찬성사 원관도 1314년(충숙왕1) 이전에 대장경 1부를 인출하여 慶元路 四明山의 天童寺에 봉안하였으나, 뜻에 차지 않아 다시 1부를 인출하여 江浙行省 杭州路 高麗慧因寺에 봉안하였다(『玉岑山慧因高麗華嚴敎寺志』 권6, 高麗國僉議贊成事元公捨大藏經記·권7, 高麗國相元公置田碑).
6) 이 표의 순번은 〈표8-1〉에 의거하였고, 이의 설명에서 최초의 순번을 제시하였다.

27	太平聖惠方	978·宋編纂	1016·高麗流入	
85	太平廣記	982·宋編纂	1146 ·高麗再編集	
65·96 ·101	太平御覽	983·宋編纂	1101·高麗流入 1192 ·高麗賣買校訂	1179·日本寄贈 1260·日本賣買
56	文苑英華	986·宋編纂	1090·高麗流入	
64·89	冊府元龜	1013·宋編纂	1086~1094·高麗販賣 1151·高麗校訂	
30	天禧四年具注曆	1020·宋編纂	1020·高麗流入	
32	乾興曆	1022·宋編纂	1022·高麗流入	
54·62 ·66	阿彌陀經通贊疏	1088以前 ·宋所藏	1088·高麗流入, 重刊	1097·日本流入 1102·日本筆寫
56	新編諸宗敎藏總錄	1090·高麗編纂		1176·日本筆寫
87	華嚴宗主賢首國師傳	1090·高麗刊行	1149·宋重刊	
58	黃帝鍼經	1091以前 ·高麗所藏	1092·宋流入 1092·宋刊行	
87·90 ·130	貞元新譯華嚴經疏	1095·高麗刊行	1149·宋重刊 1155·宋重刊	1264·日本筆寫
93· 161	金剛般若經略疏	1095·高麗刊行	1169·宋重刊	1341·日本筆寫
77·99 ·139	大方廣佛華嚴經談玄決擇	1096·高麗刊行	1123·宋筆寫 1189·宋筆寫	1285·日本筆寫 1295·日本筆寫
132	華嚴經隨疏演義鈔	1096·高麗刊行		1268·日本筆寫
73·76	弘贊法華傳	1115·高麗刊行		1120·日本筆寫
94	三國史記	1145·高麗編纂	1174·宋流入	
101	續資治通鑑長編	1183·宋編纂	1192·高麗校訂	
107· 143	華嚴論節要	1207·高麗刊行		1295·日本訓點
137· 141	人天寶鑑	1228~1233 ·宋編纂	1279·高麗流入 1290·高麗刊行	
174	大明律	1368·明頒布 1389·明更定	1388·高麗受容 1392·高麗變用	
166	金字妙法蓮華經	1340·高麗造成		1357·日本寄贈
175	楊柳觀音圖	1310·高麗造成 1357·倭寇掠奪		1391·日本獻納
169	贈東韓金築隱 [羽庭藁에 收錄됨]	1363·浙東作詩	1363以後 ·日本傳來	1363以後 ·高麗傳來

10~14세기에 북동아시아 3국의 어느 한 국가에서 편찬되어 간행된 서적으로서 그 편찬과 간행의 연도가 분명함을 여타의 국가에서 확인할 수 있는 사례를 찾기에는 어려움이 있을 것이다. 이는 현존하는 서적 중에서도 서·발(序跋) 또는 제기(題記)가 있어야 하는데, 그 사례는 전체 중의 극히 일부일 것이고, 그 복제본[覆刊·筆寫]이 제작 또는 유통되고 있는 시기도 최초의 시기로 단정하기는 어려움이 있을 것이다. 이러한 한계점은 있지만, 서적 유통의 일단면을 살펴보기로 하자.

먼저 송초에 국가적인 사업으로 편찬된 서적들이 고려에 유입된 것을 확인할 수 있는 것에서 『개보대장경 開寶大藏經』은 8년, 『태평성혜방 太平聖惠方』은 38년, 『태평어람 太平御覽』은 118년, 『문원영화 文苑英華』는 104년의 세월이 경과한 이후였음을 알 수 있다. 또 『태평광기 太平廣記』와 『책부원귀 冊府元龜』는 고려에 유입된 시점은 알 수 없으나 각각 146년, 73년 이후에 고려에서 유통되고 있는 점을 보아, 『개보대장경』을 제외한 여타의 서적과 같이 상당한 시일이 경과한 이후에 고려에 유입되었던 것으로 추측된다. 이렇게 서적의 유통이 늦어진 것은 1093년(元祐8) 2월 예부상서 소식(蘇軾)을 위시한 구법당(舊法黨)에 속한 인물들이 송의 서적이 고려를 통해 거란에 전해질 수 있다는 점, 고려와의 통교에 많은 경비가 소요된다는 점 등을 들어 반대했던 것과 같은 범주로 인한 결과였을 것이다[順番59].7)

이에 비해 송의 역일인 「천희4년구주력 天禧四年具注曆」과 「건흥력 建興曆」은 간행된 바로 그해에 고려에 전달되었다[順番30·32]. 이는 송이 고려를 그들의 외번(外藩)으로 인식하여 정삭과 반력을 내려 황제의 교화를 곧장 천하에 내린다는 중화의식의 소산일 것이다. 이 점은 송·고려와 외교관계가 없었던 일본의 다자이후[大宰府]가 조정의 명을 받아 단시간 내에 송력과 고려력을 구하여 일본력과의 차이를 변별할 수 있도록 하였음을 통해 알 수 있다[順番7·37]. 이때 다자이후는 한·중을 오가던 송의 상인을 통해 역일을 획득할 수 있었던 것으로 추측된다.

이처럼 관찬사업으로 간행된 서적이 국가운영과 관련되어 자료의 기밀성이 고려되어 해외로의 유포에 많은 시일이 소요되었음은 『태평어람』이 일본에서 196년 이후에 기증·매매되고 있음을 통해 알 수 있다. 그렇지만 같은 관찬이지만 사서인

---

7) 『소동파전집』 奏議集권13, 論高麗買書利害箚子 三首.

송의 『속자치통감장편』은 9년 이내에 고려에 유입되었고, 고려의 『삼국사기』는 29년 이내에 송에 유입되었다[順番94·101]. 이는 자료의 중요성도 감안될 수 있을 것이지만, 시대의 진전에 따라 교통·통신망이 그만큼 신속하게 발전하였던 결과였을 것이다. 이는 송대에 엄격히 해외로의 반출이 금지되었던 법률문서가 명제국의 초기에 반포되고, 2차에 걸쳐 개정되었던 『대명률』이 거의 같은 시기에 고려에 수용되어 변용되고 있음을 통해 알 수 있을 것이다[順番174].[8)]

이상과 같이 관찬으로 편찬된 서적은 국가 간의 친소관계에 의해 전파의 속도가 달라질 개연성이 있지만, 불전의 경우는 국가 간의 통교여부와 관련이 없이 구법승과 상인들의 왕래 밀도에 따라 유통의 지속(遲速)이 결정되었던 것 같다. 곧 1088년(元祐3, 선종5) 10월 의천이 송에서 구해온 『아미타경통찬소』를 의천과 긴밀한 관계에 있었던 것으로 추측되는 소현(韶顯)이 금산사의 광교원(廣敎院)에서 중각(重刻)하기 시작하여 같은 해 12월 20일에 마쳤고, 이것이 9년 만인 1097년 3월 송의 상인인 류유(柳裕)에 의해 일본에 전해지고, 5월 나라[奈良]의 고후쿠지[興福寺] 정명원(淨名院)에 도착하였다. 이어서 5년 후인 1102년(숙종7) 4월 나라[奈良] 야쿠시지[藥師寺]의 다이보우[大房]이라는 승려에 의해 필사되었다[順番54·62·66].

이러한 불전의 경우 목판으로의 간행은 대규모의 경제력이 요구되므로 국가에 의한 관찬과는 달리 경제력이 있는 발원자(發願者)의 의지에 의해 좌우되었기에 시간의 지속을 어떻게 측정할 수 없다. 단지 북동아시아 3국 사이에 이루어졌던 유통의 양상을 살펴보면, 전근대사회에서 문화적으로 선진지역이었던 중원에서 사방으로 전파되었던 것이 분명하지만 그 흐름의 역순도 있었다. 이는 당말오대(唐末五代)의 혼란 속에 강남지역에서 많은 불전이 일실됨에 따라 960년 오월왕 錢弘俶(錢俶, 948~978재위)이 고려·일본에 사신을 보내 일실된 천태교(天台敎)의 장소(章疏)를 구하려고 하였고, 고려도 이에 부응하여 다음해에 승려 체관(諦觀)을 오월에 파견하여 각종 경전[敎乘]을 전수하게 하였다[順番11·12]. 또 송도 1091년(元祐6, 선종8) 고려의 進奉使 李資義의 귀국에 편성하여 구서목록(求書目錄)을 보내어 수많은 전적을 찾으려고 하였다[順番57].

---

8) 이는 1395년(洪武28) 이전에 한반도에서 전래된 『대명률』이 1397년(홍무30) 최종으로 확정된 법율이 아니라 1389년(홍무22) 更定된 법율로 추측되기 때문이다(경상북도 영천시 古鏡面 石溪里에 위치한 古鏡博物館 所藏本).

이러한 형편 하에서 고려는 송의 『개보대장경』을 전수받아 개판하였을 뿐만 아니라 북방의 거란제국으로부터 2차에 걸쳐 대장경을 반입하여[順番42·43] 송의 판본과는 내용적인 차이를 보이는 독자적인 불전을 간행하였던 것 같다. 이로 인해 『화엄종주현수국사전』·『정원신역화엄경소』·『금강반야경약소』·『대방광불화엄경담현결택』 등이 송에서 간행·필사되었고, 이것이 다시 일본에 전수되어 필사되었다[順番77·87·90·93·99·130·161]. 이와 함께 고려에서 개판된 불전이 일본에 바로 전수되어 필사 또는 훈점(訓點)되었던 사례도 찾아지는데[順番73·76·107·132·143], 이러한 점들을 확인해 줄 수 있는 자료가 일본에서 이루어졌던 필사본에 기록된 제기(題記)였다는 점이다. 이는 목판본 또는 금속활자를 통한 개판에는 많은 경비가 소요되기에 일자(一字)·일행(一行)이라도 줄여서 일판(一板)이라도 줄여야 했던 당시의 형편을 생각해 볼 때, 필사본이 어떤 경우에는 목판본보다 보다 더 유용한 문헌자료가 될 수 있을 것이다.

이상과 같은 북동아시아 3국간의 서적 유통은 평화적인 시기에 이루어진 것이었으나 13세기 후반 대원몽골국에 의한 일본원정이 이루어짐에 따라 북동아지역은 준전시체제에 들어가게 되어 3국간의 접촉과 교류는 경색되게 되었다. 이로 인해 강남과 한반도를 오가던 일본상인들은 몰락하게 되었고, 그들 중의 일부 또는 그들과 합세한 연안(沿岸)의 주민(住民)들은 해적[倭寇]으로 변신하여 노략질을 일삼게 되었다. 이들 왜구에 의한 피해를 크게 받은 곳은 한반도의 연해안 일대였고, 그 과정에서 고려의 수많은 불교문화재도 약탈되어 일본으로 건너갔다[張東翼 2010年]. 그 중의 하나가 1357년(공민왕17, 延文2) 12月 前大宰少貳兼築後守인 少貳賴尙(소우니 요리히사, 1294~1371)이 다자이후텐만궈[太宰府天滿宮]에 바쳤던 금자묘법연화경인데(順番166), 이는 1340年(충혜왕1) 고려에서 만들어진 사경이었다.

이에 고려왕조는 1366년(공민왕15) 8월 이래 왜구의 침입을 종식시키기 위해 수차례에 걸쳐 일본의 아시카가 바쿠후[足利幕府]에 사신을 파견하여 금압을 요청하다가 막부의 권능이 지방에 미치지 못함을 인식한 후 쿠슈위[九州]·주코쿠[中國]일대의 영주(領主)들에게 사신을 보내 영향력을 행사하게 하였다. 그 과정에서 1363년(공민왕12) 절동(浙東)의 장사성(張士誠)에 파견된 김여용(金汝用, 金方礪)이 그곳의 문인들과 시문을 창화할 때 만들어진 유인본(劉仁本)의 「贈東韓金築隱」이 수록된 『우정고 羽庭藁』가 시일이 경과한 후 일본을 통해 고려에 전래되었다[順番 169]. 이는 원말명초(元末明初)와 같은 전란기에는 강남의 문물이 일본에 먼저 전래되어 그것이 다시 한반도에 전수된 사례의 하나가 될 것이다.

제2절 일본에 전수된 高麗佛典의 사례

고려시대에는 일본과 공식적인 외교관계가 수립되지 않았기에 양국 정부의 직접적인 접촉은 특별한 경우를 제외하고는 거의 이루어지지 않았다. 그래서 국초 이래 동아시아 일대의 해상무역을 장악하고 있던 중원의 상인들이 북동아시아 3국을 연결시켜 주는 중요한 매개체의 하나로 기능하였다. 이들은 주로 강남의 밍쪼우(明州)·쿠안쪼우(泉州)를 기반으로 하고 있던 상인이었는데, 이들과 연결되어 고려상인과 일본상인이 해외로 진출하였던 사례도 송·일본의 문헌자료에서 찾아진다. 그렇지만 고려상인과 일본상인으로 표기된 상인의 대다수는 중국인으로 고려 또는 일본과 무역을 하고 있던 해상(海商, 海舶)이었기에[榎本 涉 2007年], 실제로 고려인·일본인의 상인은 소수에 지나지 않았던 것 같다.

이러한 송의 상인들이 북동아시아 3국을 왕래하며 국제무역에 종사하면서 상품의 하나로서 각종 서적들을 판매하는 가운데 고려의 불전(佛典)들이 일본에 전수되었다[順番60·62·70等]. 이 통로로 일본에 전해진 불전들은 목판인쇄술이 제대로 보급되지 않았기에 필사본으로 만들어져 유통되었는데, 이 점은 현존하고 있는 필사본의 각종 제기를 통해 알 수 있다[順番66·67·76等]. 이들 자료의 대부분이 현재 일본의 여러 사사(寺社)·문고·도서관 등에 소장되어 있는 것들이지만, 아직 모든 자료가 조사되지 못해 향후 더 많은 사례가 발견될 수 있을 것으로 추측된다. 현재까지 조사된 사례의 대표적인 것을 만들어진 시기의 순서로 전재하고, 그 내용을 간단히 정리하면 다음의 자료 A와 같다.[1)]

A1. 窺基, 『阿彌陀經通贊疏』下, 題記

1) 이에서 제시된 자료들은 [장동익 2004년 406~431쪽]에 소개된 것이므로, 형태·전래·소장·전거 등에 대해서는 생략하기로 한다.

此慈恩所撰阿彌陀經通贊一卷者,祐世僧統於元豊·元祐之間,入手于中華求得,將到流通之本也,予助洪願,付於廣敎院,命工重刻,自戊辰十月十九日起首,至十二月十日畢乎矣,所有功德,自利利他,此世來生,福慧圓滿,普與含識,同會樂方,時大安五年己巳二月晦日」
記,」

海東大慈恩玄化寺住持」
廣祐僧統 釋 韶顯題」

件書等,予以嘉保二年孟冬下旬,西府卽會宋人柳裕,傳語高麗王子義天,誂」
求極樂要書·彌陀行願相應經典章疏,其後柳裕守約,以永長二年丁丑三月二十三日丁丑,送自義天所傳得彌陀極樂書等十三部二十卷,則以同年五月二十三日亥時,興福寺淨名院到來,懇誠相臻,淸素自惜,仍以彼本已重新寫,善種不朽,宿心爰成,欲爲自他法界,往生極樂之因緣矣,」

康和四年壬午四月二十三日未剋,藥」
師寺西室大房書寫畢」

이 자료는 1089년(선종6, 大安5) 기록된 현화사주지·승통 소현(1038~1096)의 발미와 1102년(숙종8, 康和4) 야쿠시지(藥師寺, 現 奈良縣 奈良市 西の京町 457에 위치한 법상종의 本山)의 다이보우[大房]이라고 칭한 승려의 제기이다. 전자는 소현이 대각국사 의천이 송에서 구해온 『아미타경통찬소』 2권을 1088년(선종5, 大安4) 금산사의 광교원에서 간행했던 것을 기록한 것이다.[2] 또 후자는 야쿠시지(藥師寺)의 西室大房이 1095년(헌종1, 嘉保2) 10월 하순 다자이후(大宰府, 西府)에서 宋人 柳裕를 만나 의천에 의해 간행된 『극락요서』·『아미타행원상응경』 등의 장소를 구해줄 것을 요청하였고, 2년 후인 1097년(숙종2, 永長2) 3월 23일 미타·극락서 등 13부 20권이 일본에 도착하였다고 한다. 이어서 같은 해 5월 23일 고후쿠지(興福寺, 現 奈良縣 奈良市 登大路町 48에 위치한 법상종의 本山)의 西室大房에게 전달되었고, 이것이 다시 필사되었다고 한다.

2) 이때 소현이 금산사에서 대장경을 간행했던 것은 그의 비문에 반영되어 있다(『조선금석총람』 상, 296쪽, 金山寺慧德王師眞應塔碑). 또 『아미타경통찬소』 2권은 대각국사 의천이 속장경을 간행할 때, 고려전기이래 전해지고 있었던 경전이었다고 한다(『신편제종교장총록』 권1, 海東有本見行錄上, 小阿彌陀經, "通贊疏二卷, 窺基述").

이상의 사실을 통해 볼 때 고려에서 간행되었던 『아미타경통찬소』가 8년 후에 송의 상인을 통해 일본에 전달되었음을 알 수 있다. 이는 고려 전기이래 공식적인 외교 관계가 수립되지 않았던 고려와 일본의 사이에서 상인들을 통해 문물교류가 이루어지고 있었던 사실을 보여주고 있다는 점에서 중요성을 띠고 있다.[3)]

A2. 澄觀, 『大方廣佛華嚴經隨疏演義鈔』, 跋尾

·권8上

壽昌元年乙亥歲高麗國大興王寺奉宣雕造

康和五年二月十一日於成海寺書了密助

一校了

·권12上

壽昌元年乙亥歲高麗國大興王寺奉宣雕造

「一交初校ハ大衆也」(別筆)

康和五年四月十一日未剋許於成海寺書了

「三交觀眞」

·권13下

壽昌元年乙亥歲高麗國大興王寺奉寅宣雕造

康和五年七月五日書寫了占孫

·권17上

壽昌二年丙子歲高麗國大興王寺奉宣雕造

康和五年四月廿六日於成海寺僧兼心書了

重校了觀信「三交念尊」

四交了

---

3) 당시 일본인이 대각국사 의천에 의해 간행된 불전을 구해 간 사실은 다른 자료에서도 찾아지는데(『한국금석전문』 중세상, 582쪽 「靈通寺大覺國師碑」, "… 日本人求文書於我, 其目有大覺國師碑誌, 其名顯四方, 爲異國所尊, 又如此" ; 『보한집』 권하, "… 日本人求師碑誌, 其爲異國所尊, 如此"), 이 역시 상인을 통해 전해졌을 것이다. 이에서 일본인이 요청한 서적[文書]에는 불전이 포함되어 있을 것이고(前者), 그 목록[目] 중에 대각국사의 비문[碑誌]이 포함되어 있었을 것이다.

五交了密助

(이하 시기순으로 정리된 권18下, 권16上, 권17下, 권5下, 권15上 등을 생략함)

·권14上

一交兼眞

長治二年正月八日僧兼眞書寫了

一交畢

이들 자료는 『대방광불화엄경수소연의초』 40권 중에서 각 권의 발미에 쓰인 제기이다.[4] 이는 1094년(선종11, 大安10)에서 1096년(숙종1, 壽昌2) 사이에 고려에서 간행되었던 『대방광불화엄경수소연의초』가 7년 후인 1103년(숙종8, 康和5)에서 1105년(숙종10, 長治2) 사이에 播州 性海寺(播磨國, 하리마노쿠니, 現 兵庫縣 서남부 지역에 위치한 화엄종계통의 사찰)에서 승려 密助·兼眞 등에 의해 필사되었음을 보여주는 자료이다.[5]

A3. 志福, 『釋摩訶衍論通玄鈔』, 刊記

壽昌五年己卯歲,高麗國大興王寺奉宣雕造,」正二位行權中納言兼太宰帥藤原朝臣季仲,依」仁和寺禪定二品親王[覺行]仰,遣使高麗國請來,即」長治二年乙酉五月仲旬,從太宰府差專使

4) 이 경전은 의천이 속장경을 간행할 때, 고려전기 이래 전해지고 있었던 경전이었다고 한다(『신편제종교장총록』 권1, 海東有本見行錄上, 大華嚴經, "隨疏演義鈔四十卷, 或開爲六十卷, 徑山寫本八十卷, 澄觀述").

5) 이 시기에 필사되었던 東福寺[도우후쿠지]의 栗棘庵[릿쿄쿠암]에 보관되어 있는 『화엄경수소연의초』 권4에는 "學徒高麗國弘眞祐世僧統釋煦,依晉水本講」慈旨將唐朝演義鈔三本四十卷者,奉命重校」"의 題記가 있다. 이는 義天이 慧因寺(慧因高麗寺, 現 杭州市 玉岑山에 있던 寺刹)의 승려 晉水淨源(1011~1088)의 뜻에 따라 宋에서 가져온 3種의 演義鈔 40권을 校訂했다는 것을 가리킨다[大屋德城 1937年 91·92, 99쪽]. 또 현재 東大寺 圖書館에 소장된 『大方廣佛花嚴經隨疏演義鈔』 권6하, 盡現相品에는 "淸凉山大花嚴沙門澄觀述」壽昌元年乙亥歲高麗國大興王寺奉宣雕造」文永六年乙巳七月二十六日申時於東大寺尊勝院護摩南疕新學問所」合疏二下加一見了,爲生生世世値遇華嚴敎法也,權僧正宗性年齡六十八夏臘五十六」"이 있다고 한다[蔡尙植 1997年].

奉請之,」弘安五年壬午九月六日,於高野山金剛三昧院金剛佛子性海書,」弘安五年壬午十月廿一日,於高野山金剛三昧院淨場,通玄鈔四卷爲備規模,謹開印」板畢捧,此弘願之功德,奉資三所之聖靈,所謂武門御恩所東關右將府并二品禪定」比丘尼兼當院家本願聖靈也,至佛子者縱留連三界之幻域,必値遇佛法僧興三寶」之妙道,縱跉跰十方之穢國,不退轉菩提心救無餘之含識今不耐先彼後我之恩聊」以記誓心短慮之旨而已,金剛三昧院老比丘良俊記之,」正應第二之曆暮春十四之夜,於高野山大樂院東之禪房,交點之了,露滴入天池尙」具百川之味,露點加父宇,盍盡二法之義宇二露點自他同洗二障之塵句之義理法」界遍照之月矣,」于時永仁三廻之天大族下旬之比,於高野山寂靜金剛院僧菴交點畢,是則奉報祖」師之廣恩,爲遂弟子之心願而已」

이 자료는 尾張國 眞福寺(신푸쿠지, 현 愛知縣 名古屋 中區 大須2丁目에 있는 眞言宗 智山派 사원)에 소장된 책인 遼代 志福의 『석론통현초』에 쓰인 제기이다.[6] 이에 의하면 닌나지(仁和寺, 現 京都市 右京區 御室大內에 위치한 眞言宗 御室派의 本山)의 禪定二品親王 카쿠교(覺行, 1075~1105)가 다자이후(大宰府)의 최고 책임자인 大宰帥 藤原季仲(후지와라노 수에나가, 1046~1119)에게 『석론통현초』 등의 경전을 구해줄 것을 요청하자, 季仲이 1105년(숙종10, 長治2) 5월 중순 고려에 사신을 파견하여 요청하였고, 이것이 곧 일본에 도착한 것으로 되어 있다.[7] 또 이후 여러 차례에 걸쳐서 필사되었던 사실이 추기(追記)되어 있다.

---

6) 『석마가연론통현초』 4권은 遼代의 志福(?~?)이 저술한 밀교계통의 책으로 『석론통현초』라고도 한다. 이 책은 속장경이 간행될 때, 고려전기 이래 전해지고 있었던 경전이었다고 한다(『신편제종교장총록』 권3, 海東有本見行錄下, 釋摩訶衍論, "通玄鈔四卷, 通玄科三卷, 大科一卷, 以上志福述").

7) 이와 같은 내용이 다음의 자료에도 기록되어 있다.
- 高野山 金剛峰寺 寶龜院(현 和歌山縣 伊都郡 高野町 위치)에 소장되어 있는 『釋摩訶衍通玄鈔』 권1, 『釋摩訶衍論贊玄疏』 권5의 題記.
- 叡山文庫本, 『釋摩訶衍通玄鈔』.
- 正應板 仁和寺本, 『釋摩訶衍論贊玄疏』.
- 正應 1年 高野板 眞福寺本, 『釋摩訶衍論贊玄疏』.
- 『東寺王代記』堀河院, 長治 2년, "(長治)二年 正二位行權中納言兼太宰帥藤原朝臣季仲, 依仁和寺二品親王覺行仰, 遣使高麗國, 請來只論通玄鈔四卷·同贊玄疏五卷, 卽今年五月中旬, 從太宰府差專使奉請之"(京都大學 文學部 所藏本). 이와 같은 題記가 東北大學 所藏의 『釋摩訶衍論贊玄疏奏』 권5(1265년, 文永2, 作成)에도 수록되어 있다.

A4. 惠詳,『弘贊法華傳』卷下, 題記

弘贊法花傳者,始自東晉終乎李唐,凡學法花,得」其靈應者,備載於此,斯可謂裨贊一大事之因緣,使」其不墜于地者歟,然今海東唯得草本,年祀逾遠,筆」誤頗多,鑽仰之徒,病其訛升,余雖不敏,讎校是非,」欲廣流通,因以雕板,庶幾披閱之士,開示悟入佛之知」見者也,時天慶五年歲在乙未季春,春[同]月十七日,於內帝」釋院明慶殿記,」海東高麗國義龍山弘化寺住持究理智炤淨光處」中,吼石法印僧統賜紫沙門德緣勘校,文林郞·司」宰宰承[司宰丞]同正李唐翼書」[8] 一校了」又一交了, 又一交了」 大日本國保安元年七月八日,於大宰府,勸俊源」法師書寫畢,宋人蘇景,自高麗國奉渡聖」敎之中,有此法花傳,仍爲留多本,所令書寫也,」羊僧覺樹記之」此書本奧在此日記」

이 자료는 도다이지(東大寺)의 도서관에 소장되어 있는『홍찬법화전』권하의 제기이다. 이에 의하면 1115년(예종10, 天慶5) 유가종계통의 출신으로 추측되는 僧統 德緣과 司宰丞同正 李唐翼에 의해『홍찬법화전』이 간행되었다고 한다. 또 1120년(예종15, 保安1) 다자이후의 칸제온지(觀世音寺, 現 福岡縣 筑紫郡 太宰府町에 있는 천태종계통의 사찰)에서 거주하던 승려 覺樹(1079~1139)가 俊源으로 하여금『홍찬법화전』을 필사하게 하여 7월 8일에 끝내게 되었다고 하며, 이 책은 다음의 A5와 같이 송의 상인 蘇景이 고려로부터 가져온 불전 중의 하나였다고 한다.

A5. 惠詳,『弘贊法華傳』卷上, 題記

弘贊法華傳者,宋人莊承·蘇景,依予之勸,且自高」麗國,所奉渡聖敎百餘卷內也,依一本書,爲恐散」失,勸俊源法師,先令書寫一本矣,就中蘇景等,」歸朝之間,於壹岐嶋,遇海賊亂起,此傳上五卷」入海中少濕損,雖然海賊等,或爲宋人被殺害,或爲」嶋引被搦取,敢无散失物云〃,宋人等云,偏依聖敎之威力也云〃」保安元年七月五日,於太宰府記之,大法師覺樹」此書本奧有此日記」

8) 이 구절에서 司宰宰承은 司宰丞의 오류이다.

이 자료는 위의 A4와 같이 1115년(예종10, 天慶5) 승통 덕연에 의해 간행된 것으로 현재 동대사도서관에 소장되어 있는 『홍찬법화전』 권상에 기재되어 있는 제기이다.[9] 이는 1120년(예종15, 保安1) 7월 5일 다자이후에 거주하던 승려 覺樹가 俊源으로 하여금 고려에서 간행된 『홍찬법화전』을 필사하게 하여 같은 달 8일에 완성하게 한 것을 기록한 것이다.

이에 의하면 이 시기 이전에 승려 覺樹의 부탁을 받은 송의 상인 莊承과[10] 蘇景이[11] 고려로부터 불경 수백권을 싣고 오다가 壹岐島에서 해적의 습격을 받아 『홍찬법화전』의 일부가 물에 젖고 손상을 입었다고 한다. 그렇지만 壹岐島의 해적들이 송인에 의해 피살되었고, 다른 일부는 壹岐島의 官吏[嶋引, 役人]에 의해 체포되는 와중에도 물건을 빼앗기지 않았던 것은 聖教의 위력에 의한 것이었다고 한다.

A6. 善無畏·一行 譯, 『大毗盧遮那成佛神變加持經義釋』, 跋尾

壽昌元年歲乙亥高麗國大興王寺奉

宣彫造

長承三年甲寅四月十三日以中川經孤本移點

佛子玄信

이 자료는 大東急記念文庫에 소장된 『대비로차나성불신변가지경의석』에 쓰인 제기이다.[12] 이는 1134년(인종12, 長承3) 4월 13일 승려 겐신[玄信]에 의해 필사된 것으로, 이 경전이 1095년(헌종1, 壽昌1) 고려 대흥왕사에서 대각국사 의천에 의해 간행된 것을 바탕으로 하였음을 알 수 있다. 또 이 자료는 '理證院本'이라는 제기가 쓰여 있

9) 이와 같은 내용이 같은 장소에 소장되어 있는 『홍찬법화전』 권10의 제기에도 기재되어 있다. "大日本國保安元年七月八日, 於太宰府, 勸俊源法師書寫畢, 宋人蘇景自高麗國奉渡聖教之中, 有此法花傳,仍爲留多本, 令書寫也, 羊僧覺樹記之".

10) 종래에 莊承을 庄永으로 판독하였으나, 필자가 영인본[大屋德城 1937年 圖版上77]을 살펴본 결과 莊承으로 읽는 것이 옳을 것이다[竺沙雅章 2000年 162쪽].

11) 이들 2인은 하카다(博多, 現 福岡縣 福岡市)에 거주하던 송의 상인 또는 일본에 귀화한 송상으로 추측되기도 한다[森克己 1975年 340쪽].

12) 이 책은 속장경이 간행될 때, 고려전기 이래 전해지고 있었던 경전이었다고 한다(『신편제종교장총록』 권3, 海東有本見行錄上, 毘盧神變經, "義釋十四卷, 一行述").

고, '人和寺菩提院'이라는 印章이 찍혀 있는데, 人和寺(닌나지)는 위의 자료 3에서 禪定二品親王 覺行이 우두머리격인 長老[長吏]로 재직하면서 고려에 대장경을 요청했던 곳이다. 그러므로 이 자료 역시 카쿠교[覺行]에 의해 수입된 책으로 추측된다.

A7. 澄觀,『貞元新譯華嚴經疏』, 跋尾

·第8

壽昌元年乙亥歲,高麗國大興王寺,奉

宣彫造,

一校了

重校了

·第10

右正元華嚴疏二十卷,大藏闕亡有年所矣,紹」興己巳,圓證大師義和得之,於梁公御藥鼎來吳江,倒囊并勸緣鏤板,纔辨十二卷,」先公知府郎中,因過師談華嚴,得疏讀之,不能去」手,欣然囑師,足其八卷,又得綱要,旦欲手書,未幾」傾背俱不及,成溥等,痛心泣血,追述先志,亟命刊

印,貳遇」外除,飯僧徧施,闡揚佛旨,普益後人,福利所歸,畢」助超往,紹興二十五年十月十一日,孤哀子章溥」濬,漑濯泣血書」

再校了,

重校了, 律儀

寫本云,

文永元年甲子十月十一日亥時於丹州神尾山北谷」之禪庵,以唐本敬奉書寫筆,」華嚴宗沙門釋順高生年四十七」

이들 자료는 稱名寺(소묘지, 現 神奈川縣 橫濱市 金澤區 金澤町 212에 위치한 사찰)에 위치한 金澤文庫에 소장된 책인『정원신역화엄경소』제8권 및 제10권의 발미이다.[13] 이에는 세 종류의 발미가 수록되어 있는데, 첫째는 1095년(헌종1, 壽昌1)

13) 이 책은 속장경이 간행될 때, 고려전기 이래 전해지고 있었던 경전이었던 것 같다(『신편제종교장총록』 권1, 海東有本見行錄上, 大華嚴經, "貞元疏十卷, 澄觀述").

고려의 흥왕사에서 대장경을 간행할 때 교정을 보았던 사실이 기재되어 있고, 둘째는 이 경소가 다시 중원으로 역수출(逆輸出)되어 그곳에서 간행되었던 사실을 기록한 것이다. 곧 이 경소가 북송대에 이미 궐실되고 말았는데, 남송 초인 1149년(紹興19, 의종3) 平江府 吳江縣(現 江蘇省 蘇州市) 화엄보탑교원의 주지인 圓證大師 義和가[14)] 이를 구하여 12권을 간행한데 이어 나머지 8권은 知府·郎中 章□·章溥濬 父子의[15)] 노력에 의해 1155년(소흥25, 의종9) 최종적으로 간행되었다고 한다. 그리고 이것이 그 후의 어느 시기에 일본에 전해져 1264년(원종5, 文永1) 丹州 神尾山의 어느 사찰에서 승려 順高에 의해 다시 필사되었다고 한다.[16)] 결국 이 자료는 11세기 말에서 13세기 후반의 약 169년 사이에 하나의 불전이 북동아시아 3국에 유통되고 있음을 보여주는 중요한 사례의 하나라고 할 수 있겠다.[17)]

A8. 澄观, 『華嚴經隨疏演義鈔』, 跋尾

·第7

文永四年丁卯三月七日,午時許書了,

弘安八年乙酉七月廿八日,

---

14) 그는 平江府 能仁院에 머물다가 대각국사 의천과 관련이 있는 杭州 慧因院의 주지가 되었고, 이어서 平江府 吳江縣 華嚴寶塔教院의 주지가 된 화엄종 계통의 승려이다(『佛祖統紀』 권29 ; 竺沙雅章 2000年 69·70쪽).

15) 이 자료의 제기를 쓴 章溥濬의 아버지인 知府·郎中 章□는 어떠한 인물인지 알 수 없다.

16) 대각국사 의천이 송에서 가져온 화엄경은 일본으로 전래되어 조선왕조 초기에는 한반도에서 볼 수 없었다는 기록도 찾아진다(姜碩德, 「華嚴經跋」 『동문선』 103, 跋).

17) 이처럼 고려에서 간행된 불전이 중원에 수출된 예로는 남송대에 만들어진 책자를 들 수 있는데, 제기의 내용은 생략하였다.

·1142년(紹興12, 인종20) 臨安府 慧因寺에서 간행된 『華嚴經旨歸』.

·1145년(소흥15, 인종23) 慧因寺에서 간행된 『法藏和尙傳』.

·1146년(소흥16, 인종24) 慧因寺에서 간행된 『華嚴經內章門等雜孔目』.

·1149년(소흥19, 의종3) 平江府 吳江縣 寶塔教院에서 간행된 『華嚴宗主賢首國師傳』.

·1169년(乾道5, 의종23) 寶幢教院에서 간행된 『金剛般若經略疏』.

그 외에 『圓覺經大疏釋義鈔』(紹興9), 『大方廣佛圓覺經大疏鈔科』(紹興年間) 등이 있는데[大屋德城 1937年 85~89쪽], 위의 불전과 함께 속장경이 간행될 때, 고려전기 이래 전해지고 있었던 경전이었다고 한다(『신편제종교장총록』 권1, 海東有本見行錄上).

於西山左目洞中一讀了,道然三十八才

·第16上段

文永六年己巳正月八日,生年三十五慶心(手決)

文永五年三月十九日,未刻書寫了,

·第16下段

壽昌二年丙子歲,高麗國大興王寺,奉宣彫造,

文永第五曆仲呂十五日,巳刻書寫了

이들 자료는 金澤文庫에 소장된『화엄경수소연의초』제7권 및 제16권의 발미이다. 이는 1096년(숙종1, 壽昌2) 흥왕사에서 간행된『화엄경수소연의초』가 일본으로 건너가 西山 左目洞에서 1267년(원종8, 文永4)부터 1285년(충렬왕11, 弘安8) 사이에 여러 승려들에 의해 필사되고 있었음을 보여준다. 이 시기에는 대원몽골국이 일본의 신속을 요구하여 여·원 연합군의 일본정벌이 이루어지고 있었는데, 불교사원에서는 이러한 정치적 변동과는 관계없이 고려의 서적들이 읽혀지고 있었음을 알 수 있다.

A9. 鮮演,『大方廣佛華嚴經談玄決擇』, 跋尾

·권제1

寫本記云

高麗國大興王寺,壽昌二年歲次丙子,奉宣雕造,」大宋國崇吳古寺,宣和五年癸卯歲,釋安仁傳寫,」淳熙歲次己酉,吳門釋祖燈科點重看,時年七十二歲也,」…

弘安八年九月十九日,於高山寺令書寫了,

沙　門

·권제2

寫本記云

高麗國大興王寺,壽昌二年丙子歲,奉宣雕造,」第八主徽宗皇帝之年號也」大宋國崇吳古寺,宣和五年癸卯歲,釋安仁傳寫,」第十一主孝宗皇帝之年號也」淳凞歲次己酉,釋科默[點]重看,祖燈眼疲也莫罪,〃〃」

이들 자료는 金澤文庫에 소장되어 있는 遼代 鮮演(?~1118)의 『대방광불화엄경담현결택』의 권1, 2 및 高山寺(고잔지, 現 京都市 右京區 梅ヶ畑栂尾町에 위치한 眞言宗계통의 사원)에 소장되어 있는 같은 책 권2, 3, 4, 5의 발미이고, 이 중 밑줄 친 부분은 일본에서 후대에 주서(朱書)로 추기(追記)된 것이다.[18] 이에 의하면 1096년(숙종1, 壽昌2) 고려에서 간행되었던 『대방광불화엄경담현결택』이 송에 건너갔고, 이 책이 다시 1123년(인종1, 宣和5) 崇吳寺의 승려 安仁에 의하여 전사되었다고 한다. 또 이 책은 1189년(명종19, 淳熙16) 崇吳寺에서 구법했던 일본의 승려 祖燈에 의해 다시 정리되었다고 한다. 그 후 이 책이 일본으로 전해져 1285년(충렬왕11, 弘安8) 高山寺에서 다시 필사되었음을 보여주고 있다. 이 자료는 고려의 서적이 송에 수출되고 그것이 다시 일본으로 전해지고 있었음을 보여주는 것으로 당시 동아시아 3국 사이에 이루어지고 있었던 문물교류의 양상을 보여주는 중요한 자료의 하나라고 할 수 있다.

A10. 澄觀, 『大方廣佛華嚴經隨疏演義鈔』, 跋尾

本云

壽昌二年丙子歲高麗國大興王寺奉

宣彫造

永仁三年乙未十二月十日於泉州久米多寺書寫畢

執　筆 唐 人 智 惠

康永三年甲申正月廿八日於淨光明寺集多本一校畢

이 자료는 大東急記念文庫에 소장된 책인 『대방광불화엄경수소연의초』 16권의[19] 발미에 쓰인 제기이다.[20] 이 자료는 1096년(숙종1, 壽昌2) 흥왕사에서 대각국

18) 또 같은 책의 권3, 권4에 다음과 같은 제기가 있다고 한다[大屋德城 1937年 90쪽 ; 竺沙雅章 2000年 71·82쪽].

·권3, "祖燈七十二也,神身? 疲眼昏,點科乃一時,重」覽之意慮有多不是,幸勿罪之,痛告友處,」本云, 辛未同三月一日,於大宋國一交了」".

·권4, "大宋咸淳第七辛未歲春中月十七日,於宋朝湖」州思溪法寶禪寺,借得行在南山高麗敎寺之秘」本,謹以寫留之畢, 執筆沙門辦智」".

사 의천에 의해 간행된 경전이 일본에 전해져 1295년(충렬왕21, 永仁3) 泉州 久米多寺(久米田寺, 쿠메다데라, 現 大阪府 岸和田市 池尻町 934에 위치한 화엄종계통의 사원)에서 宋으로부터 건너온 智惠에 의해 필사되었음을 보여 주는 것이다.[21)]

A11. 智儼, 『金剛般若經略疏』, 跋尾

一交畢,」以東大寺尊勝院御經藏本,令書寫畢,」于時正和二年壬丑九月三日,於戒壇院敬書之,」高山寺經藏有高麗印本,有人以彼印本傳」寫一本,再三校證云云,今曆應四年壬午十月,以此寫」本重校合之,

彼印本奧書云,」宣雕造」

秘書省楷書臣　　　　□魯 榮 書」

講華嚴經興王寺大師賜紫臣　　則 瑜 校」

講華嚴經興王寺大師賜紫臣　　德 詵 勘 校」

金剛般若經著疏申明者,唯圭嶺新羅,風行二」浙,獨至相,略疏浪匿三韓,衆慕其本,無復得」焉,圓證講主銳意搜尋,遠附海船,竟獲眞文,」其旨淵玄切爲簡當然到今,及古諸師講授,僻」說祖意,浪判經文,誰惑後人,謬爲師說,□」要良可龜鑒,則使章記駕說之□□伏□」媿焉,今將方板用廣流通,冀諸來學,力行弘」替,歲乾道歲次己丑重陽日,寶幢教院住持」傳賢首宗敎比丘 如寶 謹題,」比丘 師哲 文藻 募緣刊板 比丘懷英敬書,」比丘 如寶伍貫足 首座比丘善憙,如曉,了愿,各貳」貫足」比丘 師立,師哲,文藻,各壹貫足, 淸最,捌伯足, 義」昭,善祥,各柒伯足, 如訥,文表,了性,行圓,師鎭,慧」元,行淸,如秀,了仁,安定,妙淨,各陸伯足,」法濟,蘊忠,仲權,懷善,良敏,祖常,淸瑞,各伍伯足」

이 자료는 金澤文庫에 소장된 책인 『금강반야경약소』의 발미이다.[22)] 이에 의해

19) 『대방광불화엄경수소연의초』 80권은 화엄종의 第4祖 淸凉大師 澄觀(738~839)이 저술한 것이지만, 당말오대에 흩어진 것을 대각국사 의천이 수습하여 간행한 것이다.

20) 이는 원래 久原文庫에 소장되어 있었던 것이고, 이와 같은 자료가 東大寺圖書館에도 소장되어 있는데 화엄경의 華가 花로 표기되어 있다[和田幹男 1920年].

21) 이와 유사한 내용이 『화엄경수소연의초』 권11, 권12, 권13, 권15, 권17, 권18, 권19, 권20(金澤文庫所藏)에, 『화엄경수소연의초』 권14(新寫縣 長岡市 個人所藏)의 上·下端 등에 기록되어 있다.

1094년(선종11) 흥왕사에서 간행된 『금강반야경약소』가 상인들을 매개로 平江府 吳江縣(現 江蘇省 蘇州市) 華嚴寶塔教院의 圓證大師 義和에게 전해졌고, 그의 후계자인 如寶에[23] 의해 1169년(의종23, 乾道5) 다시 간행되었음을 알 수 있다. 또 이 경전은 그 후 어느 시기에 일본에 전해져 高山寺에 보관되어 있다가 1341년(충혜왕복위2, 曆應4) 다시 전사되게 되었다고 한다. 이 역시 고려의 전적이 중국으로 역수출되고 그것이 다시 간행되어 일본으로 전수되고 있음을 보여주는 중요한 자료의 하나라고 할 수 있다.

A12. 知訥, 『華嚴論節要』, 跋尾

·권1

永仁三年十二月五日,再見之了,」仰之則如太山,歸之則如溟濛,昔」有何因今値此文,歡信順之心,」取俞頗無比物,但恨終日居自家,」未見屋裏耳,慚愧太切爲之如何,」佛家貧人円種」

·권3

海東曹溪山修禪社道人　　　冲湛」

募上彫板印施无窮者」

同社道人　　　　　　　　慧湛書」

施主社內道人　湛靈」

施主羅州戶長直升妻珎衣金」

永仁三年十一月十八日終當卷,」點畢　　　佛子　圓種」同年十二月十八日再反刊誤之畢」,一部上中下點句畢矣」

이들 자료는 金澤文庫에 소장된 책인 『화엄론절요』 3권의 제1권 및 제3권의 발미이다.[24] 이에 의하면 1295년(충렬왕21, 永仁3) 승려 圓種이 『화엄론절요』에 訓點

22) 이 책은 속장경이 간행될 때, 고려전기이래 전해지고 있었던 경전이었다고 한다(『신편제종교장총록』 권1, 海東有本見行錄上, 金剛般若經, "疏一卷, 智儼述").

23) 그는 浙江省 吳興縣 霅溪 출신으로 覺華寺에 머물면서 佛法을 닦은 인물이다(民國 喩謙 編, 『新續高僧傳四集』 권42, 1945).

24) 이 책은 보조국사 지눌(1158~1210)이 唐代 李通玄(635~730)이 찬술한 『화엄경론』 40권을 요약하는 동시에 自身의 見解를 提示하여 3권으로 정리한 것으로 1207년(희종3) 출판되었다. 또 이 책은 속장경을 간행할 때, 고려전기 이래 전해지고 있었던 경전이었다고 한다(『신

을 붙였다고 한다. 이 책이 고려에서 간행된 지 88년 만에 일본에서 훈점이 붙여지고 있다는 것은 이 책이 그 이전의 어느 시기에 일본으로 전해졌음을 말해주는 것이다. 고려와 일본의 양국 사이에 국가 차원의 공식적인 외교 관계는 없어도, 문물의 교류는 고려 초 이래 13세기까지 계속 이루어지고 있었음을 보여주는 자료의 하나라고 할 수 있다.

A13. 義天, 『新編諸宗教藏總錄』, 跋文

1) 安元二年丙申五月晦日,以仁和寺華嚴院法橋景雅
御本書寫了 明空
2) 安元二年丙申六月四日,以仁和寺華嚴院
法橋景雅御本書寫了 明空
以他本校合了

이들 자료는 일본에 전해진 『신편제종교장총록』에 기재되어 있는 제기이다(『大正新脩大藏經』 55冊所收). 일본에 소장되어 있는 『신편제종교장총록』 3권은 1176년(명종6, 安元2)의 필사본으로 高山寺(고잔지)에 소장되어 있는 것과 1693년(숙종19, 元祿6) 간행된 大谷大學所藏本이 있다. 1)은 高山寺本 권1의 끝에 수록되어 있는 제기이고, 2)는 두 책의 권3 끝에 있는 제기이다.

이는 『신편제종교장총록』 3권이 조조된지 70여년 후인 1176년(명종6, 安元2) 5월, 6월에 일본의 승려 明空(?~?)이[25] 人和寺(닌나지) 華嚴院의 승려 景雅(慶雅, 1103-1189?)가[26] 소장하고 있던 책을 필사하고 있었음을 보여주는 것이다. 景雅가 人和寺의 승려인 점을 보아 위의 자료 3에서 나타난 것처럼 二品親王 覺行(카쿠교)이 이곳에서 1099년(숙종4, 壽隆5) 수입했던 고려의 각종 서적들 중의 하나인 『신편제

편제종교장총록』 권1, 海東有本見行錄上, 大華嚴經, "論四十卷, 李通玄述").

25) 明空의 구체적인 인적 사항은 알 수 없으나 中世 歌謠를 많이 지은 인물로 『宴曲集』 5권, 『眞曲抄』 1권, 『撰要目錄』 등을 편집하였다.

26) 景雅는 權大納言 顯雅의 同生으로서 良覺의 문하에서 불법을 닦은 화엄종계통의 승려로 仁和寺 華嚴院에 거주하였다[橫內裕仁 2002年].

종교장총록』을 필사한 것으로 추측된다[大屋德城 1936年].

이상에서 일본에 현존하고 있는 수많은 필사본의 불전 중에서 고려시대에 제작된 여러 대장경과 관련된 내용이 기록되어 있는 대표적인 사례만을 전사하여 보았다. 이들 내용은 고려시대에 만들어진 대장경인 개보대장경을 이어 받은 부인사대장경(符仁寺大藏經), 의천에 의해 송·거란·일본 등에 있던 불전들이 크게 결집된 속장경, 그리고 해인사대장경이 지닌 여러 양상을 비교하여 유추할 수 있는 소중한 자료가 될 수 있을 것이다. 또 이들 제기를 통해 고려의 대장경들이 북동아시아 3국에 어떻게 전수되어 중간·필사되었던가를 파악할 수 있을 것이므로, 향후 그 구체적인 양상이 불전내용의 대조를 통해 보다 면밀히 검토되어야 할 것이다.

단지 문헌학자로서 지적할 수 있는 점은 위의 사례 13종 중에서 속장경의 목록이라고도 할 수 있는 『신편제종교장총록』에 수록되어 있지 않은 『홍찬법화전』과 『대방광불화엄경담현결택』이 있다는 것이다. 이들은 속장경이 간행될 때 함께 간행되어 일본·중국에 보급되었음에도 불구하고, 1090년(선종7) 8월 『신편제종교장총록』이 편찬될 때 책명이 누락된 이유를 알 수 없다.[27] 그 외 11종의 사례는 모두 속장경을 저본으로 하여 일본·중국에서 간행 또는 필사되었음을 보여 주는 것이다.

이와 관련되어 주목되어야 할 점은 현재까지 확인된 중국·일본에 발견된 제기·추기가 추가되어 있는 고려 불전의 간본·필사본의 저본은 모두 속장경·해인사대장경이며, 그 이전의 부인사대장경을[28] 저본으로 한 것은 찾아지지 않는다는 것이다. 이는 고려전기에는 부인사대장경의 인본(印本)을 해외에 반출시키지 않았다가 1231년(고종18) 몽골병란의 와중에 판목이 소진된 이후에 반출이 허락되었던 것으로 추측되므로, 향후 불교사·서지학 전공자의 검토가 필요할 것이다.

---

27) 이는 의천이 속장경을 간행하려고 하면서 『신편제종교장총록』을 수찬할 때 '고려전기 이래 전해지고 있는 경전(海東有本見行錄)', 곧 당시 고려에 존재하고 있던 여러 갈래의 교종에 관련된 전적[教藏]을 총망라하였을 것이다. 그렇다면 위의 두 책과 『극락요서』·『아미타행원상응경』(資料A1) 등은 그때 한반도에 없었거나, 아니면 이들이 교장의 범주에 들지 않은 불전이었는지는 알 수 없다.

28) 종래에 부인사대장경은 초조대장경이라고 불렸는데, 이러한 호칭이 지닌 한계에 대한 검토가 이미 제시되었다.[金潤坤 2002년 51쪽 ; 崔永好 2008년 ; 崔然柱 2010년]

제3절 한·일간 불전유통의 통로

8세기 전반에 신라와 일본은 정치적인 갈등으로 인해 국교가 단절되었으나 신라상인들의 왕래를 통한 사무역은 여전히 성행하였다. 9세기 후반에 이르러 한반도의 연해안에는 신라해적이라고 불린 그 정체가 불분명한 해적들이 횡행하였는데, 이로 인해 일본은 894年(진성여왕8, 寬平6) 중원의 문물을 수용할 수 있었던 창구였던 견당사(遣唐使)의 파견을 중지하였다고 한다.[1] 이후 일본지배층은 신라인에 대해 적대적인 태도를 강하게 지니면서 폐쇄적인 외교정책을 취하여 한반도와의 교류가 이루어지지 못했다.

10세기에 이르러 일본조정의 통치력이 지방에 미치지 못함에 따라 경제적으로 대외관계를 꾸려갈 힘도 없게 되어 중국 상선의 三年一航令과 일본인의 海外渡航禁止의 방침이 실시되었다. 이후 신라인 배척에서부터 여타 외국인 배척으로 진전되어 외국인의 일본에의 입국이 이루어지지 못하게 되었다. 이러한 사정 하에서 922년(경명왕6, 延喜22) 6월 후백제의 사신 輝嵒을, 929년(경순왕3, 延長7) 5월 후백제의 사신 張彦澄을 모두 대마도에서 귀환시켰다. 또 고려가 후삼국을 통일한 다음 해인 937年(태조20, 承平7) 일본에 국서[牒]를 보내 수교를 요청하였고, 2년후에 재차 사신을 파견하여 수교를 요청하였다. 이들 모두 일본조정에 의해 받아들여지지 않았고, 후자의 경우에 다자이후(大宰府)가 고려의 광평성에 보내는 답서[返牒]와 함께 사신을 돌려보내 거부의 의사를 분명하게 하였던 것 같다.

이어서 972年(광종23, 天祿3) 9월과 10월 南原府使[南京府使] 咸吉兢과 金海府使 李純達이 첩을 가지고 대마도에 도착하였다는 것이 일본조정에 보고되었고, 이에 대해 의논이 있었지만 그 결과가 확인되지 않음을 보아 이 역시 거부되었던 것 같다. 또 997년(성종16, 長德3) 5월 고려의 牒 3통(수신처는 일본국·對馬島司·對馬島)

1) 이하의 내용은 [장동익 2004년·2010년a·b] 등을 재편성하여 고려시대의 한·일 관계를 구법승·불전 등과 연관시켜 전개하였다.

이 일본에 도착하였으나, 6월 일본의 공경(公卿)들이 그 내용에 일본을 모욕하는 문구(文句)가 있다고 하면서 답서(答書)를 하지 않기로 결정하고서 要害地에 警戒令[警固]을 내리게 하였다고 한다.

이처럼 후백제에 이어서 고려 측의 계속된 일본에의 사신파견과 국서전달은 외교관계의 수립 또는 통상요구로 추측되지만, 모두 일본 측의 반대로 성사되지 못했던 것 같다. 이의 요인은 기본적으로 일본조정의 귀족들이 폐쇄적인 대외의식을 강하게 지니고 있었던 데다가 일찍부터 일본이 한반도에 일정한 영향력을 미치고 있었다는 그릇된 인식을 고치지 않았기 때문이다. 이러한 인식이 해소되지 않는 한 양국의 외교관계의 수립은 이루어질 수 없었을 것이다.

그렇지만 이 시기에도 지리적으로 인접한 양국의 비공식적인 접촉이 있었던 것 같은데, 942년(태조25, 天慶5) 11월 高麗船舶[新羅舟] 7艘가 隱岐國(오키노쿠니, 現 島根縣에 소속된 東海 가운데의 섬)에 寄着, 952년(광종3, 天曆6) 고려[新羅國] 照明王의 황후인 大樋皇后가 일본의 長谷寺에 33개의 보물을 기증, 954년(광종5, 天曆8) 1월 고려[新羅]가 일본을 공격하려한다는 풍문에 의해 후지와라노아사타다(藤原朝忠, 910~967)을 大宰大貳로 임명, 974년(광종25, 天延2) 윤10월 일본조정의 高麗國交易使가 대마도에 파견되어 고려의 산물을 구입, 984년(성종3, 永觀2) 4월 高麗船이 筑前國 早良郡(사와라군, 현 福岡縣 福岡市의 西部地域)에 도착, 990년(성종9, 永祚2 : 正曆1) 고려[百濟國]의 황후가 송의 상인인 周文德·楊仁紹를 통해 攝津國의 勝尾寺에 觀世音菩薩像·金鼓·金鐘 등을 기증, 996년(성종15, 長德2) 5월 일본조정이 石見國(이와미노쿠니, 현 島根縣의 서부지역)에 도착한 고려국인에게 식량을 주어 귀국시킴, 997년(성종16, 長德3) 10월 일찍이 鷄林府에 침입하여 범죄를 저지른 倭人에 대한 처벌을 다자이후에 지시 등을 위시하여, 일본인과 고려인의 상대국에의 내투(來投)와 표착(漂着)이 이어지고 있었다.

이상과 같은 일들은 한·일 양국의 국교의 수립과 관계없이 일어날 수 있는 일상사의 하나일 것이지만, 이를 둘러싸고 양국의 비공식적인 접촉은 있었을 것으로 추측된다. 또 990년의 송의 상인인 周文德·楊仁紹의 존재를 통해 이 시기에 송의 상선들이 고려를 경유하여 다자이후의 외항인 하카다(博多)에 기항하여 일본인과 사무역을 행하였음을 확인할 수 있을 것이다. 이들 송의 선박들의 출입과 관련되어 3국 승려의 구법과 전도를 위한 왕래도 있었을 것이다.

그러다가 997년(성종16, 長德3) 10월 일본인들에 의해 고려의 해적이라고 이해되었던 일군의 해적(奄美島人)들이 北九州地域을 습격한 일, 1014년(현종5, 長和3) 3월 일본이 고려[新羅]와 전투를 행한 일, 1019년(현종10, 寬仁3) 여진족[刀伊]이 對馬島·壹岐島를 거쳐 博多에 침입한 일 등이 있었다. 이때 고려는 刀伊[東女眞]를 동해안지역에서 요격하여 이들에 의해 피로된 일본인을 송환해 주었지만, 일본조정은 고려와 외교관계를 수립하지 않으려는 폐쇄적인 태도를 취하였다.

그 후 11세기 중엽에서 12세기 중엽에 걸쳐 일본상인들이 고려에 진출하여 진봉(進奉), 진봉선(進奉船)으로 표현된 일종의 조공무역을 행하기도 하였다. 이들 일본상인들은 對馬島·壹岐島·薩摩·筑前·大宰府 등의 지역에서 할거하던 장원영주(莊園領主)가 파견했던 사자 또는 상인들로서, 고려의 환심을 사기 위해 일본에 표류되었던 고려의 표류민을 송환시켜주기도 하였다. 이들은 진봉물, 곧 방물로서 螺鈿·鞍·刀·鏡匣·櫛箱·硯箱·書案 등을 고려에 헌납하고, 고려의 회사를 받아갔다[順番44]. 이처럼 일본상인의 활발한 도항에 비해 고려상인의 일본진출에 대한 기사는 찾아지지 않는다.

이러한 추세에 부응하여 고려는 1080년(문종34, 承曆4) 문종의 질병을 치료하기 위해 일본에 의사의 파견을 요청하면서 양국의 외교관계를 수립하려고 하였으나, 일본정부는 고려와의 수교를 거부하였다. 이처럼 헤이안시대(平安時代)에 일본지배층들은 소극적인 대외정책을 추진하여 왔으나, 12세기 후반 평씨정권(平氏政權)을 이끌던 다이라노기요모리(平清盛, 1118~1181)가 적극적인 외교정책을 추진함에 따라 일본에 온 송의 상인과 莊園의 領主·莊官間에 밀무역이 성행하였고, 일본상선들은 동지나해를 건너 남송에 이르러 무역에 종사하기도 하였다. 이 시기를 전후하여 일본상인의 고려에의 도항은 그 이전시기에 비해 감소되었지만, 교역은 단절되지 않아 고려의 생산물이 일본에서 유통되기도 하였다.[2)]

이와 같은 고려초기이래 한반도에 도착한 일본의 표류민·내투인·상인·구법승 등에 대해 고려정부는 어떠한 조처를 취하였는가에 대해서는 구체적으로 알 수 없고, 연대기에 그 최종결과만이 극히 간단하게 처리되어 있다. 이의 해명을 위해 일

---

2) 그 한 사례로 1195년(명종25, 建久6) 5월 하카다(博多)에서 교역된 '高麗錦, 一丈六尺, 准十六疋'이 京都에 바쳐진 것을 들 수 있다(『對州編年略』 권1, 對馬國大奉幣神寶物京進算用目錄 ; 竹內理三 編, 『鎌倉遺文』 古文書補遺編1, 1994, 76쪽).

본에서 이루어진 고려인의 표류민·내투인에 대한 대책도 함께 살펴보면 대체적인 형편을 짐작할 수 있을 것이다. 양국의 사례를 정리하여 보면 다음의 자료 B와 같다.[3)]

資料 B1. 935년(태조18, 承平5) 12월 30일 일본조정이 신라인 살해에 관한 명령서[官符]를 다자이후(大宰府)에 내림(『日本紀略』, 承平 5년 12월 30일 ; 『西宮記』, 臨時, 外記政).

2. 996년(성종15, 長德2) 5월 19일 일본조정이 石見國에 도착한 고려국인에게 식량을 주어 귀국시키도록 결정함(『小右記』, 長德 2년 5월 19일 ; 小記目錄異朝事).

3. 999년(목종2, 長保1) 10월 일본국인 道要·彌刀 등 20戶가 고려에 래투해옴(『고려사』 세가3, 목종 2년 10월).

4. 1002년(목종5, 長保4) 6월 27일 일본조정이 苛政을 피해 일본으로 건너와 살기를 요청한 고려인에 대해 의논함(『小右記』目錄, 長保 4년 6월 27일 ; 『百練抄』, 長保 4년 6월 27일). 7월 16일 다자이후에 도착한 고려 표류인 4인, 이주를 희망한 고려인[參來高麗人] 20인에 대해 일본 국왕이 2통의 문서[宣旨]를 내림(『權記』, 長保 4년 7월 16일).

5. 1004년(목종7, 長保6) 3월 7일 일본조정이 因幡國(이나바노쿠니, 鳥取縣의 東部地域)에 도착한 于陵嶋人 折兢悅 등 11인에 대해 의논함(『權記』, 寬弘 1년 3월 7일 ; 『本朝麗藻』 下 ; 『千載和歌集』 11).

6. 1012년(현종3, 寬弘9) 8월 3일 일본국인 潘多 등 35인이 고려에 내투해옴(『고려사』 세가 4, 현종 3년 8월 무술).

7. 1019년(현종10, 寬仁3) 5월 29일 고려의 康州人 未斤達이 筑前國(치쿠젠노쿠니, 現 福岡縣 博多市 地域) 志摩郡에 표착하여 온 것을 구금하고 신문함(『小右記』, 寬仁 3년 6월 21일).

8. 1029년(현종20, 長元2) 7월 28일 일본에 표류했던 耽羅人 貞一 등 7인이 귀환함(『고려사』 세가5, 현종 20년 7월 을유).

9. 1030년(현종21, 長元3) 이 해에 다자이후가 耽羅島人 8人이 표착한 것을 보고함(『小右記』, 長元4.2.19條). 이들을 다음해 2월 귀환시킴(『小右記』, 長元 4년 2월 19일, 24일, 26일).

10. 1034년(덕종3, 長元7) 3월 대마도가 大隅國(오수미노쿠니, 現 鹿兒島縣 東南部에 위치한 九州南端의 大隅半島와 奄美群島)에 표착했던 고려인을 귀국시킨 것을 일본조정에

3) 이들 사례는 [장동익 2004년 15~47쪽]의 내용을 적절히 재편집하여 정리하였다.

보고함(『日本紀略』, 長元 7년 3월 某日).

11. 1036년(정종2, 長元9) 7월 16일 일본이 표류한 고려인 謙俊 등 11인을 귀환시킴(『고려사』 세가6, 정종 2년 7월 임진).

12. 1039년(정종5, 長曆3) 5월 10일 일본인 남녀 26인이 내투해옴(『고려사』 세가6, 정종 5년 5월 경자).

13. 1049년(문종3, 永承4) 11월 29일 對馬島官이 首領 明任으로 하여금 표류한 金孝 등 20인을 金州에 송환해옴(『고려사』 세가7, 문종 3년 11월 무오).

14. 1051년(문종5, 永承6) 7월 11일 對馬島가 사신을 파견하여 도망한 죄인 良漢 등 3인을 송환해옴(『고려사』 세가7, 문종 5년 7월 기미).

15. 1056년(문종10, 天喜4) 10월 1일 일본국의 사신 藤原賴忠 등 30人이 金州에 도착함(『고려사』 세가7, 문종 10년 10월 기유).

16. 1060년(문종14, 康平3) 7월 27일 對馬島가 표류한 位孝男을 송환해옴(『고려사』 세가8, 문종 14년 7월 계축).

17. 1072년(문종26, 延久4) 3월 20일 일본구법승 成尋 일행의 선박이 耽羅島 부근을 통과함. 4월 23일 송에 들어간 구법승 成尋이 杭州 부근의 바다에서 고려상인[高麗船人]을 만남(『參天台五臺山記』 1).

18. 1073년(문종27, 延久5) 7월 5일 일본인 王則貞·松永年 등 42인이 고려에 도착하여 각종 토산물을 바쳤고,[4] 壹岐島의 勾當官이 藤井安國 등 33인을 파견하여 방물을 바침(『고려사』 세가9, 문종 27년 7월 병오). 以下 고려에 도착한 日本商人·漂流人歸還에 대해 생략함.

19. 1076년(문종30, 承保3) 10월 15일 일본국 僧俗 25인이 고려 靈光郡에 도착하여 국왕의 祝壽를 위해 불상을 조성하여 봉헌하려고 한다고 하면서 上京하기를 요청하여 허락받음(『고려사』 세가9, 문종 30년 10월 무술).

20. 1082년(문종36, 永保2) 9월 14일 延曆寺의 승려 戒覺이 宋商 劉琨의 배를 타고 耽羅島 부근을 통과함(渡宋記』).

21. 1093년(선종10, 寬治7) 7월 8일 고려의 延平島 巡檢軍이 海船 1艘를 나포하였는데, 이에는 宋人 12인, 倭人 19인이 승선하고 있었으며 弓箭·刀劍·甲胄 등과 각종 화물이 실려

4) 王則貞은 宋商出身으로 하카다(博多)에 거주하다가 일본에 귀화한 인물로 추측되었다[森克己 1975年 263쪽].

있었음(『고려사』 세가10, 선종 10년 7월 계미).

22. 1097년(숙종2, 永長2) 3월 23일 宋商 柳裕에 의해 고려에서 간행된 『미타극락서』등 13부 20권이 일본에 전해지고, 이것이 5월 23일 興福寺 淨名院에 도착함(『阿彌陀經通贊疏』 下의 題記, 叡山文庫 所藏).

23. 1108년(예종3, 嘉承3) 2월 9일 일본조정에서 宋人[唐人]·고려인이 일본에 도착하는 일에 대해 의논함(『中右記』, 天仁 1년 2월 9일).

24. 1152년(의종6, 仁平2) 이 해에 일본 肥前國 宇野廚內 小値賀嶋의 辨濟使인 是包가 고려의 선박을 공격함(『靑方文書』, 安貞二年三月十三日付關東裁許狀案).

25. 1159년(의종13, 平治1) 8월 2일 일본조정이 고려상인에 대해서 의논함(『百練抄』, 平治 1년 8월 2일).

26. 1160년(의종14, 永曆1) 4월 28일 일본조정이 對馬島司를 통해 고려의 金海府가 對馬島民을 구금하였다는 사실을 보고 받고서 여러 분야의 專門家[諸道, 諸道博士]로 하여금 의견을 개진[勘申]하게 함(『百練抄』, 永曆 1년 4월 28일). 12월 17일 일본조정이 고려가 對馬島의 상인을 구류한 것을 의논함(『山槐記』, 永曆 1년 12월 17일 ; 『百練抄』, 永曆 1년 12월 17일).

27. 1156년(의종10, 保安1)에서 1165년(의종19, 長寬3) 사이. 對馬島의 官人이 牒을 東南海都部署에 보내옴에 따라 都部署가 이를 조정에 보고하자, 都部署의 이름으로 答書[公文]를 보내게 함(『高麗墓誌銘集成』, 李文鐸墓誌銘).[5)]

28. 1206년(희종2, 元久3) 1월 14일 對馬島의 사신 明賴 등 40인이 金州 南浦에 도착하여 圓鮑 2000帖·黑鮑 2000果·鹿皮 30枚를 進奉함(『平戶記』, 延應 2년 4월 17일). 2월 고려의 金州防禦使가 일본의 對馬島에 牒을 보내 明賴 등이 바친 牒이 진봉의 禮를 갖추지 못했음을 꾸짖고, 이를 돌려보냄(『平戶記』, 延應 2년 4월 17일).

29. 1216년(고종3, 建保4) 2월 6일 일본국의 僧侶가 고려에 와서 佛法을 구함(『고려사』 세가22, 고종 3년 2월 기축).

30. 1223년(고종10, 貞應2) 5월 22일 倭가 金州를 침범함(『고려사』 세가22, 고종 10년 5월 갑자).

---

5) 이는 李文鐸(1107~1181)이 都兵馬錄事로 재직할 때의 일인데, 그 시기는 이문탁과 答書의 發給官府를 함께 의논하였던 李公升(?~1183)이 承制 곧 承宣 및 知奏事로 재직하였던 1156년(의종10) 12월부터 1165년(의종19) 2월 이전 사이이다[장동익 1981년].

31. 1225년(고종12, 元仁2) 4월 8일 倭船 2艘가 慶尙道沿海地域을 侵寇하다가 高麗軍에 의해 나포됨(『고려사』 세가22, 고종 12년 4월 무술). 이하 왜구의 침입에 대해 생략함.
32. 1227년(고종14, 嘉祿3) 2월 全羅州島按察使가 承存 등 20인을 파견하여 다자이후에 첩을 보내 지난해 6월에 있었던 왜구의 침입을 힐난함(『吾妻鏡』, 嘉祿 3년 5월 14일). 2월 18일 이래 일본조정에서 고려의 첩에 대한 의논이 이루어짐(『明月記』, 嘉祿 3년 2월 18일, 4월 13일). 5월 大宰少貳 武藤資賴(少貳資賴로 改姓, 쇼우니 수케요리, 1160~1228)가 사신단의 面前에서 惡徒 90인을 처형하고 가만히 答書를 보내는 동시에 첩의 正本을 關東에 보내고, 寫本을 關白 藤原九條家實에게 보냄(『民經記』嘉祿 3년 5월 1일, 15일 ; 『百練抄』, 嘉祿 3년 7월 21일).
33. 1234년(고종21, 文曆1) 이 해에 고려국왕이 일본의 貢船을 통해 圓爾弁円에게 法語를 요청하자, 그가 顯密法門 곧 불교의 敎學을 條列하여 대답하였다고 함(『聖一國師年譜』, 文曆 1년 ; 『元亨釋書』 7, 慧日山辯圓).
34. 1240년(고종27, 延應2) 4월 3일 이 시기 이전에 고려의 牒이 일본에 도착하여 進奉船에 대해 무엇인가를 통보하였는데, 이날 攝政 近衛兼經의 宿直處[直廬]에서 公卿들의 논의가 이루어짐(『百練抄』, 延應 2년 4월 3일 ; 『帝王編年記』, 延應 2년 4월 3일 ; 『平戶記』, 延應 2년 4월 12일).
35. 1241년(고종28, 仁治2) 圓爾弁円이 같은 해 5월 明州 定海縣에서 출발하여 일본으로 귀국하다가 6월 그믐날(晦日) 耽羅에 도착하여 4일간 머물렀음(『聖一國師年譜』, 仁治 2年).
36. 1244년(고종31, 寬元2) 2월 2일 이 시기 이전에 前濟州副使 盧孝貞·判官 李珏이 표류해 온 일본상선의 화물을 압수했다가 이때 유배됨(『고려사』 세가23, 고종 31년 2월 계유).
37. 1247년(고종34, 寶治1) 이 해에 고려의 승려 了然法明이 송의 徑山 無準師範을 찾아갔다가 상선을 따라 일본으로 건너가 京都·鎌倉 지역을 遊歷함(『日本洞上聯燈錄』 권1, 了然法明).
38. 1251년(고종38, 建長3) 3월 18일 일본에 건너간 고려의 승려 了然法明이 出羽國 善見村에 玉泉寺를 개창하고 이어서 北越(越前地域)에 머물고 있던 道元을 방문하여 그의 불법을 계승하였음(『日本洞上聯燈錄』 권1, 了然法明).
39. 1259년(원종즉위년, 正元1) 7월 28일 監門衛錄事 韓景胤·權知直史館 洪貯를 일본에 파견하여 왜구의 금지를 요청함(『고려사』 세가25, 원종 즉위년 7월 경오). 이 해에 일본의 승려가 고려 巨濟島의 승려 洪辯을 찾아와 法華經을 구하여 다자이후 崇福寺에 비치

함(『法華靈驗傳』 권下)[6].

40. 1260년(원종1, 文應1) 이 해에 고려의 사신단을 따라 崇福寺에 건너가서 法華經을 살펴 보았던 고려의 승려[道人] 法行이 돌아옴(『法華靈驗傳』下).

41. 1263년(원종4, 弘長3) 4월 5일 大官署丞 洪仔·詹事府錄事 郭王府를 일본에 파견하여 왜구가 金州관내 熊神縣의 勿島에 침입하여 貢船을 노략질한 것을 詰問함(『고려사』, 원종 4년 2월 癸酉). 6월 일본의 官船大使 如眞 등이 宋에 들어가려다가 開也召島, 群山島·楸子島 등에 표류해왔고, 大宰府少卿 殿白의 商船이 송에서 일본으로 귀국하다가 宣州 加次島에 표착하였는데, 이들 모두를 귀국시킴(『고려사』 세가25, 원종 4년 6월). 7월 27일 일본 상선이 龜州 艾島에 표착하자 귀국시킴(『고려사』, 원종 4년 7월 을사). 8월 1일 洪仔·郭王府 등이 대마도로부터 배상을 받아 귀국함(『고려사』, 원종 4년 8월 무신). 9월 고려의 사신단이 牒을 가지고 하카다에 도착함(『靑方文書』, 肥前國在廳 解案).[7]

위의 자료 B에서 935년(태조18, 承平5) 12월 일본조정이 신라인 살해에 관한 명령서[官符]를 다자이후에 내렸다는 것(B1)은 어떠한 내용인지를 알 수 없으나 이전 시기에 있었던 신라해적을 방어하기 위한 해방(海防)의 일환으로 이루어진 것으로 추측된다. 그 이후 양국인의 표류·귀환·내투 등에 대해 고려측의 기록에는 결과만이 있고, 그 과정에 대한 내용이 없어 사실의 전후를 가리기에 어려움이 있다(B3·6·8·11). 그러다가 한·일의 접촉이 어느 정도 이루어졌던 1049년(문종3, 永承4) 이후에는 송환의 주체가 對馬島官이었음이 밝혀져서(B13·14·16) 당시 양국의 접촉창구가 金州防禦使와 對馬島島司[對馬島官]이었음을 확인할 수 있게 되었다.[8] 이에 비해 일본 측의 자료에는 보다 구체적으로 기록되어 있어 그곳에 도착한 표류인과 내투인[參來高麗人]을 분명히 구분하여 구금·심문하여 귀환 또는 정착을 결정하였

6) 了圓 編, 『법화영험전』 권下, 深敬辯山人之精書, "山人洪辯, 淳昌趙氏子, 出家于曹溪, 中高科. 往入巨濟山菴, 精進持戒, 一字一拜, 書法華經一部. 極盡莊嚴, 朝夕禮拜供養. 適有倭國僧, 來見懇求之, 乃付囑流通. 其僧頂戴, 賫歸本國, 船中放光. 到已安崇福寺道場中, 衆僧禮敬, 感得舍利. 後一年道人法行, 隨使舸入彼國, 親見而來. 卽中統元年庚申也. 出海東傳弘錄"(嶺南大學圖書館所藏本 ; 『한국불교전서』 6 所收).

7) 이는 같은 해 4월 洪仔·郭王府 등의 파견을 가리키는 것으로 추측된다.

8) 고려전기 한·일양국의 교섭에서 문서왕래의 대등한 관계[抗禮]로 접촉한 관서 또는 관직은 金州府使↔對馬島島司, 慶尙道按察使↔大宰府摠管(守護所), 尙書都省(國初는 廣評省)↔太政官이었던 것 같다[장동익 2010년].

던 것 같다(B2·4·5·7·14).

이처럼 11세기 후반에 이루어진 한·일 양국 접경지역의 지방행정관부 사이의 호혜적인 접촉과 교류가 한반도 남부연안의 해역을 안정시킬 수 있었던 것 같다. 그 결과 하카다(博多)에 거점을 두고 있던 송의 상인과 이에 연관되어 있었던 일본 상인이 양국의 감독과 보호를 받으면서 북동아시아 3국을 오가면서 무역에 종사할 수 있게 되었고, 이들 해외무역상인[海舶]의 왕래에 편승하여 일본의 구법승들이 중원의 강남지역으로 무사히 들어갈 수 있게 되었던 것 같다(B17·18·20).

그렇지만 이 시기에도 무역상인[海舶]·구법승들이 자유롭게 3국을 오갈 수 있었던 것은 아니었던 것 같다. 이는 1076년(문종30, 承保3) 상인[海舶]이 아닌 일본국 僧·俗 25인이 고려 영광군(靈光郡)에 도착하여 '국왕의 축수(祝壽)를 위해 불상을 조성하여 봉헌하려고 한다'고 하면서 상경하기를 요청하여 허락을 받았다고 하는 사실을 통해 알 수 있다(B19). 당시 사신단 또는 해외무역상인의 경우 타국의 해역(海域)에 들어갈 때 사전에 허락된 증명서인 공빙(公憑)이 필요하였던 것 같은데,[9] 이것을 구비하지 못했을 일본국 僧·俗 25人은 호불(好佛)의 제왕이었던 고려 문종의 특별한 배려에 의해 입경이 가능하였던 것 같다. 이는 1093년(선종10, 寛治7) 고려의 연평도(延平島) 순검군(巡檢軍)에 의해 나포된 선박은 공빙(公憑)을 소지하지 않은 채 고려의 연해를 항해하였기 때문일 것이다(B21).[10]

이러한 공빙은 고려의 東南海都部署司가 위치해 있어 이를 겸직(兼職)하였던 金州防禦使가 對馬島島司 및 그 상급부서인 다자이후가 지정한 일본상선에 한정하여 발급하였던 것으로 추측된다. 이 공빙을 소지하지 않은 채 무역행위를 한 상인은 규치의 대상이 되었고, 이를 원만히 해결하기 위해 金州防禦使와 對馬島島司

9) 송대의 해박은 모두 공빙이 있어야 해외에의 출입이 가능하였다고 한다(『소동파전집』奏議集13, 論高麗買書利害箚子 三首 중의 1首, "臣在杭州日, 奏乞明州·杭州, 今後並不得發舶往高麗, 蒙已立條行下. 今來高麗使却搭附閩商徐積舶舡入貢, 及行根究, 卽稱是條前發舶. 臣竊謂立條已經數年, 海外無不聞知 而徐積猶執前條公憑, 影庇私商, 往來海外. 雖有條貫, 實與無同, 欲乞特降指揮, 出榜福·建兩浙, 緣沿海州縣 與限半年內, 令繳納條前所發公憑, 如限滿不納, 敢有執用, 並許人告捕, 依法施行").

10) 이 선박은 선적이 송 또는 일본인지는 변별할 수 없는 정체불명의 선박으로 1120년(예종15, 保安1) 이전 고려로부터 불경 수백권을 싣고 오던 송의 상인인 莊承·蘇景의 선박을 壹岐島에서 공격했던 해적과 같은 부류의 선박일 가능성도 없지 않다(資料A5).

의 사이에 교섭이 이루어지고 있었던 것 같다(B27·28).

이와 같은 과정을 거쳐 12세기의 끝 무렵에 金州防禦使와 對馬島島司의 사이, 또 이들의 상급관서인 慶尚道按察使(有故時에는 全羅道按察使)와 다자이후의 사이에 정치적인 위계질서를 분명히 약속한 바탕위에 진봉무역의 체제가 구축되었던 것 같다. 이 진봉무역체제는 한·일간에 13세기후반까지 약1세기에 걸쳐 이루어진 일종의 조공체제인데,[11] 이에 의해 일본 측이 파견한 선박을 진봉선(혹은 貢船)이라고 부르며,[12] 1년에 1회에 한하여 船 2~3艘를 한도로 하는 규정을 제정하기도 하였고,[13] 金州(金海)에 일본인들을 위한 객관(客館)을 설치하기도 하였다.[14]

그러나 이러한 조치가 다자이후 또는 대마도에 한정된 것인지, 한반도에 왕래하고 있던 모든 일본상인을 대상으로 한 것인지는 알 수 없다. 만일 후자였다면 일본상인에 대한 엄격한 무역제한조치였다고 판단되는데, 이로 인한 무역부진의 결과인지는 알 수 없으나 1223년(고종10, 貞應2) 이래 왜구가 한반도의 남부지역을 습격하기 시작하였다. 이 시기에 침입한 왜구들은 비록 소규모였지만, 고려는 1227년(고종14, 嘉祿3) 이래 수회에 걸쳐 사신단을 다자이후에 파견하여 금압을 요구하기

---

11) 고려와 다자이후 또는 이에 예속되어 있었던 對馬島 사이에 조공체제를 구축했던 시기는 사료상으로 분명히 찾아지지 않으나, 이와 관련된 자료를 면밀히 검토해 보면 고려의 무인정권시기인 12세기 후반(1190년대)에서 13세기 후반(1260年代) 대 몽골국의 일본초유와 뒤이은 일본원정으로 인해 끝이 나게 되기까지 약1세기동안 유지되고 있었던 것 같다(『고려사』 권25, 세가25, 원종 4년 4월 甲寅[5日] ; 『平戶記』, 延應 2년 4월 12일, 17일 ; 『吾妻鏡』 권4, 文治 1년 6월 14일 ; 『聖一國師年譜』, 文曆 1년).

12) 당시 고려에 건너온 일본선박을 진봉선이라고 부른 예로는 『平戶記』, 延應 2年(1240, 고종27) 4월 17일에 나타나며, 貢船이라고 부른 예로는 『吾妻鏡』 권4, 文治 1년 6월 14일 ; 『聖一國師年譜』, 文曆 1년이 있다.

13) 『고려사』 권25, 세가25, 원종 4년 4월 甲寅[5日], "自兩國交通以來, 歲常進奉一度, 船不過二艘, 設有他船 枉憑他事, 濫擾我沿海村里, 嚴加徵禁, 以爲定約". 또 船舶이 3隻이었던 예는 『吾妻鏡』 4, 文治 1년 6월 14일에 三艘貢船이 찾아진다. 이러한 진봉체제의 구체적인 내역은 알 수 없으나 관련된 자료를 통해 보면 일본 측의 진봉의 儀禮, 進奉船의 派遣時期, 進奉船(혹은 貢船) 2艘, 進奉과 回賜(米斗·布帛·佛典 등)의 규모, 金州에 숙소설치, 안정된 해로의 확보, 규정을 위반하였을 때의 처벌 및 보상 등이 포함되어 있었던 것 같다(B28·32·33·34·40).

14) 『吾妻鏡』 권25(吉川本), 嘉祿 3年(安貞1) 5月 14日, 全羅州道按察使牒.
金州(金海) 관내에 설치된 倭館이 어디에 위치해 있었는지는 알 수 없지만, 조선왕조 초기에 金海都護府의 明月山과 昌原都護府의 主勿淵津에 일본의 사신[倭使]을 접대하던 장소가 있었다고 한다(『신증동국여지승람』 권32, 金海都護府, 山川, 明月山, 昌原都護府, 山川, 主勿淵津).

도 하였다.

또 이러한 진봉체제에 의해 상인의 왕래는 보다 체계적으로 관리되었고, 표류민의 송환, 구법승의 왕래 등도 동아시아 3국의 관례에 의거하여 구휼과 접대가 이루어지게 되었던 것 같다. 그렇지만 한·일 양국 승려의 越境에는 공빙과 같은 증빙서류가 특별히 필요하지 않았던 것 같다(B29·39·40). 이로 인해 1224년(고종11, 貞應3) 고려승 智玄·景雲 등이 송에 진출하여 慶元府(明州, 現 浙江省 寧波市)에서 일본승려 道元(도겐, 1200~1253)을[15] 만난 일도 있었고(順番112), 고려의 승려들이 송에서 상선을 따라 일본에 진출할 수 있었던 여건이 조성되었던 것 같다. 그 결과 1247년(고종34, 寶治1) 고려의 승려 了然法明이 송의 徑山(杭州의 西北에 位置) 無準師範(1179~1249)을 찾아갔다가 상선을 따라 일본으로 건너가 京都·鎌倉地域을 유력하였다(B37). 또 그는 4년 후인 1251년(고종38, 建長3) 出羽國(데와노쿠니, 現 山形縣·秋田縣地域) 善見村에 玉泉寺를 개창하였고, 이어서 北越(越前地域, 現 福井縣 北部地域)에 머물고 있던 道元을 방문하여 그의 불법을 계승하기도 하였다(B38).

또 이 시기 이후에 고려 水精寺의 空室妙空이 일본에 건너가 高峯顯日(1241~1316)의 훈도를 받고 鹿山에 오랫동안 머물면서 慶芳(?~1381)과 같은 인물을 육성하다가 귀국하기도 하였다.[16] 그리고 1259년(元宗 즉위년, 正元1) 일본의 어떤 승려가 고려 거제도의 승려 洪辯을 찾아와서 법화경을 구하여 다자이후 崇福寺에 비치한 사례도 있다(B39·40).

이상과 같은 11세기 후반에 이루어진 한·일 양국의 어느 정도 안정된 관계는 2세기 정도에 걸쳐 유지되었지만, 13세기 후반 동아시아를 제패한 대몽골국은 그들에게 예속된 고려로 하여금 일본을 초유하게 하여 1267년(원종8, 至元4, 文永4) 8월부터 한·일 양국의 관계는 변모하게 되었다. 이 시기 이후의 양국관계의 대표적인 사례를 정리하면 다음의 자료 C와 같다.

---

15) 道元은 일본 曹洞禪의 開祖로서, 호는 希玄이며 13세에 출가하여 叡山에서 불법을 닦았고 1213년(강종2, 建曆3) 송에 들어갔다가 4년 후에 귀국하였다. 그의 저술인『정법안장』95권은 1231년에서 1253년에 걸쳐 여러 사원에서 행한 법어를 모은 것인데, 이에는 日本 曹洞宗의 엄격한 종풍이 반영되어 있다(『大正新脩大藏經』 권82 所收).

16)『延寶傳燈錄』 권19, 高麗國水精寺空室妙空禪師·권25, 高麗國水晶寺空室妙空禪師法嗣.

資料 C1. 1267년(원종8, 至元4, 文永4) 8월 23일 고려가 起居舍人 潘阜를 파견하여 일본을 초유하려는 몽골 및 고려의 국서를 전하게 함(『고려사』 세가26, 원종 8년 8월 정축). 9월 23일 潘阜 일행이 승선하여 일본으로 감(『고려사』 세가26, 원종 9년 7월 정묘). 11월 25일 일본조정이 몽골 및 고려의 國書(牒)가 일본에 도착했음을 인지함(『新抄』, 文永 4년 11월 25일). 이하 4차에 걸친 宣諭使의 파견, 三別抄의 使臣 派遣 등은 생략함.

2. 1272년(원종13, 文永9) 7월 8일 倭船이 金州에 도착하자 慶尙道按撫使 曹子一이 귀환시킴(『고려사』 세가27, 원종 13년 7월 갑자).

3. 1274년(충렬왕 즉위년, 文永11) 10월 3일 여·원 연합군이 합포에서 출진함(『고려사』 세가28, 충렬왕 즉위년 10월 을사). 11월 27일 여·원 연합군이 합포에 돌아옴(『고려사』 세가28, 충렬왕 즉위년 11월 기해).

4. 1275년(충렬왕1, 文永12 : 建治1) 4월 15일 원의 사신인 杜世忠, 고려의 역어·郎將 徐贊 등이 長門國 室津에 도착함(『關東評定傳』, 文永 12년 4월 15일 ; 『鎌倉年代記』, 文永 12년 4월이래). 9월 7일 杜世忠 일행이 龍口에서 처형됨(『關東評定傳』, 建治 1년 9월 7일 ; 『鎌倉年代記』, 建治 1년 9월 7일 ; 『帝王編年記』, 建治 1년 9월 6일).

5. 1281년(충렬왕7, 弘安4) 5월 3일 여·원 연합군이 합포에서 출발함(『고려사』 세가29, 충렬왕 7년 5월 무술). 8월 1일(日本, 閏7月1日) 여·원 연합군의 함대가 鷹島의 해상에서 大風雨에 의해 파손됨(「弘安四年日記抄」, 弘安 4년 윤7월 11일 ; 『勘仲記』, 弘安 4년 윤7월 14일).

6. 1286년(충렬왕12, 弘安9) 8월 17일 일본인 19인이 고려에 도착하자, 9월 11일 元에 압송함(『고려사』 세가30, 충렬왕 12년 8월 신해, 9월 을해).

7. 1292년(충렬왕18, 正應5) 5월 일본 상선이 耽羅에 표착하자 耽羅人이 이를 쫓고 2인을 체포하여 開京에 보냄(『고려사』 세가30, 충렬왕 18년 10월 경인). 10월 2일 大僕尹 金有成과 供驛署令 郭麟이 일본의 초유를 위해 국서를 가지고 일본에 도착하여 다음해에 關東으로 옮겨짐(「高麗國國書 : 金澤文庫文書」; 『鎌倉年代記』, 正應 5년 10월 ; 『고려사』 세가30, 충렬왕 18년 10월 경인, 권31, 24년 1월 무신). 12월 後深草上皇이 고려의 초유 권고에 거부 반응을 보임(「後深草上皇書狀 : 武藏 細川護立의 所藏 文書」).

8. 1307년(충렬왕33, 德治2) 7월 5일 일본에 억류되어 있던 金有成이 병사했고, 이어서 일본승 鉗公이 고려에 건너와 이를 전달함(『고려사』 권106, 열전19, 金有成).[17)]

9. 1324년(충숙왕11, 元亨4) 7월 29일 원에서 귀국하던 일본의 선박이 표류하여 220여인이

靈光郡에 도착하자 선박을 수리하여 귀국시킴. 이때 원에 들어갔던 曹洞宗의 승려 大智가 포함되어 있었는데, 고려국왕에게 게송을 지어 받쳐 선박의 수리와 귀환이 가능하게 되었다고 함(『고려사』 세가35, 충숙왕 11년 7월 계축 ; 『延寶傳燈錄』 권7, 加州鳳凰山祇陀寺祖繼大智禪師 ; 『日本洞上聯燈錄』 권2, 大智).

10. 1326년(충숙왕13, 正中3) 6월경 원의 승려 清拙正澄이 고려의 영역을 통과하여 일본으로 감(「大鑑禪師塔銘」). 이 해에 遠上人 등 70여인이 원으로부터 일본으로 귀환하다가 제주도에서 난파하여 그 중의 일부는 피살되고 생존자 50여인은 귀환함. 이때 濟州縣令이 元에 보고하자 황제가 명령을 내려 선박을 수리하고 식량을 주어 귀환하게 하였다고 함(『乾峰和尙語錄』 권2, 悼高麗鬪死僧軸序).

11. 1344년(충목왕 즉위년, 康永3) 무렵, 가을에 일본승 如聞이 중국에 들어가려다가 탐라에 표착하여 고려인으로부터 古林淸茂의 어록을 얻어 보고 베껴감(『古林淸茂禪師語錄』 권6, 刊古林和尙拾遺偈頌緖).

12. 1345년(충목왕1, 貞和1) 무렵, 貞和(1345~1350) 초기에 일본승 南海寶洲가 중국에 들어가려다가 고려에 표착했고, 곧 일본으로 돌아감(『扶桑禪林僧寶傳』 권7, 東福寺南海洲禪師傳 ; 『本朝高僧傳』 권33, 京兆東福南海寶洲禪師).[18]

13. 1359년(공민왕8, 延文4) 이 해에 일본승 中菴守允(1333~?)이 중국에 들어가려다가 풍랑에 의해 고려에 도착하여 開京에 머물면서 李穡을 위시한 관료들과 교유함(『목은문고』 권12, 跋黃蘗語錄).

14. 1363년(공민왕12, 貞治2) 3월 9일 일본이 왜구에 의해 피로된 고려인 30여인을 쇄환함(『고려사』 세가40, 공민왕 12년 3월 기유).

15. 1366년(공민왕15, 貞治5) 11월 14일 檢校中郎將 金逸을 일본에 파견하여 왜구의 금지를 요청함(『고려사』 세가41, 공민왕 15년 11월 임진).

16. 1367년(공민왕16, 貞治6) 3월이래 金龍 일행이 일본의 京都에 들어가 天龍寺에 머물음

---

17) 이때 鉗公은 고려를 거쳐 元의 徑山에 머물던 虛谷和尙을 찾아갔던 것으로 추측된다(淸拙正澄, 『選居集』, 鉗藏主再參徑山虛谷和尙).

18) 이는 1342년(충혜왕 복위 3, 至正2)에서 1345년 사이 곧 鐵木兒達識(Temur Tas)이 중서평장정사가 되었을 때, 일본인 海商 百餘人이 고려에 漂流해오자 고려가 이를 沒入하여 노비로 삼고자 하여 원에 表를 올려 허락을 요청하였으나, 鐵木兒達識이 건의하여 이들을 귀국시켰던 사실과 같은 것으로 추측된다(黃溍, 『金華黃先生文集』 권28, 勅賜康里氏先塋碑 ; 『원사』 권140, 열전27, 鐵木兒塔識 ; 張東翼 1997년 327·328쪽).

(『後愚昧記』, 貞治 6년 3월 24일 ; 『愚管記』, 貞治 6년 3월 20일 ; 『太平記』 권39, 高麗人來朝事). 4월 18일 고려의 사신단이 天龍寺 雲居庵에서 장군 足利義詮을 만남(『師守記』, 貞治 6년 5월 19일 ; 『善隣國寶記』卷上, 貞治 6년). 6월 26일 金龍 일행이 장군 足利義詮으로부터 답서를 받아 귀국함(『後愚昧記』, 貞治 6년 6월 26일 ; 『師守記』, 貞治 6년 6월 26일 ; 『愚管記』, 應安 1년 윤6월 2일 ; 『善隣國寶記』卷上, 貞治 6년). 이들 고려의 사신단 일행이 귀국할 때 春屋妙葩가 餞別의 詩文을 지음(『智覺普明國師語錄』 권6, 送高麗使萬戶金龍歸 등 4首).

17. 1368년(공민왕17, 貞治7) 1월 17일 일본국이 승려 梵盪·梵鏐 등을 파견하여 고려의 사신단 金逸과 함께 도착함(『고려사』 세가41, 공민왕 17년 1월 무자). 이하 한일 양국의 사신단 왕래는 생략함.

18. 1392년(공양왕4, 明德3) 6월 일본이 사신을 파견하여 와서 方物을 바치고 大藏經을 요청함(『고려사』 세가46, 공양왕 4년 6월 기미).

위의 자료 C는 고려후기 한·일관계와 승려들의 왕래의 대체적인 모습을 보여줄 수 있는 자료들인데, 이를 통해 불전의 유통도 이루어지게 되었던 것 같다. 13세기 초 몽골제국은 그들에게 예속된 고려로 하여금 일본을 초유하게 하여 1267년(원종8, 文永4)부터 1272년까지 4차에 걸쳐 사신단이 파견되었다. 그래도 일본이 굴복하지 않자 몽골은 1274年(충렬왕 즉위년, 文永11) 이래 2차에 걸쳐 일본원정을 단행하였으나 실패하고 말았다. 전쟁의 후유증이 해소되지 않고, 준전시상태가 계속되는 과정에서도 일본의 상선이 고려에 도착하고 있음을 보아[1286年, 1292年] 한·일의 양국, 또는 한·일·중의 3국간에 어느 정도의 무역이 이루어지고 있었음을 알 수 있다.

그래서 삼별초의 항쟁이 치열하게 전개되고 있는 와중임에도 불구하고, 일본원정 직전의 시기인 1272년(원종13, 文永9) 7월 倭船이 金州에 도착하였다. 그러나 일본과의 통교가 원에 알려지는 것을 두려워한 慶尙道按撫使 曹子一이 본국에 환송하였다(자료C2).[19] 이때 고려에 주둔하고 있던 몽골주둔군의 지휘관인 홍다구(洪茶

19) 1247년(고종34)의 6월 이전에 몽골군의 침입을 막기 위해 下三道에 按廉使(5~6品)의 上位에 3品官의 按撫使를 파견하였다. 이때 경상도에는 국자제주(從3品) 崔滋가 파견되었고(『보한집』 권하, 丁未春, 國家因胡寇備禦, 以三品官爲鎭撫使[按撫使], 分遣三道. 時, 金壯元之岱, 以刑部侍郎爲東南路按廉使兼副行[按撫撫使], … "), 이 해의 春夏番 慶尙道按察使는 金之岱

丘)가 이 사실을 원 세조 쿠빌라이에게 보고하게 되어 지금까지 1세기가량 유지되어 오던 한·일간의 진봉무역체제는 단절되었던 것 같다. 그렇지만 지리적으로 인접해 있고, 일본선박의 중국으로의 진출에 있어 통로였던 한반도의 연안을 일본의 선박이 경유하지 않을 수 없었다.

이로 인해 일본의 선박이 고려에 의해 나포되는 경우도 많았던 것 같다. 곧 1286년(충렬왕12, 弘安9) 8월 한반도의 東海岸인 杆城(現 江原道 杆城)에 일본인이 내박하자, 고려는 이를 체포하여 바로 원에 압송하였다(C2). 또 1292년(충렬왕18, 正應5) 5월에 일본상선이 탐라에 표착하자 탐라인이 이를 쫓고, 2인을 체포하여 개경에 보내자, 고려정부가 이 사실을 원에 보고하였다(C7).[20] 이 두 사례는 원의 압제 하에서 고려의 대외관계가 원의 예속 하에 놓여 있었음을 보여주는 것으로, 이로써 일본과의 독자적인 교섭이 불가능하게 되었음을 알 수 있다.

그런데 당시 원은 일본원정을 위한 준비를 하면서도 이와 관계없이 일본과의 무역을 허락하였다. 1292년의 경우처럼(C7) 5월 고려에 의해 축출된 일본상선이 그보다 1개월 후 경원로(慶元路)에 도착하여 호시(互市)를 요청하였다. 또 같은 해 10월 무장[甲仗]을 비치한 일본선박이 사명(四明)에 도착하여 호시를 요청하고 있다.[21] 또 강남상인[灣商·宋商]들이 송대의 전통을 그대로 계승하여 고려를 경유하여 일본에 왕래하면서 국제무역에 종사하고 있었다. 그 대표적인 사례로서 1323年(충숙왕10, 元享3) 수많은 물자를 적재한 원의 무역선이 일본으로 향하다가 한반도의 신안(新安) 앞바다에서 침몰했던 사실이 있다(新安船).

그렇지만 이 시기는 북동아시아의 3국 사이에 적대적인 관계가 해소되지 않았기에 상호간의 군사적인 침입 또는 왜구의 노략질에 대비하기 위해 해방(海防)이

였고(『慶尚道營主題名記』), 그는 慶尚道按廉使兼副鎭撫使를 겸임하였음을 알 수 있다. 그런데 金之岱가 崔滋에게 올린 賀正狀啓에는 崔滋의 官銜이 慶尚道按撫使로 되어 있는데, 후자가 옳을 것이다(『동문선』 권48, 上慶尚按撫使崔□[大]司成滋賀正狀·賀按撫使新除僕射狀).

20) 이 선박이 같은 해 6월 9일 원의 경원로에 도착하여 호시를 요청한 일본선박으로 추정되는데, 항해 중 바람에 의해 3舟가 파괴되고 1舟만이 도착하였다고 한다(『원사』 권17, 지원 29년 6월 9일(己巳). 또 같은 해 10월 1일에도 일본의 선박이 사명에 도착하여 호시를 요청했는데, 이 舟中에 甲仗이 비치되어 있어 노략질[異圖]할 우려가 있어 도원수부를 설치하고 해도를 방비하게 하였다고 한다(『원사』 권17, 본기17, 至元 29년 10월 1일).

21) 위와 같음.

엄격히 실시되고 있었다[張東翼 2007年]. 여·원간의 인적·물적인 교류가 매우 긴밀하였음에 비해 여·일, 일·원간의 접촉·교섭·교류 등은 크게 제한되어 있었다.

단지 3국이 모두 불교를 숭상하였기에 사회적으로 우대를 받았던 승려들의 극소수가 구법을 위해 상선의 왕래에 편승하여 엄격한 해방의 방어망을 통과할 수 있었다. 승려들이 14세기 전반에 한반도연안을 왕래한 사례는 많지 않지만[榎本 涉 2007年 37~39쪽], 1307年(충렬왕33, 德治2) 이후의 어느 시기에 江浙行省 杭州路에 위치한 徑山을 방문하려다가 고려에 도착하여, 제3차 선유사(마지막의 선유사)로 일본에 파견되었던 김유성(C7)의 죽음을 전달한 일본승려 겸공(鉗公)이 찾아진다(C8).[22]

이처럼 해방이 실시되고 있는 가운데 1320년(충숙왕7) 이래 일본선박들이 한반도를 경유하여 일·원사이를 왕래하고 있을 때, 이에 편승하였던 승려들의 모습은 다이치(大智, 1290~1366, C9),[23] 세이세추 쇼초(淸拙正澄, 1274~1339, C10)와[24] □엔조닌(□遠上人, C10),[25] 요문(如聞, C11), 난카이 호우슈(南海寶洲, 1323~1384, C12) 등의 사례를 통해 읽을 수 있다. 이 중에서 원의 승려였던 세이세추 쇼초를 제외하고, 모든 선박의 승려들이 고려의 영역에 표착하여 체포·구류되어 있다가 귀환조치 되거나, 현지인의 공격을 받아 죽음을 맞이하게 되었다.

그렇지만 그 이전 시기와는 달리 원에 압송되거나 노예로 전락되지 아니하고, 모든 승려가 귀국조치되었다. 이 점은 일본원정이 이후 일·원, 여·일 사이의 적대적인 감정이 점차 완화되는 분위기 하에서 가능했던 것으로 추측할 수 있다.[26] 또

22) 이때 鉗公은 고려를 거쳐 원의 徑山에 머물던 虛谷和尙을 찾아갔던 것으로 추측된다(淸拙正澄, 『禪居集』, 鉗藏主再參徑山虛谷和尙).

23) 大智는 1314년(延祐1, 正和3)에 江浙行省 平江路(現 江蘇省 蘇州市)에 머물고 있던 古林淸茂(1262~1329)에게 나가 佛法을 배우다가 10년만에 귀국하는 중이었다(高泉性潡, 『續扶桑禪林僧寶傳』 권3, 祇陀大智繼禪師傳).

24) 淸拙正澄이 일본으로 갈 때 中峰明本의 문하에서 수행하던 일본승려 无隱元晦(?~1358)도 같은 선박으로 귀국하였다(卍元師蠻, 『延寶傳燈錄』 권5, 京兆南禪無隱元晦禪師). 淸拙正澄이 고려의 영역을 통과할 때 지은 題詠이 있었다고 하지만(永璵, 「淸拙大鑑禪師塔銘」: 『續群書類從』 책9, 傳部41, 권230 소수), 그의 문집인 『禪居集』(上村觀光 編, 『五山文學全集』 권1 소수)에서는 확인되지 않는다. 그에 대한 연구로 [西尾賢隆 1999年]이 있다.

25) 遠上人은 원이 같은 해 7월 16일(戊午) 일본승려 瑞興 등 40인을 환국시킬 때(『원사』 권30, 본기30, 泰定 3년 7월 16일), 함께 귀환조치되었을 가능성이 있다.

26) 이는 여·원 연합군의 일본원정[蒙古襲來]을 전후한 시기, 1307년(大德11) 일본상인에 의한 慶元地域의 焚掠과 1334년~5년경의 왜구의 침입(『원사』 권99, 兵志2, 鎭戍, 至大 2年 7月條)

난파된 선박을 수리하여 귀국시켰다는 사례(C9·10)를 통해 볼 때, 고려정부가 일본인을 일시 구금하여 해적[倭寇]인지 아닌지를 판별한 후 적절히 제반 생필품을 제공한 후 귀환조치를 하였다.[27] 이때 고려의 지방관인 金州副使 또는 慶尙道提察使(按察使의 改稱)가 전례와 같이 문서를 갖추어 일본의 對馬島守護 또는 大宰府守護에게 표류민을 송환시켰을 것이다.

이와 같이 14세기 전반에 고려와 일본은 어떠한 공식적인 접촉관계가 수립되어 있지 않아 양국인의 인간적인 접촉 및 문물의 교류는 거의 이루어지지 않았던 것 같다. 단지 일·원간의 상인 및 승려들의 왕래와 그 과정에서 발생한 표류민의 송환의 기회를 통해 극히 일부의 인물들이 접촉하고 있었다. 이러한 협소한 연결통로를 통해 양국간의 필요한 해로와 정보는 어느 정도 소통되고 있었던 것 같다.[28]

그러다가 종래의 일본해적의 기습적인 침입[倭寇]의 양상이 1350년(庚寅, 충정왕 2, 觀應1) 2월부터 큰 변화를 보였다. 곧 종래에 간헐적으로 이루어지던 빈집털이·좀도둑과 같은 존재였던 왜구의 침입이 대규모의 집단을 형성하여 장기간에 걸쳐 한반도의 넓은 지역을 초토화시키는 양상으로 변해 갔다[庚寅年以來의 倭寇]. 이러한 변모된 왜구의 침입이 시작된 지 1년 9개월만인 1351년 10월 大都에서 고려국왕에 책봉된 공민왕의 가장 급선무의 하나가 왜구에 대한 대비였다.[29] 그렇지만 왜구는 이미 서남해를 북상하여 개경의 외항인 벽란도로 연결된 한강하구의 교동(喬桐)에 진출해 왔기에, 단시간 내에 큰 효과를 얻기 어려웠다.

이후의 왜구토벌도 원의 장사성(張士誠)을 토벌하기 위한 징병(1354년), 홍건적에 대비한 군사력의 서북지역에 전진배치(1358년), 홍건적의 침입(1359년 11월~1360

등과 같은 사건이 발생하였을 때, 일시 원에 진출했던 일본승려들이 체포·구금되기도 하였다[榎本 涉 2007年]. 그 이외에는 城內의 출입이 금지되었을 뿐이고 사찰에서는 자유로운 형편에서 구법활동에 전념할 수 있었던 것 같다(中巖圓月, 『東海一漚別集』, 眞源大照禪師行狀 ; 無等以倫 編, 『黃龍十世錄』 龍山和尙行狀).

27) 이것은 1366년(공민왕15, 貞治5) 金龍이 일본에 가져간 征東行省의 咨文을 통해 알 수 있다("日本與本省所轄高麗地面, 水路相接, 凡遇貴國飄風人物, 往〃依理護送" : 張東翼 2007年).

28) 그 한 예로 1304년(충렬왕30, 大德8, 嘉元2) 10월 원이 고려의 재상 吳祈 및 千戶 石天輔 등을 치죄할 때, 石天輔는 '일본으로 도망갈 것을 도모하였다'는 죄목으로 태형에 처하고 安西에 유배시킨 것을(『元史』 권21, 본기21, 大德 8년 10월 20일) 들 수 있다.

29) 『고려사』 권38, 세가38, 공민왕 즉위년 10월, 권38, 공민왕 1년 2월 丙子[2日].

년 4월, 1361년 10월~1362년 1월), 원에 의한 공민왕 폐위와 신왕을 저지하기 위한 군사력의 서북지역에 전진배치(1362년 12월) 등과 같은 요인으로 인해 순조롭게 진행되지 못하였다. 이러한 여러 사태로 인해 한반도 남부지역에서의 국방력이 크게 취약하였기에, 연안지역에서 치고 달아나는 도적집단인 왜구를 효과적으로 방어하지 못해 전국이 유린되는 참화를 겪게 되었다.

당시 왜구침입의 와중에서도 1359년(공민왕8, 延文4) 중국에 들어가려다가 풍랑에 의해 고려에 도착한 일본승려 중암수윤(中菴守允, 1333~?)은 체포·구금되지 아니하고, 개경에 머물면서 이색(李穡)을 위시한 관료들과 교유할 수 있었다(C13). 또 1363년(공민왕12, 貞治2) 3월 왜국으로 표현된 일본이 피로인 30餘口를 돌려보낸 일이 있었다(C14). 이는 끊임없는 왜구의 침입으로 정치·경제적으로 큰 곤란을 겪고 있던 고려에게는 큰 낭보가 아닐 수 없었을 것이다.

이때 피로인을 쇄환시킨 왜국으로 표현된 일본 측의 정체는 구체적으로 알 수 없으나 일본의 무로마치 바쿠후[室町幕府] 또는 막부의 지휘 하에 있었던 서부지역의 재지유력세력[守護]이었을 가능성이 높다. 또 이는 관료들과 교유하였던 승려 중암수윤이 귀국한 후 고려의 형편을 일본 측에 전달했던 결과인지 알 수 없다. 이것이 고려가 일본에 사신을 파견한 하나의 요인으로 작용하였을 것임은 부인할 수 없을 것이다.

이러한 분위기하에서 피로인이 쇄환된 3년후인 1366년(공민왕15, 貞治5) 고려가 일본에 사신을 파견하였다. 이 시기는 공민왕에 의한 제2차 개혁이 추진 중이던 시기, 곧 신돈(辛旽)이 집권하고 있었던 시기(공민왕14, 1365~20, 1371)에 해당하는데, 이때 고려의 외교정책에 큰 변화가 있었던 것 같다. 그 중 일본에 사신단을 파견한 것은 종래 왜구에 대해 무력적 토벌을 위주로 하던 방식을 외교적으로 해결하기 위한 회유책에의 전환으로 이해된다[張東翼 2007年].

이로 인해 1366년(공민왕15, 貞治5) 8월과 11월의 두 차례에 걸쳐 왜구금지를 요청한 사신이 일본에 파견되었고, 다음해에 이들이 우여곡절 끝에 교토[京都]에 도착하자 公家側[日本朝廷]은 회의적이었으나 武家側[足利幕府]은 쇼군(將軍)이 직접 사신단을 면담하고 환대하였다. 또 무가측은 답서(答書)를 승록(僧錄) 슌오쿠 묘하(春屋妙葩, 1311~1388)의 이름으로 보내는 동시에 텐류지(天龍寺)의 승려 2인을 파견하여 답빙하게 하였다(C17).

그러나 여·일 양국의 외교적인 접촉은 공식적인 외교관계의 수립 단계까지는 발전하지 못했던 것 같다. 이는 외교적인 접촉에도 불구하고 왜구의 침입은 종식이 되지 아니하였고, 왜구를 금지시킬 수 없는 일본의 公家 및 武家의 형편을 인지하였을 고려가 외교적 접촉의 효과를 기대하지 않았기 때문일 것이다. 또 일본과의 접촉을 주도했던 집권자 신돈도 반대파의 공격을 받아 실각하였다(1371년 7월). 결국 외교적인 접촉은 왜구종식에 어떠한 도움이 되지 않는다고 판단한 고려는 1373년(공민왕22) 11월부터는 왜구에 대한 전술을 변경하여 공세적인 토벌전술로 전환하였다. 이러한 전술의 변경이 어떠한 효과를 가져왔는지는 알 수 없으나, 제주도의 몽골인을 토벌하기 위해 군사력을 집중하지 않으면 안 되었다(1374).

그러다가 1375년(우왕1, 北朝應安8) 이래 왜구의 침략이 더욱 치열해져서, 같은 해 2월 일본이 사신을 파견해오자 답빙으로 라흥유(羅興儒)가 파견되었다. 이후 고려 말까지 거의 매년 양국의 사신단이 왕래하였던 것 같고, 이에 대응한 일본 측의 보빙사는 모두 승려로 추측되는데, 이들을 통해 양국인의 접촉이 어느 정도 활발하게 일어나게 되었다. 또 이들 일본 사신은 고려에 와서 대장경을 요청한 사례도 찾아지는데(C18), 여타의 경우도 마찬가지였을 것임을 감안하면 이 시기에 많은 불전들이 일본에 전수되었을 것이다.[30)]

이와 같이 일본 사신단의 왕래에 따라 일본승려들이 고려에 빈번하게 왕래하게 되자, 역으로 고려의 승려도 일본에 진출하려고 했던 경우도 있었다. 곧 고려말기에 일본지역을 유람한 후 중국의 강남에 구법하려던 승려 막막자휴(莫莫自休)와[31)] 복암(復菴)[32)] 등을 들 수 있다. 그들은 카마쿠라[鎌倉]시대 이래 중국의 불교를 적극적으로 수용하여 사상적으로 발전을 거듭하였던 일본불교를 實見·觀光하려는 목적이 있었을 것이다. 또 이 시기에 고려승려 梅竹軒(堂號로 推測됨)은 일본에서 3년간 수행하다가 귀국할 때 그와 교유하던 젯카이 주신(絕海中津, 1336~1405)과 그의 제자 가쿠인 에카쓰(鄂隱慧奯, 1357~1425)로부터 시문을 증정받았다.[33)] 이 매죽

30) 고려말 이래 조선초에 걸쳐 일본에 전수된 고려의 대장경을 추적한 연구 성과도 찾아진다[馬場久幸 2013年].

31) 막막자휴는 1378년 7월경에 일본을 유람한 후 중국 강남에 가서 구법하려고 하였다(『목은시고』 권9, 送曹溪大選自休遊日本因往江南求法 ; 『원재집』 권中, 送莫莫上人自休游日本將之江南 ; 『포은집』 권2, 送自休上人遊日本).

32) 『도은집』 권2, 送復菴游日東求法.

헌은 1376년 10월 라흥유가 하카다에서 귀환할 때 함께 귀국한 왜승(倭僧)으로 표기된 진주출신의 승려 양유(良柔)의 경우와 같이 일본에서 수행했던 고려승의 1인으로 추측된다.[34)] 이처럼 14세기 후반에 고려의 승려들이 일본에 진출하여 카마쿠라불교[鎌倉佛教]의 영향을 받으면서 수행하다가 귀국하였던 사례를 통해 볼 때, 여·일 양국의 불교계도 일정한 교류를 하고 있었음을 알 수 있다.

이상의 여러 사실을 통해 보면 고려시대의 한·일관계는 국가간의 외교관계가 없었던 전쟁시기의 적대적인 관계와 거의 유사한 상태가 계속되었다. 이로 인해 고려전기 양국의 접촉 매개체는 양국을 왕래하는 무역상인, 곧 제삼국의 국적을 지닌 강남출신의 상인[宋商]이었다. 고려정부는 이들을 통해 필요한 사안을 해결하기 위한 첩(牒)을 일본정부에 발송하였던 것 같다. 그러다가 12세기 후반이후 약 1세기에 걸쳐 다자이후와 진봉무역을 행할 때 왜구의 금지를 위한 사신파견이 일시 있었지만 극히 한정적이었다. 13세기 후반 대원몽골국의 등장과 이들에 의한 일본원정으로 인해 북동아시아 3국은 준전시체제에 진입하여 한·중·일 삼국인의 접촉과 교류가 거의 단절된 상태가 지속되었다. 그렇지만 당시의 인민들로부터 존숭의 대상이었던 승려들은 인간에 의해 구분지어진 지역(地域)과 경계(境界)를 넘나들 수 있었던 것 같고, 이들의 왕래에 따른 이국인(異國人)과의 접촉과 교류는 있었다. 또 불전의 유포를 통해 얼어붙은 국가간의 정보와 문물을 접할 수 있게 되었던 것 같고, 이를 통해 고려말기 한·일 양국정부(日本側은 外交權을 掌握하고 있던 幕府)의 접촉과 같은 통교의 준비단계를 구축하기도 하였다.

그렇다면 고려시대의 한·일간의 승려의 왕래와 그들에 의한 불전의 요청과 전수는 냉각관계에 있었던 양국의 중요한 접촉 통로의 하나가 되었고, 이를 통해 양국은 상대 측의 정보를 취득할 수 얻었던 것 같다. 이러한 점에서 고려시대의 불전유통이 북동아시아 3국의 다원적인 접촉과 교류에서 지니는 중요한 기능의 하나가 될 수 있을 것이다. [『石堂論叢』 58, 2014]

---

33) 『蕉堅藁』, 梅竹軒贈高麗僧 ; 『南游稿』, 送僧歸三韓.

34) 『고려사』 권133, 열전46, 우왕 2년 10월, 권114, 열전27, 羅興儒 ; 『목은문고』 권9, 中順堂集序 ; 『동문선』 권21, 奉使日本.

英文抄錄

The Groundwork for Understanding of *Goryeo History*

Chang Dong-ik

The body of this book is consisted of nine themes except for a supplement. In short, it is as follows.

The first theme is 'Some Aspects of Errors Made in the Process of Compilation of *History of Goryeo*'. This book has found out various kinds of errors that were made in the course of compilation of *History of Goryeo*, classified them according to types, and corrected representative examples. The main observations can be summed up as follows.

As compilation of annals followed an invariable system, so did description of historical facts. The extant *History of Goryeo* did not observe this simple principle. The existing annotated version of the history text pointed out some wrong words and omitted words, which did not reach the stage of editions of historical facts. The compilation of *History of Goryeo* has the following problems.

First, when the extant *History of Goryeo* was firstly typeset with eulhae(乙亥) type, wrong words and omitted words had appeared. Turning down of printing types led to distraction of some sentences, but the wood blocks that carved them did not correct the errors. Second, some cases failed in exact arrangement of chronology in the process of changing the way to record the enthronement years. In some cases, errors were made in recording monarchs' titles and arranging their eras in the process of restructuring historical facts written in the chronological form into compiling them in the format of annals and biographies. Third, we find out wrong words of the cyclical days in the arrangement of historical facts, omission of monthly and daily numbers, reversal and repetition of the cyclical days, and errors in the chronological order. Fourth, errors made in the course of compilation of annals of *History of Goryeo* dynasty in the reduced size caused omissions of sentences and historical facts and mistakes in the quotations of the original text. Fifth, failure in taking into consideration the sequence of historical facts resulted in errors in recording government offices and court rank and names of persons and places. Specifically, we find out examples of the absence of consistency in recording names of persons and places of the northern people in Chinese characters.

These problems were found in *History of Goryeo* may have been simple errors that made in the process of printing in types. More than that, however, they have been caused by the change in the way of recording the enthronement years from the concerned years to the next years, the restructuring of historical facts from the chronological format to that of annals and biographies. Also, we find out errors made in the absence of strict arrangement and editions of historical materials and embellishment of the historical truth. It is postulated that this resulted from compilation of *History of Goryeo* by young low-ranking officials in the Chunchugwan(Office of Records, 春秋館) who were not acquainted with the original text.

The second theme is 'Changes of Historical Facts in the making of *History of Goryeo*'. This book analyzed the content, real situation, limits on changes that did in the making of *History of Goryeo*. For this, I arranged the making and examined changes of terms and facts. *History of Goryeo*, in existence, had been carried out large repairs in 1449(Sejong 31). The majority of participants on the making were the government officials of Chunchugawn(春秋館), 30s or 40s, passed the state examination after 1426(Sejong 8). Unlike their predecessors, although they were not influenced by neo-confucianists of the later of Goryeo, they had the definite limits that not succeed to tradition of revise the history(修史), since the later of Goryeo.

Though the principle that not distort history(以實直書), *History of Goryeo* had many loopholes. A case point is change of terms. Goryeo was an empire, so terms of imperial family recorded on terms of the age. But it was not perfect. Under the oppressive Yuan empire, such terms as 'an Emperor(帝)', 'an Imperial writ(聖勅)' was expunged from *History of Goryeo* because of the influence of the figures like Choe hae(崔瀣) and Lee je-hyun(李齊

賢). Also an emperor was recorded not 'an Emperor(帝)' but 'a King(王)'. It derived from a situation that straightened out justification through change Bongi(本紀) into Sega(世家).

And, Being downgraded 'an Empress Dowager(皇太后)', 'a Queen Dowager(太后)' into 'a Queen mother(王太后)', 'a Crown Prince(皇太子)' into 'a Prince(王太子)', 'an Empress(皇后)' into 'a Queen(王后)', 'an Imperial Prince(皇子)' into 'a Prince(王子)' in *History of Goryeo*, an Empire downgraded a kingdom. This is a consequence of Joseon's actual circumstance that Joseon have to consider the Ming Empire.

Next, the changes in the making of *History of Goryeo* could be examined through comparison between *History of Goryeo* in *Joseonwangjosillok*(朝鮮王朝實錄) and the present *History of Goryeo*. According to this comparison, there would be collected many data about the Long Wall of Goryeo(千里長城), the rule of tribute about hawk in China, buddhistic data like *Yungmangyeong*(戎蠻經) at the several things before final *History of Goryeo*. It was supposed that add and cut back of supplement in the making of *History of Goryeo*. That is, it was likely to cut back on northern boundary, tribute to China, data on Buddhism, facts on the military nobility(武班) at that period.

And, it was founded historical view's change on enthroning King Chang(昌王) by Lee saek (李穡) in the making of *History of Goryeo*. It is an example that it was changed historical view on specific person at the end of the Goryeo with changes of the fact in the making of *History of Goryeo*.

The participants on the making of *History of Goryeo* rewrote or edit out because they didn't know about circumstance of Goryeo. For instances, editors failed chronicle list up according to Chinese data, not careful on list up by item converting history book of chronological form(編年體) into form of gijeon(紀傳體). Consequently, we will examine terms and facts in detail using *History of Goryeo*.

The third theme is 'The Calender of the Early Goryeo'. Since the Five Dynasties(五代), Goryeo established diplomatic relations with China and then produced the independent Goryeo Calendar under the influence of calendar of China. Goryeo used Seonmeongryeok(宣明曆) that used the previous dynasty after early days, but they established the independent era name. For this reason, they wanted to make suitable calendar for this situation. The calendar synthesized the calendars of China(宋·南宋) and the northern races(遼·金). It may be inferred from these data that Goryeo was reflected the contents in their own calendar when China and the northern races changed it.

Also it changed several times in China. Therefore, the description of *History of Goryeo* that Goryeo used Seonmeongryeok during 400 years was wrong. Goryeo used the independent Calendar based on Seonmeongryeok. It supposed that timely was revised it through the law of the astronomical station based on Gujipryeok(九執曆). Also it received with reference to Geonheungryeok(乾興曆)·Bongwonryeok(奉元曆) from Sung since then. As a result, the leap month, the 24 seasonal divisions and the size of month of it were the delicate nuance with the calendars of Sung, Kitan and Japan. But both were just alike.

So, it is understandable that there is not much difference between the calendar of the early days of Goryeo and the calendar of Sung except ⓐ1028(Hyeonjong, 19) that the officer badly organized to the leap year and leap month and ⓑ1067(Munjong, 21) that was different from Bongwonryeok. Also, it was affected by calendars of various kind of Sung, so it was different from the calendar of Japan based on Seonmeongryeok to the leap month.

It compared the date that inscribed with the zodiac signs in a chronicle and an epigraph and the date that inscribed with the decimal system with the calendar of Sung to verify this hypothesis. As a result, it mostly concurred with the hypothesis except only seven cases among the examples.

For this reason, though the independent Calendar of Goryeo was affected by the Yuan Empire from the second half of the 13th century, it used continually. The last time that showed the difference between the calendar of Goryeo and Sung was on September, 1300(King Chungyeol 26). Because the Calendar of Goryeo was affected by Georgius(闊里吉思) who sent to intervention in the internal affairs. Consequentially, Goryeo was used to the calendar of Yuan from 1301 and then the calendars of Goryeo and Sung would have been the same calendar.

The fourth theme is 'The First Day in the Lunar Calendar in *History of Goryeo*.' This book has been made the table of calends of the Goryeo period as an attempt for restoration of inexplicit calendar day of Goryeo through the first day in the lunar calendar in *History of*

Goryeo and comparison with the calendar of the Sung and Japan. Also, it presented examples that had been after self-examination for conquest of the limitation that did not count the binary designation of the day according to the sexagenary cycle. They are as follows.

The calendar day of Goryeo based on Seonmeongryeok, but it seems that was made suitably to realities of the Korean peninsula by doing acceptance of various calendar of Sung. Of course, it was very little difference with calendar of Sung, but made a difference to 2 days from a day because of a phase of the moon. This essay was added the existing research achievements and the comments to the table of calendar day, and was arranged the first day in the lunar calendar and several omissions in *History of Goryeo*.

After presentation of a tentative of the new table of calendar day, it applied to each volumes of *History of Goryeo* and verified the tentative. As a result, the case that was not applied to a tentative of the table of calendar day, it was not the limit of the table of calendar day but the limit of *History of Goryeo*. In other word, the limits were to ① descriptions that included misspelled words in the binary designation of the day according to the sexagenary cycle, ② descriptions that included the omitted words at a phase of the moon, ③ the descriptions that was reversed order of the binary designation of the day according to the sexagenary cycle, ④ descriptions that included wrong dates, etc.

So, if we take the limit in *History of Goryeo* in to account, we will apply to the new table of calendar day without big problem. But the binary designation of the day according to the sexagenary cycle that can clearly see the first day in the lunar calendar of Goryeo is a small percentage on the whole in the status quo. Therefore, the first day in the lunar calendar of table of calendar day can be difference with the calendar of Goryeo about one day.

The fifth theme is 'A New Approach to Office Rank of the Early Goryeo Period.' This book looks into the various aspects in the process of development, content and application of the bureaucracy that indicate the rank of the ruling class in the early Goryeo period.

The rank of bureaucracy is still uncertain because the specific aspect was not reflected in the chronicles. It inherited the system from the former Taebongguk(泰封國). 40 years later (958, Gwangjong 9), it was used with the munsangye(文散階) of Tang over the next 37 years. It was also used until the period of Gyeongjong · Seongjong(景宗·成宗). In May

995(Seongjong 15), the reform in the government organization, reorganized it to Hyangjik(鄕職) that gave rise to various ranks and was enforced completely in the revised munsangye.

The content of the bureaucracy in the early days in *History of Goryeo* may not reflect the exact condition but only the approximate condition in the same age. It seems to be composed of 9 ranks(品) 16 grades(等級) according to different materials. Jwasang(左相, 4品下), □□(太卿?, 8品上) possibly added other ranks of bureaucracy that are not included in the articles of Hyangjik(鄕職) based on the data of the contemporary epigraph. In the relationship between these ranks, the upper ranks from Daegwang (2品上, 開府儀同三司) to Wonbo (5品上, 正議大夫) were arranged according to munsangye(文散階), the lower ranks from Jeongbo(5品下, 大中大夫·中大夫) to Jungyun(9品下, 承奉郎·承務郎) were arranged into two classes and were used together with the munsangye of China in 958 (Gwangjong 9).

The rank of bureaucracy that was composed of 9 ranks(品) 16 grades(等級) seems to be divided into three sections and was assigned to the ruling class except for posthumous conferment of honors of the best ruling class like 1品(三重大匡·重大匡). The first class which included the second and the third ranks was assigned to the royalties since the early days of Goryeo, the relatives by marriage, the meritorious retainers at the founding of the dynasty, the powerful families in the country and the generals of stronghold area. The second class included the fourth, the fifth and the sixth ranks and were assigned to the ministers of the best government office like Gwangpyongseong(廣評省), the commanders in the army, the Jeongsas(正使) of delegations at home and abroad and the local nobilities of exceptional merit. The third class included the seventh, eighth and ninth ranks that were assigned to the lower officials and commanders, the smaller nobilities, soldiers and craftsmen.

It is a remarkable phenomenon that the ministers and vice-ministers of the best government office were assigned to the second rank. It was the condition of new dynasty that did not accomplished the centralized kingdom so well to organize and rule the ruling class. For this, the plan for reinforcement of royal authority was enforced in 956(Gwangjong 7), 38 years from the beginning of the dynasty. And the best ruling class that possessed the special right at the border was purged. As a result, the bureaucracy could change to the rank that indicated the order of social standing as a government official.

The sixth theme is 'Phrases Quoted in *History of Goryeo*'.

The seventh theme is 'Chinese and Japanese Records Pertaining to Goryeo Dynasty and *History of Goryeo*'. To complement omissions in History of Korea, a major annal on the Goryeo dynasty, data relating to the Korean Kingdom contained in a lot of Chinese and Japanese documents should be referred to in the study of the dynasty. As these records might describe the looks of Goryeo though foreigners' eyes or be just reports by foreigners, however, restructuring of Goryeo history though them includes certain limits. Therefore, lose and strict analyses of those document and comparison of them with a variety of historiography on the side of the Goryeo Kingdom should be necessary for supplementation of *History of Goryeo*.

In case of Chinese documents, attention should be given to the fact that the block historiography made in the Sung and Yuan period corresponding to that of Goryeo described the contemporary state of affairs, while records on the Korean peninsula were left out in subsequent xylography historiography. In case of Japanese data, when the original written in transcription was made in printed materials, documents on the Korean peninsula were frequently left out or rewritten intentionally. Therefore, it is necessary to find out records written by authors' own handwriting or like records.

Finally, we should complement records omitted in *History of Goryeo* by making use of domestic anthologies, epitaphs, genealogies, just as An Chung-bok did 250 years ago. In addition, the need is felt to pigeonhole data pertaining to the Goryeo dynasty recorded in Sillok, or Annals, of the Joseon Kingdom before the period of King Songjong, when the dynastic order was family established, plus officially published historiography, anthologies, epitaphs, and old document written in the early Joseon period. Furthermore, scholastic achievements in archeology, art history, epigraphy, study on old tablets in present Korean scholarship should be extensively reflected in the study of *History of Goryeo*.

The eighth theme is 'Korean-Japanese Relations during the Goryeo Period Viewed from the Circulation of the Buddhist Scriptures'. This book is a research to the relation between Japan and Korea through an analysis of Marginal Notes(題記) in transcription of Buddhist Scriptures that made in Goryeo and was transmitted to Japan from Goryeo after the late 11th century. To sum up, the result is as follows.

Goryeo was the period that was in contact with many ethnic groups. Nonetheless, Goryeo had no official diplomatic ties with Japan. Because the Japanese government abandoned connection with the continent for their economic conditions after the latter half of the 9th century. But there was a series of connection with three kingdoms in Northeast Asia because of the geographical proximity.

For these connections, the exchange between Japan and Goryeo was made some progress. As a result, a tributary trade was started between government officials of Japan and Goryeo during a century from the end of 12th century. We don' t know specifically to the circumstance of this period because of a lack of data. But it can be inferred from Jegi of Buddhist Scriptures at that time in Japan. Accordingly, Sokjanggyeong(續藏經) that was published in Goryeo circulated through Japan by merchants and monks, and the Japanese published and copied it since the latter half of the 11th century. It showed that the exchange of culture and good existed in Japan that retreated in to isolation. The relation between Japan and Goryeo was similar with relation between two opposing countries in the Goryeo period, for this reason, the contact with two kingdoms accomplished by trade merchants. Surely, after the latter half of 12th century, there was dispatch of envoys during a century, but it was very limited. After the latter half of 13th century, the contact with three kingdoms was severed, because the relation between three kingdoms in Northeast Asia was similar in a quasi state of war. Of course, there were exceptional cases such as monks. Also, the circulation of Buddhist Scriptures had greatly influenced the exchange between Japan and Goryeo. As a result, two kingdoms were in the stages of preparation of the exchange.

引用史料目錄*

ㄱ

『家世舊聞』: 『新編叢書集成』 86 所收.
『稼亭集』: 『高麗名賢集』 3, 대동문화연구원, 1973 ; 『韓國文集叢刊』 3, 민족문화추진회, 1990 소수. 『국역가정집』, 민족문화추진회, 2006.
『鎌倉遺文』古文書編1-42, 補遺編1-4, 東京堂出版, 1971년 이래.
『慶尙道續撰地理志』: 조선총독부 중추원, 1938 : 弗咸文化社, 1976.
『慶尙道營主題名記』: 『慶尙道按察使先生案』, 亞細亞文化社, 1982 소수.
『慶尙道地理志』: 조선총독부 중추원, 1938 : 弗咸文化社, 1976.
『契丹國志』: 『사고전서』別史類(영인본 383책) 소수.
『高麗圖經』→ 『宣和奉使高麗圖經』.
『高麗名賢集』: 영인본, 대동문화연구원, 1980.
『高麗史』: 影印本, 동방연구소, 1972. 『譯註高麗史』, 동아대학교, 1982 ; 『국역고려사』, 동아대학교, 2006이래.
『高麗史節要』: 영인본, 아세아문화사, 1973. 『국역고려사절요』, 민족문화추진회, 1977.
『高麗時代金石文拓本展』: 成均館大學校 博物館, 2005.
『孤雲先生文集』(『崔文昌侯全集』) : 성균관대학교출판부, 1972 ; 『한국문집총간』 1, 민족문화추진회, 1990 소수.
『舊唐書』: 中華書局, 1975.
『舊五代史』: 中華書局, 1975. 이의 색인으로 張萬起 編, 『新舊五代史人名索引』, 上海古籍出版社, 1980이 있다.
『權記』(『行成卿記』·『權大納言記』) : 필사본 ; 笹川種郎 編, 『史料大成』 35, 36, 內外書籍株式會社 ; 『增補史料大成』 4, 5 ; 『史料纂集』소수.
『金史』: 中華書局, 1985. 이의 색인으로小野川 秀美 編, 『金史語彙集成』, 京都大學 人文科學研究所, 1960 ; 崔文印 編, 『金史人名索引』, 中華書局, 1980 ; 張東翼, 「金史高麗關係記事의 語彙集成」 『역사교육논집』 33, 2004가 있다.
『錦城日記』: 京都大學 附屬圖書館 河合文庫 소장본.

---

*인용사료의 표기에서 저명한 사료의 저자나 편찬자를 明記하지 않았고, 중국·일본 사료의 배열은 한글읽기의 순서로 정렬하였다.

ㄴ

『訥齋集』: 아세아문화사, 1973. 『국역눌재집』, 한국사상대전집14, 양우당, 1988.

ㄷ

『唐寧宗實錄』(『玉牒』) : 糸謬荃孫 編 『藕香零拾』- 所收.
『大唐六典』(『唐六典』) : 廣池學園出版社, 1989 ; 『사고전서』職官(영인본 595책) 소수.
『大東野乘』: 조선고서간행회, 1909 ; 경희출판사, 1969. 『국역대동야승』, 민족문화추진회, 1980.
『大東韻府群玉』: 이중문화사, 1991 ; 『국역대동운부군옥』, 남명학연구소, 2003. 이의 색인으로 『大東韻府群玉索引』, 아세아문화사, 1976이 있다.
『大日本古記錄』, 1956 ; 天理大出版部 編, 『天理圖書館善本叢書』 42, 1980 ; 『續續群書類從』 5, 記錄部 소수.
『大日本史料』: 東京大學 史料編纂所. 1869 이래, 東京大學 史料編纂所
『大正新脩大藏經』: 大正一切經刊行會(후일 大藏出版株式會社), 1924~1934.
『東國李相國集』: 『고려명현집』 1, 대동문화연구원, 1973 ; 『한국문집총간』 1·2, 민족문화추진회, 1990 소수. 『국역동국이상국집』, 민족문화추진회, 1980~1981.
『東國通鑑』: 경인문화사, 1994. 『국역동국통감』, 세종대왕기념사업회, 1996.
『東都歷世諸子記』: 『慶尙道按察使先生案』, 亞細亞文化社, 1982 소수. 『국역경상도선생안』, 한국국학진흥원, 2005.
『東文選』: 영인본, 경희출판사, 1966. 『국역동문선』, 민족문화추진회, 1977.
『東史綱目』: 영인본, 경인문화사, 1970. 『국역동사강목』, 민족문화추진회, 1980.
『東人詩話』: 영인본, 景文社, 1980. 권경상 역주, 『원전대조동인시화』, 다운샘, 2003.
『東人之文四六』: 『高麗名賢集』 5, 대동문화연구원, 1980 소수.
『東人之文五七』: 영인본, 『계간서지학보』 15, 1995.

ㅁ

『牧隱集』: 『고려명현집』 3, 대동문화연구원, 1973 ; 『한국문집총간』 3·4, 민족문화추진회, 1990 소수. 『국역목은집』, 민족문화추진회, 2000.
『文獻通考』: 臺北 商務印書館 ; 『十通』第七種, 1987 ; 『사고전서』政書類(영인본 610책) 소수. 이 책의 권325, 四裔考2, 高句麗에 고려에 관련된 기사가 수록되어 있으나 다른 자료를 정리한 것으로 주목되는 점이 없음으로 인용하지 않았다.
『眉叟記言』(『記言』) : 민족문화추진회, 1992. 『국역미수기언』, 민족문화추진회, 1978.

ㅂ

『百練抄』(『百錬抄』) : 『國史大系』 14 ; 『新訂增補國史大系』 11 소수.
『白雲和尙語錄』: 影印本(경성제국대학법문학부, 1934) ; 『韓國佛敎全書』 6, 동국대학교출판부, 1990 소수. 이는 無比 譯註, 『백운스님어록』, 민족사, 1996에도 수록되어 있다.
『補閑集』: 『高麗名賢集』 2, 대동문화연구원, 1973 소수. 『국역보한집』, 범우사, 2001.
『扶桑略記』: 『新訂增補國史大系』 12 ; 『改定史籍集覽』 1 ; 物集高見 編, 『新註皇學叢書』 6, 廣文庫刊行會, 1931 소수. 이에 대한 人名索引으로 鹽澤直子 等, 「扶桑略記人名總索引」 『政治經濟史學』 244·245, 日本政治經濟史學硏究所, 1986이 있다.

ㅅ

『四佳集』: 『한국문집총간』 10~11 소수. 『국역사가집』, 민족문화추진회, 2004.
『事林廣記』: 中華書局, 1998 ; 叡山文庫所藏本 ; 1684년(貞享1) 日本版.
叡山文庫所藏本 『事林廣記』에 대한 검토로 宮 紀子, 「叡山文庫所藏の事林廣記寫本について」 『史林』 91-3, 2008이 있다.
『三國史記』: 영인본, 민족문화추진회, 1973. 『譯註三國史記』, 을유문화사, 1983 ; 『譯註三國史記』, 한국정신문화연구원, 1996~1998.
『三國遺事』: 영인본, 민족문화추진회, 1973.
『釋摩訶衍論贊玄疏奏』: 東北大 所藏本.
『釋摩訶衍論贊玄鈔』(『釋論通玄鈔』) : 愛知縣 나고야시 中區 大須2丁目 眞福寺·高野山 金剛峰寺 寶龜院·叡山文庫 所藏本.
『釋摩訶衍論贊玄疏』: 高野山 金剛峰寺 寶龜院·京都市 仁和寺 所藏本.
『釋氏稽古略續集』: 『大正新脩大藏經』 49 소수.
『石林詩話』: 『신편총서집성』 78 ; 『사고전서』詩文評(영인본 1478책) 소수.
『石林燕語』: 『신편총서집성』 83 ; 『총서집성속편』 45 ; 『사고전서』雜家(영인본 863책) 소수.
『善隣國寶記』: 『續群書類從』 30上, 雜部32, 권882 소수. 田中健夫 編, 『譯注日本史料 善隣國寶記·新訂續善隣國寶記』, 集英社, 1995.
『禪林僧寶傳』: 『日本續藏經』 1-2乙-10套-4 ; 『佛藏要籍選刊』 13, 上海古籍出版社, 1992 ; 『禪宗全書』 4, 臺北 文殊文化有限公司, 1990 ; 『사고전서』釋家類(영인본 1052책) 소수.
『宣和奉使高麗圖經』(『高麗圖經』) : 『사고전서』지리(영인본 593책) 소수. 『국역고려도경』, 민족문화추진회, 1987.
『成化安東權氏世譜』: 影印本.
『星湖僿說』: 경인문화사, 1970. 『국역성호사설』, 민족문화추진회, 1997.
『小記目錄』: 『日本古記錄』, 小右記9~10, 岩波書店, 1979 소수.

『小右記』(『野府記』·『小野宮記』·『小記』·『續水心記』) : 『史料大成』 1~3 ; 『增補史料大成』別卷3 ; 『日本古記錄』소수.

『續資治通鑑長編』: 上海古籍出版社, 1985 ; 『宋板續資治通鑑長編』, 中華全國圖書館文獻縮微複製中心, 1995年 ; 『사고전서』편년류(영인본 314-322책) 소수. 이의 색인으로 梅原 旭 編, 『續資治通鑑長編人名索引』, 同朋舍, 1978 ; 『續資治通鑑長編語彙索引』, 同朋舍, 1989가 있다.

『宋史』: 中華書局, 1985. 이의 職官志 색인으로 佐伯 富 編, 『宋史職官志索引』, 同朋舍, 1974가 있다.

『宋會要輯稿』: 北平圖書館, 1936 ; 臺北, 世界書局, 1964 ; 新文豊出版公司, 1976 ; 『宋會要輯稿補編』, 新華書店, 1988. 이의 색인으로는 青山定雄 編, 『宋會要輯稿食貨索引』, 東洋文庫, 1985 ; 王德毅 編, 『宋會要輯稿人名索引』, 新文豊出版公司, 1992 ; 張東翼, 「宋會要輯稿에 수록된 고려 관계 기사의 연구」 『한국중세사회의 제문제』, 한국중세사학회, 2001이 있다.

『勝尾寺流記』: 『일본불교전서』 118 소수.

『新唐書』: 中華書局, 1975.

『新五代史』(『五代史記』) : 中華書局, 1974. 이의 색인으로 張萬起 編, 『新舊五代史人名索引』, 上海古籍出版社, 1980이 있다.

『新增東國輿地勝覽』: 아세아문화사, 1974. 『국역신증동국여지승람』, 민족문화추진회, 1969~1970.

『新編諸宗敎藏總錄』: 京都市 右京區 梅ケ畑木+母尾町 高山寺 및 大谷大學 所藏本.

『十駕齋養新錄』: 『中國學術名著』 6, 世界書局, 1977 소수.

ㅇ

『安東先生案』: 『大丘史學』 19, 1981 소수.

『歷代建元考』: 『墨海金壺』 9 ; 『四庫全書』史部(영인본 662책) 소수.

『演繁露』(『程氏演繁露』) : 『사부총간』廣編 ; 『사고전서』雜家(영인본 852책). 『사부총간』에 수록된 『程氏演繁露』는 10권으로 된 殘本이다.

『延寶傳燈錄』 : 『日本佛教全書』 108-109 소수.

『永樂大典』: 東洋文庫, 『永樂大典』 권19,416~19,426, 5책, 1930, 縮小影印 ; 京都大學人文科學研究所, 『永樂大典』 권665~666, 1973 ; 天理大學出版部, 『永樂大典』 권908~909 등 16권, 八木書店, 1980 ; 『永樂大典』 730권, 20函, 202册, 北京, 中華書局, 1959~60 ; 『永樂大典』 67권, 2函, 20册, 北京, 中華書局, 1986년(合綴 797권 16책) ; 『重編影印永樂大典』 742권 10책, 臺灣, 大化書局, 1985. 現存 『永樂大典』에 수록되어 있는 한반도에 관련된 기사의 검토로 張東翼, 「現存 永樂大典에 수록되어 있는 韓半島關係의 記事」 『안동사학』 9, 2005가 있다.

『五代會要』: 臺北, 世界書局, 1970 : 上海, 古籍出版社, 1978 ; 『사고전서』政書(영인본 607책) ;

『신편총서집성』 28 소수.
『五洲衍文長箋散稿』: 명문당, 1982. 『국역오주연문장전산고』, 민족문화추진회, 1978.
『玉牒』→『唐寧宗實錄』.
『遼史』: 中華書局, 1985. 이의 색인으로 若城久治郎 編, 『遼史索引』, 東方文化學院 京都硏究所, 1937 ; 曾貽芬·崔文印 編, 『遼史人名索引』, 中華書局, 1982 ; 張東翼, 「遼史高麗關係記事의 語彙集成」 『역사교육논집』 28, 2002가 있다.
『龍飛御天歌』: 아세아문화사, 1972 ; 이윤석, 『완역용비어천가』, 효성여자대학교, 1994.
『慵齋叢話』: 『국역대동야승』 1:용재총화, 민족문화추진회, 1971.
『元亨釋書』: 『일본불교전서』 101 ; 『新訂增補國史大系』 31 소수. 이에 대한 人名索引으로 八卷紀道 等, 「日本高僧傳要文抄·元亨釋書人名總索引」 『政治經濟史學』 192·193, 1982가 있다.
『益齋亂藁』: 『고려명현집』 2, 대동문화연구원, 1973 ; 『한국문집총간』 2, 민족문화추진회, 1990 소수. 『국역익재집』, 민족문화추진회, 1979~1980.
『日本古文書』: 東京大學 史料編纂所, 1901 이래.
『日本紀略』(『日本史記略』·『日本紀類』) : 필사본 ; 『國史大系』 5 ; 『新訂增補國史大系』 10~11 소수.
『日本史料』: 東京大學 史料編纂所. 1869 이래.
『日鮮關係史料』: 필사본.
『一善志』: 영인본, 善山文化院, 1983.
『日知錄』

ㅈ

『資治通鑑』: 上海古籍出版社, 1994. 『사고전서』編年類(영인본 310책) 소수. 權重達, 『國譯資治通鑑』, 三和, 2007이래.
『字學』: 『譯註字學』, 푸른역사, 2008.
『長谷寺靈驗記』: 『일본불교전서』 118 ; 『續群書類從』 27下, 釋家部84, 권799上 소수.
『朝鮮寺刹史料』: 朝鮮總督府, 1911 ; 國書刊行會, 1971.
『朝鮮王朝實錄』: 국사편찬위원회, 1986.
『拙藁千百』: 『고려명현집』 2, 대동문화연구원, 1973 ; 『한국문집총간』 3, 민족문화추진회, 1990 소수. 『국역졸고천백』, 민족문화추진회, 2006.

ㅊ

『册府元龜』: 北京, 中華書局, 1960 ; 『사고전서』類書類(영인본 919책) 소수. 『宋本册府元龜』, 中華書局, 1989.

『靑莊館全書』: 서울대출판부, 1966. 『국역청장관전서』, 민족문화추진회, 1979.
『崔文昌侯全集』→『孤雲先生文集』.

ㅌ

『太宗皇帝實錄』: 『사부총간』 3編, 上海 商務印書館, 1936 ; 『古學彙刊』第3~4編, 1949, 1950 소수.
『太平廣記』: 『사고전서』小說(영인본 1043~1046책) 소수. 김장환 등, 『태평광기주석본』, 學古房, 2000이래.
『通典』: 『사고전서』政書(영인본 603~605책) 소수

ㅍ

『圃隱集』: 『고려명현집』 3, 대동문화연구원, 1973 ; 『한국문집총간』 5, 민족문화추진회, 1990 소수.
『筆苑雜記』: 『국역대동야승』 1:필원잡기, 민족문화추진회, 1971..

ㅎ

『韓國金石全文』: 亞細亞文化社, 1984.
『韓國佛教通史』: 서울대학교 출판부, 1968.
『漢書』: 中華書局, 1962.
『翰苑群書』: 『사고전서』職官(영인본 595책) 소수.
『海東金石苑』: 亞細亞文化社, 1976.
『海東樂府』: 『국역대동야승』 2:해동악부, 민족문화추진회, 1971.
『海東繹史』: 경인문화사, 1974. 『국역해동역사』, 민족문화추진회, 2004.
『海東雜錄』: 『국역대동야승』 5, 민족문화추진회, 1971.
『海東諸國紀』: 『조선사료총간』 2, 1933. 『국역해동제국기』(『해행총서』 1), 민족문화추진회, 1974. 이에 대한 연구서로 손승철 편, 『海東諸國紀의 세계』, 경인문화사, 2008이 있다.
『湖山錄』: 『大芚寺志』, 아세아문화사, 1980 ; 『한국불교전서』 6, 1984 소수. 이의 주석으로 許興植, 『眞靜國師와 湖山錄』, 민족사, 1995가 있다.
『浩亭集』: 『한국문집총간』 6, 민족문화추진회, 1990 소수.
『華嚴經隨疏演義鈔』: 神奈川縣 橫濱市 金澤區 金澤町 212 稱名寺 金澤文庫 所藏本.
『華嚴論節要』: 神奈川縣 橫濱市 金澤區 金澤町 212 稱名寺 金澤文庫 所藏本.
『後漢書』: 中華書局, 1964. 이의 訓注로 吉川忠夫 編 『訓注後漢書』, 岩波書店, 2001以來(日本語)가 있다.

引用文獻目錄

韓國語

具山祐 2000年,「高麗初期 鄕村支配層의 社會的 動向」『釜山史學』 39
______ 2002年,「高麗 太祖代의 歸附豪族들에 대한 政策과 鄕村社會」『地域과 歷史』 11
權寧國 等 1996年,『譯註高麗史食貨志』, 한국정신문화연구원
權熹耕 2006年,『高麗의 寫經』, 글고운
金甲童 1988年,「高麗初期 官階의 成立과 그 意義」『歷史學報』 117
______ 1990年,『羅末麗初의 豪族과 社會變動研究』, 高麗大 民族文化研究所
______ 1997年,「高麗初의 官階와 鄕職」『國史館論叢』 78
金光哲 2008年,「高麗史의 編纂과 刊行」『國譯高麗史』 1, 景仁文化社
______ 2011年,「高麗史의 編年化와 高麗實錄體制의 再構成」『韓國中世史研究』 30
______ 2012年,「高麗史의 刊行·流通과 東亞大學所藏 高麗史版本의 特徵」『石堂論叢』 54
______ 2013年,「高麗初期의 實錄編纂」『石堂論叢』 56
金蘭玉 2013年,「恭愍王代記事의 收錄樣式과 原典資料의 記事轉換方式」『韓國史學報』 52
金塘澤 2007年,「高麗史列傳의 編纂을 통해 본 朝鮮의 建國」『한국중세사연구』 23
金美葉 1990年,「高麗前期 鄕職·武散階의 重複支給研究」, 成均館大學校 碩士學位論文
金福姬 1990年,「高麗初期 官階의 成立基盤」『釜大史學』 14
金相範 2013年,「唐末·五代時期의 具注曆日과 地方祭祀」『中國古中世史研究』 29
金成俊 1994年,「七代實錄·高麗實錄」『韓國史』 17, 國史編纂委員會
김성언 2012年,「高麗史世家에 收錄된 詩歌의 文學論的 檢討」『石堂論叢』 54
金龍善 2006年,『高麗墓誌銘集成』(第4版), 翰林大出版部
______ 2008年a『궁예의 나라, 태봉』, 一潮閣
______ 2008年b「새 자료 고려묘지명 다섯 점 반」『역사학보』 198
______ 2010年,「새 고려묘지명 7점」『史學研究』 100
______ 2012年,「새 고려묘지명 여섯 사례의 검토」『한국중세사연구』 32
______ 2014年,「새 자료 尹彦植墓誌銘」『한국중세사연구』 40
金容燮 2001年,「高麗忠烈王朝의 光山縣題詠詩序의 分析」『역사학보』 172
金潤坤 2002年,『高麗大藏經의 새로운 理解』, 佛敎時代社
김일권 2012年,「가까워진 고려의 하늘과 달력」『국역고려사완간의 의미와 활용방안』(東亞大學校, 발표요지)

金日宇 1998年,『高麗初期 國家의 地方支配體系研究』, 일지사

金澈雄 2003年,「詳定古今禮의 편찬 시기와 내용」『동양학』33

南權熙 2002年,『高麗時代의 記錄文化研究』, 清州古印刷博物館

______ 2010年,「南禪寺 初雕大藏經의 書誌的 分析」『韓國中世史研究』28

盧明鎬 2015年,「새 자료들로 보완한 高麗史節要와 讎校高麗史의 再認識」『진단학보』124

盧明鎬 等編 2000年,『韓國古代·中世古文書研究』上, 서울대출판부

東亞大學 古典研究室 1982年,『譯注高麗史』

________ 石堂學術院 2006年以來『國譯高麗史』

朴杰淳 1997年,「朝鮮初 高麗史의 編纂過程과 葛藤」『韓國史學史研究』Ⅰ, 나남

朴星來 1978年,「高麗初의 曆과 年號」『韓國學報』10

______ 2000年,「한국 전근대의 역사와 시간」『역사비평』50

朴龍雲 1981年,「高麗時代의 文散階」『震檀學報』52 : 1997年,『高麗時代의 官階·官職研究』, 高麗大出版部

______ 1993年,「高麗時代의 官職과 官階」『한국사』13, 국사편찬위원회

______ 1997年,『高麗時代의 官階·官職研究』, 高麗大出版部

______ 2009年,『高麗史百官志譯註』, 新書苑

______ 2012年,『高麗史選擧志譯註』, 景仁文化社

______ 2013年,『高麗史輿服志譯註』, 景仁文化社

朴宗基 2006年,『안정복, 고려사를 공부하다』, 고즈윈

______ 2012年,「國譯高麗史의 完刊과 學術的 意義」『石堂論叢』54

朴晉勳 2008年,「高麗時代 사람들의 改名」『東方學志』141

裵象鉉 1997年,「고려국신조대장교정별록과 수기」『民族文化論叢』17

裵宰勳 2008年,「片雲和尙浮圖를 통해 본 實相山門과 甄萱政權」『百濟研究』50

邊太燮 1981年,「高麗初期의 政治制度」『韓沽劤博士停年記念史學論叢』, 知識産業社

______ 1982年,『高麗史의 研究』, 三英社

서금석 2012年,「高麗의 曆法推移를 통해 본 高麗史曆志序文의 檢討」『歷史學研究』47

서금석 2016年,『高麗前期의 曆法과 曆日 研究』, 全南大學校 博士學位論文

서금석·金炳仁 2014年a「步氣朔術의 分析을 통해 본 高麗前期의 曆法」『韓國中世史研究』38

서금석·金炳仁 2014年b「高麗中期의 金의 重修大明曆의 步氣朔術檢討」『歷史學研究』53

안영숙 등 1999年,「高麗時代의 年曆表 作成」『天文學論叢』14

______ 2004年,「韓國의 標準年曆 DB시스템 構築」『韓國科學史學會誌』26-1

______ 2009年,『高麗時代年曆表』, 韓國學術情報

______ 2011年,「韓國 曆書 데이터베이스 構築 및 內容」『天文學論叢』26

梁洪鎭 等 1998年,「高麗時代의 黑點과 오로라 記錄에서 보이는 太陽活動週期」『天文學論叢』13

염정섭 2014年, 「高麗의 中國農書·曆書·擇日書의 導入과 逐日吉凶橫看木板」『韓國中世史研究』 38

吳恒寧 1999年, 「朝鮮初期의 高麗史의 改修에 관한 史學史的인 檢討」『태동고전연구』 16

魏恩淑 2012年, 「深源寺所藏 13世紀 吉凶逐月橫看高麗木板의 農曆」『民族文化論叢』 52

윤경진 2001年, 「羅末麗初 城主의 存在樣態와 高麗의 對城主政策」『歷史와 現實』 40

윤국일 1978年, 「高麗史의 編纂과 그 內容에 대하여」『歷史科學』 1978-2

윤성효 2013年, 「白頭山의 歷史時代 噴火記錄에 대한 火山學的인 解釋」『Journal Korean Earth Science Society』 34-6

尹龍爀 1986年, 「고려시대 사료량의 시기별 대비」『공주사대논문집』 24

李基白 1972年, 「高麗史解題」『高麗史』(影印本), 연세대 동방학연구소

______ 1975年, 「貴族的 政治機構의 成立」『한국사』 5

______ 1986年, 『韓國上代古文書資料集成』, 일지사

李基白·金龍善 2011年, 『高麗史兵志譯注』, 일조각

李殷晟 1978年, 『韓國의 冊曆』: 現代科學新書94, 電波科學社

______ 1980年, 「韓國의 日食記錄의 科學的 處理 」『韓國科學史學會誌』 2

______ 1983年, 『日交陰陽曆』, 世宗大王記念事業會

李貞蘭 2013年, 「高麗史와 高麗史節要의 修史方式의 比較」『韓國史學報』 52

李貞薰 2010年, 「고려전기 문산계 운영에 대한 재검토」『동방학지』 150

______ 2011年, 「고려전기 무산계의 실제 운영」『동방학지』 154

李智冠 2004年, 『校勘譯注歷代高僧碑文』高麗編, 再版1刷, 가산불교문화연구원

李泰鎭 1972年, 「高麗宰府의 成立」『歷史學報』 56

張東翼 1982年, 「金傅의 冊尙父誥에 대한 一檢討」『歷史敎育論集』 3

______ 2000年, 『宋代麗史資料集錄』, 서울대학출판부

______ 2004年, 『日本古中世高麗資料研究』, 서울대학출판부

______ 2009年, 『高麗時代對外關係史綜合年表』, 東北亞歷史財團

______ 2010年, 「고려사의 편찬과정에서의 事實의 改書」『退溪學과 韓國文化』 46

______ 2011年, 「宋·元版의 資料에 收錄되어 있는 高麗王朝 關聯記事의 研究」『역사교육논집』 46

______ 2012年, 「高麗初期의 官階에 대한 새로운 接近」『역사교육논집』 48

______ 2012年, 「高麗初期의 曆日」『韓國中世史研究』 33

______ 2014年, 「고려사에서의 朔日」『역사교육논집』 52

______ 2014年, 「佛典의 流通을 통해 본 고려시대의 韓·日關係」『石堂論叢』 58

______ 2014年, 『高麗史世家初期篇補遺』 1·2, 景仁文化社

______ 2015年, 「末松保和教授의 고려시대사연구와 그 성과」『한국사연구』 169

______ 2015年, 「고려사의 편찬과정에서 발생한 誤謬의 諸樣相」『역사교육논집』 56

全勇勳 2014年,「高麗時代의 曆法과 曆書」『韓國中世史研究』39
鄭求福 1981年,「李齊賢의 歷史意識」『震檀學報』51
______ 1993年,「高麗初期의 三國史 編撰에 대한 一考」『國史館論叢』45
______ 1994年,「高麗의 避諱法에 관한 研究」『李基白古稀紀念韓國史學論叢』上, 一潮閣
______ 1999年,『韓國中世史學史』Ⅰ, 集文堂
震檀學會 1959年,『韓國史年表』, 乙酉文化社
秦弘燮 1992年,『韓國美術史資料集成』1, 一志社
蔡雄錫 2000年,『高麗時代의 國家와 地方社會』, 서울대학교 출판부
______ 2009年,『高麗史刑法志譯註』, 新書苑
崔然柱 2005年,「江華京板高麗大藏經刻成人과 都監의 運營形態」『歷史와 境界』57
______ 2009年,「高麗後期 慶尚道地方의 書籍刊行體系와 運營形態」『石堂論叢』45
______ 2010年,「符仁寺藏高麗大藏經의 呼稱과 造成」『韓國中世史研究』2
崔永好 2001年,「高麗時代 寺院手工業의 發展基盤과 그 運營」『國史館論叢』95
______ 2002年,「13世紀 江華京板高麗大藏經의 刻成事業과 海印寺」『韓國中世史研究』13
______ 2005年,「高麗時代의 墓誌銘과 高麗史列傳의 敍述形態」『韓國中世史研究』19
______ 2008年,『江華京板高麗大藏經의 板刻事業研究』, 景仁文化社
崔貞煥 2006年,『譯註高麗史百官志』, 경인문화사
崔鍾奭 2008年,「고려초기의 官階 수여양상과 광종대 문산계 도입의 배경」『역사와 현실』67
______ 2012年,「고려사세가편목설정의 문화사적 함의의 탐색」『한국사연구』159
하일식 1999年,「高麗初期 地方社會의 州官과 官班」『歷史와 現實』34
韓國佛教全書編纂委員會 編 1982年,『韓國佛教全書』, 東國大出版部
韓甫植 1987年,『韓國曆年大典』, 嶺南大出版部(2003改定)
韓永愚 1981年,『朝鮮前期史學史研究』, 서울대출판부
韓政洙 2009年,「高麗中期 知識人層의 時間理解」『韓國思想과 文化』47
______ 2010年a「高麗初의 國際關係와 年號紀年에 대한 再檢討」『歷史學報』208
______ 2010年b「高麗前期의 冊曆 및 曆法의 利用과 意味」『史學研究』100
黃善榮 2002年,『羅末麗初政治制度史研究』, 國學資料院

日本語

加唐興三郎 1982年,『日本陰陽曆日對照表』, 株式會社ニットー
榎本涉 2007年,『東アジア海域と日中交流』, 吉川弘文館
岡田芳朗 1976年,「古文書による古代曆日の復元」『女子美術大學紀要』6
岡田清子 1981年,「墓誌の日付·干支」『太安萬侶墓』, 橿原考古學研究所
橋本增吉 1943年,『支那古代曆法史研究』, 東洋文庫

權藤成卿 1984年,『日本震災凶饉攷』, 有明書房
今西龍 1970年,『高麗史研究』, 國書刊行會
______ 1974年,『高麗及李朝史研究』, 國書刊行會
旗田巍 1961年,「高麗時代の武散階」『朝鮮學報』21·22合：1972年,『韓國中世社會史研究』, 法政大學出版部
吉本道雅 1988年,「史記述春秋經典小考」『史林』71-6
______ 1996年,『史記を探る』, 東方選書
內藤乾吉 1940年,「六部成語註解に就いて」『東洋史研究』5-5
________ 1962年,『六部成語註解』, 大安
內務省地理局 編纂 1973年,『新訂補正三綜政覽』, 藝林舍
內田正男 1986年,『時と暦』, 雄山閣
內田正男 1994年,『日本暦日原典』, 雄山閣出版
能田忠亮 1943年,『東洋天文學史論叢』, 恒星社
大谷光男 1976年,『古代の暦日』, 雄山閣出版
________ 1977年,「高麗史の日食記事について」『東洋學術研究』16-1, 2
________ 1991年,「高麗朝および高麗史の暦日について」『朝鮮學報』141
大橋由紀夫 1994年,「隋唐時代の補間法の算術的起源」『科學史研究』189
__________ 1995年,「大衍暦の補間法について」『科學史研究』195
大屋德城 1936年,『影印高山寺本新編諸宗教藏總錄』, 便利堂
________ 1937年,『高麗續藏經雕造攷』, 便利堂
對外關係史綜合年表編輯委員會 編 1998年,『對外關係史綜合年表』, 吉川弘文館
大井剛 1993年,「年號論」『アジアのなかの日本史』V, 東京大學出版會
渡邊敏夫 1979年,『日本·朝鮮·中國－日食月食寶典』, 雄山閣
稻葉一郎 1991年,「歷年圖と通志」『史林』74-4
桃裕行 1990年,『暦法の研究』上, 思文閣出版
東英壽 2000年,「歐陽脩散文の特色-五代史記と舊五代史の文章表現の比較を通」して『鹿大史學』48
東京帝國大學 1922年,『日本史料』第1編 卷1~
東英壽 2000年,「歐陽脩散文の特色－五代史記と舊五代史の文章表現の比較を通」して『鹿大史學』48
藤田亮策 1958年,「朝鮮の年號と紀年」『東洋學報』41-2·3：1963年,『朝鮮學論考』, 笠井出版印刷社
________ 1959年,「高麗鐘の銘文」『朝鮮學報』14
馬場久幸 2013年,「北野社一切經の底本とその傳來についての考察」『洛中周邊地域の歷史的變容に關する總合的研究』

武田幸男 1966年,「高麗時代の官階」『朝鮮學報』41
武田和哉 編 2006年,『草原の王朝契丹國の遺跡と文物』, 勉誠出版
尾崎康 2001年,「宋元版について」『漢籍整理と研究』10
飯島忠夫 1939年,『天文曆法と陰陽五行說』, 第一書房
北原糸子 2012年,『日本歷史災害事典』, 吉川弘文館
山口洋 1993年,「中國古代における踰年改元について」『中央大學大學院研究年報』22
森克己 1975年,『續日宋貿易の硏究』, 國書刊行會
上田穰 1942年,「具注曆斷簡」『科學史硏究』3
西尾賢隆 1999年,『中世の日中交流と禪宗』, 吉川弘文館
_______ 2001年,「墨蹟にみる日中の交流」『京都産業大學日本文化研究所紀要』6
細井浩志 2002年,「日本紀略後篇の史料的構造と新國史の編纂過程について」『史學雜誌』111-1
小田省吾 1920年,「稱元法並に高麗以前稱元法研究」『東洋學報』10-1·2
宋史提要編纂協力委員會 1967, 1974年,『宋代史年表』(北宋, 南宋), 東洋文庫
藪內 清 編 1963年,『中國中世科學技術史の研究』, 角川書店
_________ 1967年,『宋元時代の科學技術史』, 京都大學人文科學研究所
_________ 1975年,『中國の科學』:『世界の名著』, 中央公論社
藪內清 1989年,『隋唐曆法史の研究』 增訂版, 臨川書店
_____ 1969年,『中國の天文曆法』, 平凡社
新城新藏 1930年,『東洋天文學史研究』, 臨川書店
神田茂 1934年,『日本天文史料綜覽』, 三秀舍
_____ 1935年,『日本天文史料』, 恒星社
王建 1997年,『史諱辭典』, 汲古書院
宇佐美龍夫 1986年,『歷史地震事始』, 太平社印刷社
_________ 2008年,『日本被害地震總覽』, 東京大學出版會
原田一良 2006年,『高麗史研究論集』, 新羅史研究會
張東翼 2010年「高麗時代の對外關係の諸相」『東アジア海をめぐる交流の歷史的展開』, 東方書店
_____ 2016年,『蒙古帝國期の北東アジア』, 汲古書院
井本 進·長谷川一郎 1956年,「中國·朝鮮及び日本の流星古記錄」『科學史研究』37
諸橋轍次 1968年,『大漢和辭典』1~12, 大修館書店
_______ 1976年,『諸橋轍次著作集』1~10, 大修館書店
齊藤國治 1980年,「日本上代において一日は午前3時に始まった」『科學史研究』134
_______ 1980年,「古代朝鮮(A.D.205~1391)の星食記錄の檢證」『科學史研究』136
_______ 1981年,「前漢時代の天文史料－その分類·日付および天文年代學的檢證」『科學史研究』138, 139

________ 1982年,「後漢時代の天文史料-その分類·日付および天文年代學的檢證」『科學史研究』141, 142
________ 1983年,「晉書の中の天文史料-その天文年代學的な檢證」『科學史研究』145
________ 1984年,「三國志の中の天文史料-その天文年代學的な檢證」『科學史研究』149
________ 1995年,『日本·中國·朝鮮古代の時刻制度』, 雄山閣出版
齊藤國治·小澤賢二 1986年,「天文史料を使って史記の六國年表を檢證する」『科學史研究』157
佐藤武敏 1993年,『中國災害史年表』, 國書刊行會
______ 1997年,『司馬遷の研究』, 汲古書院
朝鮮史編修會 編 1932年以來『朝鮮史』(高麗時代編)
周藤吉之 1969年,「南宋の李燾と續資治通鑑長編の成立」『宋代史研究』, 東洋文庫
中央氣象臺 1976年,『日本の氣象史料』1~3, 原書房
中村榮孝 1969年,「高麗史節要の印刷と傳存」『日鮮關係史の研究』下, 吉川弘文館
池田溫 1991年,「東亞年號管見」『東方學』82
진翀, 2013年,「平清盛の開國と太平御覽の渡來」『嚴島研究』9
竺沙雅章 2000年,『宋元佛教文化史研究』, 汲古書院
平岡武夫 1954年,『唐代の曆』, 京都大學 人文科學研究所
坪井良平 1974年,『朝鮮鐘』, 角川書店
和田幹男 1920年,『古寫經大觀』, 精藝出版社
荒川秀俊 1963年,『日本旱魃·霖雨史料』, 氣象史料シリズ5
横內裕仁 2002年,「高麗續藏經と中世日本」『佛教史學研究』45-1
厚谷和雄 2008年,「具注曆を中心とする曆史料の集成とその史料學的研究」『2006年度科學研究費補助金·基盤研究成果報告書』, 東京大學史料編纂所

中國語

葛全勝 2010年,『中國歷朝氣候變化』, 科學出版社
龔延明 1998年,「中國歷代職官別名研究」『歷史研究』1998-6
董作賓 1971年,『中國年曆簡譜』, 藝文印書館
倪其心 1987年,『校勘學大綱』, 北京大學出版社
汪受寬 1995年,『謚法研究』, 上海古籍出版社
王承禮·李亞泉 1993年,「高麗義天大師著述中的遼人文獻」『社會科學戰線』, 1993年 2期.
魏志江 1996年,「遼史高麗傳考證」『文獻季刊』1996-2
殷善培 2008年,『讖緯思想研究』中國學術思想研究輯刊 初編21, 花木蘭文化出版社
李崇智 2001年,『中國年號考』, 中華書局
李波·孟慶楠 2005年,『中國氣象災害大典』遼寧卷, 氣象出版社

張亮采 1958年,『補遼史交聘表』, 中華書局出版
程兆奇 等編 1987年,『六部成語注解』, 浙江古籍出版社
周文銓 1934年,『歷代日食考』, 商務印書店
陳垣 1958年,『增補二十史朔閏表』, 藝文印書館 :『二十史朔閏表改訂版』, 中文出版社
______ 1958年,『史諱擧例』, 科學出版社
馮家昇 1959年,「遼史初校」『遼史證誤三種』, 中華書局出版
胡適 1944年,「兩漢人臨文不諱考」『圖書季刊』新5-1 :『胡適全集』13, 安徽教育出版社, 2003 所收
洪金富 2004年,『遼宋夏金元五朝日曆』, 中央研究院歷史語言研究所
黃震云 1999年,『遼代文史新探』, 中國社會科學出版社

索 引

가

아

차

쿠

타

파

하

장동익

1951年 慶尙北道 漆谷郡 北三邑 崇烏里 出生
1974年 慶北大學校 師範大學 歷史科 卒業
1992年 釜山大學博士(文學)
2010年 京都大學博士(文學, 新制論文)
1999·2003·2009年 京都大學 招聘敎授(各 1年)
2006年 慶北大學校 學生處長(1年)
2012年 國史編纂委員會 委員(3年)
現在, 慶北大學校 師範大學 歷史科 敎授

著 書

『高麗後期外交史硏究』(一潮閣, 1994), 『元代麗史資料集錄』(서울대출판부, 1997), 『宋代麗史資料集錄』(서울대출판부, 2000), 『日本古中世高麗資料硏究』(서울대출판부, 2004), 『高麗時代對外關係史綜合年表』(東北亞歷史財團, 2009), 『高麗世家初期篇補遺』 1·2(景仁文化社, 2014), 『モンゴル帝國期の北東アジア』(汲古書院, 2016)

e-mail : dichang@knu.ac.kr, dichang05@hanmail.net
mobil phone 010-3802-5354.

고려사 연구의 기초

초판 발행 2016년 01월 20일
초판 인쇄 2016년 01월 30일

저 자 장동익
펴낸이 한정희

펴낸곳 경인문화사
등 록 제10-18호(1973.11.8)
주 소 경기도 파주시 회동길 445-1 경인빌딩 B동 4층
전 화 (031) 955-9300 팩 스 (031) 955-9310

홈페이지 http:www.kyunginp.co.kr
이메일 kyunginp@chol.com

ISBN 978-89-499-1184-7 93910
정가 25,000원